TRINITY

Penney Peirce

Seelenfrequenz

Wie Sie die Kraft Ihrer persönlichen Schwingung finden und nutzen

Aus dem Amerikanischen von
Hans-Georg Türstig

Mit einem Vorwort von
Michael Bernard Beckwith

TRINITY

Die Originalausgabe ist 2009 unter dem Titel *Frequency*
bei Atria Books/Beyond Words, a division of Simon & Schuster Inc.,
New York, erschienen.

Umschlaggestaltung: David Hauptmann,
Hauptmann & Kompanie Werbeagentur, Zürich,
unter Verwendung eines Motivs von © Devon Smith
Satz: BuchHaus Robert Gigler, München
Druck und Bindung: Pustet, Regensburg
ISBN 978-3-941837-14-0

www.trinity-verlag.de

Für die Menschen, die unsägliche Schmerzen erleiden,
die sich gefangen und hoffnungslos fühlen,
die das Gefühl haben, das Leben sei sinnlos und grausam,
gibt es einen Ort im Zentrum jeden Augenblicks,
hier und jetzt verfügbar,
wo Frieden und mitfühlende Wahrheit warten
und uns alle zu Hause willkommen heißen.

Inhaltsverzeichnis

Danksagung

Einige Menschen waren mir bei der Arbeit an diesem Buch eine große Hilfe. Rod McDaniel steuerte wichtige Ausdrücke bei, wie zum Beispiel »Eigenfrequenz« *(home frequency)*, die sich in beeindruckender Weise sofort einfügten und mich für neue Einsichten und Informationen öffneten. Ich danke ihm auch für seine erhellenden Kommentare zum Manuskript und für seine gelungenen Übersetzungen aus den Werken von Rainer Maria Rilke. Andere lasen geduldig meinen ersten Entwurf und vermittelten mir ebenfalls wertvolle Einsichten. Mein besonderer Dank gilt Darryl Lundahl, Cameron Hogan, Pam Kramer, Henry Smiley, Anne Lewis, Barbara Haury, Anthony Wright, Jim White und Joan Charles. Ich bin auch meiner Mutter Skip Eby und meiner Schwester Paula Peirce zutiefst dankbar für ihr Interesse, ihre Realitätsprüfungen und ihre zuverlässige Unterstützung, auch wenn sie nicht immer genau wussten, wovon ich überhaupt sprach. Danken möchte ich ferner auch Chris Lenz und Karen Malik vom *Monroe Institute* für ihre präzisen Vorschläge.

Die Arbeit mit Cynthia Black und dem Team von *Beyond Words Publishing* war eine angenehme und herzliche Erfahrung. Sie haben es mir vor langer Zeit schon ermöglicht, *The*

Intuitive Way zu veröffentlichen, und ich freue mich, wieder bei ihnen zu sein. Sie haben viel Erfahrung und ein großes Herz, und Cindy hat mich bei meinem Vorstoß in dieses neue Territorium besonders unterstützt. Marie Hix war fröhlich und optimistisch, zuverlässig und hilfreich und hat die Fäden dieses Projekts miteinander verwoben. Ich könnte mir keine talentiertere, kenntnisreichere und rücksichtsvollere Herausgeberin vorstellen als Julie Steigerwaldt. Mein Dank gilt auch Lindsay Brown, Sara Blum, Devon Smith und Bill Brunson.

Schließlich möchte ich mich noch bei Michael Bernard Beckwith bedanken, der sich die Zeit genommen und ein so wunderbares Vorwort geschrieben hat.

Vorwort

Das Buch, das Sie in Händen halten, ist nicht einfach leblose Materie, nicht nur Papier, auf das mit Druckerschwärze bestimmte Schrifttypen gedruckt wurden. Die Wahrheit geht tiefer – viel tiefer – als das, was für Ihre Augen sichtbar, für Ihre Hände spürbar und für Ihren Verstand übersetzbar ist. Es geht um das, was dieses Buch überhaupt in Ihr elektromagnetisches Feld gezogen hat: eine energetische Resonanz zwischen Ihnen und der Weisheitsbotschaft auf diesen Seiten. Dieses Energiefeld identifiziert Penney Peirce als Ihre »Eigenfrequenz« oder Ihre persönliche energetische Schwingung. Die Worte auf diesen Seiten schwingen ebenfalls auf einer bestimmten Energiefrequenz, deren Quelle die kosmische Intelligenz ist, die das Dasein belebt und aufrechterhält. Sie können ihre Gunst und Kraft auf Sie übertragen. Wenn Peirce beschreibt, wie Geist und Materie ekstatisch miteinander tanzen, dann werden auch Sie die Stufen innerhalb ihrer neun Phasen der persönlichen Transformation unbedingt kennenlernen wollen, damit Sie bei diesem Fest dabei sein können.

Die Wissenschaftler der Welt sind sich einig, dass alle Dinge aus Energie bestehen und dass energetische Systeme bewusst sind. Die Erde, sagen sie uns, dreht sich innerhalb eines unendlichen elektromagnetischen Feldes. Alles nimmt teil an dieser wirbelnden, schwingenden, vibrierenden Energie. Es ist interessant, dass wir die kosmische Energie gewöhnlich als etwas *da draußen* ansehen, das an einem entfernten Ort knistert, weit jenseits der Erde, auf der wir umhergehen. In Wahrheit aber ist dieselbe Energie auch *hier drinnen* gegenwärtig, hier in unserer Existenz als ein individuelles Selbst und auch überall in der Atmosphäre, in der wir leben. Wir sind räumliche Wesen und leben und bewegen uns so, dass dadurch jeder Winkel des Kosmos energetisch beeinflusst wird. Wenn wir also das Thema der energetischen Frequenzen behandeln, geht es dabei nicht um ein mysteriöses »Etwas«, das da draußen in der Stratosphäre schwingt, sondern unmittelbar hier in unserem individuellen *inneren Raum*. Der Jesuitenpater und Paläontologe Pierre Teilhard de Chardin nennt diesen inneren Raum unsere »Innerlichkeit«. Er prägte diesen Ausdruck als Ergebnis seiner intuitiven Beziehung zur natürlichen Welt, eine Kosmologie, die er als ein energetisches, ständig sich entfaltendes Fortschreiten auf materielle Komplexität und Bewusstsein hin ansah.

Chardin musste für seine Theorien teuer bezahlen: Der Vatikan verbot sein Werk, und auch in seiner Heimat Frankreich war er nicht mehr willkommen, sodass er nach China und später nach New York auswanderte. Es zeugt von unserem evolutionären Fortschritt, dass Menschen wie Peirce heutzutage öffentlich erzählen können, was ihre intensiven Forschungen im Labor des Bewusstseins ergeben haben – ohne kirchliche oder staatliche Zensur. Im einundzwanzigsten Jahrhundert hat sich unser Verständnis von der Verbindung zwischen Körper, Gedanken und Geist grundlegend gewandelt. Unsere Vernetzung mit dem Kosmos hat unsere Sichtweise verändert und uns für die Erkenntnis geöffnet, dass der Erde eine Intelligenz innewohnt. Die Menschheit hat sich in ihrem Verständnis weiterentwickelt: Sie ist sich inzwischen dessen bewusst, dass sie mit unserer Mutter Erde energetisch verbunden, ja, eins ist und dass sie in Harmonie mit den unsichtbaren energetischen Gesetzen leben muss, die alles Leben ermöglichen. Peirce hat etwas geschaffen, das ich eine »energetische Vorlage« nennen möchte, die versierte Hilfsmittel bietet, praktische Anwendungen für unser tägliches Leben und die tieferen Aspekte davon, was es bedeutet, ein spirituelles Wesen zu sein, das eine Inkarnation als Mensch erlebt.

Peirces detaillierte Beschreibung des hinduistischen *Chakra*-Systems der Energien weist uns einen Weg, unsere Energiefelder zu klären und blockierte Energien freizusetzen. Wenn wir solche uralten Wahrheiten auf die Herausforderungen des modernen Lebens anwenden, können wir aus dem Zeitalter der Information in das der Intuition übergehen. Dann wird unser kollektives Bewusstsein immer vertrauter mit unserer angeborenen Fähigkeit, uns auf die höhere Frequenz eines »erweiterten Selbst« einzustimmen, das ich das Authentische Selbst nenne.

Peirces beeindruckende Skala alltäglicher Energien beschreibt, wie wir unseren Körper, unsere Emotionen und Gedanken den ganzen Tag lang beeinflussen. Zusammen mit ihren neun Stufen der Transformation können wir bahnbrechende Fähigkeiten entwickeln, um uns mit den energetischen Frequenzen unserer momentanen Schwingung in Einklang zu bringen und uns dann auf die Frequenzen höherer Oktaven zu beschleunigen. Penney Peirce sieht sich in der Pflicht, ihr Wissen präzise weiterzugeben, und so teilt sie ihr tiefes Verständnis der energetischen Anatomie des Menschen mit ihren Leserinnen und Lesern. Sie präsentiert einleuchtende Argumente dafür, dass wir nicht nur die Fähigkeit besitzen, sondern die Verantwortung haben, unsere

»Eigenfrequenz« immer wieder neu zu justieren, damit wir unserer höchsten Bestimmung entsprechend leben können.

Die Erkenntnis, dass das Anwenden intuitiver Energie nicht nur Menschen mit übernatürlichen oder mystischen Fähigkeiten vorbehalten ist, ist ermutigend. Wir alle besitzen diese Energie in unterschiedlichem Maß und wenden sie bewusst oder unbewusst an, abhängig von unserer individuellen Entwicklung. Mit Peirces Übungen können wir unsere intuitiven Fähigkeiten bewusst entwickeln und dadurch ebenso bewusst Energie aus dem ursprünglichen Vorrat an Einsicht, Intuition und Inspiration beziehen – aus dem Lebensquell selbst, der in uns und um uns herum existiert.

Die bewusste Pflege und Anwendung von Gedankenenergie ist ein äußerst kraftvolles Mittel für die eigene Transformation. Das veranlasste C. G. Jung, ein Erlebnis, das er im Alter von zwölf Jahren hatte, folgendermaßen zu beschreiben: »Da gab es einmal einen Augenblick, in dem ich plötzlich das überwältigende Gefühl hatte, soeben aus einem dichten Nebel herausgetreten zu sein, mit dem Bewusstsein, jetzt bin ich. In meinem Rücken war's wie eine Nebelwand, hinter der ich noch nicht war. Aber in jenem Augenblick geschah ich mir. Vorher war ich auch vorhanden, aber alles war nur geschehen. Jetzt wusste ich: Jetzt bin ich, jetzt bin ich vorhanden. Vorher hat es mit mir getan, jetzt aber wollte ich.«[1]

Wenn wir zu unserer wahren Natur als energetische Lebewesen erwachen, wenn wir in unsere Innerlichkeit eindringen und anfangen, das Mysterium des Bewusstseins zu erforschen, dann »geschehen wir uns selbst«. Es gibt Menschen, die Selbstreflexion, Kontemplation, Meditation und

---

1 Carl Gustav Jung, *Erinnerungen, Träume, Gedanken.* Aufgezeichnet und herausgegeben von Aniela Jaffé. (S. 38). (Anm. des Übersetzers)

andere innere Übungen immer noch für eine komplette Selbstversunkenheit halten. Aber klinische Studien und revolutionierende Fortschritte auf verschiedenen Gebieten der modernen Wissenschaft liefern immer mehr empirische Beweise dafür, dass innere Übungen die energetischen Frequenzen des Praktizierenden positiv verändern. Ob auf dem Gebiet der Elektromagnetik, der Gravitation oder der Quantenphysik – die Wissenschaft bestätigt, was uns spiri-tuelle Großmeister aller Zeiten und aller Richtungen seit Anbeginn der Zeit sagen: Wir sind lichtvolle, energetische Wesen mit kreativer Intelligenz und der Fähigkeit, bewusst an dem evolutionären Antrieb des Universums teilzuhaben und vollkommen selbstverwirklicht zu werden.

In ihrem Buch *Seelenfrequenz* verbindet Penney Peirce auf intelligente und mitfühlende Weise kraftvolle Techniken, persönliche Erfahrungen, ihre Arbeit mit Klienten und bewährte Methoden, die uns helfen können, unsere Eigenfrequenz zu erhöhen. Damit heben wir nicht nur unser persönliches Leben auf ein höheres Niveau, sondern das Leben im gesamten Kosmos. Ihr Buch ist eine ausgezeichnete energetische Medizin – universell anwendbar in den Zeiten, in denen wir leben.

Michael Bernard Beckwith
Autor von *Entscheide dich für die Freiheit*

An die Leserinnen und Leser

Die Konvergenz von Mystizismus und der neuen Physik
hat uns an die Schwelle unseres Menschseins gebracht.
Jenseits davon liegt etwas, das im wörtlichen Sinne
jenseits unserer Sprache liegt.

Michael Talbot

Sie haben sicherlich schon bemerkt, dass wir in einer chaotischen und doch erstaunlich fruchtbaren Zeit leben. So wie ruhelose Tiere ein bevorstehendes Erdbeben spüren, fühlen Sie möglicherweise, dass sich eine große Veränderung zusammenbraut. Es kann einem kaum entgehen, dass heutzutage alles flüchtig ist wie kochendes Wasser. Das Gute daran ist, dass diese Flüchtigkeit uns aufrüttelt und uns in einer ganz neuen Weise zu einer Erfahrung von uns selbst drängt, bei der wir uns nicht so sehr als solide physische Körper erleben, die durch leeren Raum voneinander getrennt sind, sondern zunehmend auch als energetisch schwingende Wesen, die in wechselseitiger Abhängigkeit mit anderen schwingenden Wesen in einer Welt aus Schwingungen leben.

Wir werden uns zunehmend der innerlichen und äußerlichen *Energie* bewusst, ihrer Eigenschaften und der Prinzipien, nach denen sie funktioniert – Frequenz, Vibration, Resonanz, Wellen, Schwingungen, Zyklen, Oktaven und Spektren. Wir entdecken, dass diese Konzepte im Kern der neuesten Techniken liegen, mit denen man alles wissen, alles tun und alles haben kann. Mit anderen Worten, Ihre *persönliche Schwingung* – die energetische Frequenz, die Sie in jedem Moment in Ihrem Körper, Ihren Emotionen und in Ihrem Geist halten – ist das wichtigste Werkzeug, das Sie haben, um Ihr ideales Leben zu erschaffen und zu leben. Ist Ihre Energiefrequenz hoch, schnell und rein, entfaltet sich das Leben mühelos und im Einklang mit Ihrer Bestimmung. Ist Ihre Frequenz dagegen niedriger, langsamer und verzerrter, führt das zu einem Leben mit Schwierigkeiten und Enttäuschungen.

Frequenzen erhöhen!

Jetzt muss man einige wesentliche Dinge verstehen. (1) Sie werden beeinflusst von einem evolutionären Prozess, der durch verschiedene Stadien geht. Das führt dazu, dass sich die energetischen Frequenzen Ihres Körper, Ihrer Emotionen und Ihres Geistes erhöhen. (2) Da die Erhöhung Ihrer energetischen Frequenzen der Ebene Ihres Bewusstseins entspricht, werden Sie allmählich bewusster, empfindsamer, visionärer, empathischer und liebevoller. (3) Die größte Herausforderung der nächsten Jahre wird darin bestehen, mit Ihrer Empfindsamkeit zu arbeiten, Ihre persönliche Schwingung rein zu halten und zu lernen, die »Frequenz-Prinzipien« anzuwenden, um in den kommenden Jahren erfolg- reich zu leben.

Menschen, die den unsichtbaren Bereichen gegenüber empfindsam sind – und zu denen zähle ich mich auch –, haben schon längst intuitiv erfasst, dass die subtile Frequenz in unseren Körpern und in der gesamten Erde stetig angestiegen ist. Das wühlt uns zunächst innerlich auf und führt dazu, dass wir uns unwohlfühlen, ohne zu wissen, warum. Dann beschleunigt die äußere Welt und erscheint immer schriller, ja sogar chaotisch. Schließlich passen wir uns dem höheren Energiepegel an, und im gleichen Maß verschärft sich unser Bewusstsein. Wir haben intuitiv gewusst, dass die Erhöhung der Energie in einer Serie von Wellen geschieht und unser Gewahrsein zunehmend bis zu dem Punkt verschärfen würde, an dem unsere Wahrnehmung verändert ist. Unser Gefühl vom Selbst entwickelte sich von einer auf Trennung, Angst und Ego basierenden Identifikation zu einer, die auf Wechselbeziehung, Liebe und dem Herzen beruht. Wir spürten, dass bei einer so hohen Frequenz unsere Welt nach neuen, eleganteren und wirksameren Prinzipien funktionieren würde.

Die Art und Weise unseres Denkens wurde revolutioniert (...) Wir sehen mit anderen Augen; wir hören mit anderen Ohren; und wir denken mit anderen Gedanken, als wir es früher gewohnt waren.

Thomas Paine

Jetzt findet diese Veränderung statt, und sie ist weiten Teilen der Gesellschaft bewusst, während wir uns gleichzeitig bemühen, in einem Klima zu funktionieren, in dem alles zunimmt: angefangen bei der Masse der Daten, die wir verdauen müssen, über die Stunden, die wir wach sein müssen, um unsere Arbeit zu verrichten, bis hin zu den Flutwellen von Negativität, die allmählich schon ganz normal wirken. Heutzutage kann es eine beängstigende Aufgabe sein, einfach nur in sich selbst zu ruhen! Wir verlassen das

Informationszeitalter und gehen über in das Intuitionszeitalter, das nicht weniger mit sich bringt als eine grundlegende Transformation der Art, wie wir Realität erfassen.

Jetzt stellen sich folgende Fragen: Wie erlernen wir die Regeln dieser erweiterten, schwingenden Welt und entwickeln die Energie und die bewussten Fähigkeiten, die uns dabei helfen können, in solch einer Welt angemessen zu leben? Wie stabilisieren wir unsere neue Wahrnehmung, Identität und Verhaltensweise, während unsere frühere Lebensweise mit dem Tode ringt?

Rufen die Frequenzen nach Ihnen?

Wie viele andere reagieren Sie vielleicht auf die erhöhten Frequenzen des Lebens mit dem Versuch, Ihren eigenen energetischen Zustand auf verschiedene Arten anzupassen – auf gesunde und ungesunde –, um Ausgeglichenheit, Sicherheit und Verminderung von Stress zu finden. Vielleicht suchen Sie auch verzweifelt nach Hinweisen, wie Sie in dieser aufregenden Welt mit ihrer enormen Komplexität gedeihen können. Die Antworten liegen nicht in Geräten und Dingen oder in technologisch gestützten Methoden, noch mehr Daten zu verarbeiten. Die schlichte Wahrheit ist, dass es bei dem Übergang in das Intuitionszeitalter darum geht, was Sie über Energie wissen, was Sie mit diesem Wissen tun und wie Sie eine wirksame und erweiterte Empfindsamkeit entwickeln können.

Möglicherweise haben Sie zu diesem Buch gegriffen, weil Sie sich nicht mehr von dem emotionalen Trudeln plagen lassen wollen, das den Fluss Ihres Lebens blockiert. Sie sind vielleicht ausgelaugt durch Leute, die verstört und reaktiv oder deprimiert und gleichgültig sind. Vielleicht sind Sie auch von der ständigen Stimulierung überwältigt und wollen sich nicht mehr entweder wie betäubt oder wie elektrisiert fühlen. Sie mögen sich durcheinander fühlen aufgrund der vielen subtilen, nonverbalen Informationen, die Sie über andere Leute, Nachrichten, die Zukunft und die Ereignisse in Ihrem Leben aufgeschnappt haben. Sie versuchen, einen Sinn darin zu sehen, können aber nicht genau erkennen, was Sie so beeinträchtigt.

Möglicherweise möchten Sie auch Ihre empfindsame spirituelle Natur wiedergewinnen, die Ihnen inmitten akademischer, administrativer oder materialistischer Tätigkeiten verloren ging. Ihr analytischer Verstand hat Ihnen vielleicht beruflichen Erfolg gebracht, aber jetzt müssen Sie unerhört innovativ sein, Menschen von innen heraus motivieren und Systeme erneuern, die so veraltet wie Dinosaurier erscheinen. Haben Sie Fortschritte gemacht, indem Sie das »Gesetz der Anziehung« begriffen haben, und wollen Sie mehr wissen über die neuen Prinzipien unserer zum Vorschein kommenden Realität? Versuchen Sie, das richtige Gleichgewicht zwischen Willen und Vertrauen zu finden, um Ihr Leben neu zu erschaffen?

Wenn Sie sich wie gelähmt fühlen durch die Herausforderung, klar sein und sich schnell verändern zu müssen, dann machen Sie sich keine Sorgen. Alles geschieht im richtigen Tempo, und wir alle befinden uns zusammen in diesem Prozess, wir alle lernen, uns daran anzupassen, dass die höheren Frequenzen des Bewusstseins zur Norm werden. Wir wechseln von einer Welt, in der wir gelernt haben, unsere Klugheit und unseren Willen zu benutzen, um die eingebildete Kluft zwischen uns und den anderen zu überbrücken – und zu bekommen, was wir wollen –, in eine Welt über, in der es keine Brücken zu überqueren gibt, in der Liebe, Unterstützung, die einfache Manifestation von Ergebnissen und Freiheit unmittelbar zur Verfügung stehen.

In Wahrheit sind unsere wertvollsten Momente die, in denen wir uns zutiefst unwohl, unglücklich oder unerfüllt fühlen. Denn in solchen Momenten, wenn wir von unserem Unbehagen vorwärtsgetrieben werden, ist es auf einmal ganz leicht, aus unseren eingefahrenen Spuren auszubrechen und nach anderen Wegen und wirklich wahren Antworten zu suchen.

M. Scott Peck

Ihre höchste Frequenz kann normal sein

Ich bin mir absolut sicher, dass Sie aus eigener Kraft den Panzer aufbrechen können, der Sie von einer höheren Erfahrung des Selbst und von einem sehr viel besseren Leben trennt. Sie benötigen keine Gurus und müssen auch nicht von dramatischen Ereignissen in *über*natürliche Erfahrungen katapultiert werden. Sie werden hier in Ihrem physischen Körper zu einem solchen Wesen mit hoher Frequenz. Das, was einmal als *meta*physisch, *trans*personal und *para*normal galt, ist jetzt fast alltäglich. Einige fehlende Teile des Gesamtbilds dringen jetzt vor in Ihr Bewusstsein, und dieses neue Verständnis ermöglicht uns allen den Übergang in das Intuitionszeitalter.

Viele Menschen, mit denen ich spreche, sind kurz davor, zu verstehen, dass wir nie von zu Hause fortgegangen waren – die »himmlische« Erfahrung –, während wir gleichzeitig einen ganz erstaunlichen und fesselnden Traum hatten, den wir das »Leben auf der Erde« nennen. Um vollständig aus diesem Traum zu erwachen, benötigen Sie eine ganz alltägliche Erfahrung Ihrer Seele, des Zustands Ihrer eigenen, höchsten Frequenz, den Sie als normal akzeptieren. Diese Erfahrung ist, unter anderem, eine von Empathie und Mitgefühl, bei der Sie hochwertige Gefühle durch das verführerische Leiden, durch die Begrenzungen der Logik und durch die verschwommene, hypnotische Welt hindurch und weit darüber hinaus bringen. Sie müssen sich liebenswert, geliebt und liebend *fühlen* – und zwar in Ihren eigenen Zellen –, ehe Sie die Wahrheit Ihrer erleuchteten Identität begreifen können, ehe Sie Einheit kennen und sich auf eine erweiterte Form von Leben einlassen können. Bewusst empfindsam zu sein für die subtilen Informationen, die in den energetischen Frequenzen verschlüsselt sind, bringt Sie auf die Überholspur hin zur Erfahrung dieses vollendeten Zustands der Gewissheit von Liebe und Herz.

Um die Informationen und die Erfahrung zu entdecken, die in unseren feinsten Schwingungen enthalten sind, erleben wir eine evolutionäre Abwärtsbewegung aus unseren verkopften Ansichten heraus und hinunter in das Wissen unserer Körper. Doch weil wir dabei Emotionen begegnen und weil Emotionen Verwirrung, Widerstand und Panik auslösen, uns aber auch in eine Art erhabene mystische Ohnmacht versetzen können, tendieren wir dazu, sie zu vermeiden. Wenn wir Emotionen aber vermeiden, erzeugen wir eine leere Stelle, an der wir unser vollkommenes Selbst nicht erfahren können. Ich habe *Seelenfrequenz* geschrieben, um Ihnen über die letzten Barrieren zum vollständigen Erwachen hinwegzuhelfen und die Erfahrung eines erweiterten Selbst wirklich zu *spüren*. Das wird dann Ihr normaler Zustand im Intuitionszeitalter sein.

Es gibt noch mehr – jenseits des Gesetzes der Anziehung

Seit einigen Jahren gibt es eine ganze Reihe von Büchern und DVDs, die uns wie die Spur bei einer Schnitzeljagd helfen, unseren Weg durch diese stimulierenden Zeiten zu finden. Sie haben die neuesten wissenschaftlichen und metaphysischen Ideen auf eine Art populär gemacht, die die Menschen in ihrem Innersten berührt und ihre Vorstellungskraft aktiviert hat. Zu diesen Veröffentlichungen gehören: *Der Pfad des friedvollen Kriegers; Die Prophezeiungen von Celestine; The Intuitive Way (Der intuitive Weg); Your Life Purpose (Der Sinn deines Lebens); The Field (Das Feld); What the Bleep do we (k)now? (Ich weiß, dass ich nichts weiß!); The Hidden Messages in Water (Die verborgenen Botschaften im Wasser); Der Da Vinci Code; Das Gesetz der Anziehung; The Secret (Das Geheimnis)*. Diese und andere Werke halfen uns dabei, die Ereignisse in den unsichtbaren Bereichen zu klären, die wir intuitiv kommen sahen, und sie ermutigten uns, rudimentäre Fähigkeiten für die Arbeit mit Energie und Bewusstsein zu entwickeln.

Gleichzeitig aber wurde der Inhalt auf vielfältige Weise falsch interpretiert, weil diese Werke eher eine Einführung sind und so viele unterschiedliche und doch miteinander verknüpfte Themen in einer so kurzen Zeit vorstellten – und weil sich ein Klima von Angst in der Welt ausbreitete. Ich vergleiche das damit, wenn Punkte und Zahlen vorgegeben werden, nach denen man dann ein Bild zeichnen soll. Man muss aber zuerst immer noch die Punkte verbinden, ehe die Umrisse des Kunstwerks auftauchen. Dann erst können Sie das Ganze nach Ihrer eigenen Vorstellung mit den Lieblingsfarben ausmalen. Ich habe *Seelenfrequenz* geschrieben, um Ihnen bei der Vollendung des Bildes zu helfen.

Ich möchte Ihnen Ihren eigenen Transformationsprozess erleichtern

Als Nebenprodukt meiner eigenen intuitiven Übungen hatte ich seit Mitte der 1970er-Jahre viele Visionen davon, was in der heutigen, intensiver werdenden Welt hinter den Kulissen passiert. Ich erkannte schon früh, dass wir den Anfang einer persönlichen Transformation erleben, wie wir es seit Tausenden von Jahren nicht mehr erlebt haben und auf so globaler Ebene vielleicht noch nie. In den 1980er-Jahren hielt ich die ersten Vorträge über diesen Prozess der sich erhöhenden Frequenzen mit Titeln wie »Voraussagen und zukünftige Trends«, »Holografische Wahrnehmung und das neue Paradigma« und »Die Kluft zwischen Selbst und Seele beseitigen«. In diesen Vorträgen skizzierte ich die Bestandteile des Transformationsprozesses. Später berichteten mir Zuhörer: »Das ist hilfreich – ein erweitertes Verständnis davon, was ich erlebe. Ohne zu wissen, dass der Prozess einen höheren Sinn hat und zu einem positiven Ergebnis führt, war ich verwirrt/voller Angst/deprimiert.«

Eine radikale innere Transformation und der Aufstieg zu einer neuen Ebene des Bewusstseins sind vielleicht die einzige Hoffnung, die wir haben in der gegenwärtigen globalen Krise, die durch die Vorherrschaft des westlichen, mechanistischen Paradigmas hervorgebracht wurde.

Stanislav Grof

Ich möchte Ihnen also dabei helfen, diesen nur zur Hälfte sichtbaren Prozess, von dem Sie beeinflusst werden, zu verstehen und so glatt wie möglich durch die Phasen dieses Prozesses zu kommen. Ich möchte Ihnen Techniken zeigen, mit denen Sie blockierte Emotionen in außergewöhnliche Empfindsamkeit verwandeln können – nur so sind Sie in der Lage, die in den zahllosen Schwingungszuständen enthaltenen Botschaften zu entschlüsseln. Ich möchte es Ihnen erleichtern, Ihre eigene Schwingung aufrechtzuerhalten, sich dafür zu entscheiden, aus Ihrer höchsten und natürlichsten Eigenschwingung heraus zu leben, die zu Ihrer eigenen Seele passt. Ich möchte, dass Sie wissen, wie Sie sich darin zentrieren können, wenn die niedrigeren Schwingungen anderer Leute Sie herunterziehen. Es gibt einen Weg, auf gesunde Art empfindsam zu bleiben, und es liegt eine große Kraft in dem Wissen, wie Sie mit Ihrer persönlichen Schwingung arbeiten können.

Ein Tagebuch führen macht Ihnen Ihr Wachstum bewusster

Ein Tagebuch zu führen ist ein zuverlässiger Weg, den eigenen Wachstumsprozess zu verfolgen. Sie können dokumentieren, was geschieht, während Sie in diese Informationsmasse eindringen. In den einzelnen Kapiteln finden Sie hier und da verschiedene einfache Übungen, die Ihnen dabei helfen, die Konzepte, die ich hier vermitteln werde, in die Praxis umzusetzen. Versuchen Sie, diese Übungen auszuführen, und schreiben Sie Ihre Resultate auf. Welche Einsichten hatten Sie? Welchen Schwierigkeiten und Überraschungen sind Sie begegnet?

Sie können es auch mit *unmittelbarem* oder *automatischem Schreiben* versuchen, indem Sie direkt aus Ihrem Zentrum heraus schreiben und dabei ohne jegliche Zensur den Strom der Worte spontan herausfließen lassen. Stellen Sie sich zunächst eine Frage, die eine Antwort aus dem tieferen Teil Ihres Bewusstseins wie ein Magnet herauszieht. Lassen Sie die ersten Worte einfach kommen; sie werden zu den nächsten führen. Denken Sie nicht voraus, und machen Sie sich keine Gedanken darüber, was Sie gelesen haben. Wenn Ihnen ein merkwürdiges Wort in den Sinn kommt, schreiben Sie es auf. Was dann folgen soll, wird schon als Nächstes geschehen. Um diesen Fluss in Gang zu halten, ist es am besten, das Geschriebene bis zum Schluss nicht mehr zu lesen. Sie werden erstaunt sein, was Sie schreiben, weil es so frisch und genau ist.

Um etwas zu wissen, tauche dich darin ein, wie eine Feder in Tinte, lass es dich mit seinen eigenen Worten schreiben.

Elizabeth Ayres

Am Ende eines jeden Kapitels können Sie Ihr Gewahrsein verändern!

Am Ende eines jeden Kapitels habe ich ein Stück meines direkten Schreibens hinzugefügt, das unmittelbar aus meiner *Eigenfrequenz* kam – aus dem Zentrum meiner seelischen Schwingung –, während ich mich im ruhigen Zustand höchsten Gewahrseins befand. Die Stimme in den Botschaften ist einfach die schlichte Stimme unseres Einsseins – eine Stimme, zu der wir alle gleichermaßen Zugang haben; es ist nicht die Stimme eines durch mich sprechenden Wesens. Als ich diese eher inspirierenden Stellen schrieb, standen meine Persönlichkeit und die Stimme meines normalen Schreibens nicht im Vordergrund, und die Worte kamen als die einfachste und ganz direkte Beschreibung tieferer Wirklichkeiten – oder Gefühlszustände –, die mir offenbart wurden, *während ich schrieb*. In diesen Worten gibt es kaum Verschwendung, und jeder Satz hat die Kraft, Sie weiterzubringen. Ich habe diese Botschaften aus mehreren Gründen hinzugefügt:

1. Sie geben Ihnen ein Beispiel für die weise und zentrierende Anleitung, zu der Ihr inneres Selbst Zugang haben kann, wenn Sie ruhig und empfindsam werden. Ich hoffe,

diese Botschaften werden Sie ermutigen, damit zu experimentieren und Ihre eigene innere Quelle von Anweisungen und Antworten anzuzapfen.

2. Sie sollen feststellen, dass diese Kommunikation vom Herzen und von der Seele – von jedermanns Herzen und Seele – im Gegensatz zu den kakophonischen Meinungen unseres ständig sich wandelnden Verstands einen universalen Anklang findet und eine universale Wahrheit enthält.
3. Die Botschaften bieten tief empfundene Einsichten, die häufig über die Bedeutung der Dinge, die in jedem Kapitel stehen, hinausgehen. Ähnlich wie bei Gedichten und anders als bei Prosa oder Fachliteratur, führen Sie die Botschaften über die reine Logik hinaus. Sie werden erkennen, dass nicht alles Wissen fein säuberlich in kleine, miteinander verbundene Schachteln passen muss, um einen Sinn zu ergeben.
4. Ich möchte, dass Sie den Unterschied erfahren zwischen dem, wie es sich anfühlt, wenn Sie jedes Kapitel mit Ihrer analytischen linken Gehirnhälfte verstehen, die gern schnell weiterdrängt, und wie es sich anfühlt, wenn Sie mit Absicht langsamer werden und sich mit Ihrem intuitiven »Geist-im-Herzen« einfühlen in tiefere, weniger intellektuelle und mehr persönliche Bedeutungen. Wenn Sie diesen Wechsel von der Oberfläche zum Zentrum erleben – von dieser »älteren«, linear-logischen Wahrnehmung, an die wir alle so gewöhnt sind, zu einem »neueren«, unmittelbar erlebten Wissen, das diese Botschaften verlangen –, dann werden Sie verstehen, wie Sie zu der höher schwingenden, unmittelbaren, transformierten Art des Wissens vordringen können, die ich in *Seelenfrequenz* beschreibe.

Lesen Sie diese Botschaften *sehr* viel langsamer und bewusster, als Sie es normalerweise tun würden, oder lesen Sie sie laut vor, oder schließen Sie Ihre Augen und lassen jemand anderen vorlesen. Dann werden Sie feststellen, dass sie einen anderen Rhythmus, eine andere Schwingung vermitteln als der reguläre Text. Sie klingen eher kitschig, bisweilen sogar wie New-Age-Gerede, wenn Sie sie zu sehr mit dem Verstand lesen, sie nur überfliegen. Wenn Sie sich aber viel Zeit nehmen, sodass Sie bei den Botschaften verweilen und sie in Ihrem Körper spüren können, nehmen sie eine größere Dimension an und öffnen Sie für neue Realitäten. Wenn Sie einen Satz oder einen Ausdruck einige Augenblicke länger als gewöhnlich in Ihrem Geist halten, dann offenbart sich manchmal eine verborgene Bedeutung. Dies ist eine Miniaturdemonstration des Unterschieds, wie die Wirklichkeit aussehen und sich anfühlen kann, wenn wir sie allein vom Verstand her betrachten oder aus der Einheit von Geist, Herz und Körper heraus.

Sie können diese *Eigenfrequenz-Botschaften* überspringen, oder Sie können sie benutzen, um einzuüben, wie Sie in Ihre Eigenfrequenz kommen (das beschreibe ich ausführlich in Kapitel 5). Sie können auch alle diese Botschaften auf einmal am Ende lesen. Das spielt wirklich keine Rolle. Interessant könnte es sein, wie Sie auf die Veränderung von Geschwindigkeit, Schwingung und Konzentration reagieren, die die Botschaften in Ihnen hervorrufen. Wenn Sie bei einer beispielsweise irritiert sind – oder erleichtert –, dann kann das ein Zeichen dafür sein, wie Sie durch die wesentlichen Übergänge in Ihrem eigenen Prozess persönlicher Evolution hindurchgehen.

Die Anwendung Ihrer Intuition hilft Ihnen, mehr zu erleben

Es wird Ihnen helfen, die Aufmerksamkeit auf Ihre Intuition zu richten, während Sie das Material in *Seelenfrequenz* in sich aufnehmen und verarbeiten. Intuition ist eine unmittelbare, vorurteilsfreie Wahrnehmung, die von der Vereinigung der fragmentierten Teile Ihres Bewusstseins – Körper, Emotionen, Denken und Geist – herrührt. Sie steigt auf, wenn Sie sich wachsam, aber nicht angespannt auf den gegenwärtigen Moment konzentrieren und mit Ihrem Körper und Ihren Gefühlen verbunden sind, ohne Ihre Willenskraft anzuwenden – fühlen Sie sich einfach frei und offen. Intuition kann von verschiedenen Ebenen Ihres Gehirns aus sprechen – als unwillkürliche Anziehung oder Abstoßung, sie kommt als Eindruck von einem Ihrer fünf Sinne oder als plötzliches Aufblitzen von Verständnis einer komplexen Bedeutung, eines Systems, einer Vision oder eines Informationsmusters. Wie ich in meinem Buch *The Intuitive Way (Der intuitive Weg)* schrieb: »Unsere eigene private Intuition ist der Katalysator für Selbstverbesserung und Selbsterkenntnis, denn wenn es um tief greifende und dauerhafte Veränderungen unseres persönlichen Lebens geht, erscheinen uns nur subjektive Erfahrungen als real, keine Fakten.«

Wenn Sie zwischen einzelnen Leseperioden eine Pause einlegen und sich ein wenig treiben lassen, können plötzlich intuitive Einsichten über Sie kommen. Wenn Sie draußen in der Welt sind, machen Sie vielleicht Erfahrungen, die sich auf das Kapitel beziehen, das Sie gerade lesen. Intuitive Aha-Erlebnisse werden die Information für Sie besonders real erscheinen lassen. Oft werden Sie dazu überwechseln müssen, zu empfinden oder zu fühlen, wie etwas funktioniert, um die dargelegten Konzepte wirklich zu verstehen. Während Sie Ihre Empfindsamkeit weiterentwickeln, wird Ihre Intuition Ihnen Einsichten bringen über die Bedeutungen in den Schwingungen, die Sie spüren. Intuition ist eine Tür, die Ihnen eine höhere Realität und eine klarere Erfahrung des Göttlichen offenbart. Und am Ende wird Ihre subjektive Interpretation dessen, was Ihnen Ihre Intuition bringt, Ihre Fähigkeit zu handeln und zu wachsen entweder befreien oder blockieren.

Die Frequenz finden

Noch nie zuvor haben praktische Wissenschaftler so weitgehend anerkannt, dass das unsichtbare Universum realer ist als das sichtbare, wie in diesem kulminierenden Jahrhundert. Aber das ist weit entfernt von einer wirklich neuen Erkenntnis für Seher und Philosophen, denn man sollte nicht vergessen, dass Aristoteles das Leben »von Geist durchdrungene Materie« nannte, eine Vorstellung, der alle großen Religionen von Herzen beipflichten (...) die Philosophie des Mystizismus erweist sich als überaus vernünftig (...) die erneut erkannte Realität der nicht materiellen Welt, der Felder, die Einfluss ausüben, der Wellen, die vermitteln, des Geistes, der durchdringt.

Guy Murchie

Seit Beginn der 1970er-Jahre beschäftige ich mich intensiv mit der Entwicklung von Intuition und dem, was die Buddhisten *versierte Wahrnehmung* nennen (ganz allgemein, wie man den Geist zum Heilen von Leiden anwenden kann). Meine Begeisterung für das Thema Intuition und die mit ihr verbundenen Geheimnisse hat nie nachgelassen. Während meiner Studien fand ich ähnliche einigende Wahrheiten in allen Religionen und auf allen spirituellen Wegen, und ich begegnete vielen Geheimnissen, wie man einen möglichst unbehinderten Lebensfluss erreichen kann. Als Teil meiner intuitiven Übungen arbeitete ich mit der »Kunst des Befragens« – regelmäßig zu hinterfragen, was ich weiß, um zu sehen, ob es sich auflösen oder in etwas anderes umwandeln will, das umfassender, spezifischer oder vollständig anders ist. Es gab Zeiten, in denen mein Interesse an Reinkarnation und an der Kenntnis meiner früheren Leben – was jahrelang ein bedeutender Teil meiner Weltanschauung war – sich zu etwas so Gewaltigem und Unpersönlichem erweiterte, dass es nicht mehr dieselbe Bedeutung oder Wichtigkeit besaß, und so hörte ich auf, mich so sehr darauf zu konzentrieren. Es ist immer erstaunlich, wenn man von etwas zunächst ganz fasziniert ist und später dann dem gegenüber neutral wird – aber ich habe gelernt, dass Intuition viel genauer ist, wenn wir aufrichtig und flexibel bleiben.

Trotz meiner Übung des Hinterfragens ist es mir nicht in den Sinn gekommen, dass es jenseits der Entwicklung von Intuition andere Stufen geben könnte, eine noch spezifischere Fähigkeit, die uns tiefer in unser menschliches Potenzial führen könnte. Unlängst dämmerte es mir dann, dass ich nicht nur intuitiv geworden war, sondern dass ich durch meine Beratertätigkeit auch eine empathische Empfindsamkeit für Schwingungen, energetische Strukturen, Frequenzen des Bewusstseins und Muster von miteinander verwobenen Emotionen, Glaubensvorstellungen und Absichten entwickelt hatte und dass die Arbeit mit alldem der nächste Schritt war.

Wir alle entwickeln uns weiter zu einer verstärkten Empfindsamkeit

Wir alle sind von Geburt an empfindsam und empathisch, aber weil diese Fähigkeit nicht ausreichend bestätigt und trainiert wird, verkümmert sie oft oder landet in einer Schublade mit der Aufschrift »Zur späteren Verwendung«. Ich hatte Glück, dass meine lebendig blieb. Das verdanke ich meiner Mutter, die schon früh die Samen der Empfindsamkeit in mir gepflanzt hatte. Wir saßen oft im Auto und warteten auf meinen Vater, wenn er samstags in Chicago in seinem Büro zu tun hatte. Um uns die Zeit zu vertreiben, spielten wir »Was denkt dieser Mensch gerade?«. Wir lasen die Gedanken der vorbeigehenden Leute und erschufen imaginäre Leben für sie. Wenn sie mich schalt, zitierte sie oft die goldene Regel: »Wie würdest du dich fühlen, wenn du an ihrer Stelle wärst und jemand dir das antun würde?« Ich nahm diese Frage ernst und versetzte mich in Gedanken in meine Freundin, der gegenüber ich mich falsch verhalten hatte. Ich lernte, mich in Menschen »einzufühlen«.

Als ich in meinen Zwanzigerjahren anfing, meine intuitive Energiearbeit professionell auszuüben, kamen die Informationen hauptsächlich durch meine inneren visuellen und auditiven Sinne, und sie kamen schnell und unpersönlich. Bald schon wechselten meine Intuitionen zu einem mehr auf den taktilen Sinn ausgerichteten Modus, der in der Metaphysik »Hellfühlen« oder der »innere Berührsinn« genannt wird. Ich bemerkte, dass ich die Menschen mit meinem ganzen Körper spürte, nicht nur mit meinem Kopf, und ich fühlte mich viel persönlicher verbunden, wenn auch die Verarbeitung langsamer war. Ich fühlte dasselbe wie meine Klienten. Ich schaute einen Klienten an, dessen Gesicht in einem bestimmten Ausdruck erstarrt war, und spürte, wie mein eigenes Gesicht dasselbe Muskelmuster annahm. Innerhalb kürzester Zeit erkannte ich den Widerwillen, mit dem sie lebten. Wenn ich einem Klienten mit eingefallener Brust und hängenden Schultern gegenübersaß, spürte ich seine innere Haltung in mir selbst. Das rief ein Verständnis dessen hervor, warum sie sich traurig oder verzweifelt fühlten.

Wir sind wie Inseln im Meer,
getrennt an der Oberfläche, aber in der Tiefe verbunden.

William James

Während meiner Readings spürte ich häufig die physischen Symptome meines Klienten, etwa die einer Angina oder eines gebrochenen Fußgelenks. Ich hörte Musik, wenn der Klient musikalisch war, oder roch Blumen oder Meeresstrand, wenn er auf Gerüche ausgerichtet war. Manchmal spürte ich die Beschaffenheit der Energie wie Sandpapier, Asche oder Seide und erkannte schließlich, dass die Realität des anderen sich so anfühlte. Ich nannte dieses Phänomen dann »unmittelbarer Eindruck«. Ich dachte, das sei mit »beeindruckend« gemeint, allerdings auf einer sehr subtilen Ebene, als würden sich Informationen und Gefühle tatsächlich irgendwie in mich eindrücken. Ich lernte auch, mich nicht von dieser Art des Wissens behindern zu lassen. Denn sobald ich mich wieder auf die mir angeborene Fröhlichkeit konzentrierte, kehrte ich zu meinem natürlichen, relativ ausgeglichenen Selbst zurück.

Die ganze äußere sichtbare Welt mit all ihren Wesen ist eine Bezeichnung oder Figur der inneren geistlichen Welt.

Jakob Böhme[2]

2 Jakob Böhme, *De Signatura Rerum (Von der Geburt und der Bezeichnung aller Wesen)*, IV, 346 (1622). (Anm. des Übersetzers)

Vor einigen Jahren kam eine Frau zu mir, die, ohne dass ich davon wusste, in ihrer Kindheit sexuell und körperlich misshandelt worden war. Sie war angespannt und missmutig. Ich hatte das noch nicht so oft erlebt, um es als das Phänomen zu erkennen, das jetzt daraus geworden war. Als sie so militärisch gerade im Stuhl vor mir saß, die Arme über ihrer Brust verschränkt, und so tat, als wollte sie eigentlich gar nicht hier sein, fühlte ich mich zuerst eingeschüchtert und ängstlich, dann wütend. Ich war jedoch professionell beharrlich und begann mit dem *Reading*. Ich drang durch ihre Abwehrschichten hindurch, entdeckte den Missbrauch und spürte, wie verwundet und verwundbar sie war. Ich merkte, dass ich vor wenigen Minuten *ihre* Gefühle gespürt hatte. *Sie* war es, die eingeschüchtert, ängstlich und wütend war. Dann spürte ich unter alldem ihre angeborene Liebe, und Mitgefühl mit dem, was sie so heldenhaft ertragen hatte, überflutete mich.

Ich sprach mit ihr darüber, dass ich ihr wahres Selbst erlebt hatte, und sie brach schluchzend zusammen. Da verstand ich, dass sie unbewusst die Emotionen ihres Missbrauchers nachgeahmt hatte (eine negative Form von Empathie oder körperlicher Empfindsamkeit) und dieselben Eigenschaften ausagierte, die er ihr gezeigt hatte, nur auf eine andere Art. Ich dachte: »Wie viele Menschen haben ihr gegenüber wohl so reagiert, wie ich es beinahe getan hätte, indem sie ihr den Mangel an Umsorgung, die Zurückweisung, die Wut und Härte zurückspiegelten und damit ihre Wunde vertieften?« Ich lernte eine wertvolle Lektion von ihr, dass meine Gefühle sich nämlich auf das beziehen, was die Menschen um mich herum gerade spüren. Wir sind wie Stimmgabeln und kopieren die Resonanzen, die wir energetisch »berühren«.

Ich möchte betonen, dass diese Vertiefung von einer primär visuell-mentalen Ausrichtung zu einem Modus, der mehr auf die Gefühle ausgerichtet ist, bis hin zu einer noch tieferen, auf den Körper gerichteten hohen Empfindsamkeit, der Entwicklungsweg meiner Fähigkeiten war, und dieser Weg ist nicht besser als jeder andere. Manche Menschen bleiben mehr losgelöst und arbeiten vom oberen Teil des Gehirns aus oder empfangen Informationen vor allem über einen bevorzugten sensorischen Modus wie das Hören. Mein Weg hinunter durch die Ebenen des Gehirns und in eine Fusion mit dem Körper hinein war mein Lehrer. Ganz allmählich führte er mich unmittelbar zu den Prinzipien persönlicher Schwingungen, und ich freue mich sehr, das mit Ihnen in diesem Buch zu teilen.

Du kannst vieles wissen, wenn du dich in das Leben »einfühlst«

Ich habe Zehntausende von Readings über das Leben und geschäftliche Angelegenheiten durchgeführt. Während der Sitzungen entspanne ich mich in eine angenehme, nicht so klar definierte persönliche Identität hinein, erweitere mich dann und beziehe mehr Raum und Zeit mit ein, indem ich die Frequenz meines Körpers, meiner Emotionen und meines Geistes erhöhe. Ich konzentriere mich auf die Person vor mir, gleiche meine Frequenz an ihre an und werde mir dadurch eines ebenso großen Bereichs von ihr bewusst – eines Informationsfelds, das ihr Potenzial enthält. Tatsächlich vereinige ich mich gewissermaßen mit ihr oder fühle mich in sie ein. Die energetische Information taucht nun in mir auf, als wäre ich diese Person, und plötzlich erkenne ich ein komplexes Muster, das ihre irdischen Wünsche beinhaltet, die Intention ihres Herzens, was sie zulassen und was sie ablehnen, Lebenslektionen, Talente und wie es sich möglicherweise anfühlen wird, wenn die betreffende Person ihr volles Potenzial erlangt. Ich weiß das aufgrund meiner eigenen körperlichen und emotionalen Wahrnehmung. Die Herausforderung besteht nun darin, diese Masse von Informationen folgerichtig so zu artikulieren, dass sie für die andere Person sinnvoll und verständlich ist. Ich habe viele Male erlebt, dass es auf tieferen Ebenen unmöglich ist, uns von den anderen wirklich zu trennen. Wir teilen so viel miteinander. Paradoxerweise sind wir alle aber auch einzigartig. Wie all das funktioniert, ist für den Geist wirklich überwältigend!

Zuzeiten bin ich wie ausgebreitet in die Landschaft und in die Dinge und lebe selber in jedem Baum, im Plätschern der Wellen, in den Wolken, den Tieren, die kommen und gehen, und in den Dingen.[3]

C. G. Jung

Man kann denselben Prozess des *sich Einfühlens* verwenden, um auch anderes ganz tief zu verstehen: eine Familiendynamik, eine kranke Pflanze, ein Unternehmen, eine Markttendenz, ein Land. Nun weiß ich, dass dies eine Fähigkeit ist, die wir alle entwickeln. Diese Empfindsamkeit, die aus der Fähigkeit stammt, mit dem Leben zu kommunizieren, ist tatsächlich unsere ganz gewohnte Art, etwas zu erkennen. Wenn wir über eine erweiterte Schwingung auf höherer Ebene erkennen und aufeinander wirken, führt das immer zu Verständnis, Wertschätzung und Mitgefühl. Ich erzähle das hier, weil auch Sie auf unerklärliche Weise etwas über andere wis-

3 *Erinnerungen, Träume, Gedanken* von C. G. Jung. Aufgezeichnet und herausgegeben von Aniela Jaffé. Walter Verlag Zürich und Düsseldorf, 1996. (S. 229). (Anm. des Übersetzers)

sen oder eine erhöhte Empfindsamkeit erleben können, die Sie mit Informationen und Einsichten überflutet, von denen Sie nicht genau wissen, ob sie Ihre eigenen sind. Ich versichere Ihnen, dass Ihre Empfindsamkeit eine Kraft und eine unvergleichliche Fähigkeit sein kann, um das Lebensschiff sicher durch die Welt zu steuern, Ihren Geschäften nachzugehen oder Weisheit zu erlangen. Die Arbeit mit Ihrer persönlichen Schwingung wird Ihnen aber nicht nur ein tieferes Wissen vermitteln, sondern kann Ihnen dabei helfen, Ihre Ängste zu überwinden, liebevoller zu sein, echte Stabilität zu erzeugen, Ihre Beziehungen zu verbessern, das Leben, das Sie brauchen und sich wünschen, zu verwirklichen und Ihr spirituelles Wachstum zu beschleunigen.

Wie ich auf den Buchtitel stieß

Ich liebe Synchronizität, denn die Erfahrung, dass man sich mit anderen Menschen harmonisiert, dass ein Abgleich zwischen zwei Menschen erfolgen kann, ist beruhigend und unterhaltsam und richtet meine Aufmerksamkeit auf eine höhere, koordinierende, im Leben wirkende Kraft. Obwohl die Wissenschaft uns sagt, dass Zufälle in zwanzig Prozent der Fälle normal sind, achte ich trotzdem darauf, wenn Zeichen und Omina auftreten. Im Falle dieses Buches erhielt ich ein Zeichen, das mir bis ins Herz drang und die Prinzipien veranschaulichte, über die ich schreiben wollte.

Mein Vater lebte mehr als dreitausend Kilometer von mir entfernt allein in Florida und war voller widersprüchlicher, hinter einer stoischen Fassade verborgener Emotionen. Er wollte nie zu viel Zuneigung zeigen oder tief schürfende Gespräche führen – ich nehme an, aus Angst davor, die Kontrolle zu verlieren und sich zu einem heulenden Idioten zu machen. Deshalb war ich immer etwas angespannt, wenn ich mit ihm in Kontakt trat. Im Jahre 2000 starb er ganz plötzlich, nach dem Essen, als er im Lehnstuhl saß – an Herzversagen. Ein Nachbar fand ihn vier Tage später. Ich konnte es nicht glauben, dass ich das nicht hatte kommen sehen, dass ich ihn vorher nicht angerufen oder besucht hatte. Vielleicht wollte er nicht, dass ihn jemand bei seinem friedlichen Dahinscheiden störte, und hatte mich deshalb daran gehindert, seinen Tod vorherzusehen. Aber ich war trotzdem geknickt, dass ich nicht für ihn da gewesen war.

An dem Tag, an dem er starb, schrieb ich an einem Buch über Träume und konnte mich nicht konzentrieren. Plötzlich stand ich vom Computer auf und lief im ganzen Haus herum. Dann hielt ich mit einem Mal inne und starrte ins Leere. Was wollte ich da? Warum war mein kreativer Fluss blockiert? Am frühen Nachmittag beschloss ich, aufzugeben, Hockey zu spielen und dann ins Kino zu gehen. Ich wusste nicht, welcher Film lief, aber als ich dort ankam, fing gerade der Film *Frequency*[4] an mit Dennis Quaid und Jim Caviezel. Darin stellt ein Sohn fest, dass er aufgrund von merkwürdigen atmosphärischen Bedingungen über Kurzwelle mit seinem toten Vater sprechen kann. Durch diese Art der Kommunikation – indem man eine gemeinsame Frequenz findet, die Zeit und Dimensionen überbrückt – kann man Geheimnisse lösen, alte Wunden heilen und eine verbesserte Zukunft erschaffen, in der der Vater nicht so früh stirbt. Mir wurde später klar, dass ich diesen Film sah, als mein Vater starb, und dass ich damit so nahe wie möglich dahin kam, bei seinem Tod dabei zu sein. Seitdem hat dieser Film für mich eine besonders starke Bedeutung.

Zurück zur Gegenwart. Ich bin dabei, Ideen für dieses Buch aufzuzeichnen, und mein Geist schwimmt in Möglichkeiten für Zusammenhänge, Strukturen und zeitliche Abfolgen. Wie soll ich das Buch nennen? Ich fülle Seiten mit allen möglichen schlauen Formulierungen, mit modifizierenden Untertiteln, als meine Hand wie von selbst in Großbuchstaben FREQUENCY schreibt. Ich starre darauf. Ich fühle meinen Vater ganz nah, spüre, wie er mich angrinst, als ob er darauf gewartet hätte, dass ich die Pointe einer seiner zahlreichen praktischen Witze verstehe. Ich denke: »Ja, das könnte gehen. Stimmt, das könnte *wirklich* gehen! Aber, nein, das ist zu simpel. Aber, nein, das ist ein Filmtitel. Aber, ja, das ist wirklich die richtige Schwingung.« Ich zittere, sitze eine Weile mit dem Titel vor mir einfach da und erkenne, dass ich gerade dieselbe gemeinsame Schwingung erlebt habe, die die Dimensionen zwischen Leben und dem sogenannten »Tod« überbrückt, die die Charaktere in dem Film erlebt hatten. Und mein Vater freut sich enorm über die vielen Bedeutungsebenen. Ich habe gerade die Kraft und Magie von *Frequency* gespürt.

Frage dich nicht, was die Welt benötigt; frage dich, was dich lebendig macht. Und dann geh und tu das. Denn was die Welt braucht, sind Leute, die lebendig geworden sind.

Harold Whitman

Dieses Buch zu schreiben war in sich ein Akt der Bildung für mich. Als ich anfing, dachte ich, ich wüsste über Schwingungen und Empfindsamkeit Bescheid, doch die Informationen und Einsichten, die mir spontan beim Prozess des Schreibens kamen, waren überwältigend. Ich hatte sehr viel Freude daran, in diese Masse von Wissen einzudringen und sie für Sie in Worte zu fassen, ja, je mehr ich forschte, umso

4 Der Originaltitel des vorliegenden Buchs lautet *Frequency* – Frequenz. (Anm. des Übersetzers)

froher wurde ich. Die Visionen und das Verständnis, die ich über unsere kommende Realität empfing, sind in keiner Weise unheilvoll, sondern strahlend und hell. Ich heiße Sie zu dieser faszinierenden Untersuchung der Potenziale willkommen, die geduldig in mir warteten, dass diese Zeit kommen würde. Jetzt ist diese Zeit da, und ich hoffe, Sie werden sie in vollen Zügen genießen.

Penney Peirce
Marin County, Kalifornien

1
Unsere phönixgleiche Transformation

Es gibt einen Teil jedes lebendigen Dinges, das zu sich selber finden will – die Kaulquappe zum Frosch, die Raupe zum Schmetterling, der beschädigte Mensch zu einem ganzen. Das ist Spiritualität.

Ellen Bass

Haben Sie jemals das Gefühl gehabt, ein Ballon zu sein, der mit Helium gefüllt wird? Sie werden größer und größer, dehnen sich zu gewaltiger Fülle aus, und das Gas strömt immer weiter ein? Nehmen Sie sich einen Moment Zeit, und versuchen Sie, sich alles bewusst zu machen, was Sie interessiert, erfreut und kränkt. Dann beziehen Sie alle kreativen Durchbrüche mit ein, alle neuen Fakten, täglichen Entwicklungen, alles, was Ihre Aufmerksamkeit auf sich zieht, alle Kuriositäten dieser Welt. Jetzt fügen Sie noch alle Meinungen hinzu, alle Beschwerden, Heucheleien, Tragödien, Dramen und Ängste. Spüren Sie das alles in sich, wie es gewusst werden will, wie es gegen die Grenzen der dünner werdenden Membran drückt, die Ihre Realität im Dasein hält. Wie viel mehr Raum ist da jetzt, wie viel mehr Druck können Sie ertragen, ehe Ihre Realität explodiert? Es muss einfach eine andere, grenzenlosere Art des Wissens geben! Glücklicherweise befinden wir uns mitten in einem evolutionären Prozess, dessen Endergebnis neue Arten von Wahrnehmung, Identität und Realität sein werden, vollkommen frei von Beschränkungen.

Es gibt einen guten Grund dafür, dass Sie aufgeregt sind und sich unter Druck fühlen

Wenn Sie wirklich die sich entwickelnde energetische Realität mit ihrer hohen Frequenz und grenzenlosen Wahrnehmung verstehen wollen, ist es hilfreich, zu wissen, dass es einen guten Grund dafür gibt, dass Sie sich aufgewühlt fühlen, überempfindlich sind oder das Gefühl haben, die Kontrolle zu verlieren. Die Realität des Intuitionszeitalters wird das Ergebnis eines allmählichen, aber doch recht schnellen Prozesses einer Transformation auf persönlicher und gesellschaftlicher Ebene sein. Dieser Prozess kann Sie emotional und energetisch in die Mangel nehmen, er bringt Sie aber am Ende zu einem erstaunlichen Ziel, das Ihnen gefallen wird. Und: Ja, es gibt eine Straßenkarte, die Ihnen den Weg dorthin weist. Ein Verständnis des Transformationsprozesses insgesamt ist unbedingt notwendig, wenn Sie nicht von der gerade populären Denkmode zur neuesten Energietechnik hüpfen wollen und dabei die wichtigsten Komponenten verpassen, die Ihre Erfahrungen angenehmer, schneller und zusammenhängender machen können.

In diesem Kapitel möchte ich Ihnen eine Zusammenfassung von der Transformationsreise geben, auf die wir uns begeben haben, damit Sie die Rahmenbedingungen für das kennen, was mit Ihnen und der Welt geschieht. In den folgenden Kapiteln erforschen wir dann die Kraft Ihrer persönlichen Schwingung, damit Sie erfolgreich durch die verschiedenen Stadien des Transformationsprozesses steuern können. Sie werden eine gesunde und bewusste Empfindsamkeit zu entwickeln lernen, von der Sie und andere profitieren.

Wir befinden uns in einer Phase, in der ein Zeitalter auf ein anderes folgt und alles möglich ist.

Václav Havel

In der Welt der Physik, des Business, der Spiritualität und sogar in der Politik ist nun schon seit Jahren die Rede von einem Paradigmenwechsel, einem *Quantensprung*, einer *neuen Weltordnung*, dem *Schwellenpunkt*, dem *Neuen Zeitalter* und der *holografischen Wirklichkeit*. Selbst der Film *Krieg der Sterne (Star Wars)* vermittelte uns kraftvolle Bilder vom »Sprung in den Hyperraum«. Thomas Kuhn machte 1962 den Ausdruck Paradigmenwechsel populär, indem er Evolution definierte als »eine Serie friedlicher, von intellektuell brutalen Revolutionen akzentuierter Zwischenspiele«, innerhalb derer »ein konzeptuelles Weltbild durch ein anderes ersetzt wird«. Im Grunde impliziert ein Paradigmenwechsel also eine Veränderung der Art, wie wir über das Leben denken, und das führt zu einer Veränderung unseres Verhaltens. Denken Sie nur daran, wie Veränderungen der Landwirtschaft die primitiven Gesellschaften der Jäger und Sammler veränderten oder wie die Erfindung der Druckmaschine uns von der Vorherrschaft der Kirche und vom finsteren Mittelalter befreite oder wie unsere privaten Computer und das Internet dabei halfen, uns von isolierten, ortsgebundenen Einwohnern zu miteinander vernetzten globalen Bürgern zu entwickeln. So bedeutsam diese Entwicklungen aber auch waren, sie befanden sich immer noch im Bereich von *Verän-*

derung. Ich glaube, was heute geschieht, ist weit mehr als eine Veränderung. Wir leben in einer Zeit von *Transformation*. Worin besteht der Unterschied?

Veränderung + nächste Dimension = Transformation

Stellen Sie sich einen Mittagstisch vor mit Gedecken, Tellern, gefüllt mit Speisen, Getränken und einem Tafelaufsatz in der Mitte. Jetzt bringen Sie die Ordnung durcheinander – stellen den Salzstreuer in ein leeres Weinglas, legen die Papierservierten unter die Teller, das Essen auf das Tischtuch anstatt in die Servierschalen, zerbrechen die Salatteller und stellen den Tafelaufsatz auf den Kopf. Voilà! Alles ist verändert. Sie haben die bestehenden Dinge zu anderen Formen und Beziehungen neu kombiniert, aber sie alle existieren noch auf dem Tisch in Zeit und Raum, und es gibt immer noch die Wahrnehmung, dass die Dinge voneinander getrennt, solide und reglos sind.

Transformation, Metamorphose oder *Umwandlung* ist etwas völlig anderes. Diese Wörter implizieren eine alchemistische Verwandlung der grundlegenden Natur von etwas, einen Wechsel von einem energetischen Zustand in einen anderen, eine verblüffende Veränderung, die auf wunderbare Weise geschieht, wie durch Magie. Die Legende vom Phönix ist ein Beispiel für diesen »Tod« des gewöhnlichen Selbst aufgrund einer Umwandlung durch ein reinigendes Feuer (spirituelles Wachstum) und seine »Wiedergeburt« aus der Asche als eine Kreatur aus Gold (Licht und Liebe). In unserem Beispiel vom Mittagstisch würde das Wasser in seinen gasförmigen Zustand überführt und schiene zu verschwinden, oder der ganze Mittagstisch würde umgewandelt in eine Erfahrung von seiner höheren Bedeutung – Überfluss oder eine Erfahrung von Familienliebe – und er wäre dann überhaupt kein körperlicher Gegenstand mehr.

Sie sind kurz davor, einen gewaltigen Identitätswandel zu erleben

Stellen Sie sich einen einzelnen, im Raum schwebenden Punkt vor, und dass Sie dieser Punkt sind. Das Leben hat keine Dimension, keine Bewegung, und Sie haben buchstäblich kein Gefühl von Selbst. Jetzt stellen Sie sich eine ganze Reihe von Punkten vor, nahe beieinander, wie Perlen auf einer Schnur, bis eine geheimnisvolle kritische Masse von Gewahrsein erreicht ist und eine neue Realität geboren wird, die man »die Linie« nennen könnte. Sie verschmelzen vollständig mit dieser neuen Welt und vergessen Ihre Identität als einzelner Punkt. Sie werden zu einer »Linie«. Sie haben ein erweitertes Selbst und leben in einer Welt mit neuen Regeln: es gibt *Bewegung*, die vor und zurück schwingt. Sie sind viel freier, als Sie es als einzelner Punkt waren.

Wenn sich meine Identität verwandelt, verwandelt sich gleichzeitig die Realität.
Wenn sich die Realität verwandelt, verwandelt sich gleichzeitig meine Identität.

Jetzt versuchen Sie einmal, zu spüren, was geschieht, wenn sich eine Serie von Linien zusammenfindet, sich in eine zuvor unbekannte Dimension hinein aufbaut und damit einen neuen Zustand von Gewahrsein herbeiführt, der »Ebene« genannt wird. Sie vergessen Ihre Identität als Linie, Sie erfahren nicht nur Bewegung in zwei Richtungen, sondern überall in vier Richtungen – sogar in Kurven. Das Leben als »Ebene« bietet Ihnen viel mehr Möglichkeiten, und Sie können sich kaum noch an Ihr früheres, begrenztes Selbst erinnern.

Als Nächstes versuchen Sie zu spüren, was geschieht, wenn eine Serie von Ebenen nahe zusammenkommt, sich aufstapelt und sich in eine noch *andere* Dimension hinein erweitert und damit die Realität eines dreidimensionalen »Würfels« erzeugt. Sie vergessen Ihre Identität als Ebene, denn Sie haben sich jetzt für etwas geöffnet, was wie unbegrenzter Raum und grenzenlose Möglichkeiten scheint. Ihre Welt enthält Zeit, Raum und Materie: begrenzte Objekte und leeren Raum; eine innere und eine äußere Welt; eine Vergangenheit, Gegenwart und Zukunft; und eine Vorstellung von Ihnen selbst, die auf dem basiert, was von anderen Wesen an Sie zurückgespiegelt wird. Klingt das vertraut? Jetzt leben wir in dieser »würfelförmigen«, dreidimensionalen Welt, und sie bestimmt, für was wir uns halten und was wir als normal definieren.

Hier sind wir also, etwas unzufriedene, äußerst angeregte dreidimensionale Wesen, die an den Moment des nächsten evolutionären Sprunges herankommen. Was könnte Ihr Gefühl von Selbst und Welt transformieren? Es hat wahrscheinlich nicht viel zu tun mit Computern, die noch weniger *Zeit* brauchen, oder damit, in einem dreidimensionalen Raumschiff durch den *Raum* zu reisen. Die Transformation unserer Welt wird dann eine Realität werden, wenn die nächsthöhere Dimension, die vierte, in unsere »Würfelrealität« integriert ist. Sie stellen sich die vierte Dimension vielleicht als den Bereich der Seele, des Geistes vor – nicht ein Ort, sondern vielmehr eine Erfahrung von Ort, bei der alles gleichzeitig in einem *einheitlichen Feld* von Energie und Gewahrsein existiert, in dem alles andere enthalten ist, alles bekannt ist und »Liebe« die primäre Substanz bildet, aus der alles gemacht ist.

Wie wäre die Realität, wenn sich die dritte und vierte Dimension miteinander vereinigten? Ein Tipp: Sie werden kein Interesse mehr haben an einem linearen Denken in Begriffen von Ursache und Wirkung oder an eckigen Formen. Sie werden in Spiralen denken, und das Leben wird sich in schwingenden Wellen bewegen. Sie werden verstehen, dass Fraktale und Hologramme die Grundlage des Bewusstseins sind; es wird keine Distanz, keine Vergangenheit oder Zukunft mehr geben. In der neuen Realität wird die Seele die höchste Kraft sein. Bewusstsein von der wechselseitigen Durchdringung der sichtbaren und unsichtbaren Bereiche wird das Wertvollste sein, und dann wird alles möglich sein.

Die Prophezeiung der Inka über das kommende Goldene Zeitalter

In ihrem Buch *The Tenth Insight: An Experiential Guide (Die Zehnte Einsicht: Ein auf Erfahrungen basierendes Handbuch)* zitieren James Redfield und Carol Adrienne die Direktorin der *Wiraqocha Foundation*, Elizabeth Jenkins: »Die Propheten der Anden, die heiligen Männer und Frauen, sagen, dass die Zeit von 1993 bis 2012 eine entscheidende Periode in der Evolution des menschlichen Bewusstseins ist. Wir sind in die Zeit gekommen, die sie das ›Zeitalter, in dem wir uns wieder begegnen‹ nennen. In dieser Zeit, glauben die Menschen in den Anden, werden wir von der dritten Bewusstseinsebene in die vierte übergehen. Die Herausforderung besteht dabei darin, dass wir unsere kollektiven Ängste bereinigen und genug spirituelle Energie sammeln, damit die gesamte Menschheit gemeinsam in die vierte Bewusstseinsebene wechseln kann.«

Willaru Huayata, ein spiritueller Botschafter der Inkas aus Peru, sagt: »Die Kinder der Sonne haben seit uralten Zeiten existiert – seit dem letzten Goldenen Zeitalter. So, wie es im Jahr vier Jahreszeiten gibt, so folgen die großen kosmischen Zeitalter eines nach dem anderen. Nach dem

Goldenen Zeitalter kam das Silberne Zeitalter. Dann das Bronzene Zeitalter. Dann das Eiserne Zeitalter, das gegenwärtige Zeitalter, bestehend aus den letzten tausend Jahren. Dieses letzte, metallene Zeitalter hat eine stark materialistische Qualität und ist eine Zeit der Finsternis gewesen, in der die Menschen dem Egoismus verfielen und die Kräfte der Natur in negativer Weise verwendeten. Es ist eine Zeit von Kriegen, von metallischer Kälte ... Das Eiserne Zeitalter geht nun wie ein langer Winter seinem Ende entgegen. Das neue Goldene Zeitalter kündigt sich in der ganzen Welt an wie der Frühling.

Wir müssen auf den Weg der Natur zurückkehren und Erleuchtung erlangen, um die kosmischen Gesetze zu erkennen und unsere Körper als Tempel. Jeder Mensch ist ein heiliger Tempel. Der Altar dieses Tempels ist das Herz. Das Feuer der Liebe, eine Reflexion des größeren Lichts, brennt auf diesem Altar. Wir müssen dieses Licht in uns anerkennen, uns darum kümmern und es verehren. Das ist die Religion der Söhne der Sonne.«

Sie können Transformation verstehen – ein Lehrgang im Miniformat

Seit vielen Jahren habe ich im Zentrum, auf der Ebene der Seele, mit Einzelpersonen und Gruppen gearbeitet und nach Wegen gesucht, um das beschleunigte innere Wachstum zu verstehen, das die Menschen erlebten. Dabei entwickelte ich eine sehr ausführliche Beschreibung des Transformationsprozesses. Der Einfachheit halber habe ich ihn hier in neun Phasen zusammengefasst. Der Prozess ist jedoch nicht so fest umrissen. Er ist organisch, und häufig verschwimmen die Phasen ineinander. Sie werden vielleicht erkennen, dass Sie alle oder Teile einer jeden Phase schon erlebt haben sowie viele oder nur wenige der Symptome, die ich ausführlich beschrieben habe. Sie haben vielleicht die eine Phase leicht geschafft, während Sie bei einer anderen länger verweilten, oder Sie sind eine Zeit lang zwischen zwei oder drei Phasen hin und her gependelt. Vielleicht hatten Sie sogar das Gefühl, den Prozess vollendet zu haben, nur um festzustellen, dass Sie von einer neuen Welle mit noch höherer Energiefrequenz beeinflusst wurden und wieder durch den Prozess gehen, um noch tieferen Zugang zu Ihrer Seele zu bekommen. Nur ist es dieses Mal viel einfacher. Es bedarf keiner bestimmten Zeit, um durch jede Phase hindurchzugehen. Ihr Prozess wird für Sie einzigartig sein, und die Teile, die für Sie besonders wichtig sind, werden hervorgehoben. Schließlich wird jeder diesen Transformationsprozess erleben, denn er wird den ganzen Planeten beeinflussen. Je bewusster Sie sind und je mehr Eigeninitiative Sie zeigen, umso einfacher und schneller werden Sie durch diese Erfahrung hindurchkommen.

Es spielt keine Rolle, wie langsam du gehst, solange du nicht stehen bleibst.

Konfuzius

Wenn Sie die Logik des Verlaufs der verschiedenen Stadien erkennen, kann Ihnen das helfen, den Sinn Ihres eigenen Lebens und der gegenwärtigen Ereignisse zu verstehen. Bedenken Sie, dass jeder Schritt natürlich in den nächsten übergeht, und auf jeder Stufe haben Sie die Wahl: Sie können der Veränderung widerstehen oder darauf vertrauen, dass der Fluss Sie zu einem besseren Leben führt. Wenn Sie den Fluss verlangsamen oder anhalten und versuchen, Ihr altes, komfortables Level beizubehalten, dann verzögern Sie nur Ihren Fortschritt, verstärken die Angst und erzeugen überflüssigen Druck und Beunruhigung. Vertrauen Sie aber darauf, dass der Fluss von einer höheren Vernunft gesteuert wird, dass es so genau richtig für Sie ist, und wenn Sie sich dem Prozess hingeben und darauf vertrauen, dass Sie die Erfahrungen machen, die für Sie nötig sind, dann wird sich die Frequenz Ihres Körpers, Ihrer Emotionen und Ihres Geistes erhöhen, und Sie werden den Nutzen jeder Phase erleben.

Wir wollen nun ein Gefühl für die neun Stadien des Transformationsprozesses bekommen und uns die möglichen Symptome jeder einzelnen Phase des Weges anschauen, die jeweils in Ihrem Leben und in der Gesellschaft auftauchen. Die frühen Phasen des Prozesses handeln davon, alles zu beseitigen, was dem Ausdruck Ihrer Seele und der Erfahrung von Liebe im Wege steht. Das bedeutet, dass Sie sich typischerweise unwohl fühlen, denn Sie sehen Ihre Angst und das, was Sie früher geleugnet haben. Doch diese Phasen dauern zum Glück nicht ewig! Es gibt etwa auf halber Strecke des Prozesses einen natürlichen Punkt, an dem das Licht durchbricht und Sie eine tief greifende Erleichterung verspüren. Danach verschwinden alle störenden Symptome, Sie blühen auf wie eine Blume und leben glücklich, Ihrer Bestimmung entsprechend. Der Transformationsprozess beginnt, wenn Folgendes geschieht:

1. Der Geist verschmilzt mit Körper, Emotionen und Verstand

Die physische, dreidimensionale Welt, die wir für die Realität halten, beginnt auf den Zustrom von Energie hoher Frequenz zu reagieren, so wie man ein schlummerndes Kind mit dem betörenden Duft von frisch gebackenen Plätzchen aus dem Schlaf locken kann. Die vierte Dimension, die nächste

Ebene von Gewahrsein, die unmittelbar über Ihnen liegt, gibt sich zu erkennen. Einige sagen, dies sei das Ergebnis ferner, kosmischer Ereignisse oder eines »Plasma-Feldes« kosmischer Energie, das sich durch unseren Teil der Milchstraße bewegt. Was auch immer die Ursache sein mag, wenn die Frequenz der höheren Energie dieser spirituelleren Dimension abnimmt und die ganze Welt zu durchdringen beginnt, dann rührt sich etwas in Ihnen, und Sie reagieren darauf. Ihre Frequenz erhöht sich, und Sie sehnen sich nach dem Rätsel.

Ich bin aufgeregt und weiß, es gibt noch mehr im Leben!
Ich möchte etwas Besseres!

Sie erleben, dass die Grenzschichten zwischen Himmel und Erde dünner werden. Das macht Sie fröhlicher, beschleunigt Ihre Wahrnehmung und gibt Ihnen das Gefühl, dass hinter dem Vorhang etwas Wichtiges wartet. Ein Prozess der wechselseitigen Durchdringung beginnt in allmählich sich verstärkenden Wellen, was schließlich dazu führt, dass die dritte und die vierte Dimension miteinander verschmelzen. Das Niveau Ihres Bewusstseins und Ihrer Empfindsamkeit wird angehoben, und Sie erhaschen Einblicke in das, was kommen wird.

Eines der Symptome dieser ersten Stufe ist die Betonung der Einheit von Geist und Körper, was wir in der Psychologie, in der integralen Medizin, im Sport und bei spirituellen Übungen wie Meditation und Yoga beobachten können. Wenn Geist und Körper eine Einheit werden, offenbart sich das Spirituelle oder die Seele, und Sie wissen plötzlich, dass alles schon immer in Ihnen war. Sie haben eine Offenbarung davon, wie es sich wirklich anfühlt, *als Ihr Körper* in Ihrem Körper zu sein, und dass jede Zelle bewusst ist, und Sie wissen sofort, wie und warum Ihr Körper instinktiv auf jede beliebige Situation reagiert. Sie verstehen, dass alles Physische in gewisser Weise bewusst ist.

Vielleicht entwickeln Sie Interesse daran, in die Kirche zu gehen oder an spirituellen Gruppen teilzunehmen, das Weltliche zu spiritualisieren, achtsam zu sein, Intuition zu entwickeln, mit Intention zu träumen, Ihren Sinn im Leben zu entdecken und mithilfe von Kornkreisen, Himmelskörpern, Medien, religiösem Mystizismus oder Nahtoderfahrungen mit »übernatürlichen« Bereichen in Verbindung zu treten. Vielleicht erforschen Sie auch die hintergründigen Grundlagen des Lebens mithilfe von Physik, Astronomie, Mikrobiologie, Ozeanografie und genetischer Forschung. Oder Sie interessieren sich für energetische Orte der Kraft oder verborgene Geheimnisse – wie die antiken Mysterien, neue Formen von Medizin, ausgestorbene Lebensarten, solche Lebensformen, die in der Evolutionskette fehlende Glieder sind, oder »Zivilisationen« im Inneren der Erde.

Viele Menschen erfahren erstmals, dass eine neue Energie durch die Dichte des Massenbewusstseins hindurchdringt. Diese Energie berührt deine spirituelle Seite und veranlasst sie, die Freiheit zu finden, sich auszudrücken, und sie verstärkt die innere Stimme in deinem Herzen. Diese neue planetarische Energie ermöglicht es den Menschen, mehr über das Herz und sein Potenzial bei allen menschlichen Angelegenheiten nachzusinnen.

Doc Childre

2. Die Frequenz des Lebens erhöht sich in jeder Hinsicht und überall

Die spirituelle Frequenz durchdringt die physische Welt, einschließlich der Planeten und Ihres eigenen Körpers, und sie durchtränkt auch Ihren Geist und Ihre Emotionen. Ihr Körper bringt sich auf Touren, um sich den höheren Schwingungen anzupassen, und das stört am Anfang das Niveau Ihres Komforts. Hochfrequente Energie aktiviert sowohl positive als auch negative Emotionen, und das macht Ihnen die eigenen Emotionen mehr bewusst.

Ihr Herz mag schneller schlagen oder einen Schlag aussetzen. Sie können auch Wellen innerer Hitze spüren. Ihr Körper ist nicht nur heißer und geschäftiger, sondern Ihre Gefühle sind auch übermäßig stark, und Sie erleben manchmal dramatische Hochgefühle, dann wieder geht es Ihnen total schlecht, und Sie haben unberechenbare emotionale Entladungen. Sie können überempfindlich werden und das Gefühl haben, Sie stünden unter Strom und könnten den Druck nicht mehr aushalten. Sie können sehen, wie Ihr eigener Prozess des »Erhitzens« der globalen Erwärmung entspricht. Man ist jetzt schnell intolerant gegenüber Lärm, Menschenmengen, Allergenen, gewissen Nahrungsmitteln oder den Medien.

Ich fühle mich zittrig und nervös. Alles ärgert mich.
Mein ganzer Körper schmerzt. Ich bin müde, kann aber
nicht schlafen. Ich will, was ich will, und zwar JETZT!

Sie merken vielleicht, dass Sie eine verkürzte Aufmerksamkeitsspanne haben, dass Ihr Kurzzeitgedächtnis nachlässt, dass Sie weniger motiviert oder desorientiert sind. Körperlich können Sie sich erschöpft fühlen und öfter krank sein als normal oder mehr Schmerzen und Leiden spüren. Sie fühlen sich vielleicht hyperaktiv, ungeduldig, irritiert und unfähig zu entspannen. Schlaflosigkeit ist häufig und wechselt sich ab mit Zeiten, zu denen Sie wie ein Toter schlafen. Viele Menschen ziehen sich in ihren Kopf zurück zu der vertrauten Logik und dem Verlangen nach unbegrenztem Zugang zu Informationen. Man wird leicht zum Sklaven sofortiger Befriedigung. Vielleicht versuchen Sie, Ihrem unbehaglichen Körper zu entfliehen, indem Sie geistesabwesend sind oder in einer Fantasiewelt leben, sich durch die Probleme und das Leben anderer Leute ablenken lassen, sich quälen oder sich sehr viele Sorgen machen. Es kann zu einer überhöhten, »überaktiven« Frequenz und zu Fehlfunktionen des Körpers kommen, wie Krebs, Virenbefall, Fieber, Infektionen, Ausschläge, Allergien, ADHS und Nervenkrankheiten.

Es gibt aber auch positive Wirkungen dieser Phase, die vor allem dann auftreten, wenn Sie die hohen Frequenzen durch sich hindurchfließen und Ihren Körper sich ganz natürlich anpassen lassen. Dann erleben Sie eine größere Vitalität und Ausdauer, ein höheres Gewahrsein, und das bedeutet Gefühle höherer Frequenzen (Liebe, Großzügigkeit, Freude, Enthusiasmus) und Gedanken und Motivationen höherer Frequenzen (Innovation, Kreativität, Inspiration, Versöhnlichkeit, Dienen und Heilen). Dann sehnen Sie sich danach, mehr zu wissen, die Geheimnisse zu erforschen und Ihre Seele zu erleben. Sie verstehen, dass positives Denken und Liebe heilen können, und Sie möchten Ihren Körper rein halten (abnehmen, entgiften, verjüngen, Sport treiben, sich bewusst und geschickt bewegen).

3. Das persönlich-kollektive Unterbewusstsein leert sich

Wenn sich die Schwingungsrate Ihrer Emotionen und Ihres physischen Körpers erhöht, können unterbewusste Blockierungen – auf Angst beruhende Emotionen mit niedriger Frequenz – nicht mehr gespeichert und unterdrückt werden. Niedrige Frequenzen können in einem Feld von Energie und Bewusstsein hoher Frequenz nicht existieren. Die Blockaden reagieren wie Popcorn auf Hitze, sie explodieren aus ihren Verstecken heraus in den bewussten Geist hinein. Dadurch tauchen unterdrückte Erinnerungen auf, persönliche Dramen und Traumata ereignen sich, und der alte Glauben an Begrenzungen und Negativität wird unbewusst wieder ausagiert. Sie erleben Scham, Trauer, Terror, Hass und die finsteren Winkel Ihrer Psyche. Sie müssen sich dazu entscheiden, die Heldenreise durch die Unterwelt anzutreten und in das Unterbewusste und Unbekannte vorzudringen, um Verständnis zu gewinnen. Natürlich gibt es sehr viel Widerstand dagegen, und es braucht Mut dazu. In diesem Stadium hilft es, wenn man weiß, dass es bewährte Methoden gibt, die das Weitergehen erleichtern. Diese Phase dauert nicht ewig, und was an Unangenehmem an die Oberfläche kommt, das sind nicht Sie.

Tendenziell werden Pessimismus und Ängste stärker. Ihre Fantasien können intensiv werden, sogar heftig und beängstigend, und was Sie sich in den schlimmsten Träumen ausmalen, könnte Wirklichkeit werden. Sie erleben eine Destabilisierung dessen, was im Gleichgewicht zu sein pflegte, sowie Beklemmungen und Panikattacken, und Sie befürchten, womöglich verrückt zu werden oder eine Persönlichkeitsstörung zu entwickeln. Skandale, Tabus, Missbrauch und Ihre Leichen im Keller werden öffentlich zutage treten. Geheimniskrämerei und Privatsphäre gehören der Vergangenheit an. Sie erleben vielleicht Explosionen – Aneurysmen, aggressive Fahrweisen, häuslichen Missbrauch, terroristische Gewaltakte und Vulkanausbrüche, denn der Deckel des Dampfdrucktopfs geht in die Luft. Oder Sie entwickeln chronische Schmerzen, wenn Erinnerungen an schmerzlichen Missbrauch ans Tageslicht kommen.

Ich bin bestürzt und voller Angst.
Das Leben ist zu intensiv und lässt mir keine Ruhe.
Meine schlimmsten Ängste werden Wirklichkeit.
Ich kann mich nicht beherrschen!

Ihr unbewusster Geist öffnet sich wie die Büchse der Pandora, und Sie bemerken ein verstärktes, dualistisches Entweder-oder-Denken. Überzeugungen, die aus einer Angst herrühren, beruhen auf Polarität. Zum Beispiel: »Wenn ich laut bin, werde ich bestraft, also muss ich leise sein.« Jetzt bemerken Sie viele Polaritäten und die damit zusammenhängenden Überzeugungen und Emotionen: gut–schlecht, innen–außen, schwarz–weiß, männlich–weiblich, jung–alt, intelligent–dumm, schön–hässlich, Gewinner–Verlierer, Leben–Tod. Sie lernen, wie viel Willenskraft es kostet, solche Gegensätze getrennt zu halten, da die beschleunigte Energie sie verbinden möchte, damit sie ineinanderfließen und zueinander werden – wie die fließende Acht im Yin-Yang-Symbol. Wenn das geschieht, erleben Sie die Schattenseite, der Sie immer Widerstand geleistet haben. Wenn Sie die Energie dann wieder auf die Lichtseite weitertreibt, sehen Sie, wie Dunkel und Licht, in ihren positiven Aspekten, einander mit Energie versorgen. Aber anfänglich betont der Druck der Bewegung die Blockaden der fließenden Achterfigur, wo immer sie sich auch befinden – Ihre Vorurteile, Fixierungen und Widerstände.

Natürlich ist es einfacher, Ihre unbewussten Fixierungen in den anderen zu entdecken und zu denken, dass sie *nur* in den anderen existieren: »Ich muss ruhig sein, also bist du schlecht, weil du so laut bist und so viel Aufmerksamkeit brauchst.« Sie sind intolerant und möchten Dinge und Menschen zurückweisen, die Ihrer Ansicht nach anders sind als Sie – in Aussehen, Charakter, Intelligenz, Geschicklichkeit oder Energieniveau. Sie fühlen sich vielleicht bedroht, verraten oder eifersüchtig. Vielleicht geben Sie sich die Schuld, verurteilen sich und andere und verfangen sich in einem endlosen Auf und Ab, in besser–schlechter, anziehend–abstoßend, aggressiv–defensiv oder Polaritäten besitzen–ablehnen.

Streitlust, Beschimpfungen, Szenarien von »wir im Gegensatz zu denen« sowie Verurteilungen nehmen zu. Beziehungen, besonders solche, die auf einem Mangel an Aufrichtigkeit und Kommunikation basieren, werden schwierig, kommen in eine Sackgasse und brechen auseinander aufgrund von Beschuldigungen, Kritik und der Weigerung, sich zu ändern. Sie werden eventuell auch eine Scheidung erleben, Gerichtsverfahren, Probleme mit den Nachbarn, Familienstreit oder eine Sehnsucht nach dem vollkommenen Seelengefährten. Auch folgende Dinge werden mehr ins öffentliche Interesse rücken: durch Hass motivierte Verbrechen, Folterungen, Voyeurismus, übermäßiger Tabakgenuss, Fernsehprogramme, die vermeintliche Wirklichkeiten wiedergeben (Reality TV), Gerichtsmedizin und die Aufklärung von Kriminalfällen, voreingenommene politische Experten, sarkastische Talkshow-Moderatoren und Psychotherapie. Es können vermehrt Krankheiten auftreten, die mit Chaos und Panik zusammenhängen, wie Asthma, Schizophrenie, bipolare und Borderline-Persönlichkeitsstörungen oder Epilepsie.

Aber es gibt auch positive Resultate dieser Phase, wenn Sie die hochfrequenten Energien durch sich hindurchfließen lassen und sich geduldig und liebevoll in auftretenden Situationen verhalten. Dann lernen Sie, dass Sie Polaritäten, die Sie nicht mögen, nicht vermeiden können: Sie müssen zulassen, dass jede Möglichkeit ein Teil Ihres Lebens ist. Sie akzeptieren das Konzept des »Widerspiegelns«, nach dem das, was in Ihnen ist, in gewisser Weise auch in mir ist, und umgekehrt. Sie lernen, beide Seiten jeder Polarität anzuerkennen, und spüren, wie sie einander nähren und wie Sie Energie und Informationen von bisher abgelehnten Teilen Ihrer selbst bekommen können. Sie gewinnen bewusste Einsicht in Ihre zuvor unbewussten emotionalen »Auslöser«.

Selbst wenn du hundert Jahre alt wirst, ist auch das noch eine wirklich kurze Zeitspanne. Warum sie also nicht für diesen Evolutionsprozess verwenden, deinen Geist und dein Herz zu öffnen, mit deiner wahren Natur in Verbindung zu treten – anstatt immer besser zu werden im Festlegen, Gierigsein, Erstarren und Aufgeben?

Pema Chödrön

4. Sie ziehen sich zurück, verschanzen sich wieder und leisten Widerstand

Gerade dann, wenn es so aussiehst, als hätten Sie sich von Ihren Ängsten befreit, die Sie seit Jahren mit sich herumgetragen haben, und als hätten Sie Ihre emotionalen Verletzungen ein für alle Mal geheilt, schreitet Ihr Ego ein – der Aspekt Ihres Geistes, der in Angst und Selbstschutz wurzelt – und schreit: »Ich bin nicht bereit zu sterben!« Es kämpft um die Erhaltung der alten, schwierigen und gewohnten Verhaltensweisen und vermeidet mit aller Kraft, voller Vertrauen loszulassen. Sie stürzen sich in Überlebensmechanismen – Kampf oder Flucht – mit atemberaubender Raffinesse.

Ich muss mich nicht ändern!
Ich bin in meiner eigenen Welt und habe recht!

Sind Sie eine Kämpfernatur, fühlen Sie sich vielleicht unverwundbar und groß in einem panzerähnlichen Geländewagen oder in einem opulenten Haus, oder Sie nehmen es mit der Welt auf mit aggressiver Arbeitssucht und starren Glaubenssystemen, oder Sie trinken zu viel starken Kaffee. Sie verteidigen Ihre Persönlichkeit, Ihren schroffen Individualismus und Patriotismus, und Sie sind selbstgerecht, prahlerisch, narzisstisch, wütend oder sogar gewalttätig. Vielleicht möchten Sie berühmt, mächtig oder reich sein, sich einer Schönheitsoperation unterziehen oder mit Ihrem Besitz prahlen. Sie streben nach Sicherheit, indem Sie Ihre Umgebung und andere kontrollieren, und wenn Sie erkennen, dass Sie nicht alles kontrollieren können, wird Ihr Verhalten womöglich von Hartnäckigkeit, Zynismus, Sarkasmus oder streitlustiger Apathie und Respektlosigkeit geprägt. Sie finden es cool, unangemessene, unfreundliche und unmoralische Dinge zu tun, wenn Ihnen danach ist. Patriarchalische Machtstrukturen wie die Regierung, das Militär, die Geschäftswelt und Religion üben einen verzweifelten und cleveren Einfluss auf andere aus. Sie halten die Kontrolle mit Verführung, Hypnose, offenkundigen Lügen und übertriebener Angst aufrecht.

Die Leute machen mich verrückt.
Sie sollen einfach nur verschwinden!
Ich fühle mich in Konflikten gefangen.

Wenn Sie konfliktscheu sind, werden Sie vielleicht bedrohliche Ideen wieder unterdrücken, Veränderungen Widerstand leisten, nach Sicherheit gieren oder sich in ein perfekt eingerichtetes, gemütliches Zuhause zurückziehen mit einem riesigen Fernseher. Oder Sie verkriechen sich in Beziehungen mit den Eltern oder autoritativen Ersatzeltern. Sie werden vielleicht zu viel oder zu wenig essen, durch Frustessen zunehmen oder magersüchtig werden und sich mit Musik und

Filmen abstumpfen, die mittels winziger elektronischer Apparate direkt in Ihren Kopf gesendet werden. Vielleicht tun Sie auch so, als gebe es gar keine Probleme, indem Sie Ihre Rolle als fröhlicher Mensch weiterspielen, oder Sie flüchten in eine Nostalgie für die Vergangenheit, in Zukunftstrends, Fantasien über andere Welten, oder Sie werden sogar suizidal. Sie haben vielleicht das Gefühl, mit dem Leben auf der Erde fertig zu sein, und möchten sich zu den Engeln oder Außerirdischen gesellen. Ihre Tatenlosigkeit und auf Widerstand beruhende Krankheiten können zunehmen – dazu gehören Zwangsstörungen, Schlaganfälle, Knochenerkrankungen, Arthritis, Organversagen, Suchterkrankungen, Depression, alle möglichen Arten von Lähmungen und Erschöpfungssyndrome.

Zu den positiven Resultaten dieser Phase zählt, dass Sie möglicherweise plötzliche Durchbrüche auf allen Gebieten Ihres Lebens feststellen, einschließlich heilsamer Einsichten, was Ihre Verletzungen angeht. Probleme, die aus einer schwierigen Kindheit stammen, können sich in Luft auflösen, Isolation kann einer fruchtbaren Kooperation mit anderen weichen, und Dinge, die Sie früher heftig reagieren ließen, lassen Sie nun eher kalt. Sie durchschauen das Chaos, in dem andere gefangen sind, glauben nicht mehr an die Verführungen und finden mit großer Klarheit Ihren eigenen Weg nach vorn.

Alte Strukturen brechen zusammen und lösen sich auf.

Wir können dem Unvermeidlichen nur eine bestimmte Zeit lang Widerstand leisten. Viele Menschen geraten in Panik, wenn sie erfahren, dass das Ego auf persönlicher und gesellschaftlicher Ebene stirbt, denn sie glauben, das sei das Ende der Welt. Das stimmt aber nicht – es ist nur die Schlange, die sich häutet. In Wirklichkeit verändert sich die Art, wie Sie sich identifizieren, von einem begrenzten zu einem sehr viel erweiterten Selbst. Handeln Sie auf isolierende, sich selbst beschützende, kontrollierende oder attackierende Weise, hat das jetzt unmittelbare negative Auswirkungen. An diesem Punkt ist es gut, Hilfe bei einem Freund zu suchen, bei einem Therapeuten, Priester, Guru, bei dem Zwölf-Schritte-Programm oder bei den Engeln.

Ich muss mich ändern, denn nichts geht mehr.
Ich muss loslassen. Ich weiß nicht, wer ich bin!

Wenn Sie lernen, Ihre auf Angst basierende Vergangenheit zu klären, werden viele Dinge, die Sie für wichtig hielten, und die vielen Arten, auf die Sie Ihrem Leben einen Sinn gegeben haben, nutzlos und sogar langweilig, und Sie lassen von ihnen ab. Beziehungen, die auf gegenseitiger Abhängigkeit basieren, werden enden. Alte Methoden bringen keine Resultate mehr. Alte Gewohnheiten fallen weg, und alte Institutionen werden lahmgelegt und brechen zusammen. Sie bemerken häufiger Lügen, Unglauben, leere Geschichten, langweilige Gelegenheiten, untalentierte Menschen, kunstlose Kunst und pathetische Bemühungen, persönliche Schwächen zu verbergen. Sei fühlen sich vielleicht angewidert. Ihre Lieblingsideen, Ihre Glaubenssätze, Ihre Weltanschauung haben nicht länger Bestand. Sie haben es satt, sich immer wieder Ihre eigene Lebensgeschichte wie eine Litanei erzählen zu hören, und Sie fühlen sich dadurch eingeengt.

Wenn Sie an Menschen, Besitztümern, Situationen, Vorstellungen oder Gewohnheiten festhalten, werden Sie gezwungen, sie loszulassen. Sie erleben vielleicht dramatische finanzielle Verluste oder Bankrott, oder Sie verlieren Ihre Arbeit, Ihr Haus, Ihre Freunde, Ihren Hund, Ihre Katze oder

Ihre Familie. Es gibt mehr Tote in Ihrer Familie als jemals zuvor in Ihrem Leben. Ihre sorgfältig gefassten Pläne mögen sich wegen der Umstände ändern, die außerhalb Ihrer Kontrolle liegen. Genauso wird jede Gesellschaft versagen, die egoistisch handelt – dominierende Politiker, empörend hoch bezahlte Geschäftsführer, Verehrung privilegierter Berühmtheiten oder die Kirche, die pädophile Priester in Schutz nimmt; sie muss versagen und einem neuen, hochfrequenten Verhalten Platz machen.

Wenn das Obere dem Niederen einfließt, verwandelt sich
die Natur der Niederen in die des Oberen.

Meister Eckhart

Wenn sich alte Formen auflösen, können Sie Enttäuschung erleben. Es kann sein, dass Sie nun nicht mehr sicher sind, wer Sie sind, worauf Sie sich verlassen können oder warum Sie hier sind. Ihre Grenzen sind unscharf geworden, Sie sind offen für Eindringlinge – Keime, Parasiten, Allergene, dominante Freunde, Diebe, Terroristen und nicht physische Entitäten. Vielleicht zwingt Sie ein Sturz, ein Unfall oder eine Verletzung innezuhalten. Ihr Körper kann anfällig sein für Krankheiten, die auf einem Kontrollverlust beruhen, wie Ohnmacht, Durchfall, Parkinson-Krankheit, Alzheimer oder Multiple Sklerose. Es können auch andere Themen auftauchen, wie Börsenkräche, in Ungnade fallende Personen des öffentlichen Lebens, die Chaostheorie, schwarze Löcher, der Tod und das Leben nach dem Tod, Armageddon, Reinkarnation, Transformation, die Heldenreise, Monster und außerweltliche Kreaturen, Geister, Engel, Versöhnlichkeit, Fasten und spirituelles Heilen.

Zu den positiven Resultaten dieser Phase gehört, dass Sie

die Ablösung von Dingen zulassen, die Sie nicht brauchen, dass Sie feststellen, wie unwichtig äußere Regeln werden, dass Sie aus sich selbst heraus angeleitet werden und dass Sie erkennen, dass Sie nach den inhärenten universellen Prinzipien natürlicher Harmonie und Ordnung leben. Sie erfahren mühelose Anleitung durch Ihre eigene, höhere Weisheit. Das Versagen alter Strukturen ist ein natürlicher Weg, auf dem Sie das Leben auf Ihr neues Selbst vorbereitet.

6. Sie halten inne, lassen los und entspannen sich in Ihr wahres Selbst

Schließlich erreichen Sie einen Punkt, an dem Sie aufhören, zu kämpfen und sich abzumühen. Nichts funktioniert. Vielleicht kommen Sie an einen Tiefpunkt, oder ein mysteriöser Erleuchtungsmoment durchströmt Sie eines Tages und offenbart Ihnen die einfache Wahrheit. Sie werden vollkommen in den gegenwärtigen Moment hineingesogen, fort von Ihrem kontrollierenden Ego. Sie können sich nicht mehr dazu bringen, das zu tun, was immer so gut funktioniert hat, und zum ersten Mal bekommen Sie ein echtes Gefühl für die Schwingung Ihrer Seele. Dort sind Einfachheit, Raum, Ruhe, Freiheit und Frieden. Wenn Sie zum ersten Mal diesen Zustand erfahren, fühlt er sich aber vielleicht wie eine Leere an, und Ihr Geist mag in Panik geraten und fortspringen, zurück in die Geschäftigkeit, in die gewohnten Verhaltensweisen und Vorstellungen. Wenn Sie dann die Dinge einfach so sein lassen, erleben Sie die Tiefgründigkeit Ihres eigenen Wesens, und diese Erfahrung verwandelt sich in Erleichterung, Gnade und letztendlich Freude. Plötzlich wissen Sie mit Ihrem gesamten Körper, wer Sie sind! Sie haben losgelassen, haben das wahre Zentrum gefunden, und es fühlt sich großartig an! Ego? Wer braucht das denn! Ihnen geht es gut, sogar fantastisch – einfach so, wie Sie sind. Sie haben das »Ende des Fortschritts« erreicht. Es geht nicht mehr darum, mehr zu tun.

Jetzt kommen Sie in eine Periode, in der Sie vielleicht wenig motiviert sind und sich wie in der Schwebe fühlen, in der Sie sich danach sehnen, Zeit in der Natur oder allein mit sich zu verbringen. Oder aber Sie stellen alles infrage, alles, was Sie bisher getan haben, alle Ihre Ziele, denn sie passen anscheinend nicht mehr und sind für Sie nicht länger interessant. Sie geraten aber nicht in eine Opferrolle, wenn Sie darüber nachdenken. Sie sind viel neutraler, als wären Sie ein Wissenschaftler, der eine außerirdische Lebensform beobachtet. Sie konzentrieren sich darauf, sich, die anderen und das Leben bedingungslos anzuerkennen, alles loszulassen und zu vertrauen. Dies ist eine Zeit der Reife, in der Sie durchtränkt sind von der Frequenz Ihrer eigenen Seele, und Sie empfangen klare, wenn auch subtile Signale unmittelbar aus Ihrem innersten Zentrum. Jetzt ist es hilfreich, vollständiger in Ihren Körper einzudringen, sensorisches und künstlerisches Gewahrsein zu aktivieren, Schönheit und einfache Freuden wertzuschätzen und Dinge zu tun, die arglose, gleichsam kindliche Beteiligung zulassen.

Wenn ich loslasse, fühlt sich das gut an!
Ich kann mein wahres Selbst überall spüren,
und ich liebe es! Ja, ich ziehe es allem anderen vor,
und von jetzt an weigere ich mich,
diese Erfahrung für irgendetwas anderes aufzugeben.

In der relativen Stille können Sie fühlen, dass Ihre Prioritäten, Ihre Glaubenssysteme und Moleküle neu angeordnet werden, dass Sie neu »verdrahtet« werden. Sie erkennen die letzten Überreste dessen, was an Ihrem Leben nicht wahr ist, und beschließen, an der Welt nicht mehr länger unauthentisch teilzunehmen. Es mag offensichtlich sein, dass Sie nicht mehr richtig in die übrige Gesellschaft passen, und Sie müssen dem Druck der anderen widerstehen, zu vertrauten Gewohnheiten zurückzukehren.

Das ist jetzt der Schlüssel zu einem tief empfundenen Gefühl für Ihre Seele, zu einer Erfahrung Ihrer *Eigenfrequenz* oder Ihrer höchsten persönlichen Schwingung. Sie können sich jetzt immer wieder dafür entscheiden und sich darin zentrieren, wenn Sie zu weit abschweifen und verwirrt sind. Wir werden in Kapitel 5 ausführlicher erforschen, was das genau heißt und wie Sie das anstellen können. Wenn diese Erfahrung, »sich im Zentrum zu Hause zu fühlen«, zur Routine geworden ist, geben Sie sich selbst das Recht, Ihr neues Selbst und die neue Wirklichkeit zu bevorzugen. Dies ist der entscheidende Wendepunkt, an dem Sie vorsätzlich die Wahl treffen, wer Sie sein und in was für einer Welt Sie leben wollen. Jetzt interessieren Sie andere Dinge wie die Kraft des Jetzt, das Gesetz der Anziehung, Meditation, Authentizität, die Seele, Gebete, Segnungen, Erneuerung, Visionsreisen und alle Arten spiritueller Übung.

Zu den positiven Resultaten dieser Phase gehört, dass sich, wenn Sie diese Wahl einmal getroffen haben, die Gezeiten Ihres Lebens ändern und Ihre Gesundheit und Ihr Glück sich dramatisch verbessern. Sie werden feststellen, wie viel besser Sie sich fühlen – körperlich und emotional –, wie viel einfacher es ist, kreativ und erfolgreich zu sein. Sie sind empfänglich für Einsichten, erinnern sich an Wahrheiten über sich selbst, die Sie schon lange vergessen hatten, und Sie erlangen, häufig ganz plötzlich, ein tieferes Verständnis. Jetzt müssen Sie nur noch diese neue Gewohnheit praktizieren, nämlich in Ihrer Eigenfrequenz zu verbleiben und mit dem Grad Ihrer Energie und Ihres Gewahrseins zurechtzukommen.

Der Weg des Kreativen führt durch Veränderung und Transformation, damit alles seine wahre Natur und Bestimmung erhält und in eine beständige Übereinstimmung mit der Großen Harmonie kommt: Das allein führt weiter und ist dauerhaft.

Alexander Pope

7. Sie tauchen wieder in der Welt auf, wie Phönix

Nach dem großen Wendepunkt in der sechsten Phase gibt es keine weiteren störenden Wirkungen auf Ihre Energie und Ihr Gewahrsein. Von hier aus geht es nur noch bergauf! Teil Ihrer Identifikation mit der Schwingung Ihrer Seele besteht darin, dass Ihre Wahrnehmung sich vom alten zum neuen Selbst hin verschiebt und das Leben sich nun anders verhält. Jetzt brauchen Sie keine Willenskraft mehr, um das Leben zu meistern. Sie erkennen, dass es bereits meisterhaft funktioniert. Sie verstehen, dass Sie in einem Zustand der wechselseitigen Unterstützung mit allem und jedem verbunden sind und dass das Leben Ihnen hilft, das zu tun und zu bekommen, was für Sie nötig ist. Sie interessieren sich jetzt für Selbst-Erfüllung und Eigenverantwortung. Sie sind »mit sich selbst beschäftigt« – im wahrsten und besten Sinne dieser Worte. Sie möchten etwas Innovatives tun, das Ihr Körper, Ihr Geist und Ihre Seele gemeinsam erschaffen.

Ich erinnere mich daran, warum ich hier bin,
und jetzt möchte ich damit weitermachen!
Ich bin begeistert von meiner eigenen Bestimmung!
Ich kann meine neue Frequenz leicht aufrechterhalten,
selbst wenn andere Leute auf niedrigerem
Niveau schwingen.

Wenn Sie anderen begegnen, die diese Umwandlung noch nicht durchgemacht haben, brauchen Sie keine Angst vor ihnen zu haben und davor, dass sie Sie herunterziehen könnten. Stattdessen nehmen Sie die Rolle eines Lehrers, eines Heilers oder Mentors an und verwenden Ihre höhere Frequenz für das übergeordnete Wohl. Sie sind voller Hoffnung, enthusiastisch, optimistisch, vertrauensvoll und inspiriert. Innovationen sind im Überfluss vorhanden. Sie sind motiviert, Ihre Bestimmung zu erkennen, fühlen sich ihr vollkommen verpflichtet und leben sie. Sie suchen von ganzem Herzen nach der speziellen Arbeit, für die Sie wie geschaffen sind, und danach, wie Sie Ihr Selbst am besten zum Ausdruck bringen können. Sie ehren die tief sitzenden Tendenzen, die von Geburt an in Ihnen steckten, und beseitigen alle antreibenden Motive, damit Sie Ihren natürlichen und mühelosen Ausdruck finden können. Oberste Priorität hat nun die Entwicklung Ihrer Intuition. Ihr Herz soll offen und weich bleiben, und Sie entdecken überraschend neue Richtungen, Orte und Wohltäter, die dann auftauchen, wenn keine Angst mehr vorhanden ist. Sie bekommen Unterstützung, Botschaften und Chancen, Wunder ereignen sich, und Sie haben das sichere Gefühl, dass Sie das verdient haben – und all das gibt Ihnen Mut.

Ihr am meisten reales Motiv ist nicht, Ziele zu erreichen, sondern vielseitig zu sein und mitzufließen, damit Sie in der Lage sind, sich in etwas vollkommen anderes zu verwandeln, wenn das Leben Sie in eine neue Richtung schicken will. Ziele zu verwirklichen ist einfach und macht mehr Spaß, und Ihre Vorstellung von Zeit verändert sich vollständig, indem Vergangenheit und Zukunft in einem erweiterten gegenwärtigen Moment verschwinden.

Transformation bedeutet wörtlich, über deine Form hinauszugehen. *Wayne Dyer*

8. Die Erfahrungen von Beziehung, Familie und Gruppen ändern sich grundsätzlich

Jetzt spüren Sie, wie sich individuelles und kollektives Bewusstsein ganz innig gegenseitig durchdringen, und Sie erkennen sich selbst als persönliches Selbst (ich) und als kollektives Selbst (wir). Sie fühlen, wie sich Ihr Leben und das der anderen gegenseitig beeinflussen. Das führt dazu, dass Sie sich für Ihre Handlungen und Gedanken verantwortlich fühlen, und das ist der Weg, freundlich mit anderen umzugehen. Sie müssen sich nicht mehr in Erinnerung rufen, dass Sie sich an die Goldene Regel halten wollen, denn es ist nun schmerzhaft, dies nicht zu tun.

Ich kann mein Wissen um die neue Frequenz dazu verwenden,
meine Beziehungen exponential zu erweitern!
Die anderen helfen mir gern, und ich helfe ihnen gern!

Sie sind toleranter und menschenfreundlicher. Sie sehen die Gemeinsamkeiten der Menschen und können Unterschiede als interessant und wertvoll aushalten. Sie arbeiten kollegial aus einem Gefühl von Verbundenheit und Verwandtschaft heraus und sehen Ihre Beziehungen als Aspekte Ihrer selbst. Sie sind imstande, frei zu geben und zu empfangen, wie das Fließen es verlangt. Das hat eine tief greifende Auswirkung auf Ihr Gefühl für Überfluss und dafür, was für Sie bereitsteht. Das versetzt Sie in die Lage, fantasievoller, kreativer und produktiver zu sein, weil Sie wissen, dass Sie Hilfe haben und dass andere Ihre Hilfe brauchen.

Sie entwickeln ein neues Verständnis von der aufnahmefähigen Yin- und der dynamischen Yang-Energie sowie der rechten und linken Gehirnhälfte. Sie sind ausgeglichen aufgrund der gleichmäßigen Entwicklung Ihrer rezeptiven, intuitiven und auswählenden sowie Ihrer aktiven, konzentrierenden und kreativen Seiten. Dadurch kann Ihre Wahrnehmung fließender und kreativer werden und sich dauernd erneuern. Wenn Sie das Gleichgewicht von Gewahrsein und Energie, von Yin und Yang verstehen, erkennen sie Parallelen zwischen diesen Qualitäten und der Geschlechterdynamik in Beziehungen. Sie finden ein neues Gewahrsein von dem, was in Beziehungen zwischen zwei innerlich ausgeglichenen Menschen möglich ist, und zugleich von den Möglichkeiten neuer Verhaltensweisen beider Geschlechter.

> Begrüßung bei den Maya: »In La'kech«
> (ausgesprochen: ein lah kesch).
> Das bedeutet wörtlich: »Ich bin ein anderes Du.«

Sie sind ruhiger und mitfühlender, wenn Sie Beziehungen eingehen oder sie beenden, denn Sie fühlen den Sinn der Seele für das Zusammenkommen und Auseinandergehen. Sie können häufig von der reinen Großartigkeit der Liebe überwältigt sein. Vielleicht beobachten Sie eine Erweiterung der Definitionen von Heirat, Familie, Gruppenarbeit, Organisationen und sogar internationaler Politik. Zusammenarbeit, Fremdbestäubung, gemeinsames Austauschen, Rollentausch und eine Profitverlagerung treten in Erscheinung zusammen mit einer Ausbreitung neuer Partnerschaften, Netzwerke und einer raschen Globalisierung.

Sie sind authentisch Sie selbst, ohne dass Sie darum ringen müssten. Gleichzeitig können Sie mit dem verschmolzenen *Gruppengeist* in jedem Team arbeiten und zu komplexeren, vollständigeren, hochfrequenten Antworten, Innovationen und erfreulichen sozialen Erfahrungen gelangen. Sie lernen, Ihre Eigenfrequenz an die anderer Menschen, Gruppen, Orte, Zeiträume und Dimensionen von Gewahrsein anzupassen, wodurch Ihr Verständnis und Ihre Weisheit außerordentlich stark zunehmen. Das befähigt Sie, sich so weit zu dehnen, dass Sie in tatsächlichen Kontakt kommen mit nicht physischen Wesen, mit spirituellen Beratern, mit Ihrer Seelengruppe und mit Verstorbenen. Sie werden versiert in dem, was man früher für paranormale oder übernatürliche Fähigkeiten des Bewusstseins hielt, für die eine Überbrückung oder Resonanz nötig ist wie Telepathie, Hellsichtigkeit, spirituelles Heilen und Psychokinese (das Bewegen physischer Gegenstände mit geistigen Mitteln).

9. Erleuchtung ist in jedem Teilchen der Materie begründet

Mit inspirierter kreativer Zusammenarbeit kommen gemeinsame Weisheit und grenzenlose Wertschätzung. Sie verstehen, dass die Liebe tatsächlich *die* Kraft der Natur ist, konstant im gesamten Kosmos und zu wunderbaren Dingen fähig. Wenn Sie sich dazu entschließen, mit Ihrer Freiheit anderen zu helfen, dann erleben das alle als förderlich.

Ich fühle mich frei und unbegrenzt!
Ich kann nach Belieben durch Zeit, Raum und darüber hinaus kommen und gehen.
Ich kann alles erschaffen und alles auf Anhieb wissen.

Als Person unternehmen Sie positive Schritte, um auf die Impulse Ihrer Bestimmung zu reagieren, und Sie empfinden kindliche Freude an den Ergebnissen, die auf der Weisheit der Seele beruhen. Sind Sie im Augenblick, im Herzen, im Körper und stehen mit allem Wissen, aller Energie, allen Ressourcen und allen Mitwirkenden in Verbindung, dann verstehen Sie die Kraft des einheitlichen Feldes, die Ihnen hilft, Ihre Visionen Wirklichkeit werden zu lassen. Sie entdecken, wie der Prozess von Schöpfung und Verwirklichung funktioniert, und erleben das einheitliche Feld als Erweiterung Ihres eigenen Körpers. Da die äußere Welt nicht von Ihnen getrennt ist, sind Ihre Visionen, Ziele, Ressourcen und Ergebnisse, die sich früher in der Zukunft oder an einem anderen Ort befanden, hier bei Ihnen, im gegenwärtigen Moment. Deswegen können sie sich als Reaktion auf Gedanken materialisieren und entmaterialisieren. Leben ist nicht nur schnell, es ist unmittelbar, doch Sie fühlen sich dadurch nicht unter Druck gesetzt. Sie wissen, wie Sie ganz ruhig arbeiten können mit dem natürlichen Filtersystem des gegenwärtigen Augenblicks und der Linse Ihres bewussten Geistes und Körpers.

Sie lernen, dass die Entwicklung Ihrer Bestimmung auf Ihrer Verbindung zu anderen Seelen und deren Bestimmungen beruht, und Sie entdecken neue Wege, in einer fließenden Welt Dinge zu planen und Ziele zu erreichen. Geburt und Tod verlieren ihre Bedeutung als wesentliche Eckpunkte des Lebens. Sie machen die Erfahrung, dass Sie nach Belieben kommen und gehen können, indem Sie aufsteigen und absteigen. Ihr Körper ist viel lichter und durchscheinender, und Sie kennen die Erfahrung vom Himmel auf Erden.

Praktische Übung

Wo befinden Sie sich innerhalb dieses Prozesses?

Überdenken Sie noch einmal jede Stufe des Transformationsprozesses, und notieren Sie in Ihrem Tagebuch die Antworten auf folgende Fragen:

- Welche Symptome einer jeden Stufe haben Sie schon erlebt?
- Wie haben Sie sich eingeschränkt oder dem Prozess auf den einzelnen Stufen Widerstand geleistet? Welche Auswirkungen haben Sie erlebt?
- Wie haben Sie sich auf jeder Stufe dem Fluss hingegeben und mit ihm zusammengearbeitet? Wie hat Sie das weitergebracht?
- An welcher Stelle des Prozesses befinden Sie sich gerade?
- Wie verhindern Sie Ihrem Gefühl nach, dass Sie zur nächsten Phase des Wachstums fortschreiten?
- Wo befinden sich andere, mit denen Sie in engem Kontakt stehen, in ihrem Prozess der Transforma-tion? Wie können Sie sie, wenn Sie das wissen, besser verstehen und sich ihnen gegenüber mitfühlender verhalten?
- Wie erkennen Sie die verschiedenen Phasen des Transformationsprozesses in den gegenwärtigen Ereignissen oder auf der Weltbühne?

Persönliche Transformation kann nicht nur globale Auswirkungen haben – sie hat sie. Wenn wir gehen, geht auch die Welt, denn die Welt sind wir. Die Revolution, die die Welt retten wird, ist letztendlich eine persönliche.

Marianne Williamson

Kurz zusammengefasst ...

Sie sehen das Leben nun als Energie und Bewusstsein an. Das führt dazu, dass Sie höchst empfindsam werden und Ihnen Schwingungen bewusst werden, weil Sie dabei sind, zu einer hochfrequenten Person zu werden. In diesem Prozess wandeln Sie sich von einem relativ dichten Körper und einer ebenso dichten Persönlichkeit in nichts anderes um als in Ihre Seele, vollkommen durchtränkt von Zeit, Raum und Materie. Sie – und mit Ihnen jeder und alles auf diesem Planeten – entwickeln sich durch neun Stadien des Wachstums, die dazu dienen, Ihre Schwingung tatsächlich in die vierte Dimension hinein zu erhöhen, wo Geist und Materie miteinander verschmelzen. Und dafür müssen Sie nicht sterben. Zu Beginn bewirkt dieser Prozess vielleicht, dass Sie sich desorientiert, ängstlich und unwohlfühlen. Aber wenn Sie bewusst mitarbeiten, Ihre Empfindsamkeit verfeinern und sich für die Schwingung Ihrer Seele entscheiden, dann schweben Sie durch diesen Prozess der Transformation hindurch wie ein Blatt, das stromabwärts getragen wird von einem Fluss, der weiß, wo es hingeht. Dies sind die neun Phasen:

1. Geist verschmilzt mit Körper, Emotionen und Verstand.
2. Die Frequenz des Lebens erhöht sich in jeder Hinsicht und überall.
3. Das persönlich-kollektive Unterbewusstsein leert sich.
4. Sie ziehen sich zurück, verschanzen sich immer wieder, leisten Widerstand.
5. Alte Strukturen brechen zusammen und lösen sich auf.
6. Sie halten inne, lassen los und entspannen sich in Ihr wahres Selbst.
7. Sie tauchen wieder in der Welt auf, wie Phönix.
8. Die Erfahrungen von Beziehung, Familie und Gruppen ändern sich grundsätzlich.
9. Erleuchtung ist in jedem Teilchen der Materie begründet.

Die Botschaft der Eigenfrequenz

Wie ich im Kapitel *An die Leserinnen und Leser* erklärte, habe ich diese inspirierten Textbotschaften am Ende eines jeden Kapitels hinzugefügt, damit Sie von Ihrem normalen, schnell lesenden Geist umwechseln können zu einer tieferen Art unmittelbarer Erfahrung. Mithilfe dieser Botschaften können Sie Ihre persönliche Schwingung willentlich verändern.

Die folgende Botschaft ist dazu gedacht, Sie in eine Art von Welterkenntnis zu befördern, die dem sehr nahe kommt, wie Sie das Leben im Intuitionszeitalter erleben werden. Um in die *Botschaft der Eigenfrequenz* hineinzukommen, schalten Sie einfach herunter auf eine langsame, weniger gehetzte Geschwindigkeit. Atmen Sie langsam und tief ein, dann aus, und seien Sie so ruhig und still wie möglich. Lassen Sie Ihren Geist weich und empfänglich sein. Öffnen Sie Ihre Intuition, und bereiten Sie sich darauf vor, sich in die Sprache *einzufühlen*. Achten Sie darauf, ob Sie die tieferen Wirklichkeiten und Gefühlszustände erfahren, die lebendig werden, *während Sie lesen.*

Ihre Erfahrung kann eine umso größere Dimension annehmen, je mehr Sie Ihre ganze Aufmerksamkeit auf die Worte richten. Konzentrieren Sie sich jeweils nur auf einige Worte zugleich, machen Sie eine Pause bei den Satzzeichen, und verweilen Sie bei der Intelligenz, die diese Botschaft verkündet, live im Hier und Jetzt – für Sie. Sie können die Worte laut aussprechen oder die Augen schließen und jemand anderen laut vorlesen lassen. Achten Sie darauf, welche Wirkung die Worte auf Sie haben.

Seien Sie gegenwärtig

Seien Sie einfach: gerade hier, gerade jetzt. Lauschen Sie auf die Ruhe. Spüren Sie die Erleichterung. Es gibt kein anderswo, nirgendwo hinzugehen. Sie sind von Offenheit umgeben, und in diesem Raum ist: Gewahrsein. Es sickert durch Sie hindurch – ist Ihre eigene, verfeinerte Gegenwart, Ihre nächste Stufe des Selbst; die Gegenwart des Göttlichen. Dieses Gewahrsein enthält alles, was Sie je gewusst haben, gewesen sind und sein werden, und auch alles, was jeder andere war, ist und sein wird. Sie sind zentriert im offenen Herzen der Liebe, in einem unermesslichen Feld von Wahrheit. Hier sind Sie real, hier werden Sie ständig geboren. Sie müssen nichts tun. Spüren Sie, wie das allwissende, allliebende, allunterstützende Gewahrsein Sie hat. Es wird Sie niemals aufgeben. Sie sind in Sicherheit.

Hier haben Sie grenzenlose Energie und Vorstellungskraft. Wenn Gedanken auftauchen, Sie besitzen sie nicht – Sie werden sich nur bewusst, dass da Dinge herumschweben, und wenn sie interessant scheinen, halten Sie sie für eine Weile fest. Sie können sich mit ihnen identifizieren oder sie loslassen, oder Sie können Energie dazugeben, in sie hinein, sie gestalten und dann gehen lassen. Es gibt nichts Richtiges zu tun, es ist einfach Kreativität, es ist einfach Spaß, es ist einfach Ausdruck Ihrer Seele. Seien Sie also hier im Augenblick, seien Sie sanft und weich. Lassen Sie Wirklichkeiten kommen und gehen. Ihre Energie und Ihr Gewahrsein strahlen durch Ihre Haut und hinaus, immer weiter hinaus, und Sie haben kein Ende, Sie entdecken einfach verschiedene Arten und Muster von Erkennen. Sie beziehen sie alle mit in sich ein und vermischen sich mit ihnen, und Sie erleben sich selbst auf neue Weisen. Sie sind in allen Dingen, und alle Dinge sind in Ihnen, und was auch immer gewusst oder erschaffen werden will, erscheint einfach in Ihnen als eine Vorstellung oder kommt durch Sie als ein Tun zum Ausdruck. Sie können das nicht geschehen machen: Es geschieht einfach.

Wenn Sie diese Erfahrung und diesen Moment verlassen, werden Sie sich vom Rest des Lebens getrennt fühlen. Und Sie werden traurig sein, denn Sie werden sich selbst vermissen. Sie werden die Erfahrung Ihrer eigenen Seele vermissen, wie sie sich durch Ihren Körper zum Ausdruck bringt, Ihren Körper erleuchtet und belebt und ihn glücklich macht, einfach glücklich, da zu sein. Sie werden das Selbst, das Sie lieben, auch nicht in anderen sehen, und Sie werden darunter leiden. Zugleich aber ist im Zentrum von allem, im Zentrum des Gewahrseins, das sich durch die ganze Welt zieht, immer: alles, was Sie suchen. Da ist Ihre Antwort: Auf alles, frei gegeben, wartet sie auf Sie, wieder da hineinzufallen. In diesem Augenblick: die Antwort, die genau richtige Antwort für Sie, gerade jetzt.

2
Inmitten von Frequenzen leben

Das Universum ist mehr wie Musik als Materie.

Donald Hatch Andrews

Haben Sie sich jemals darüber gewundert, während Sie Auto gefahren oder in einem Café gesessen sind, wie viele Wellen und Schwingungen kreuz und quer durch den Raum um Sie herumrasen? Spüren Sie die Radioprogramme und Telefongespräche, die die ganze Zeit unentdeckt an Ihren Ohren vorbeiflitzen? Oder die Sie umgebende elektromagnetische »Verschmutzung«, der Sie heute ausgesetzt waren? Und wie steht es mit den körperlichen Schmerzen und emotionalen Stimmungen der Menschen in Ihrer Nähe? Es gibt so viele unsichtbare Bewegungen und Informationen, die permanent gesendet und ausgestrahlt werden! Neulich stand ich vom Computer auf, nachdem ich viele Stunden geschrieben hatte, und als ich in die Küche ging, spürte ich genau den Moment, in dem ich das elektromagnetische Feld des Computers verließ, das gute zweieinhalb Meter über den Computer hinausragte. Das hatte ich vorher noch nie bemerkt. Die Schwingung in der Küche war ruhiger, doch als ich durch die Hintertür hinaustrat in meinen Garten, war die Schwingung sogar noch weicher und wohltuender. Ich erkannte, dass ich, nachdem ich viele Tage lang stundenlang in dem Kräftefeld des Computers gesessen hatte, eine Art von Kohärenz mit jener subtilen, beinahe prickelnden Schwingung entwickelt hatte, die so ganz anders war als die viel feinere Schwingung meines eigenen Körpers. Da war mir plötzlich klar, warum ich in den letzten Monaten solche Schwierigkeiten hatte, einzuschlafen.

Wellen spüren und Schwingungen sortieren sind die nächsten wichtigen Fähigkeiten

Wenn Sie empfindsamer werden, können auch Sie die elektrischen und magnetischen Felder spüren, neue störende oder wohltuende Energien entdecken oder bemerken, dass der Fremde neben Ihnen sehr bald heiraten oder auch krank werden wird. Und das Besondere daran ist, dass Sie diese Informationen *unmittelbar von den Frequenzen* empfangen können. Dazu ist kein Radioempfänger notwendig. Diese erhöhte, unmittelbare Empfindsamkeit ist eine recht neue Fähigkeit, die heutzutage auftaucht – ohne vorherige Vorbereitung oder Training. Es kann desorientierend wirken, wenn Sie erkennen, dass Sie mit einem Mal Dinge wissen, von denen Sie nicht wussten, dass Sie sie wissen *konnten*, und Sie wissen eigentlich auch nicht, *wie* Sie das machen.

Sehr bald schon werden Sie noch eine Anzahl weiterer, subtiler Einflüsse in Ihrem Leben bemerken. Sie werden die Schwingungsfelder spüren, in die Sie kommen und die Sie verlassen, Sie werden wissen, was gesund und was ungesund ist, und Sie werden wissen, ob andere Leute gut in Form sind oder nicht. Sie werden spüren, wenn eine »Ereigniswelle« anfängt, Sie zu beeinflussen, noch ehe das Ereignis eingetreten ist. Sie werden auch merken, wenn eine

Energiewelle auf eine höhere Frequenz umwechselt und Sie sich anpassen müssen, um darauf eingestellt zu bleiben. Ihr Körper wird Ihnen mitteilen, wenn etwas nicht funktioniert, wenn die Anleitung bei Ihnen anklopft und hereinkommt oder wenn Probleme in der Ferne auftauchen und andere Hilfe brauchen. Mit einer erhöhten Empfindsamkeit werden Sie imstande sein, Wellen auszusortieren, die aus verschiedenen Quellen stammen, und Sie werden wissen, welche echt sind, auf welche Sie reagieren müssen. Sie können auch absichtlich Schwingungen aussenden, um bestimmte Ziele zu erreichen.

Vielleicht tun Sie schon vieles davon, ohne es bewusst zu erkennen. Aber das absichtlich und detailliert anzuwenden mit den Prinzipien von Wellen, Zyklen, Spektren und Feldern wird ein großer Teil Ihrer neuen Fähigkeiten sein. Ein Teil davon ist die Entwicklung der Fähigkeit, zu spüren, was Energie macht, und selber fließend genug zu bleiben, um sich an veränderte Flüsse und Rhythmen anzupassen, ohne aus dem Gleichgewicht zu geraten. Es ist immer wichtig, zunächst alle Variablen des Spiels zu kennen, das Sie spielen. Dann können Sie Ihre Fähigkeiten für dieses Spiel immer weiter verbessern, bis Sie schließlich frei sind und Ihr bestes Spiel meisterhaft spielen. Weil wir darauf abzielen, Experten auf den Gebieten von Energie und Bewusstsein zu werden, müssen wir uns in diesem Fall mit den unterschiedlichen Frequenzen außerhalb und innerhalb von uns vertraut machen. Denn sie sind unsere Variablen in dem Spiel.

Die Welt ist nie ruhig, selbst ihre Stille lässt die ewig selben Töne widerhallen – als Schwingungen, die unseren Ohren entgehen.

Albert Camus

Als ich einem Kollegen, der mit führenden Persönlichkeiten aus der Regierung, der Geschäftswelt und auf dem Gebiet von Innovationen arbeitet, davon erzählte, dass ich ein Buch über Frequenzen schreibe, sagte er: »Ich hoffe, du wirfst mit dem Wort ›Schwingung‹ nicht um dich, als wäre es eine Floskel aus dem New-Age-Jargon. Keiner scheint heutzutage seine Ideen in der physischen Wirklichkeit zu begründen.« Ich habe mir das zu Herzen genommen und möchte deswegen in diesem Kapitel einige der wichtigsten »echten« Schwingungen und Energiespektren zusammenfassen, die einen Einfluss auf uns ausüben. Ich tue das nicht, weil Sie Physikerin oder Elektroingenieur werden müssen, sondern ich möchte, dass Sie sich als ein poröses, schwingendes Wesen fühlen und sich vorstellen, mit einem weit ausgedehnten Feld von Schwingungen verschmolzen zu sein. Wir sind keine soliden Klumpen auf einem Felsplaneten, sondern eine Ansammlung von Energien, die Millionen anderer Energien durchdringen und von ihnen durchdrungen werden. Ich möchte auch, dass Sie verstehen, dass physikalische Energien, wie das elektromagnetische Spektrum, Töne oder Hitze, Parallelen in einem höheren Spektrum des Bewusstseins haben, das unterschiedliche Frequenzen von *Gewahrsein* enthält.

In den folgenden Kapiteln lernen wir, mit den Prinzipien von Wellen und Feldern zu arbeiten und unsere Empfindsamkeit bewusst zu verstärken. Zunächst aber richten wir unsere Aufmerksamkeit auf das Meer von Frequenzen, in dem wir leben. Ich werde einige Bereiche von Frequenzen grob zusammenstellen, und Sie können darüber nachsinnen, wie sie zusammenpassen und sich überlappen, wie Sie von ihnen beeinflusst werden, wie Sie ihnen gegenüber empfindsamer werden können oder wie Sie sie entwickeln und anwenden können, um ein erfüllteres Leben zu erschaffen.

Die Welt außerhalb von Ihnen
besteht aus Schwingungen.

Albert Einstein lehrte uns eine große Wahrheit: $E = mc^2$. Ich erinnere mich noch deutlich an den Moment, als ich das als Kind im Physikunterricht las – die Vorstellung, dass Masse oder Materie in Wirklichkeit eine sehr langsame, gedrängte, gespeicherte Energie sein könnte, dass Materie und Energie Versionen voneinander sind. In meinem Geist spürte ich ein »Dig-ding-ding«, wie beim Flippern, wenn die Kugel immer mehr Punkte erzielt. Ein Fels ist Energie, ein Keks ist Energie, ein Stück Holz im Kaminfeuer ist Energie, mein Körper ist Energie, ich bin Energie! Alles bewegt sich mit unterschiedlichen Geschwindigkeiten, und Materie kann sich in mehr oder weniger aktive Formen von Energie umwandeln, zum Beispiel in Wasser, Dampf oder Eis. In was also könnte ich mich wohl umwandeln?

Dann lernten wir, dass es tief im Inneren anscheinend solider Objekte Welten von Molekülen und atomaren Teilchen gibt, die alle strahlen, schwingen, sich um sich selbst und um andere Teilchen drehen. Und in diesen Teilchen sind noch kleinere, subatomare Teilchen. Die Quantenmechanik hat gezeigt, dass auch diese winzigen Materieteilchen Energiewellen sind. Aber Materie und Energie können sich sowohl wie Teilchen als auch wie Wellen verhalten. Mit anderen Worten, wie Einstein andeutete, diese beiden Zustände *verwandeln sich* tatsächlich ineinander. Und: Wenn Sie nach einer Welle suchen, wird aus einem *wavicle*[4] oder einer Quantumentität (z. B. Photon, Elektron oder Neutron) eine Welle; suchen Sie aber nach einem Teilchen, wird aus einem

4 Wavicle ist eine Zusammensetzung aus dem Englischen »*wave*« (wav-), Welle, und »*particle*« (-icle), Teilchen. (Anm. des Übersetzers)

wavicle ein Teilchen. Erstens deutet das auf die Tatsache hin, dass Sie nicht von der Welt getrennt sind, die Sie als außerhalb von sich betrachten und definieren. Ihre Wahrnehmung bestimmt die Form Ihrer Wirklichkeit.

Ein Atom ist kein Ding.

Werner Heisenberg

Zweitens existieren Energie und Materie gemeinsam nicht in Wirklichkeit, sondern nur in Wahrscheinlichkeit. Wenn wir die Position eines Teilchens messen wollen, können wir seinen Impuls nicht erkennen, und wenn wir seinen Wellenimpuls finden, dann verschwimmt seine Position. Es handelt sich bei Quantumentitäten oder *wavicles* also um »Dinge«, die sein oder geschehen können, nicht aber um »Dinge«, die sind. Sie können also in vielen möglichen Wirklichkeiten existieren, die »Superpositionen« genannt werden. Sobald eine Beobachtung oder Messung durchgeführt wurde, wird die Superposition eine reale Wirklichkeit, oder die Wellenfunktion bricht zusammen. Viele werden zu einem. Jeder beliebige Augenblick enthält unbegrenzte Zukünfte, die real werden können. Die Wirklichkeit, die geschieht, ist diejenige, der Sie Aufmerksamkeit schenken.

Und hier kommt der Clou. Nach der *Viele-Welten-Theorie* der Physik ist unsere Welt auf der Quantenebene in unzählig viele reale Welten aufgeteilt, die nichts voneinander wissen. Hier bricht eine Welle weder zusammen noch verdichtet sie sich zu einer bestimmten Form, sondern sie entwickelt sich und schließt alle Möglichkeiten in sich ein. Alle Realitäten und Ergebnisse existieren gleichzeitig, stören sich aber gegenseitig nicht. Das verleiht dem metaphysischen Konzept von *vergangenen Leben* und *Parallelleben* eine gewisse Basis. Danach gibt es immer, wenn Sie sich für einen bestimmten Weg entscheiden, Dutzende andere Sie, die unterschiedliche Versionen Ihrer Seele leben. Aufgrund all dessen fragt man sich, warum wir überhaupt glauben, dass wir so solide und endlich sind oder dass Wunder unmöglich sind oder dass uns radikale Veränderungen wesensfremd sind.

Die neue physikalische Formel beschreibt Menschen als paradoxe Lebewesen, die zwei sich ergänzende Aspekte haben: Sie können die Eigenschaften eines newtonschen Objekts zeigen und auch unendlich viele Bewusstseinsfelder.

Stanislav Grof

Wir leben in einer Welt aus Wellen

Von den *wavicles* im Kern der Materie, über Sonnenauf- und -untergang, bis hin zu den unsichtbaren Frequenzen, die Informationen übermitteln, vibriert die Welt um uns – sie schwingt hin und her, vor und zurück. Wenn wir das Leben als eine Ansammlung von Teilchen betrachten, erstarrt es vielleicht zu fester Materie und Tatsachen, und wenn wir es als eine Serie von Wellen ansehen, schmilzt es in ein Meer von Energie und Potenzial. Jetzt sehen wir es, jetzt nicht mehr, und jetzt – Überraschung – ist es wieder da! Sicher hat uns die Wissenschaft die Basis für die Tatsache geliefert, dass unsere äußere Welt schwingend ist (mit anderen Worten, aus einem weiten Spektrum von Energien besteht, von denen einige für uns wahrnehmbar sind, die meisten aber nicht). Wir wissen, dass sich Energie in Wellen bewegt und dass Wellen unterschiedliche Amplituden (Intensitäten) und Frequenzen (Geschwindigkeiten) haben, die ihnen einzigartige Eigenschaften und Verhaltensweisen verleihen. Wir wissen auch, dass sich Energie durch ein Medium oder *Feld* bewegt wie Luft, Wasser oder auch unser Gewahrsein.

Unser elektromagnetisches Spektrum ist das Maß für eine der vier grundlegenden Kräfte der Physik (die elektromagnetische Kraft, die schwache und die starke Kernkraft und die Gravitationskraft) und umfasst Wellen von 100 000 Kilometer Länge bis hinunter zu denen, die nur den Bruchteil eines Atoms klein sind. Unsere Sprache kann das kaum beschreiben, und so machen wir einen dürftigen Versuch, als würden wir die Größe unseres Milchkaffees beschreiben, indem wir einfach nur die Frequenzbänder des Radiofrequenzspektrums markieren als extrem niedrig, superniedrig, ultraniedrig, sehr niedrig, niedrig, mittel, hoch, sehr hoch, ultrahoch, superhoch und extrem hoch. Tatsächlich kann man die elektromagnetische Strahlung wie Schallwellen in vier Oktaven unterteilen, was zu einer Gesamtzahl von einundachtzig Oktaven führt.

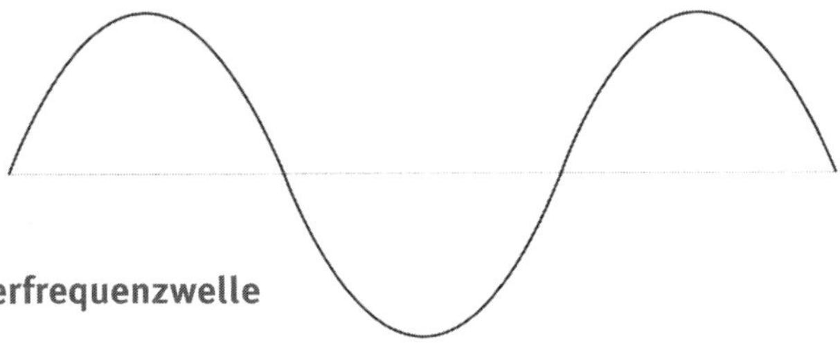

Niederfrequenzwelle

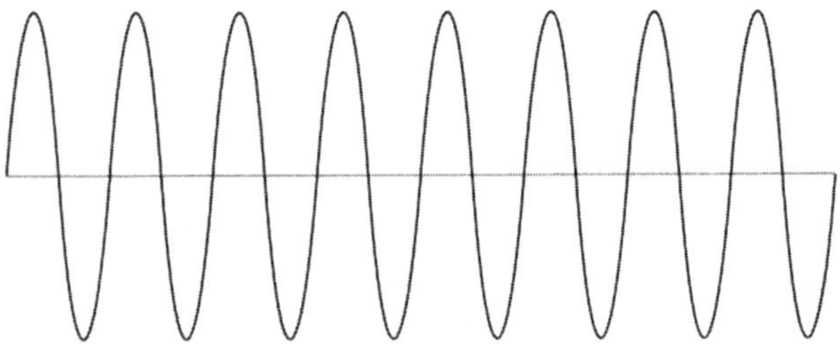

Hochfrequenzwelle

Niederfrequente elektromagnetische Wellen haben eine lange Wellenlänge und niedrige Energie, während hochfrequente Wellen eine kurze Wellenlänge und hohe Energie haben.

Der Niederfrequenzbereich des Spektrums reicht von Radiowellen über Mikrowellen, Terahertzstrahlung (T-Strahlen), Infrarotstrahlung, das Spektrum des sichtbaren Lichtes, ultraviolette Strahlung, Röntgenstrahlen bis hin zu Gammastrahlen. Falls Sie mit der Funktion dieser Strahlen nicht vertraut sind – hier einige interessante Einzelheiten:

Radiowellen werden benutzt, um Daten zu übermitteln – über Fernseher, Radios, Kurzwellenradios, Mobiltelefone, Kernspintomografie und drahtlose Netzwerke.

Mikrowellen veranlassen bestimmte Moleküle in Flüssigkeiten, Energie aufzunehmen und sich zu erhitzen, wie im Mikrowellenherd, während Mikrowellen mit niedriger Intensität für kabellose Netzwerkverbindungen verwendet werden.

Terahertzstrahlung wird in der bildgebenden Technologie und für Kommunikation angewendet, besonders beim Militär, da diese Strahlung eine ganze Reihe von nicht leitenden Materialien durchdringen kann.

Infrarotstrahlung wird in der Astronomie benutzt und für Nachtsichtgeräte (Wärmebildtechnologie), da heiße Objekte in diesem Bereich sehr stark strahlen.

Das sichtbare Spektrum (Regenbogen) ist der Bereich, in dem die Sonne und die Sterne ihre meiste Strahlung abgeben. Er entspricht unserer sichtbaren Welt. Allerdings können Vögel, Insekten, Fische, Reptilien und einige Säugetiere wie Fledermäuse ultraviolettes Licht auch sehen.

Ultraviolette Strahlung hat eine hohe Energie und kann chemische Verbindungen auflösen, Moleküle ungewöhnlich reaktiv machen oder sie ionisieren. Ein Sonnenbrand zum Beispiel wird durch die zerstörerische Wirkung der UV-Strahlen auf die Hautzellen verursacht.

Röntgenstrahlen durchdringen die meisten Substanzen. Das macht sie nützlich für die Medizin und die Industrie, etwa für Röntgenaufnahmen und Kristallografie. Auch viele Sterne und Galaxien senden Röntgenstrahlen aus, und sie werden in der Hochfrequenzphysik und Astronomie angewandt.

Gammastrahlen werden durch die Interaktionen subatomarer Teilchen erzeugt und sind eigentlich hochenergetische Photonen. Sie haben die Fähigkeit, durch alles hindurchzudringen, und können schwere Schäden anrichten, wenn sie von lebenden Zellen absorbiert werden.

Das elektromagnetische Spektrum

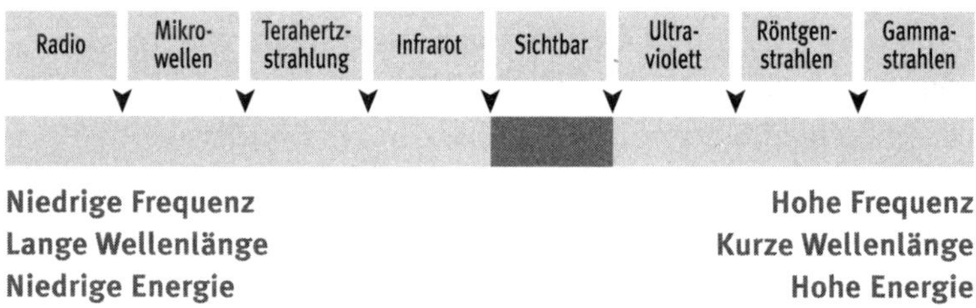

Die uns im elektromagnetischen Spektrum bekannten physikalischen Energien reichen von Radiowellen bis zu Gammastrahlen. Nur ein winziger Bruchteil ist mit unseren Sinnen wahrnehmbar.

Falls Sie sich jetzt wundern: Ja, es gibt noch zwei andere Strahlungen, die nicht mit dem elektromagnetischen Spektrum in Verbindung stehen, mit denen wir aber tagtäglich zu tun haben.

Der Schall ist seltsamerweise nicht ein hörbarer Teil des Radiofrequenzbands. Schall ist eine Serie von Druckwellen, die Materie durchdringen und von hin und her schwingenden Objekten erzeugt werden wie beispielsweise einem Lautsprecher. Diese Wellen werden wahrgenommen, wenn sie ein entsprechendes Ortungsgerät wie unser Trommelfell in Schwingungen versetzen. Jeder Ton, den Sie als tief oder hoch hören, besteht aus regelmäßigen, gleichförmigen Wellen von Luft- oder Wassermolekülen.
Die Temperatur hängt auch nicht mit dem elektromagnetischen Spektrum zusammen. Die Hitze eines Gegenstands wird dadurch bestimmt, wie schnell sich seine Moleküle bewegen. Das wiederum hängt davon ab, wie viel Energie in sein System gebracht wurde. Selbst sehr kalte Objekte haben eine bestimmte Hitzeenergie, weil ihre Atome sich noch bewegen.

Kennt man die Funktionsweise der Welle, dann kennt man das ganze Geheimnis der Natur.

Walter Russell

Die Erde selbst schwingt

Andere Schwingungen außerhalb von Ihnen kommen von der Erde selbst. Es gibt immer mehr Beweise dafür, dass die Schwingungen im »Körper« der Erde unseren eigenen Körper beeinflussen. Es ist allgemein bekannt, dass die Fruchtbarkeit bestimmter Spezies zusammenhängt mit den Jahreszeiten der Erde, den Gezeiten und den Zyklen von Dunkelheit und Helligkeit, die ja alle auch Schwingungen oder langsame Wellenzyklen sind. Dr. Joseph Kirschvink vom *California Institute of Technology* hat herausgefunden, dass Bienen, Zugvögel, Brieftauben, Wale und sogar Menschen die Fähigkeit besitzen, in ihrem Hirngewebe Kristalle von Magneteisenerz, ein stark magnetisches Mineral, synthetisch herzustellen. Diese Kristalle reagieren sehr stark auf das Magnetfeld der Erde und funktionieren vielleicht wie ein innerer Kompass. Tatsächlich sind die Kristalle, die man im menschlichen Hirngewebe gefunden hat, auffällig ähnlich den Kristallen einiger Bakterien, mit denen diese oben von unten unterscheiden. Kirschvink sagt, dass Wale ein magnetisches Sinnessystem verwenden, mit dem sie wie mit einer Landkarte der Richtung und Intensität des geomagnetischen Feldes auf dem Meeresboden folgen und deswegen bei geomagnetischen Anomalien oft stranden. Es muss noch gezeigt werden, wie wir durch das Magneteisenerz in unserem Hirngewebe mit den Veränderungen des irdischen Magnetfelds verknüpft sind.

Gregg Braden, ehemals Konstrukteur von Computersystemen und Geologe, hat faszinierende Forschungen über die geophysikalischen Zyklen der Erde durchgeführt, die sich in der Geschichte immer wiederholt haben und von früheren Kulturen beschrieben worden sind. Braden studierte die grundlegende Resonanzfrequenz der Erde, die sogenannte Schumann-Resonanz (SR). Er sagt, dass das Maß dieser Frequenz jahrzehntelang bei 7,8 Schwingungen pro Sekunde (Hertz) lag, was man für eine Konstante hielt. Neuere Berichte zeigen jedoch, dass diese Frequenz jetzt bei 8,6 Hertz liegt und weiter ansteigt. Braden stellt auch fest, dass die Stärke des Magnetfelds der Erde abnimmt, während der »Pulsschlag« der Erde schneller wird. Nach einigen Forschern hat das Feld in den letzten viertausend Jahren bereits die Hälfte seiner Intensität verloren, und das könnte bedeuten, dass sich die magnetischen Pole der Erde umkehren. Zurzeit gibt es Berichte über magnetische Anomalien, die von Kompassen angezeigt werden. Dabei handelt es sich um Abweichungen von 15 bis 20 Grad vom magnetischen Nordpol. Braden bringt die Frequenz der Erde mit unserer eigenen Zellschwingung in Verbindung und hält sogar einen Zusammenhang mit evolutionären Veränderungen der DNA für möglich. Er sagt, dass mit dem schwächeren Magnetfeld und einer schnelleren Basisfrequenz alte emotionale Muster weniger stark eingeschlossen sind und dass wir leichteren Zugang zu höheren Bewusstseinszuständen haben. So beschleunigen wir uns so wie die Erde auf eine Veränderung unserer Energie und unseres Gewahrseins hin.

Wir müssen nirgendwo hingehen. Wir leben unter diesen weltweiten geophysikalischen Bedingungen in einer globalen Initiationskammer. Es ist so, als bereite uns die Erde auf die nächste Stufe der Evolution vor.

Gregg Braden

Auch in Ihnen gibt es eine Welt aus Schwingungen

Sie leben also nicht nur in einer Welt, die in Formen hinein- und wieder herausschwingt, in der es unbegrenzte mögliche Realitäten gibt, die sich simultan entwickeln, in der alles schwingt und Energiewellen sich in alle Richtungen ausbreiten, sondern Sie schwingen ebenfalls in Ihrem Körper, in dem Mikrokosmos Ihres persönlichen Lebens. Wenn Sie Ihre Aufmerksamkeit in Ihren Körper hinein richten, was bemerken Sie dann? Was bewegt sich? Die erste Schwingung ist die Welle Ihres Atmens: Sie atmen frische Luft ein, übertragen Sauerstoff von der Lunge ins Blut, geben Kohlendioxid und Unreinheiten aus dem Blut zurück an die Lunge und atmen alles aus. Dann bemerken Sie sicher auch Ihr Herz, wie es Blut durch die Arterien herauspumpt und zurück durch die Venen, heraus und zurück, heraus und zurück. Stimmen Sie sich weiter ein, und Sie werden als Nächstes eine höhere Schwingung finden, das elektrische Summen Ihres Gehirns und Ihrer Nerven, die elektrische Ladungen durch Synapsen übertragen. Sie spüren es vielleicht als ein Prickeln.

Wenn Sie tiefer gehen, entdecken Sie die noch feineren Schwingungen Ihrer Neurotransmitter und der biochemischen Prozesse in Ihren Zellen. Darunter können Sie die Schwingungen der Zellen selbst spüren. Unterhalb der Zellschwingung nehmen Sie die Schwingungen der Moleküle und Atome wahr und schließlich die der »Quantumentitäten« oder *wavicles*. Wenn Sie sich diesen Abstieg durch die Schwingungen hinunter zum Zentrum Ihres Körpers vorstellen, gehen Sie von Niederfrequenzen (Atem und Herzschlag) zu Hochfrequenzen (Moleküle, Atome). Dringen Sie in eines der Atome ein und werden zum letzten Teilchen hingezogen, erleben Sie wahrscheinlich, wie es sich auf mysteriöse Weise in eine Energiewelle umwandelt und Sie dabei von Zeit und Raum befreit. Bei dieser Freisetzung erleben Sie etwas, das die Physik noch nicht beschreiben kann. Es ist das, was geschieht, wenn Energie zu Gewahrsein wird.

Praktische Übung

Eine Reise durch die Schwingungen Ihres Körpers

1. Setzen Sie sich bequem hin, mit den Handflächen auf den Oberschenkeln, der Kopf ist gerade und im Gleichgewicht, und Sie atmen gleichmäßig. Richten Sie Ihre Aufmerksamkeit vollständig auf den gegenwärtigen Augenblick und ins Innere Ihrer Haut. Was bemerken Sie? Was bewegt sich? Vielleicht ist es eine Art von Wimmeln, Zu-

cken, Wackeln, Sirren oder Summen. Bleiben Sie bei der Vitalität und Aktivität Ihres Körpers, während er einfach damit beschäftigt ist, lebendig zu sein. Spüren Sie, wie sehr Sie Ihren Körper und Ihr Leben wertschätzen.

2. Werden Sie sich nun Ihres Atemzyklus bewusst. Folgen Sie Ihrem Atem ganz hinein, wie er frische Luft in Ihre Lunge befördert, sich dann umkehrt und langsam zurückfließt und dabei die Unreinheiten aus Ihrem Körper heraussträgt. Lassen Sie ihn dann am Ende des Ausatmens umkehren und wieder zurück einströmen. Bleiben Sie bei der Bewegung der Welle, verschmelzen Sie mit dem Fließen, und lassen Sie es mühelos geschehen.
3. Achten Sie jetzt darauf, wie Ihr Herz schlägt, und auf den Puls an den verschiedenen Stellen Ihres Körpers. Diese Schwingung ist ein bisschen schneller als die Ihres Atmens. Verschmelzen Sie sie mit Ihrem Herzschlag, spüren Sie, wie das Herz pumpt und loslässt, pumpt und loslässt.
4. Spüren Sie nun das elektrische Surren Ihrer Nerven. Diese Schwingung ist noch schneller und hochfrequenter als Ihr Herzschlag. Wenn Sie Ihren Körper mit Ihrer Aufmerksamkeit abtasten, bemerken Sie dieses Kribbeln überall.
5. Gehen Sie nun noch tiefer und versuchen Sie, die Schwingung der biochemischen Prozesse und der Neurotransmitter in Ihrem Körper zu spüren. Wichtige chemische Stoffe und Nährstoffe werden in Ihre Zellen hinein- und aus ihnen herausgebracht.
6. Nun richten Sie Ihre Aufmerksamkeit auf die Schwingung eines Zellklumpens irgendwo in Ihrem Körper. Stellen Sie sich vor, Sie betrachteten die Zellen unter einem Mikroskop. Können Sie spüren, wie sie mit ihrer äußerst feinen Schwingung zucken? Lassen Sie sich nun in eine einzelne Zelle hineinfallen.

7. Gehen Sie weiter, und lassen sich in ein einzelnes Molekül hineinziehen, aus denen die Zellen bestehen. Hier werden Sie eine extrem feine Schwingung antreffen, die eines Basiselements wie Sauerstoff oder Kohlenstoff, aus denen die Zellen bestehen.
8. Als Nächstes lassen Sie sich durch das Molekül in ein Atom hineinfallen und spüren die erstaunliche Lebenskraft, die darin enthalten ist. Sie erreichen eine sehr schnelle, hochfrequente Schwingung.
9. Lassen Sie sich dann in eine der »Quantumentitäten« hineinziehen, die winzigen *wavicles* in einem Atom. Achten Sie auf Ihrer Reise in dieses letzte Teilchen hinunter darauf, wenn es sich auf mysteriöse Weise öffnet und nachgibt und sich in eine Welle aus Energie und Bewusstsein verwandelt und Sie von Zeit und Raum befreit.
10. Jetzt schweben Sie an einem ganz ruhigen Ort, an dem es keine Bewegung mehr gibt. Sie haben sich ausgebreitet und sind überall. Alles ist möglich. Alles ist bekannt und kann erkannt werden. Alles, was Sie tun können, ist *sein*. Und während Sie *sind*, absorbieren Sie die neue Anleitung, die Anweisungen und energetischen Entwürfe, die Sie benötigen. Sie werden wieder voller und schwerer und springen plötzlich wieder zurück in eine Realität, als eine neue »Quantumentität«, ein neues Teilchen in Zeit und Raum.
11. Beginnen Sie nun mit Ihrer Reise zurück durch die Schwingungen, von der schnellen, hochfrequenten zu den niedrigeren, langsamen Frequenzen: Atom, Molekül, Zelle, biochemische Rhythmen, Nerven, Herzschlag und Atem. Sie sind zurück! Sie sind verjüngt mit neuer Lebenskraft und einem erneuerten Gefühl für Sinn und Zweck.

Ihr Gehirn hat Wellen

Ihr Gehirn ist ein elektrochemisches Organ, und seine Elektrizität wird in Gehirnwellen gemessen. Es gibt vier Kategorien von Gehirnwellen, von sehr schnellen bis zu sehr langsamen. Interessanterweise entsprechen die schnellsten Gehirnwellen einem niederfrequenten Gewahrsein, während die langsamsten Gehirnwellen zu einem höherfrequenten, erweiterten Gewahrsein passen.

Beta (13–40 Hz oder Zyklen pro Sekunde)
Betawellen sind die schnellsten Gehirnwellen und stehen in Verbindung mit dem Wachbewusstsein, wenn Ihr Gehirn erregt und mit mentalen Aktivitäten beschäftigt ist. Wenn Sie vor dem Einschlafen im Bett lesen, befinden Sie sich wahrscheinlich in einem langsamen Betazustand. Je intensiver die Aktivität und Erregung, wie bei Angst, Wut, Hunger oder Überraschungen, umso schneller ist die Frequenz.

Alpha (8–13 Hz)
Die Alphawellen des Gehirns sind langsamer und tauchen auf, wenn Sie entspannt, aber nicht schläfrig sind, in einer Art müheloser Wachsamkeit. Man findet sie bei ruhigen Zuständen wie leichter Meditation, Reflexion, Tagträumen, Biofeedback und Körper-Geist-Integration, bei leichter Hypnose, kreativen Visualisierungen, künstlerischen und intuitiven Prozessen, Zeit in der Natur, bei Ruhe und Übungen.

Theta (4–8 Hz)
Theta-Gehirnwellen sind noch langsamer und sind verbunden mit Schläfrigkeit, dem ersten Schlafstadium, Träumen, tieferen Meditationsebenen, inspirierter Kreativität und Vorstellung, verbessertem Erinnerungsvermögen und mit mystischen Zuständen intuitiver Wahrnehmung. Der Thetazustand kann sich wie eine Trance anfühlen, wenn Sie zum Beispiel auf der Autobahn fahren oder lange unter der Du-

sche stehen und Ihr Zeitgefühl verlieren, Ihre Gedanken vielleicht frei fließen und in Ihrem Geist neue Ideen und Visionen auftauchen.

Delta (1/2–4 Hz)

Delta-Gehirnwellen sind sehr langsam, und man findet sie während des Schlafens. Sie tauchen auf, wenn man im Schlaf wandelt oder spricht, und auch bei einer tiefen Trance und bei Prozessen der Selbstheilung.

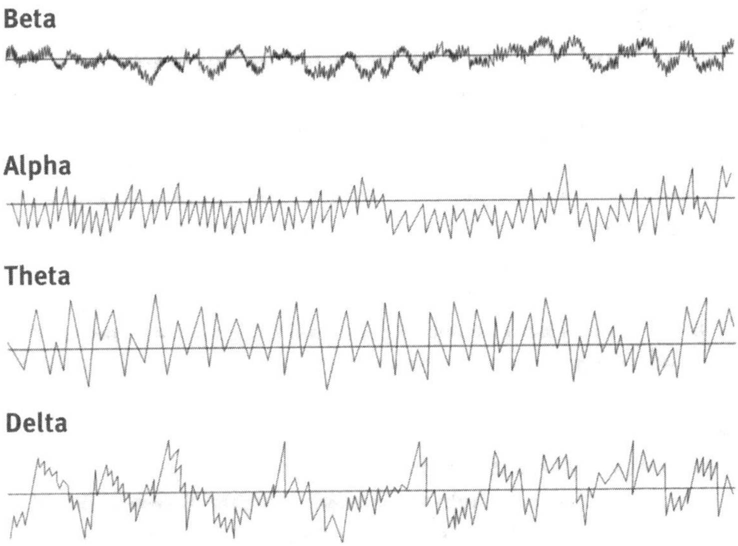

Ihr Gehirn wechselt zwischen vier grundlegenden Bewusstseinsfrequenzen hin und her. Auf jeder Schwingungsebene funktionieren wir anders. Diese Phasen werden während der Schlafzyklen feststellbar.

Nachts durchlaufen Sie verschiedene Schlafphasen. Im frühen Stadium verlangsamen sich Ihre Gehirnwellen vom Betazustand in den entspannteren Alphazustand, und fantasievolle Bilder können Ihnen durch den Geist gleiten. Ihre Muskeln entspannen sich, und Puls, Blutdruck und Körpertemperatur sinken. Danach verlangsamen sich Ihre Gehirnwellen auf das Thetaniveau. Sie sind nun im Zustand eines leichten Schlafes, für den viele Ausbrüche von Gehirnaktivitäten charakteristisch sind. Die meisten Träume ereignen sich in einem Schlafzyklus, der die REM-Phase (von *»rapid eye movement«* – schnelle Augenbewegungen) genannt wird. Während der REM-Schlafphase erhöhen sich die Gehirnwellen von Theta und schließen vorübergehend eine Mischung aus schnelleren Frequenzen ein, die dem Wachzustand näherkommen. Wenn Sie in dieser Phase geweckt werden, können Sie sich ganz leicht an Ihre Träume erinnern. In der letzten Schlafphase verlangsamen sich Ihre Gehirnwellen noch weiter und erreichen den Deltazustand. Dann erleben Sie einen tiefen, traumlosen Schlaf. Werden Sie dann aufgeweckt, fühlen Sie sich benommen und verloren, widersetzen sich dem völligen Erwachen und fallen fast unmittelbar wieder in tiefen Schlaf. Interessanterweise zeigt unser Herz elektrische Schwingungsmuster in fast demselben Bereich wie Delta-Gehirnwellen.

Ihre Gehirnwellen stimmen mit den Ebenen Ihres Gewahrseins überein

Als Nächstes möchte ich einen Sprung machen, den die Wissenschaft noch nicht gemacht hat, der aber in Menschen, die Körper-Geist-Seele-Übungen praktizieren, ganz evident ist: dass nämlich die Energiefrequenzen der Materie Bewusstseinsfrequenzen entsprechen. Wir können das im Biofeedback-Training zeigen, wenn unterschiedliche Gehirnwellen ganz bestimmte Erfahrungen und Erkenntnisarten erzeugen.

Wenn Sie mit den Bewusstseinszuständen vertrauter werden, die von den Aktivitäten verschiedener Gehirnwellen herrühren, werden Sie feststellen, dass die schnellen Betawellen dem oberflächlichen Bewusstsein der alltäglichen Realität und dem geschäftigen »linearen« Denken entsprechen. Je aufgedrehter und enger Ihr Geist ist, umso weniger weitreichend ist Ihr Gewahrsein. Manche sagen, dass das Ego eine Funktion dieser Bewusstseinsebene ist. Forschungen auf dem Gebiet des Biofeedback zeigen, dass Sie weniger besorgt, offener und sich mehr der feineren Arten von Informationen bewusst werden, wenn sich Ihre Gehirnwellen auf das Alphaniveau verlangsamen. Sie haben dann Zugriff auf die tieferen Regionen Ihres Gedächtnisses, auf Symbolismus und Einsichten. Ja, Sie sind jetzt imstande, sich darauf zu konzentrieren, was in Ihrem Unterbewusstsein unterdrückt und gespeichert ist, ohne die für das normale Wachbewusstsein gewöhnliche Furcht.

Wenn sich Ihre Gehirnwellen weiter verlangsamen zum Thetazustand, verstehen Sie mit einem Mal die Natur Ihres wahren Selbst. Das Ego beginnt zu »sterben« und wird durch das Gewahrsein der Seele ersetzt. Wenn sich Ihr Geist nach innen wendet und sich auf Selbstreflexion und die inneren Prozesse konzentriert, dann, so konnte man zeigen, verändern sich Ihre Gehirnwellen von Beta über Alpha zu Theta, besonders dann, wenn äußere Anreize ausgeschaltet werden. Meditierende sinken häufig in einen tiefen Thetazustand und berichten, dass sie in sich eine Einheit mit allen anderen Wesen spüren. Es ist schon eine Ironie, dass die tieferen Zustände, betrachtet man sie vom normalen Wachbewusstsein aus, wie Schlaf oder eine Trance erscheinen. Wenn wir in solch einem Zustand aber bewusst bleiben, erwacht ein sehr viel weiteres Gewahrsein.

Das Eintreten in den Deltazustand führt zu dem Erlebnis, dass man sich außerhalb seines Körpers befindet. Das Gefühl für Ihr Selbst weitet sich aus und wird kollektiv und universal. Es gibt keine Zeit und keinen Raum, und Sie können ganz einfach in andere Dimensionen von Gewahrsein überwechseln. Es ist nicht einfach, solche tiefen Zustände zu erreichen und dabei wachsam und bewusst zu bleiben, denn der Deltazustand bringt Sie in ein einheitliches, nicht individuelles Gewahrsein, das für das Ego überwältigend ist. Häufig besteht ein angenehmer Ausweg dann darin, einzuschlafen anstatt die Erfahrung zu untersuchen. Den Deltazustand kann man sich wie die Viele-Welten-Realität der Quantenphysik vorstellen, in der alle Parallelwelten gemeinsam existieren und sich gleichzeitig entwickeln.

Unser normales Wachbewusstsein, das wir rationales Bewusstsein nennen, ist nur eine besondere Art von Bewusstsein, während überall um es herum, nur durch eine ganz dünne Schicht getrennt, völlig andere potenzielle Formen von Bewusstsein liegen.

William James

An dieser Stelle kommen mir einige interessante Tatsachen in den Sinn. Forscher haben herausgefunden, dass Menschen, die unter ADHS (Aufmerksamkeitsdefizit-Hyperaktivitätsstörung) leiden, Gehirnwellen hauptsächlich im Thetazustand aufweisen. Sie machen Fortschritte, wenn man sie durch Biofeedback-Training dazu bringt, Betazustände zu entwickeln. Die meisten von uns sind mit Betawellen überstimuliert (besonders aufgrund der Eskalation des Informationszeitalters) und versuchen, sich zu verlangsamen und mehr auf einem Alphazustand zu funktionieren. Hyperaktive Kinder dagegen versuchen beispielsweise tatsächlich, schneller zu werden, in ihren Körpern zu leben, sich mit der alltäglichen Wirklichkeit zu beschäftigen und geradlinig und logisch zu denken. Vielleicht sind sie von Natur aus auf höhere Bewusstseinsstufen eingestimmt und müssen wie ET (der Außerirdische, *extraterrestrial*) erst lernen, in der mentalen und emotionalen Atmosphäre auf der Erde zu funktionieren.

Außerdem hat man festgestellt, dass Ihr Gehirn, wenn es mit den langsameren Frequenzen von Alpha, Theta und Delta funktioniert, sehr viel mehr wohltuende Neuropeptide und Hormone erzeugt wie Endorphine, Serotonin, Acetylcholin und Vasopressin. Diese helfen beim Abbau von Stress und Schmerzen und verbessern die Lernfähigkeit und das Gedächtnis. Stehen Gedächtnisverlust und die Alzheimer-Krankheit, die an niedrige Acetylcholinwerte gekoppelt sind, möglicherweise – wenn auch nur entfernt – in Verbindung mit einem zu sehr beschäftigten Betabewusstsein und damit, dass nicht genug Zeit darauf verwendet wird, ein erweitertes Gewahrsein zu entwickeln, das den Alpha-, Theta- und Delta-Gehirnwellen entspricht?

Bewusstsein hat, wie Energie, ein eigenes Spektrum

Wir haben festgestellt, dass Gehirnwellen verschiedenen Ebenen von Gewahrsein entsprechen. Aber gibt es vielleicht noch genauere Unterteilungen innerhalb der einzelnen Frequenzen der Gehirnwellen, die spezifischen Arten von Wahrnehmung entsprechen? Christopher Lenz ist seit Langem am *Monroe Institute* in Virginia Vermittler beim Hemi-Sync-Training für die Erweiterung von Bewusstsein. Dabei werden Klangmuster verwendet, die dramatische Auswirkungen auf Gehirnwellen und Bewusstseinszustände haben können.

Er beschrieb mir die Ebenen von Gewahrsein, besonders solche, die in Theta- und Deltazuständen auftreten, zu denen Teilnehmer des Trainings Zugang hatten und die sie definierten.

Während des Trainings werden bestimmte Frequenzen sich ständig verändernder Akkorde und Rhythmen durch Stereokopfhörer zu beiden Ohren gesendet, und die Teilnehmer werden dadurch aus normalen in außergewöhnliche Bewusstseinszustände gebracht. Sie beginnen ihre Reise mit tiefer Entspannung, erweitern sich dann über die Sinneswahrnehmung hinaus und bewegen sich schließlich über Zeit und Raum hinaus. So kommen sie in einen Zustand, der sie mit nicht physikalischen Realitäten verbindet. Um das ganze sinnvoll und verständlich zu machen, berichtet Lenz, wurde für das Institut, durch ein nicht physisches Wesen namens Miranon kanalisiert, ein Gesamtspektrum von Gewahrsein aufgestellt, welches das Bewusstsein in neunundvierzig Ebenen und sieben Oktaven unterteilt. Die Teilnehmer des Trainings suchten dann die meisten dieser Ebenen auf, berichteten danach und formulierten einen Konsens dessen, was ihren Erlebnissen gemeinsam war.

Im System des Miranon beziehen sich die **Ebenen 1 bis 7** auf das Bewusstsein von Pflanzen; **die Ebenen 8 bis 14** entsprechen dem der Tiere; **die Ebenen 15 bis 21** spiegeln das Bewusstsein der Menschen wider. Lenz sagte, eine Anzahl von Leuten hätte festgestellt, dass die menschlichen Frequenzen ungefähr den Funktionen der sieben *Chakren* entsprächen – den Energiewirbeln oder Energiezentren in unserem Körper. Man kann sich die Chakren als Punkte vorstellen, an denen höhere Energien in die physische Welt transportiert werden über eine vermittelnde Energie oder einen Lichtkörper, der aus feinstofflicher Energie besteht, die häufig *Chi* oder *Energie des Äthers* genannt wird.

Allgemein gilt:
Die Ebene 15 entspricht dem ersten Chakra an der Basis der Wirbelsäule. Es hat mit Überleben und Ausdauer zu tun, mit dem Lebenswillen, mit der Aufrechterhaltung und Zirkulation lebensnotwendiger Energie, die uns mit der Erde in Verbindung hält und uns die Kernenergie der Erde liefert.
Die Ebene 16 entspricht dem zweiten Chakra im Unterbauch. Es hat mit Sympathie zu tun, mit der Fähigkeit, Emotionen und Energiefelder zu spüren. Es hilft uns, uns miteinander und mit der Welt zu verbinden und in Beziehung zu treten. Es beeinflusst unsere Sinnlichkeit, das Wünschen, Hunger und Sexualität, und es fördert die produktiven und reproduktiven Triebe.
Die Ebene 17 steht in Verbindung mit dem dritten Chakra am Sonnengeflecht. Es hat zu tun mit dem persönlichen Willen, der persönlichen Macht, Selbstbeherrschung, Kontrolle über die äußere Welt sowie mit den auf eintreffende Reize reagierenden Impulsen von Anziehung und Abstoßung, Kampf oder Flucht.
Die Ebene 18 bezieht sich auf das vierte Chakra, das Herzzentrum. Es hat mit der Verknüpfung unseres physischen mit dem nicht physischen Selbst zu tun, mit der Ausgeglichenheit eines Lebens im Einklang mit den universalen Prinzipien und mit dem vollendeten Verständnis unserer wechselseitigen Beziehung zu anderen und zur Natur. Es fördert Mitgefühl, geläuterte Empathie und Vertrauen.
Die Ebene 19 entspricht dem fünften Chakra an der Kehle. Es wirkt auf den Übergang vom persönlichen zum höheren Willen, auf den Glauben, die Verbindung mit höheren Quellen für Anleitung und Informationen, inspirierte Arten, das Selbst zum Ausdruck zu bringen, und authentische Kommunikation.
Die Ebene 20 hängt mit dem sechsten Chakra, dem dritten Auge, zusammen, das sich zwischen den Augenbrauen befin-

det. Es wirkt auf die Fähigkeit, durch Formen hindurchzuschauen in die darunterliegenden Energiemuster und in die Dynamik, die uns mit den nicht physischen Erfahrungen vom Selbst verbindet. Es öffnet uns für Intuition, Fantasie, inspirierte Kreativität und fein abgestimmtes Gewahrsein.

Die Ebene 21 steht in Verbindung mit dem siebten Chakra oder der Krone. Das beeinflusst unseren Übergang von unserer Identität mit dem individuellen Ego zum Selbst, verbindet uns mit den höchsten Quellen von Anleitung, kosmischem Verständnis und unserer wechselseitigen Beziehung mit allen anderen Seelen und dem Universum. Das erlebt man häufig als einen Treffpunkt, an dem man nicht physischen Wesen begegnet.

Das Chakra-System

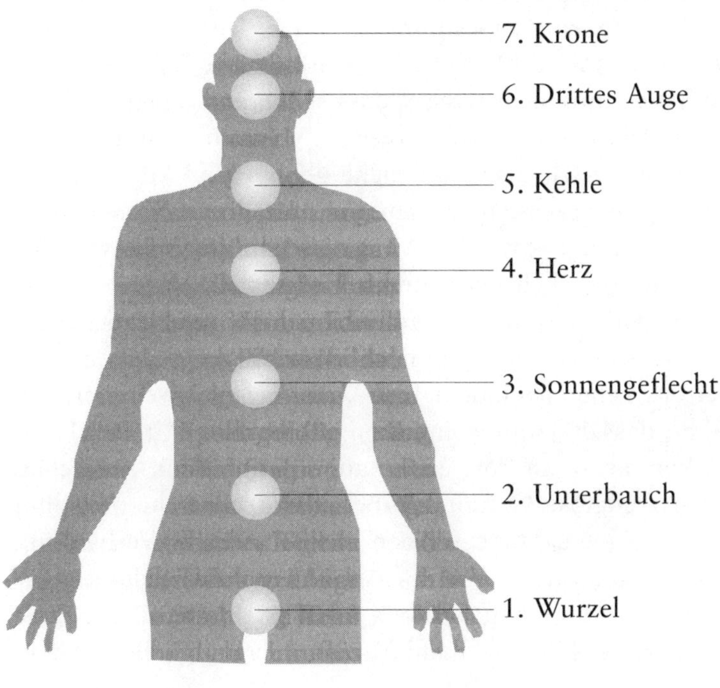

Es gibt viele Arten von Gewahrsein jenseits des Bereichs der Menschen

Lenz beschreibt dann weiter die Ebenen 22 bis 28, den Bereich jenseits des normalen menschlichen Gewahrseins, der im Wesentlichen mit Erfahrungen nach dem Tod zu tun hat. Ich finde diese Ebenen besonders interessant, da sie eine Karte der Gebiete darstellen, die ich und viele andere hellsichtige Menschen in Zuständen veränderten Gewahrseins besucht haben.

Die Ebene 22 entspricht den Traumrealitäten auf höherer Ebene, der Demenz, dem Delirium und der Betäubung. Man findet sie bei Komapatienten, und man kann mit ihrer Hilfe mit diesen Patienten in Kontakt treten. Es ist auch die Ebene, auf der Verstorbene, die nicht an ein Leben nach dem Tod glauben, eine unbestimmte Zeit lang »schlafen« mögen.

Die Ebene 23 wird Menschen zugeordnet, die Angst vor dem Tod haben und nicht wissen, dass sie bereits gestorben sind, oder solchen, die beschränkende Vorstellungen oder die Emotionen nach dem Tod nicht überwinden können. Das kann typischerweise im Zusammenhang mit Selbstmord und Sucht auftreten sowie bei Menschen, die mit sehr viel Widerstand, Bitterkeit und Kummer sterben.

Die Ebenen 24, 25 und 26 beziehen sich auf die Bereiche fester Glaubensvorstellungen und Erwartungen von Menschen über das Leben nach dem Tod. Wenn beispielsweise jemand glaubt, dass er Trompeten hören wird, wenn er in den Himmel kommt, dann hört er die auch. Oder wenn Menschen an eine religiöse Gestalt glauben, werden sie ihr oder ihm auch begegnen. Diese Ebenen stehen auch in Verbindung mit fest verankerten Glaubenssystemen und Weltanschauungen von Menschen darüber, wie das Leben auf der Erde funktioniert. Hat die Familie eine vorrangige Bedeutung, bleiben die Menschen nach dem Tod in ihren familiären Mustern. Sind sexuelle Freiheit oder Macht über andere wichtig, dann versuchen sie auch weiterhin so zu handeln. Lenz sagt, dass Menschen auf diesen Ebenen eine lange Zeit bleiben können – jahrhundertelang sogar –, bis sie mithilfe von Führern andere Möglichkeiten entdecken.

Die Ebene 27 ist als »der Park« bekannt. Es ist eine Art Empfangsbereich, zu dem ein Großteil der Menschen nach dem Tod gehen. Den meisten erscheint er als ein riesiger grüner, stiller Park mit prachtvollen Bäumen und Wiesen. Hier treffen die Menschen ihre Lieben wieder, die vor ihnen gestorben sind, arbeiten mit Führern zusammen, um zu verstehen, was sie in ihrem Leben gelernt haben, gehen zu Verjüngungszentren, um ihre Energie zu erneuern, schauen sich ihre möglichen, zukünftigen Leben an, lernen in der gewaltigen Bücherei der *Akashic Records*[5], in der das planetarische Gedächtnis aufbewahrt wird, oder sie entspannen sich einfach und spielen, bis sie bereit sind, weiterzugehen. Einige Menschen werden hier zu Rettungskräften und Führern ausgebildet und lernen, sich in niedrigere Ebenen des Seins zurückfallen zu lassen und »verlorenen« Seelen beim Aufstieg zu Ebenen zu helfen, auf denen sie frei sein und weitergehen können.

Die Ebene 28 ist ein abstrakterer Zustand, die letzte Verknüpfung mit dem Menschsein, die manchmal auch »der siebte Himmel« genannt wird. Hier kommen Menschen mit hoch entwickelten Lehrern zusammen, mit Erlösern und Propheten, und hier bleiben auch die Seelen, die nicht wiedergeboren werden und all ihre Leben integrieren.

Gehen wir nun weiter zu den nächsten drei Oktaven, von

5 Abgeleitet von dem Sanskrit-Wort *ākāsha*, »Äther«. Wissen, das verschlüsselt in einem nicht physischen Raum lagern soll. (Anm. des Übersetzers)

denen die meisten, nach Aussage von Lenz, nicht gut dokumentiert sind. Die Ebenen 34 und 35 werden jedoch »das Gebiet der Zusammenkünfte« genannt. Dort begegnen wir extrem hohen unpersönlichen Intelligenzen, die sich um die Erde herum versammelt haben. Sie wollen dort Zeugen von zwei wichtigen Ereignissen sein, die gleichzeitig auf der Erde auftreten sollen, was sie für eine Seltenheit halten. Sie wollen uns helfen. Diese Ereignisse sind jedoch von denen, die diese Ebenen des Gewahrseins erreicht haben, noch nicht klar beschrieben worden. Die Ebene 49 wird der Astronomie zugeordnet und dem Verständnis von den großen Mysterien des Kosmos und der Galaxien.

Ich hoffe, Sie haben einen kleinen Einblick in die vielen sich durchdringenden Spektren von Energie und Gewahrsein bekommen, sowohl in Ihren äußeren als auch in Ihren inneren Realitäten. Die Definition der Gewahrseinsebenen, die das *Monroe Institute* gibt, stellt nur eine von vielen Hierarchien des Bewusstseins dar. Fast jede Religion und jedes metaphysische System hat eine eigene Version von dem, was es in den Zuständen langsamer, tiefer Gehirnwellen zu entdecken gibt. Im Laufe der Geschichte hat es immer wieder Pioniere gegeben, die höhere Zustände von Gewahrsein und Energie erforschten und Karten für dieses Territorium erstellten, wobei sie die Filter ihrer eigenen Kulturen verwendeten. Doch trotz aller Unterschiede gibt es große Übereinstimmungen bei den verschiedenen Modellen. Auch Sie werden letztendlich imstande sein, Ihre eigene Frequenz absichtlich auf Ebenen zu erhöhen, auf denen Ihnen höherdimensionales Wissen normal erscheinen wird.

Der Kosmos ist das Ordnen von Zahlen. Wahrnehmung ist die Vorstellung von Formen, die im Potenzial der Zahlen stecken.

Robert Lawlor

Welcher Zustand von Gewahrsein entspricht der Zahl 214?

Ich erinnere mich an einen Traum, den ich vor vielen Jahren hatte. Darin wurde ich stundenlang, wie mir schien, von einem Gremium spiritueller Prüfer befragt, als befände ich mich in einem mündlichen Examen für einen akademischen Titel. Sie riefen mir zu: »Welches körperliche Gefühl entspricht einhundertundneunundzwanzig?« »Jucken!«, rief ich zurück. »Welche Emotion entspricht zweihundertvierzehn?« »Kummer!«, sagte ich. »Welcher physische Zustand entspricht der dreizehn?« »Lähmung!«, antwortete ich. »Welcher Geisteszustand entspricht hundertfünfundzwanzig?« »Enthusiasmus!«, erwiderte ich. Ich erwachte mit dem Gefühl eines inneren Maßstabs mit haargenauen Einteilungen, als bestünde ich aus Schichten hauchdünner, in alle Richtungen aufgestapelter Papiertaschentücher.

Später beschäftigte ich mich mit Numerologie, und nach vielen Jahren Arbeit mit Zahlenkombinationen, basierend auf dem Geburtsdatum von Klienten, erkannte ich, dass Zahlen tatsächlich Zuständen von Gewahrsein, Lektionen, Charakterzügen und bestimmten Arten von Ereignissen entsprechen. Zahlen sind Frequenzen. Und jede Frequenz offenbart eine Welt oder eine Wirklichkeit mit einem einzigartigen Wissen und bestimmten Regeln, nach denen sie funktioniert. Wenn Sie Ihre Empfindsamkeit auf verschiedene Zahlen richten, können Sie neue Informationswelten entdecken und sich grundlegende energetische Fähigkeiten beibringen: *Maßstäbe zu überqueren.*

Praktische Übung

Bereiche von Zahlenschwingungen

1. Setzen Sie sich bequem hin, mit den Handflächen auf den Oberschenkeln, der Kopf ist gerade und im Gleichgewicht, und Sie atmen gleichmäßig. Richten Sie Ihre Aufmerksamkeit vollständig auf den gegenwärtigen Augenblick und ins Innere Ihrer Haut.
2. Stellen Sie sich vor, Sie befinden sich in einem gläsernen Aufzug, der im Erdgeschoss steht. Durch das Glas können Sie an der Wand eine große Zahl Eins sehen. Das ist Ihre normale Alltagsrealität.
3. Nun bemerken Sie, dass dieser Aufzug zu den Etagen eins bis neun fahren kann. Sie fahren durch die verschiedenen Ebenen und kommen zu einer, die Sie gern erleben möchten.
4. Schließen Sie Ihre Augen, und zählen Sie langsam im Geist. Achten Sie dabei auf jede Anziehung für eine bestimmte Zahl, egal, wie schwach sie auch sein mag: 1–2–3–4–5–6–7–8–9 und zurück, 9–8–7–6–5–4–3–2–1, und dann wieder aufwärts. Beobachten Sie, ob Sie die unterschiedlichen Schwingungen spüren können, während Sie durch die Zahlen gehen. Schließlich werden Sie sich intuitiv zu einer Zahl hingezogen fühlen. Der Aufzug wird auf dieser Ebene stehen bleiben. Die Tür öffnet sich, und Sie treten hinaus.
5. Hier ist eine neue Welt, die mit der von Ihnen gewählten Zahl mitschwingt. Spüren Sie diese Schwingung, und passen Sie sich ihr an. Dies ist eine Frequenz, die Sie für Ihren Körper, Ihre Emotionen und Ihren Geist benötigen, und sie enthält eine bestimmte Art von Energie und Weisheit. Sie kann Fähigkeiten und Fertigkeiten ermöglichen, die Sie vielleicht nötig haben. Gehen Sie umher. Was se-

hen, hören, riechen, fühlen Sie? Welche Emotionen und Gefühle werden ausgelöst? Welche Gedanken und Themen kommen Ihnen in den Sinn? Kommen Ihnen Einsichten zu etwas, das Sie tun müssen?

6. Jetzt kommt ein Führer und begrüßt Sie. Der Führer ist ein Sprecher für diese Ebene, und er oder sie wird sich nun mit Ihnen unterhalten und Ihnen die Informationen und Ratschläge geben, die Sie brauchen. Lassen Sie die Informationen frei fließen. Wenn Sie möchten, können Sie die Technik des unmittelbaren Schreibens anwenden, die ich im Kapitel *An die Leserinnen und Leser* beschrieben habe. Bleiben Sie weiter konzentriert, und beginnen Sie langsam mit dem Aufschreiben der Anweisungen, die Ihnen in den Sinn kommen.
7. Wenn Sie genug empfangen haben, danken Sie Ihrem Führer und steigen wieder in den Aufzug ein. Sie können nun zu einer weiteren Ebene fahren und den gleichen Prozess dort wiederholen oder zu Ihrem normalen Wachbewusstsein auf der Ebene eins zurückkehren und dabei die verschiedenen Schwingungsstufen spüren.

Ihr Körper, Ihre Emotionen und Ihre Gedanken beeinflussen Ihre Frequenz

Die alltägliche Realität bietet Ihnen noch einen weiteren Bereich von Schwingungen. Dabei handelt es sich um solche, die sich auf den Zustand Ihres physischen Körpers, Ihrer Emotionen und Ihrer Gedanken beziehen. An einem ganz gewöhnlichen Tag bewegen Sie sich frei auf und ab auf der Skala von Wohlsein–Unwohlsein, Tätigsein–Untätigsein, Freude–Unmut, Logik–Inspiration, um nur einige zu nennen. Die folgende Übersicht soll Ihnen ein Gefühl für den großen Bereich von Schwingungen vermitteln, die Sie spüren können. Die einzelnen Spalten entsprechen einander nicht auf horizontaler Ebene.

Die Skalen der alltäglichen Schwingungen

HOHE FREQUENZ schnell/sich ausdehnend Seele/Liebe	**KÖRPER**	**SINNE**	**EMOTIONEN**	**GEDANKEN**
	Volle Gegenwärtigkeit	Kommunion	Liebe/ Empathie	Weisheit/ Einheit
	Perfekte Gesundheit	Unmittelbare Erfahrung	Großzügigkeit	Unmittelbares Wissen
	Freudige Bewegung	Hohe Empfindsamkeit	Freude/ Dankbarkeit	Inspiration/ Einsicht
	Flexibilität	Intuition	Enthusiasmus	Fließende Kreativität
	Reaktionsvermögen	Hellsichtigkeit	Wunsch/ Motivation	Entdeckung/ Erforschung
	Komfort/ Ruhe	Hellhörigkeit	Vergnügen	Empfänglichkeit/Offenheit
	Erschöpfung	Hellfühligkeit	Aufrichtigkeit	Langeweile/ Ungeduld
	Spannung/ Stress	Vision	Zufriedenheit/ Vertrauen	Ablenkung/ Abwesenheit
	Periodische Schmerzen	Hören	Enttäuschung	Projektion/ Vorwurf
	Chronische Schmerzen	Berühren	Frustration	Logik/Beweis
	Sucht	Geschmack	Zweifel/ Unsicherheit	Glauben/ Kontrollspiele
	Krankheit	Geruch	Angst/Panik	Besessenheit
	Trauma/ Verletzung	Anziehung/ Abstoßung	Hass/Wut/ Weigerung	Überwältigung
NIEDRIGE FREQUENZ	Verlust von Funktionen	Bauchgefühl	Schuld/Scham	Psychose/ Neurose
langsam/dicht Ego/Angst	Lähmung/ Koma	Unbewusste Reaktionen	Depression/ Apathie	Suizidal

Hier ein Beispiel dafür, wie die persönliche Schwingung sich über einen Tag hinweg verändern kann: Sie erwachen vielleicht ganz begeistert mit dem Gedanken, dass Sie mit einer neuen Skulptur anfangen, und Sie freuen sich auf diese taktile Erfahrung. Während Sie zunächst Ihre erste E-Mail beantworten, taucht ein Riesenproblem mit Ihrem Computer auf, Sie sind frustriert und neigen jetzt zur Wut. Dann ruft ein Freund an und lädt Sie für das Wochenende zum Essen ein, und Sie schwingen zurück in Richtung Dankbarkeit. Sie fangen mit der Arbeit an Ihrer Skulptur an und verletzen sich aus Versehen mit einem Meißel. Ihr Körper empfindet Schmerz, und Ihre Hand pocht für den Rest des Tages. Das lenkt Sie ab, und Sie fühlen sich erschöpft.

Sie machen eine Pause, erledigen ein paar Dinge im Haushalt, langweilen sich. Sie entscheiden, dass Sie nicht mehr arbeiten können, und schalten den Fernseher an. Sie genießen die visuelle Stimulierung durch einen schönen Film, sind aber aufgewühlt durch die laute, wie ein Schnellfeuer wirkende Werbung. Es ist an der Zeit, zu Bett zu gehen, und Sie versuchen einzuschlafen, aber Ihre Geldsorgen plagen Sie, und sie schlagen sich mit der Frage herum, ob Sie für das, was Sie tun, überhaupt gut genug sind. Sie erkennen, dass Sie überstimuliert sind und nicht einschlafen können. Also lesen Sie ein Buch, das Ihre Gedanken in einen spirituelleren Bereich bringt. Das beruhigt Sie, und Sie beschließen zu meditieren. Sie werden noch ruhiger. Jetzt fühlen Sie sich friedlich und verbunden mit Ihrem wunderbaren, talentierten, künstlerischen Selbst, und es ist nun ganz leicht, einzuschlafen. Ihre Träume sind kreativ und dynamisch.

Praktische Übung
Verfolgen Sie Ihre täglichen Schwingungen

- Denken sie zurück, wie Ihr Tag bisher abgelaufen ist. In welchem körperlichen, emotionalen und mentalen Zustand haben Sie den Tag begrüßt?
- Wie haben Sie sich während des Tages durch die Frequenzen bewegt?
- In welchem Zustand befinden Sie sich jetzt gerade?
- Erinnern Sie sich an einen typischen Tag. Gibt es ein Muster von energetischen Zuständen, die Sie, ohne es zu merken, immer wiederholen? Welches ist Ihre typische Schwingung früh am Morgen? Am Vormittag? Am frühen Nachmittag? Am späten Nachmittag? Am frühen Abend? Nachts?
- Denken Sie zurück an Ihre Woche. In welchen Schwingungen haben Sie hauptsächlich gelebt?
- Auf welchen Frequenzebenen haben Sie in der letzten Zeit geträumt?

Sie haben Ihre ganz eigene, persönliche Schwingung

Da das Leben selbst in Formen hinein- und aus ihnen wieder herausschwingt und Ihr Geist zwischen bewusst und unbewusst hin und her pendelt, ist es ganz normal für unsere tägliche Erfahrung, dass wir von niedrigen zu hohen Frequenzen der Körper-Emotionen-Gedanken-Skala wechseln und wieder zurück. Viele Menschen, mit denen ich spreche, versuchen herauszufinden, wie sie dauerhaft in dem guten Zustand bleiben können – um immer froh und glücklich zu sein und niemals abzugleiten. Aber wir sind schwingende Wesen und durchlaufen unsere Erfahrungen aufgrund der wellenähnlichen Natur des Lebens. Sie haben, wie auch alle anderen, Ihre eigene *persönliche Schwingung*, und sie verändert sich, abhängig davon, was Sie denken, fühlen und tun. Sie müssen aber wissen, dass Sie das beeinflussen können. Sie können Ihre persönliche Schwingung an die chaotische Frequenzsuppe der Welt anpassen und sich hilflos und hin und her geschleudert fühlen, oder Sie können selbst bestimmen, wie Sie sich fühlen wollen. Sobald Sie sich entscheiden, sich auf die Frequenz Ihrer Seele einzustimmen, stabilisiert sich Ihre persönliche Schwingung auf Ihrer »Eigenfrequenz«, die wir in Kapitel 5 besprechen werden. Sie können dann immer noch ein wenig auf und ab hüpfen, aber es ist dann viel einfacher, Ihre Klarheit zu bewahren, wenn Sie wissen, wie Sie Ihre persönliche Schwingung absichtlich fokussieren können. Was genau ist aber Ihre persönliche Schwingung, und wie funktioniert sie?

1. Ihre persönliche Schwingung ist die gesamte Schwingung, die in jedem Moment von Ihnen ausgeht. Diese Frequenz ist eine Kombination jeder der verschiedenen verengten oder erweiterten Zustände Ihres Körpers, Ihrer Emotionen und Gedanken, wie sie in der Tabelle oben aufgeführt sind. Sie fluktuiert von Natur aus. In einem Moment spüren Sie vielleicht eine Kombination aus körperlichem Schmerz, emotionaler Opferrolle und mentaler Überwältigung. Im nächsten Moment können Sie dann mit einer fließenden körperlichen Bewegung beschäftigt sein, die Ihnen emotionales Vergnügen bringt und ein Interesse daran, etwas zu erforschen. Sind Sie verärgert, können Sie Ihr intuitives Bauchgefühl anwenden und reagieren, und wenn Sie ruhig und glücklich sind, haben Sie vielleicht tiefe, intuitive Einsichten.

2. Die Schwingung eines Aspekts Ihrer Ausstrahlung wirkt sich auf die Schwingungen der anderen Aspekte aus. Wenn Sie eine Weile deprimiert waren, kann Ihr niedriger emotionaler Zustand dazu führen, dass Ihre Fantasie vertrocknet und Ihre Gedanken noch hoffnungsloser und negativer werden. Der Mangel an Wärme und Enthusiasmus kann auch bewirken, dass Ihr Körper noch träger und schwerfälliger wird. Wenn Sie andererseits Ihren Körper regelmäßig bewegen, indem Sie zum Beispiel spazieren oder tanzen gehen, werden Ihre Emotionen spontan, und Sie werden auch einen verstärkten Gedankenfluss erfahren. Das Großartige daran ist, dass Sie Ihre persönliche Schwingung insgesamt verbessern können, indem Sie einen Teil Ihres aktuellen Zustands verbessern – Sie bewegen sich auf der Skala nach oben zu einer Qualität, die sich besser anfühlt. Wenn Sie zum Beispiel erschöpft sind, begeben Sie sich in komfortabler Umgebung zur Ruhe. Sind Sie frustriert, versuchen Sie, auf Zufriedenheit umzuschalten. Sind Sie von etwas besessen, machen Sie den Versuch, sich die darunterliegenden Glaubenssätze anzuschauen. Beginnen Sie irgendwo, und der Rest von Ihnen wird folgen.

Jede Veränderung im physiologischen Zustand ist begleitet von einer angemessenen Veränderung im mental-emotionalen Zustand, ob bewusst oder unbewusst. Und umgekehrt ist jede Veränderung im mental-emotionalen Zustand, bewusst oder unbewusst, begleitet von einer angemessenen Veränderung im physiologischen Zustand.

Elmer Green

3. Ihre persönliche Schwingung wird beeinflusst von den Schwingungen in der Welt und in anderen Menschen. Weil Körper wie Stimmgabeln mitschwingen, können Sie mit jemand anderem in Kontakt kommen, der negativ und nervös oder geerdet und ruhig ist, und Ihr Körper wird dessen

Schwingungen nachahmen. Angenommen, Sie lassen sich gerade fröhlich treiben, und eine Freundin ruft an und sagt, sie habe ein Problem, und das sei Ihre Schuld. Es ist einfach, ihre Schwingung zu übernehmen und sie im Gegenzug wegen etwas zu beschuldigen, das sie getan hat. Ehe Sie sich versehen, fühlen Sie sich ärgerlich und erschöpft. Eine andere Situation: Sie wachen müde auf und werden im langweiligen, dichten Berufsverkehr noch lustloser. Ihr Gehirn will nicht funktionieren, bis ein begeisterter Kollege mit guten Neuigkeiten in Ihr Büro stürmt. Seine Energie ist optimistisch und motiviert. Bald befinden Sie sich dann auch in einer kreativen Stimmung und sind äußerst produktiv.

Einige Leute bringen einen hoch, wenn man mit ihnen zusammen ist, und andere ziehen einen hinunter. In ähnlicher Weise haben auch Orte Schwingungen. Das eine Restaurant strahlt vielleicht etwas Unheimliches aus, während ein anderes sicher und gemütlich wirkt. Manche Städte stimulieren Ihre Kreativität und Ihre soziale Natur, während andere Sie isolieren und Ihnen ein Gefühl von Hoffnungslosigkeit vermitteln. Sie können versuchen, jemand zu sein, der in jeder gegebenen Situation anderen den Ton vorgibt, denn Ihre persönliche Schwingung beeinflusst andere genauso leicht, wie deren Schwingung Sie beeinflusst.

4. Ihre persönliche Schwingung wird aufgrund Ihrer Entscheidungen in Ihnen erzeugt. Es liegt wirklich an Ihnen, wie Sie sich fühlen wollen. Sie haben eine natürliche Schwingung – *Ihre Eigenfrequenz* –, und das ist die Art, wie sich Ihre Seele fühlt, diese Form von großartiger, strahlender Frequenz, die Säuglinge ausstrahlen. Sie wird im Laufe Ihres Lebens überlagert von emotionalem und mentalem Wirrwarr. Sie können sie aufdecken und immer, wenn Sie wollen, Ihre Eigenfrequenz strahlen lassen. Eine Ihrer Entscheidungen, meistens ganz unbewusst, kann sein, dass Sie Aufmerksamkeit bekommen und sich gut fühlen wollen, indem Sie sich als Opfer identifizieren und so handeln, als hätte man Sie ungerecht behandelt oder als wären Sie im Unrecht. Diese unbewusste Wahl führt dazu, dass Sie auf einer niedrigen persönlichen Schwingung funktionieren. Das geht so weit, dass Sie an diesen Vorstellungen festhalten und es zulassen, dass andere Menschen, Orte und Ereignisse mit niedrigeren Schwingungen als Ihren eigenen Sie hinunterziehen. Oder Sie übertragen anderen Leuten mit von Natur aus hohen Schwingungen die Aufgabe, Sie in eine bessere Stimmung zu versetzen.

5. Ihre persönliche Schwingung verbessert sich dramatisch, je mehr Sie die Leitung Ihres Lebens Ihrer Seele überlassen. Ist Ihre persönliche Schwingung das Resultat von eingeengtem Denken, negativen Emotionen oder von dem Bedürfnis, sich und die Welt zu beherrschen, werden Sie hier auf der Erde keine gute Zeit haben! Wenn Sie durch den Transformationsprozess gehen, tauchen solche engstirnigen Gefühle und Glaubenssätze aus Ihrem unterbewussten Geist auf, um bereinigt zu werden. Dann öffnet sich Ihnen eine neue Perspektive, die auf der erweiterten, liebevollen Weisheit Ihrer Seele basiert.

In den nächsten Kapiteln tauchen wir tiefer darin ein, wie Sie eine gesunde Empfindsamkeit entwickeln und Ihre persönliche Schwingung auf einem Niveau halten können, das die Art, wie Sie im Leben funktionieren, optimiert, das Ihnen Erfolg bringt und es Ihnen gestattet, ganz natürlich glücklich und im Gleichgewicht zu sein.

Die größte Revolution in unserer Generation ist die von Menschen, die durch eine Veränderung der inneren Einstellung ihres Geistes die äußeren Aspekte des Lebens verändern können. *Marilyn Ferguson*

Kurz zusammengefasst ...

Sie sind von vielen energetischen Schwingungen in der Außenwelt umgeben, von den einundachtzig Oktaven der elektromagnetischen Frequenzen, über die Schwingungen von Schall und Wärme bis hin zu der Schumann-Resonanz der Erde und den grundlegenden *wavicles* (siehe Seite 81) der Materie. Einige sind mit Ihren Sinnen wahrnehmbar, die meisten sind es aber nicht. In Ihrer inneren Welt sind Sie lebendig mit schwingenden Wellen von Energie und Bewusstsein, von den Zyklen Ihres Atems und Herzschlags bis zu den elektrischen Gehirnwellen. Innerhalb der Ebenen der Gehirnwellen gibt es viele verschiedene Arten von Gewahrsein, von den sieben Arten des Chakra-Bewusstseins bis zum Gewahrsein der Erfahrungen nach dem Tod und anderer Dimensionen. Aufgrund Ihrer Empfindsamkeit können Sie durch die gesamte Skala von Frequenzen gehen und in jeder Frequenz neue Welten und neues Wissen entdecken.

Ihre persönliche Schwingung oder Ihr persönlicher Energiezustand ist in jedem Moment eine Mischung aus den eingeengten oder erweiterten Frequenzen Ihres Körpers, Ihrer Emotionen und Gedanken. Je mehr Sie Ihre Seele durch sich hindurchscheinen lassen, umso höher wird Ihre persönliche Schwingung sein. Ihre persönliche Schwingung wird von den Schwingungen der anderen und der Welt beeinflusst, doch letztendlich haben Sie die Wahl, wie Sie sich fühlen möchten.

Die Botschaft der Eigenfrequenz

Wie ich im einführenden Kapitel *An die Leserinnen und Leser* erkläre, habe ich diese inspirierten Textbotschaften am Ende eines jeden Kapitels hinzugefügt, damit Sie von Ihrem normalen, schnell lesenden Geist umwechseln können zu einer tieferen Art unmittelbarer Erfahrung. Mithilfe dieser Botschaften können Sie Ihre persönliche Schwingung willentlich verändern.

Die folgende Botschaft ist dazu gedacht, Sie in eine Art von Welterkenntnis zu befördern, die dem sehr nahe kommt, wie Sie das Leben im Intuitionszeitalter erleben werden. Um in die *Botschaft der Eigenfrequenz* hineinzukommen, schalten Sie einfach herunter auf eine langsame, weniger gehetzte Geschwindigkeit. Atmen Sie langsam und tief ein, dann aus, und seien Sie so ruhig und still wie möglich. Lassen Sie Ihren Geist weich und empfänglich sein. Öffnen Sie Ihre Intuition, und bereiten Sie sich darauf vor, sich in die Sprache einzufühlen. Achten Sie darauf, ob Sie die tieferen Wirklichkeiten und Gefühlszustände erfahren, die lebendig werden, während Sie lesen.

Ihre Erfahrung kann eine umso größere Dimension annehmen, je mehr Sie Ihre ganze Aufmerksamkeit auf die Worte richten. Konzentrieren Sie sich jeweils nur auf einige Worte zugleich, machen Sie eine Pause bei den Satzzeichen, und verweilen Sie bei der Intelligenz, die diese Botschaft verkündet, live im Hier und Jetzt – für Sie. Sie können die Worte laut aussprechen oder die Augen schließen und jemand anderen laut vorlesen lassen. Achten Sie darauf, welche Wirkung die Worte auf Sie haben.

Sanft durch die Schwingungen gleiten

Hören Sie der Welt zu: Töne bewegen sich von Ursprüngen zu Ohren. Hunde drehen Köpfe zu Eindringlingen, Delfine nähern sich Fischschwärmen, Musik strömt aus Instrumenten, Geschichten fließen aus den Mündern von Lehrern. Es gibt: Insektensummen, Donnergetöse, Mutter-Kind-Geflüster, Stöhnen vor Anstrengung, Schreien nach einem Verlust, Siegesgebrüll. Hören Sie den Schichten der Schwingung zu, spüren Sie sie als berührbar, beeindruckend, Sie zum Mitschwingen bringend.

Sie sind der Wind: jetzt Brise, jetzt Böe, jetzt Sturm. Sie sind das Licht: jetzt weiß, jetzt Regenbogen, jetzt schwarz, jetzt diamanten und durchscheinend. Sie sind die Welle des Lebens: das Hinausgehen, das Zurückkommen, das Aufblasen zu unbekannter Fülle, das Verschwinden in unbekannte Nadellöcher. Sie wollen nicht aufhören, und Sie wollen es doch. Sie denken, das Schaukeln sind Sie. Sie wissen, das Schaukeln ist nicht alles, was Sie sind.

Unter der Oberfläche Schwingungen, dort lädt Sie etwas ein, etwas Erneuerndes, etwas äußerst Wirksames, etwas zuerst Beängstigendes. Unter den Wellen ist Ruhe zu spüren, die Bewegung verlangsamt sich. Kein Bedarf zu sprechen: Denken Sie einen Gedanken an jemanden, und Sie denken ihn auch. Stellen Sie sich vor, ein Geschenk erscheint in der Hand eines Freundes, und es ist da, kein Aufruhr der Schöpfung. Wissen und tun, ohne so viele Wellen. Können Sie spüren, wie ruhig, wie einfach? Je ruhiger Sie sind, umso schneller und genauer überträgt sich Ihre Absicht.

Unter diesem Ort ruhiger Übertragung ein anderer Ort. Überhaupt keine Bewegung. Hier ist etwas Reines: Gewahrsein, Schweigen, tiefer Frieden, durchdringend, Liebe befreiend, vollendetes Verständnis, das den Verstand übersteigt und entlastet. Keine Ausrichtung, keine Gewalt, kein Bedürfnis. Alle kreativen Akte beginnen hier und enden hier. Hier lernen Sie, indem Sie das Universum sind. In jedem Moment können Sie hinabsteigen durch die Frequenzen in die Stille. Ihre Teile vereinen sich. Zeit hört auf, und Sie denken, nichts ist da. Dann plötzlich, ein »Lachen« explodiert Sie wieder in schwingende Teilchen: Alles ist da! Sie steigen aus der Reinheit, fühlen ein neues Motiv, wählen eine neue Schwingung, fließen zu etwas Neuem hin, und Sie empfinden die Freude darüber, bis die Stille Sie wieder einmal zurückruft.

Der tiefste Zustand ist der höchste; der ruhigste ist der am meisten beschleunigte. Die vertrautesten, liebevollsten, verbundensten Gefühle sind die am meisten wirksamen. Liebe ist die am meisten motivierende und kreative Frequenz von allen. Wahrheit ist Liebe, die durch Ihren Geist strömt. Harmonie ist die Resonanz der Liebe, sie koordiniert und stimmt die Schwingungen allen Lebens. Sie-der-Geist lieben Schwingungen, weil Geist aus Schwingungen gemacht ist, doch Sie-die-Seele lieben Stille, weil Seele aus unteilbarer Präsenz und unbeweglicher Liebe gemacht ist. Schlemmen Sie in Frequenzen, verdauen Sie sie in Ruhe, benutzen Sie Ihre Gegenwart, um mit Frequenzen kreativ umzugehen, und genießen Sie sie in Stille.

3
Wie Sie sich Ihrer Gefühlsgewohnheiten gewahr werden

Emotionen sind nicht »schlecht«. Unseren Emotionen liegen Primärenergien zugrunde, die erfolgreich angewendet werden können. Tatsächlich (...) entspringt die Energie der Erleuchtung aus genau denselben natürlichen Quellen, die auch unsere alltäglichen Leidenschaften und Emotionen erzeugen.

Dr. med. James H. Austin

Vor Kurzem kam ein Mädchen im Teenageralter in meine Beraterpraxis, es interessierte sich für Intuition. Trotz der Piercings in den Lippen und ihres schwarzen Augen-Make-ups strahlten Megans Augen vor Schönheit, und sie war geistig unglaublich aufgeschlossen. Sie zuckte mit den Schultern, als ich sie fragte, welche Fragen sie habe, aber ungefähr in der Mitte der Sitzung fiel ihr etwas ein. »Manchmal bekomme ich plötzlich das Gefühl, dass alles schiefgehen wird, als würde das Gute zertrümmert. Woher kommt das? Denn ich habe immer Angst davor, dass mein Freund mit anderen Mädchen rummacht – aber das tut er gar nicht –, und ich denke, ich schade damit unserer Beziehung.«

Ich fühlte mich in ihren Körper ein und konnte den Ort an ihrem Sonnengeflecht spüren, an dem dieser plötzliche Schrecken sie normalerweise traf, scheinbar aus heiterem Himmel. Mit dieser Empfindung verbunden sah ich ein unklares Bild ihres Vaters. Ich fragte sie, ob ihr Vater sie und ihre Mutter verlassen habe. »Ja«, sagte sie, »als ich klein war.« Ich konnte spüren, wie sich ihr kleiner Körper als Reaktion auf diese ursprüngliche Angst verkrampfte, jenes unscharfe Gefühl von Verlassenheit und der Betroffenheit darüber, ob sie wohl irgendwie der Grund dafür war, dass ihr Vater sie verlassen hatte. Es war so, als wäre ein aufmerksamer Teil ihres Geistes damals erwacht, der vorher nicht benötigt worden war, ein Teil, der von da an immer auf der Suche nach Situationen sein würde, in denen eine ähnlich verheerende Überraschung passieren könnte. »Ich werde mich nie wieder unvorbereitet erwischen lassen!«, schien dieser Teil von ihr zu sagen.

Ich konnte spüren, dass Megan von Natur aus vertrauensselig war und lieben wollte, und wenn sie das tat, entspannte sich ihr Unterbewusstsein. Dann erinnerte sie sich plötzlich wieder: »Diese Situation kommt mir irgendwie sehr vertraut vor – du könntest verlassen werden: *Pass auf!*« Und dann verkrampfte sie sich, einfach so, aus heiterem Himmel. Anstatt zu erkennen, dass sie eine Erfahrung aus der Vergangenheit wieder erlebte, projizierte Megan die Angst auf den, der gerade in der Nähe war. Deswegen hatte sie schon einige Freundinnen und einen früheren Freund verloren. Ich arbeitete mit ihr und half ihr zu verstehen, dass ihr Körper äußerst empfindsam und bewusst ist. Er sei eben nur auf diesen ersten Schock fixiert, und sie könne diese Reaktion ganz einfach umprogrammieren, besonders deswegen, weil sie noch jung sei und die ursprüngliche Erfahrung noch nicht sehr lange her sei. Sie hatte, anders als viele Erwachsene, noch nicht zwanzig weitere ähnliche Verluste erlebt, verursacht von ihrem aufmerksamen Geist, der damit die ursprüngliche Verkrampfung bestätigte.

Sie sind von Geburt an und immer noch empfindsam für Schwingungen

Wie Megan kamen Sie in dieses Leben, ganz offen und voller Vertrauen, und erwarteten Freude und einen freien Austausch nährender Liebe. Gewiss sind wir alle von Geburt an empathisch und empfindsam für Schwingungen. In seinem Buch *Evolution's End* beschreibt Joseph Chilton Pearce, dass der Embryo wenige Tage nach der Befruchtung einen Klumpen schwingender Zellen bildet, aus dem das neue Herz entsteht. Diese Zellen reagieren offenbar auf Geräusche und stimmen sich auf den Herzschlag und den Atem der Mutter ein. Das scheint für die weitere Entwicklung des kindlichen Herzens notwendig zu sein. Der emotionale Zustand der Mutter sowie ihre rezeptiven Verhaltensmuster werden dem Fötus durch Hormone und durch die Stimme der Mutter eingeprägt. Nach der Geburt des Kindes ist sein Körper noch voll von Nebennierenhormonen, und die Mutter – und auch der Vater – halten das Neugeborene instinktiv nach links, nahe ans Herz. Das Herz der Eltern stimuliert das Herz des Babys, was wiederum sein Geist-Gehirn aktiviert, und das versichert ihm, dass es in Sicherheit ist. Es ist allgemein bekannt, dass man das Weinen eines Babys um 40 bis 50 Prozent reduzieren kann, wenn man ihm aufgenommene Herztöne vorspielt.

Pearce beschreibt weiter, dass Neugeborene immer noch in einer subtilen Welt leben, beinahe vollständig mit dem Körper der Mutter verbunden. Er sagt: »Wenn sich die subtilen Sphären von Mutter und Säugling überlappen, findet eine wesentliche Kommunikation statt. Diese subtile Kommunikation mag sich dem Gewahrsein der Mutter entziehen, aber sie ist die einzige Ebene von Gewahrsein, die im Säugling ganz aktiv ist.« Diese Herz-zu-Herz-Fähigkeit *des sich Einfühlens* – des Kindes in die Mutter und der Mutter in das Kind – ist also unsere ursprüngliche Methode des Wachsens und Überlebens.

In seinem Buch *Emotionale Intelligenz* beschreibt Daniel Goleman, dass Säuglinge und Kleinkinder gewöhnlich empathische Beziehungen zueinander haben. »Buchstäblich vom Tag ihrer Geburt an sind Kleinkinder beunruhigt, wenn sie einen anderen Säugling weinen hören.« Goleman berichtet, dass sie »auf die Beunruhigung der anderen um sie herum so reagieren, als wäre es ihre eigene, und sie weinen, wenn sie die Tränen eines anderen Kindes sehen.« Kinder imitieren häufig den Kummer, den sie in einem anderen Kind wahrnehmen. Verletzt sich beispielsweise ein Kind seine Finger, dann steckt ein Einjähriges manchmal seine eigenen Finger in den Mund, um zu sehen, ob sie ihm auch wehtun. Ein Kleinkind mag versuchen, einem Baby ein Spielzeug zu geben, wenn es weint, oder seinen Kopf zu streicheln. Später in der Kindheit, sagt Goldman, fangen die Kinder an zu verstehen, dass jemandes Kummer etwas mit dessen Lebenssituation zu tun haben kann, und sie könne Sympathie für eine ganze Gruppe empfinden, wie für die Armen und Verstoßenen. Empfindsamkeit für Schwingungen und Empathie scheinen grundlegende menschliche Tendenzen zu sein, deren Wurzeln zurück in den Mutterschoß reichen.

Wir müssen alle lernen, mit Verständnis und Mitgefühl aufeinander zu hören und wahrzunehmen, was der andere fühlt.

Thich Nhat Hanh

Die Psychologin Elaine Aron schreibt in ihrem Buch *Sind Sie hochsensibel?*, dass »hochsensible« Erwachsene ungefähr 15 bis 20 Prozent der Bevölkerung ausmachen. Diese Menschen spüren Dinge, die andere nicht wahrnehmen können, sie haben ein tiefes Verständnis von jeder Umgebung, ihrer Probleme und Potenziale, und sie benötigen häufig mehr Raum und Zeit, um die große Menge von Input zu verarbeiten. Hochsensible Menschen sind leicht überstimuliert, bis zu einem schmerzhaften und lähmenden Maße, und sie sind häufig von Natur aus introvertiert, intuitiv, visionär und sehr beschäftigt mit ihrer Seele und ihrem spirituellen Leben. C. G. Jung schrieb, dass hochsensible Menschen sehr vom unbewussten Geist beeinflusst werden. Das gibt ihnen Zugang zu Informationen, die prophetische Einsichten beinhalten können. Nach den Forschungen von Aron sind weitere 30 Prozent der Menschen, die sie befragte, »mittelmäßig sensibel«. Die übrigen 50 Prozent sehen sich als nicht sensibel oder »überhaupt nicht sensibel«.

Vielleicht wären wir alle bewusster empfindsam und empathisch, wenn unsere Gesellschaft nicht so analytisch, materialistisch und konkurrierend wäre. Vielleicht wurde uns das teilweise geradezu abgewöhnt oder ausgetrieben. Unsere Schulen legen sehr viel mehr Wert auf Mathematik und Computerwissen als auf Kunst und Literatur, stufen Sport höher ein als die Wertschätzung von Tanz und Musik. Außerdem können frühe Verletzungen in dysfunktionalen Familien, wie in Megans Fall, dazu führen, dass wir uns verschließen und uns gezwungen fühlen, uns in unseren Kopf zurückzuziehen, in kompensierendes Verhalten oder sogar aus unseren Körpern heraus in dissoziative Zustände. Doch angesichts der Tatsache, dass unsere Wurzeln in reinen Schwingungen liegen, scheint es unglaublich, so abzustumpfen, dass wir andere nicht mehr über Schwingungen und Resonanz erkennen können, besonders jetzt, da die inneren und äußeren Schwingungen sich so sehr beschleunigen. Ich vermute, dass heutzutage ein sehr viel höherer Prozentsatz von Menschen zu den Hochsensiblen gehört. Denn der Stoizismus bricht zusammen, und ungesunde, gewohnheitsmäßige Gefühle, die wir entwickelt haben, um uns zu schützen – wie Suchtverhalten, Rückzug ins Private und Aggression, um nur einige zu nennen – funktionieren nicht mehr.

Sind Frauen empfindsamer als Männer?

Elaine Aron fand heraus, dass die meisten hochsensiblen Menschen bis zum Schulalter introvertiert geworden sind. Den Mädchen wird aber nun mehr Freiheit gewährt, Emotionen zum Ausdruck zu bringen; sie dürfen sogar außer Kontrolle und hilflos sein. Jungen dagegen müssen stoisch sein, um überleben zu können. Daniel Goleman fasst die Rolle des Geschlechts für die Fähigkeit zu Emotionen und Empathie zusammen, indem er sagt: »... es gibt viel mehr Gemeinsamkeiten als Unterschiede. Manche Männer sind ebenso empathisch wie viele zwischenmenschlich sensible Frauen, während manche Frauen ganz genauso fähig sind, Stress auszuhalten, wie die emotional am meisten belastbaren Männer. Wenn man sich die Gesamtwerte für Männer und Frauen anschaut, gleichen sich tatsächlich im Durchschnitt die Stärken und Schwächen aus, sodass es bei der gesamten emotionalen Intelligenz keine geschlechterspezifischen Unterschiede gibt.«

Man nimmt im Allgemeinen an, dass Frauen intuitiver sind als Männer. Es ist wahr, dass Frauen mehr Fasern haben, die die beiden Hälften des Gehirns miteinander verbinden, und dass sie deswegen eine eher bilaterale Art der Wahrnehmung haben, bei der beide Seiten zugleich involviert sind. Männer neigen dazu, unilateral wahrzunehmen, eine Seite nach der anderen. Aus diesem Grund fällt es Frauen schwer, sich von der Umwelt und von anderen Menschen getrennt zu fühlen, und aufgrund dieser Bezogenheit empfangen sie viele subtile Informationen. Männer können zwar ebenso intuitiv sein, aber sie müssen sich bewusst dafür entscheiden, in einen intuitiven Modus zu wechseln, da für sie eine aufgegliederte Wahrnehmung natürlicher ist. Dieser Unterschied betrifft möglicherweise auch unsere natürlichen Tendenzen zur Empfindsamkeit.

Wie empfindsam sind Sie?

Meiner Beobachtung nach sind wir alle gleichermaßen empfindsam – sonst wären wir nicht lebendig. Ist Ihnen eigentlich klar, wie oft Sie sich instinktiv aus einer Gefahrensituation oder einer Erfahrung herausbewegt haben, die nicht gut für Sie war, und wie häufig Sie sich ganz klar für etwas entschieden haben, was für Sie förderlich war? Sicher haben Sie auch Fehler gemacht, aber weil Sie empfindsam sind, haben Sie aus ihnen gelernt. Ich ziehe es vor, das Wort Empfindsamkeit oder Sensibilität zu umschreiben, also nicht von hochsensibel, mittelmäßig sensibel oder unsensibel zu sprechen, sondern von unterschiedlichen Graden, in denen wir uns unserer Empfindsamkeit bewusst sind. Unsere Empfindsamkeit ist immer vorhanden, aber wir sind uns dessen nur begrenzt oder gar nicht bewusst.

Alle großen Entdeckungen wurden von Männern gemacht,
deren Gefühle ihren Gedanken vorauseilten.

Rev. Charles H. Parkhurst

Viele von uns sind auf unbewusste Weise empfindsam und empfangen unterschwellig Informationen und Ideen. Und zwar knapp unter der Oberfläche unseres bewussten Geistes, ohne dass wir etwas davon wissen. In einem solchen Fall erleben wir einen Druck von dem, was da zu uns dringen will. Das kann dazu führen, dass wir uns anscheinend völlig grundlos überwältigt und gelähmt oder verärgert und irritiert fühlen.

Einige von uns sind bewusst empfindsam, das heißt, sie sind in der Lage, die subtilen Daten, die wir von unseren Gefühlen aus unserer Umwelt empfangen, ohne negative Auswirkungen zu identifizieren und anzuwenden. Wir haben ein Gespür für richtige Informationen, Termine, Handlungen und Worte und sind im täglichen Leben erfolgreich.

Noch andere werden äußerst bewusst empfindsam für solche Informationen, arbeiten mit einem hohen Maß an Empfindsamkeit erfolgreich in der Welt und fühlen sich auch in spirituelle Dimensionen ein, um Weisheit zu empfangen, mit nicht physischen Wesen zu kommunizieren und absichtlich Schöpfungen zu manifestieren, die auf der Seele beruhen.

Sie sind wahrscheinlich eine Mischung aus allen drei Kategorien, unbewusst bei bestimmten Empfindungen, wach und wissentlich bei anderen, und manchmal erweitern Sie sich auf neues Territorium hinaus. Richten Sie Ihre Aufmerksamkeit auf die Art und Weise, wie Sie aufgrund Ihrer Empfindsamkeit für Schwingungen Einsichten bekommen und Dinge getan haben, dann werden Sie wahrscheinlich feststellen, dass Sie diese Fähigkeit ziemlich oft benutzen.

Praktische Übung

Wie haben Sie Ihre Empfindsamkeit erlebt?

1. Beschreiben Sie in Ihrem Tagebuch die Bestandteile von drei positiven oder negativen Erfahrungen, bei denen Ihre Empfindsamkeit das vorherrschende Mittel war für eine Erkenntnis, Handlung oder Kommunikation. Zum Beispiel: »Ich habe mich bei Sue entschuldigt, weil ich spüren konnte, wie verletzt sie durch meine vorherige Bemerkung war« oder: »Ich schaute mir einen Dokumentarfilm über das Sterben der Eisbären an und war für den Rest des Tages nicht mehr bei der Sache« oder: »Ich wusste plötzlich, dass diese Versammlung in eine Plauderstunde abdriften würde«. Wie hat sich das emotional und körperlich davor und danach angefühlt? Wie haben Sie erkannt, was Sie gefühlt haben? Wie haben die anderen darauf reagiert?
2. Beschreiben Sie jetzt die Bestandteile von drei Erfahrungen, bei denen andere Ihnen oder jemand anderem gegenüber empfindsam oder nicht empfindsam waren. Wie genau hat sich das auf Sie ausgewirkt?
3. Achten Sie in dieser Woche genau auf Situationen, in denen Sie empfindsamer sein könnten, und öffnen Sie Ihr emotionales und körperliches Gewahrsein, um zu sehen, wie Sie mehr wissen, einen größeren Beitrag leisten oder anderen dabei helfen könnten, sich mehr anerkannt und verstanden zu fühlen. Achten Sie darauf, wie Sie sich fühlen, nachdem Sie in einer ganz bestimmten Situation im Alltag ein höheres Maß an Empfindsamkeit gezeigt haben.

Sie haben gesunde und ungesunde Gefühlsgewohnheiten

Von Geburt an haben Sie ein unterschwelliges System entwickelt, mit dem Sie Ihren Weg durchs Leben erspüren können. Abhängig davon, welche Reaktionen darauf Sie erfahren haben, lernte Ihr hochempfindsamer Körper, entweder offen und strahlend zu bleiben oder sich zurückzuziehen, um sich selbst zu schützen. Mit der Zeit verhärteten sich Ihre Reaktionen und wurden zu unausgesprochenen Überlebensregeln. Sie wurden zu *Gefühlsgewohnheiten*, die Sie am Leben erhielten und nur so viel von Ihrer Seele durchscheinen ließen, wie es Ihrem Körper und Ihrem Geist sicher erschien.

Einige der gewohnheitsmäßigen Gefühle sind gesund, wie etwa sich nach innen zurückzuziehen, um zu schauen, was sich in jeder Situation für Sie richtig anfühlt, oder ganze Verhaltensmuster jener Menschen nachzuahmen, von denen Sie etwas lernen wollen. Aber viele Gefühlsgewohnheiten, die Sie entwickelt haben, sind ungesund. Sie sind aus einem Schutzbedürfnis heraus entstanden, oder sie verstärken die Fehlinterpretationen, die sich Ihr Körper und Ihr Geist von der ungastlichen Welt gemacht haben. Vielleicht haben Sie gelernt, Ihren Körper zu »verlassen«, und sind empfindungslos geworden gegenüber dem schrecklichen Schmerz, den der ständige Streit der Eltern oder ihre Schläge verursacht haben. Vielleicht sind Sie übersensibel geworden für die Depressionen Ihrer Mutter. So konnten Sie mit ihr verschmelzen und sie glücklich machen, damit sie sich weiter um Sie kümmerte. Diese Gefühlsgewohnheiten sind nun zu Ihrer zweiten Natur geworden, und die ungesunden halten Ihre persönlichen Schwingungen auf niedrigem Niveau und behindern Ihre Transformation.

Um Licht in das Dunkel zu bringen, wie, was und in welchem Maße Sie es zulassen, sich selbst zu spüren, wollen wir einige Ihrer gewohnheitsmäßigen Gefühle untersuchen. Ihre gesunden Gefühlsgewohnheiten helfen Ihnen dabei, Zugang zu Informationen zu bekommen, gute Entscheidungen zu treffen und Ihre Beziehungen zu verbessern. Ihre ungesunden Gefühlsgewohnheiten weisen auf darunterliegende emotionale Wunden hin, blockieren die Energieflüsse und zeigen Ihnen, wo Sie das Potenzial haben, eine neue, gesündere Empfindsamkeit zu entwickeln.

Untersuchung zur Empfindsamkeit gegenüber Schwingungen

Diese Untersuchung soll Ihnen helfen, Ihre Gefühlsgewohnheiten zu verstehen. Es gibt eine Punktebewertung, aber keine Siegerwerte. Bewerten Sie die folgenden Aussagen von eins bis zehn, wobei zehn die größte Zustimmung bedeutet. Schauen Sie sich Ihr Ergebnis an, und suchen Sie nach bestimmten Mustern Ihrer Empfindsamkeit. Vielleicht haben Sie danach auch Ideen, ob und wie Sie empfindsamer werden könnten.

Hohe Punktzahl = gesunde Gefühlsgewohnheiten

1. Ich vertraue bei neuen Menschen und Ideen auf mein Bauchgefühl. _______
2. Es fällt mir leicht, Wahrheit und Lüge zu erspüren. _______
3. Ich kann die Stimmung von Menschen sofort wahrnehmen. _______
4. Ich vertraue meinen guten Ideen und meiner eigenen Orientierung. _______
5. Ich vertraue darauf, dass ich das, was ich will, manifestieren und haben kann. _______

6. Ich vertraue darauf, dass mir meine Emotionen brauchbare Informationen liefern. _______
7. Wenn ich einen Raum betrete, bin ich mir sofort positiver oder negativer Schwingungen bewusst. _______
8. Ich kann nicht physische Wesen, Energiefelder und die Seelen der Menschen spüren. _______
9. Ich weiß häufig, was die anderen denken. _______
10. Ich weiß, wann der richtige Augenblick gekommen ist, etwas Bestimmtes zu tun. _______
11. Ich bemerke die in Schwingungen enthaltene Information, wenn ich neutral oder hilfsbereit gestimmt bin. _______
12. Wenn ich überstimuliert bin, erzeuge ich mehr Raum und zentriere mich wieder in mir selbst. _______

Hohe Punktzahl = ungesunde Gefühlsgewohnheiten

1. Eigene Schmerzen und die anderer Menschen bringen mich komplett aus der Fassung. _______
2. Ich habe eine geringe Toleranz, wenn es um das Lesen oder Sehen von Gewalt geht. _______
3. Mich stören intensive Reize und Chaos. _______
4. Ich bin fix und fertig, wenn ich zu viele Dinge auf einmal zu tun habe. _______
5. Wenn ich meine Emotionen zeige, dann vertrauen mir andere nicht mehr. _______
6. Entscheidungen aufgrund von Gefühlen zu treffen führt zu Versagen. _______
7. Zu vielem Neuen oder der Öffentlichkeit ausgesetzt zu sein lähmt mich. _______
8. Wenn ich überstimuliert bin, flüchte ich in »geistlose« Aktivitäten oder Sucht. __________

9. Ich bemerke die in Schwingungen enthaltene Information, wenn ich abwehrend oder kritisch gestimmt bin. _______
10. Wäre ich empfindsamer, könnte ich in der Welt nicht mehr richtig funktionieren. _______
11. Wäre ich empfindsamer, würde ich vielleicht verrückt werden oder psychische Probleme entwickeln. _______
12. Wäre ich empfindsamer, würde ich vielleicht ernsthaft erkranken. _______

Nachdem Sie sich Ihre Antworten angeschaut haben, entdecken Sie vielleicht, dass es da bestimmte Gebiete gibt, auf denen Sie entweder kaum noch oder gerade sehr deutlich spüren, was Sie empfinden. Sie stellen vielleicht fest, dass Sie eine hohe oder niedrige Toleranz für Stimulierung durch Schwingungen haben, dass Sie mehr oder weniger leicht in negative Wahrnehmungen überwechseln oder dass Ihre Grundsätze es Ihnen leicht oder schwer machen, Ihre Empfindsamkeit zu verstärken. Das alles sind gute Informationen, weder richtige noch falsche. Jetzt können Sie anfangen, Ihre Umgebung bewusster wahrzunehmen. Sie sollten sich Ihre gegenwärtigen Verhaltensmuster aufschreiben. Wo beeinflusst die Angst Sie am meisten? Was könnten Sie unternehmen, um Ihre ungesunden Gewohnheiten in gesunde zu verwandeln? Wie ausgeprägt sind Ihre Fähigkeiten, die in Schwingungen enthaltene Information wahrzunehmen und sie zu benutzen? Wo würden Sie gern gesündere Gefühlsgewohnheiten entwickeln?

Wie sich Ihre Gefühlsgewohnheiten entwickeln

Reisen wir jetzt einmal zurück in die Zeit unmittelbar nach Ihrer Geburt, als Ihr Organismus noch empathisch und für

Schwingungen empfindsam war, als Sie noch keine Worte gelernt hatten und noch nicht mehrere Lagen an Erklärungen, Individualismus und Bewältigungsmechanismen aufgeschichtet hatten. Sie waren mit Ihrer Umwelt verschmolzen und haben, wie ein Delfin, Ihr ganz eigenes Echolot ausgesendet und gelernt, mit etwas zu navigieren, was sich grenzenlos in die Welt ausdehnte und zu Ihnen zurückprallte. Sie waren wie eine Miniatursonne, die reines Licht, Liebe und Freude ausstrahlte für jeden, der darin sein wollte. Als Ihre bedingungslose Liebe Ihre Eltern und andere einflussreiche Leute in Ihrer Umgebung erreichte, ging Ihr Echolot überall da hindurch, wo Sie sich Ihre Fähigkeit, zu lieben und Empathie zu empfinden, bewahrt hatten, und Ihre Realität wurde anerkannt, vielleicht sogar verstärkt. Dort, in diesem besonderen Sinneseindruck, den man auch Vergnügen nennen könnte, konnten Sie die Wahrheit Ihrer Seele spüren. Eine gesunde Kindheit ist von dieser Art Bestätigung der Seele gekennzeichnet.

Aber überall da, wo Ihre Eltern und andere gelernt hatten, Angst zu haben, ihre Herzen zu verschließen, Misstrauen zu entwickeln oder Freude zurückzuweisen, prallte Ihr Echolot zu Ihnen zurück. Möglicherweise hat Ihr Vater schon als Kind seine spielerische Seite blockiert, weil seine eigenen Eltern sehr ernst waren, und er übernahm unbewusst diese Strenge und den Glauben, dass alle Kinder Disziplin brauchen. Wenn Ihre grenzenlose Freude auf seinen rigiden Glauben und seine »verdickten« Emotionen trifft, können Sie sich selbst nicht erleben. Stattdessen haben Sie das Gefühl, dass etwas nicht stimmt, aber Sie wissen nicht genug, um zu erkennen, was das ist. Wenn es das erste Mal passiert, erzeugt dieser Rückprall in Ihnen-dem-Organismus ein seltsames Gefühl von Desorientierung und Mangel an Realität. Hier ist etwas, das »nicht selbst« ist und langsamer, dichter, schärfer und dunkler ist als das, was Sie sind. Hier fängt die Erfahrung von einer äußeren Welt an, von der Trennung vom Leben, von Angst und von einem Ego. Das sind fremde Empfindungen, und sie fühlen sich wie Schmerz an.

Sie-der-Organismus sind energiesparend und suchen nach Liebe, um sich zu versorgen. Sie lernen, dass Ihre Energie immer dann nicht unangenehm zurückprallt, wenn Sie Ihr Verhalten an die Glaubenssätze und unbewussten Körperhaltungen Ihrer Eltern anpassen. Sie ahmen sie also nach und hören auf, sich zum Ausdruck zu bringen, wenn Sie nicht durchkommen. Sie werden nicht übermäßig kreativ sein, wenn Sie dafür bestraft werden. Sie hören auf, liebevoll zu sein, wenn es Ihren Eltern unangenehm ist und sie erstarren lässt. Sie hören auf, warm aus Ihrer Brust und aus Ihren Augen heraus zu strahlen, wenn die Augen Ihrer Mutter darauf nicht reagieren oder das Herz Ihres Vaters hart ist. Sie lernen zu schweigen, weil Ihre Mutter dann entspannter ist, oder Sie gehen wie Ihr Vater, weil es ihn bestätigt, oder Sie sind albern, weil die Momente des Lachens sich besser anfühlen als die langen Zeiten der Abwesenheit, wenn die Eltern zu viel arbeiten.

Sie lernen, Ihre Energie fließen zu lassen, wo sie fließen kann, und in vielen Bereichen auf Bewegungen zu verzichten. Sie verwechseln die Übereinstimmung mit den elterlichen Grundsätzen, emotionalen Neigungen und Körperhaltungen mit Liebe. Wenn Sie keine Bestätigung für Ihre Seele bekommen können, nehmen Sie, um überleben zu können, alles, was Sie bekommen können, selbst wenn es nur ein paar Krümel sind. Wenn Sie eindeutigem Missbrauch ausgesetzt sind, kann diese widersprüchliche, intensive Rückmeldung in Ihrem Organismus Ihr körperliches und spirituelles Wachstum ernsthaft behindern. Auf diese Weise beginnen Ihre frühen Gefühlsgewohnheiten. Sie gewöhnen sich eine bestimmte Körperhaltung an, benutzen nur eine definierte Art von Energie und Intensität und lassen nur einen Bruchteil Ihres vollständigen Selbst strahlen, ohne es zu überwachen. Sie definieren sich als *solche* Person und meinen, dass das Leben nach *solchen* Regeln funktioniert.

Uns wird die Erfahrung des Spirituellen vorenthalten, weil unsere innere Welt übersät ist mit alten Traumata (...) Wenn wir anfangen, dieses Durcheinander aufzuräumen, beginnt die Energie göttlichen Lichtes und göttlicher Liebe durch unser Wesen hindurchzufließen.

Pater Thomas Keating

Jetzt ist es an der Zeit, den Schaden zu beheben

Je mehr Sie sich unbewusst daran angepasst haben, unter eingeengten Umständen zu leben, mit bedingter Liebe und nur teilweiser Akzeptanz, umso wahrscheinlicher ist es, dass Sie sich jetzt von der neuen Stimulierung durch schnellere Schwingungen überwältigt fühlen. Diese neuen Energien erscheinen Ihnen fremd. Reize, die nicht zu Ihrem ursprünglichen Echolotmuster passen, werden als falsch erlebt, als bedrohlich, Sie selbst negierend und betäubend. Genau so haben Sie als Baby das erste Zurückprallen Ihres Echolots erlebt. Wenn Sie nun mit den heutigen schnellen Frequenzen überflutet werden, sagt irgendwo tief innen Ihr Unterbewusstsein: »Wie? Da stimmt doch was nicht!« Es erfährt entweder Verwirrung und Betroffenheit oder selbsterhaltende Zurückweisung der einströmenden Frequenzen.

Erinnern Sie sich noch daran, wie die frühen Stufen des Transformationsprozesses sich entwickeln? Wenn sich die

Energie in Ihrem Körper beschleunigt, können Ihre niederfrequenten Blockierungen des Unterbewusstseins, die im Zusammenhang stehen mit frühen Kompromissen, Resignation und Gefühlen von Liebesverlust, nicht länger unterdrückt bleiben. Sie dringen an die Oberfläche und werden Ihnen bewusst. Jetzt können Sie die unzeitgemäßen Entscheidungen und falschen Deutungen überprüfen und verändern. Schnellere Frequenzen in sich aufzunehmen, Ihre Vorstellung davon anzupassen, wie viel Liebe Sie sein und teilen können, und Ihre eingeschränkten Gefühlsgewohnheiten aufzulösen – das ist jetzt die wichtigste Aufgabe. Man kann jedoch alte Gewohnheiten nicht über Nacht aufgeben und neue erlernen. Dafür bedarf es der Geduld, der Wiederholung und des Mitgefühls. Sind Sie dazu bereit? Sie gehen wirklich zurück zu der Offenheit, die Sie als Baby kannten, und setzen Ihre Seele wieder als Ihr rechtmäßiges Selbst ein. Jetzt werden Sie bewusst wissen, wer Sie sind und warum Sie hier sind.

Wenn Sie Ihre auf Angst basierenden Gefühlsgewohnheiten erkennen, werden Sie feststellen, dass sie in einigen Fällen auf die phobische Entscheidung »flieh und vermeide« zurückgehen, in anderen Fällen auf die kontra phobische Entscheidung »kämpfe und beherrsche«.

Ungesunde Gefühlsgewohnheiten, die auf der Entscheidung zu fliehen beruhen

Dies sind einige ungesunde Gefühlsgewohnheiten, die auf der unbewussten Entscheidung »flieh und vermeide« beruhen:

- Sie verlassen buchstäblich das Zimmer, Ihre Beziehung, Ihre Arbeit oder Ihr Land, oder Sie scheiden aus einer Unterhaltung aus, aus Ihrem Körper, aus Ihrem Leben. Sie geben sich selbst und andere auf. Im schlimmsten Fall wird Ihre Persönlichkeit gespalten, dissoziiert. Sie fühlen sich desorientiert, verloren, depressiv, unmotiviert und apathisch. Sie erleben Gedächtnislücken, können sich an nichts mehr erinnern.

- Als Ablenkung oder Betäubung geben Sie sich einer Sucht hin: nach Alkohol, Drogen, Essen, Sex, Sport, Fernsehen, Arbeit, Einkaufen, Sorgen, Gesellschaft oder dem Internet – um nur einige zu nennen.
- Sie leben in anderen Wirklichkeiten als Ihrer eigenen oder verherrlichen andere Orte und Zeiten, Berühmtheiten, Helden, nicht physische Bereiche und Wesen oder Ihre früheren Leben.
- Was damit zusammenhängendes Verhalten angeht, sind Sie übermäßig darauf bedacht, den Menschen, die Sie verherrlicht haben, nicht zu missfallen. Also entwickeln Sie Beziehungen mit wechselseitiger Abhängigkeit, Sie leben buchstäblich in dem Leben der anderen Person, verschmelzen mit ihr, verlieren sich und fühlen sich schließlich beherrscht.
- Sie engagieren sich in einer Situation, die für Ihr Leben eigentlich zu gewaltig ist. Ihr Geist ist vollauf damit beschäftigt und liefert Ihnen eine gute Ausrede, nichts fühlen zu müssen: Sie sind krank, haben Schmerzen, sind arbeitsunfähig, depressiv, schüchtern, pleite, verletzt, stecken in einer missbräuchlichen Beziehung fest oder müssen sich um einen kranken Verwandten kümmern, um ein gerade anlaufendes Geschäft oder um die komplizierte Renovierung eines alten Hauses.
- Sie fühlen sich hilflos und wie ein Opfer, ohne persönliche Grenzen, ohne ein Gefühl für Ihr Selbst, für Vorlieben oder Freiheit, und allmählich fühlen Sie sich aufgelöst, erschöpft und wie gelähmt. Sie beschweren sich, fühlen sich unglücklich, erfinden Ausreden, sind häufig

schlechter Laune und werden von negativen Zyklen geplagt, die sich ständig wiederholen.
- Sie werden von Angst und Panikattacken überwältigt, die mit der Zeit Ihre körperliche Gesundheit ruinieren.

Wann immer Sie eine extreme Emotion spüren, ob Wut, Schmerz, Verzweiflung oder sogar Seligkeit, und diese Emotion Ihr Handeln bestimmt, kann es keine Klarheit geben. Die Gefühle sind dazu da, gefühlt zu werden. Wahres Handeln oder Nicht-Handeln muss von einem Ort kommen, der unter allen Gefühlen liegt (...) Im Zentrum der Angelegenheit, im Zentrum jeder Emotion, egal, wie entsetzlich sie sein mag, da ist Frieden.

Gangaji

Ungesunde Gefühlsgewohnheiten, die auf der Entscheidung zu kämpfen beruhen

Dies sind einige ungesunde Gefühlsgewohnheiten, die auf der unbewussten Entscheidung »kämpfe und beherrsche« beruhen:

- Sie projizieren Vorwürfe, Wut, Zorn, Hass und Gewalt aus sich heraus auf andere Menschen, wenn Sie etwas nicht spüren möchten. Sie greifen Leute an, die bedrohlich sind für die Art, wie Ihre Wirklichkeit Ihrer Ansicht nach funktionieren sollte.
- Sie werden zum Problemlöser und versuchen, Dinge, die Sie ärgern, in Ordnung zu bringen, damit die äußere Welt Ihren Vorlieben entspricht.
- Sie starten Aktionen als Retter, Heiland oder Heiler und projizieren *Ihre* Vorstellungen davon, wie glücklich

und gesund andere sein sollten, auf *deren* Wachstumsprozess.

- Sie versuchen, andere Menschen zu beeinflussen oder zu kontrollieren mithilfe von Charme, Verführung, falscher Demut, Betrügerei, Verhandlungen, Manipulation oder Gewalt.
- Sie möchten mehr tun und mehr wissen, stürzen sich gierig auf Bücher, besuchen Seminare, arbeiten lange oder melden sich freiwillig für außerplanmäßige und wohltätige Projekte.
- Sie verfangen sich in Konflikten und polarisierten Positionen, die sich nicht auflösen. Sie streiten, kritisieren, kämpfen und möchten andere zurückweisen oder bestrafen.
- Sie überreden sich selbst dazu, Realitäten zu mögen, in denen Sie sich aufopfern, und denken, Sie *müssten* damit leben. Tatsächlich tun Sie anderen gegenüber dann so, als ob Sie diese Realitäten absichtlich ausgewählt oder sogar mit Absicht so geschaffen hätten – nur weil Sie meinen, dann alles unter Kontrolle zu haben.
- Sie werden widerspenstig und störrisch, stoisch und unbeweglich. Sie wollen sich nicht verändern, wollen auf niemanden hören, wollen nirgends mitmachen.

Das Gegenteil – einige gesunde Gefühlsgewohnheiten

Sind Sie offen geblieben oder entwickeln Sie aktiv die Fähigkeit, die Welt bewusst zu spüren, dann erkennen Sie vielleicht einige dieser gesunden Gefühlsgewohnheiten oder möchten sie entwickeln.

- Sie gestatten es sich, zu fühlen, zu denken und zu handeln, ohne sich ständig zu bewerten oder sich aufzuopfern, im Einklang mit einem natürlichen inneren Gefühl für Moral und Harmonie.

- Sie gestatten es anderen, zu fühlen, zu denken und zu handeln, wie sie es eben tun, ohne dass sie für Sie ihre Authentizität aufgeben müssten.
- Sie nehmen bewusst die Frequenzen anderer Menschen, Orte und Situationen wahr und verändern sich nicht, um sich ihnen anzupassen, besonders dann nicht, wenn sie niedriger sind als Ihre eigenen.
- Sie verschmelzen mit anderen Frequenzen (in Menschen, Orten, Situationen) absichtlich, um neues Wissen und neue Ideen zu aktivieren. Dann kommen Sie zurück zu sich selbst und entscheiden, wie oder ob Sie die Informationen umsetzen.
- Sie halten Ihr Gewahrsein offen und in der Gegenwart und sind empfänglich für subtile Signale, die von Ihrem Körper ausgehen. Indem Sie wachsam und in Ihrem Zentrum bleiben, haben Sie nicht das Bedürfnis, sich von der Welt abzusondern oder sich gegen sie zu verteidigen. Sie passen Ihre Frequenz einfach den Schwingungen an, und zwar so, dass für Sie jeder Moment möglichst gewinnbringend ist.
- Sie ziehen sich in sich selbst zurück, nicht um vor Gefühlen zu flüchten, sondern um zu sehen, was sich für Sie in jeder Situation richtig anfühlt und um Ihre eigenen Ideen zu erkennen. Sie finden die Einsichten und Botschaften in verschiedenen Gefühlen, indem Sie jeden Sinneseindruck und jede Wahrnehmung als nützlich ansehen.
- Sie vertrauen auf sich und haben Freude am Leben. Es gibt also keinen Grund, warum Sie andere beeindrucken müssten. Das führt zu einer Leichtigkeit, die mehr Klarheit ermöglicht. Sie vertrauen darauf, dass Sie wissen, was Sie wissen müssen, und zwar immer dann, wenn Sie

es wissen müssen. Es ist einfach für Sie, Energie und Gewahrsein mit anderen zu teilen.

- Sie gestatten es sich, die ganze Bandbreite von Gefühlen und Sinneseindrücken zu erleben, von den stark eingeengten bis zu den allerweitesten, und Sie wissen, dass es im Leben genau darum geht. Selbst solche stark eingeengten enthalten nützliche Informationen und Energie.
- Sie wissen, dass sich das Leben und Ihr Geist von Natur aus in Schwingung befinden. Also gestehen Sie sich und den anderen zu, dass sie Polaritäten haben und sich häufig ändern, während sie zugleich zum Zentrum vordringen, um Stabilität zu finden.
- Sie wissen, dass Ihr Erleben von Ihnen und Ihren Entscheidungen abhängig ist. Sie wissen, dass Sie durch die Anpassung der Frequenzen Ihres Körpers, Ihrer Emotionen und Ihrer Gedanken Ihre Realität verändern und den »Stoff Ihres Lebens« erschaffen oder auflösen können.
- Sie sind begeistert davon, dass Sie eine lebendige Verbindung zur Welt haben, und Sie nehmen voll und ganz daran teil, indem Sie entdeckungslustig und kreativ sind. Sie akzeptieren, dass Sie und die Welt aus vielen Dimensionen und Frequenzen des Gewahrseins bestehen und dass Sie Zugang zu ihnen allen haben.

Wie man ungesunde Gefühlsgewohnheiten in bewusste Empfindsamkeit umwandeln kann

Wenn Sie Ihre ungesunden Gefühlsgewohnheiten mit den gesunden vergleichen, werden Sie in der Lage sein, sich für Ihre Empfindsamkeit Ziele zu setzen. Finden Sie zunächst heraus, was nicht funktioniert, und versuchen Sie, zu erfühlen und zu verstehen, warum Sie in diesen dysfunktionalen Mustern stecken geblieben sind. Dann können Sie sich selbst und anderen vergeben und danach neue und bessere Methoden finden, mit denen Sie Ihre alten Muster ersetzen können. Der nächste Schritt besteht darin, einen Moment zu erwischen, in dem Sie in einem ungesunden Muster festsitzen, und zu verhindern, dass Sie mit einer weiteren ungesunden Gefühlsgewohnheit darauf reagieren. Wenn Sie gerade Ihre Freundin verlassen haben, weil sie nicht der gleichen Meinung war wie Sie, dann gehen Sie nicht in die nächste Kneipe und beruhigen sich mit einem Bier. Probieren Sie es stattdessen mit einer gesunden Gefühlsgewohnheit, indem Sie versuchen, sich wieder zu zentrieren, sich in die Realität Ihrer Freundin einzufühlen und Verständnis für sie zu entwickeln.

Aber kritisieren und bestrafen Sie sich nicht! Sagen Sie stattdessen: »Aha, es geht schon wieder los. Ich isoliere mich schon wieder von der verrückten Allgemeinheit« oder: »Ich stelle fest, dass ich meiner Freundin die Schuld geben will, weil sie gegenüber dem, was ich wollte, nicht aufmerksam genug war.« Richten Sie einfach Ihre Aufmerksamkeit darauf, bemerken Sie es, und bleiben Sie für einen Augenblick dabei. Lernen Sie, die ungesunde Gefühlsgewohnheit aufzuhalten, lassen Sie Ihren Geist geschmeidig werden wie einen lahmen Muskel, und erleben Sie in vollem Umfang, was Ihr Körper gerade empfindet, ohne es verändern zu wollen. Fühlen Sie sich unwohl, dann fühlen Sie sich eben noch dreißig Sekunden länger unwohl, als Sie es früher getan hätten. Seien Sie Zuschauer. Machen Sie sich Ihre unbewussten Gewohnheiten bewusst. Nur dann können Sie daran etwas ändern.

Angst ist selber die Erfahrung von Wachstum (...) Angst, die wir verleugnen, macht uns krank; Angst, der wir uns stellen und die wir zur Gänze durchleben, verwandelt sich in Freude,

Sicherheit, Kraft, Zentriertsein und Charakter. Die praktische Formel lautet: Geh dahin, wo der Schmerz ist.

Peter Koestenbaum

Wenn Sie aufmerksam sind und sich der etwas peinlichen Erfahrung von Kontrolle und Vermeidung ganz widmen, dann verhelfen Sie sich selbst zu einer Lösungsmöglichkeit, verschaffen sich eine kleine Pause. In dieser Atempause haben Sie die Gelegenheit, sich für eine Alternative zu entscheiden. Gibt es eine positivere Art, das, was passiert, wahrzunehmen? Gibt es eine gesunde Gefühlsgewohnheit, die Sie hier statt der ungesunden einsetzen möchten? Anstatt der Person ins Gesicht zu springen, deren Interessen in eine andere Richtung gingen als Ihre, könnten Sie doch zum Beispiel in Ihrem Tagebuch aufschreiben, welche Erfahrung aus Ihrer Kindheit mit der gegenwärtigen auf welche Art in Zusammenhang steht. Oder wie wäre es damit, dass Sie Ihre körperlichen Spannungen bewusst spüren und sie durch Yoga oder Tai-Chi entladen? Haben Sie erst einmal eine ungesunde Gefühlsgewohnheit eliminiert, sollten Sie sie unbedingt durch eine gesunde ersetzen. Sie könnten sich vielleicht sogar laut sagen: »Siehst du, Selbst? Jetzt mache ich es auf DIESE Weise!«

Praktische Übung

Üben Sie eine gesunde Gefühlsgewohnheit ein

- Wenn Sie das nächste Mal merken, dass Sie auf eine intensive Energie oder Situation, die symbolisch ist für eine Verletzung in der Vergangenheit, mit einem Kampf-oder-Flucht-Reflex reagieren, achten Sie darauf, welche ungesunde Gefühlsgewohnheit das ist. Hören Sie mittendrin auf mit dem, was Sie gerade tun. Beschreiben Sie sich selbst, was Sie fühlen: »Ich bin angespannt, weil ich zu spät kommen werde, und wenn die Leute schlecht von mir denken, könnte das meine Chance auf Erfolg bei ihnen zerstören.«

- Stellen Sie sich vor, wie Sie sich fühlen würden und was geschehen könnte, wenn Sie mit Ihrer ungesunden Gefühlsgewohnheit weitermachen würden. In dem Fall steigern Sie sich vielleicht so hinein, dass Sie eine Panikattacke bekommen, sich verlaufen, einen Unfall haben oder auf Ihrem Weg zu einer Versammlung so erschöpft sind, dass Sie einen noch schlimmeren Eindruck machen und alle vor den Kopf stoßen. Entscheiden Sie sich dafür, Ihre Strategie zu ändern.
- Atmen Sie! Kommen Sie zurück zum gegenwärtigen Moment und zu Ihrem Körper, und entspannen Sie sich.
- Denken Sie an die oben stehende Liste gesunder Gefühlsgewohnheiten, und wählen Sie eine aus. Machen Sie sie zu einer Affirmation, zum Beispiel: »Ich weiß, meine Erfahrung hängt von mir und von meinen Entscheidungen ab.« Konzentrieren Sie sich einfach darauf, stimmen Sie Ihre Empfindsamkeit darauf ein, wie es sich anfühlt, so zu sein, und achten Sie darauf, wie sich Ihre Erfahrung der gegenwärtigen Situation verändert, wenn Sie das anwenden.
- Ein andermal wählen Sie aus der Liste der Ideen für gesunde Gefühlsgewohnheiten eine aus und üben sie einen ganzen Tag lang. Machen Sie sie wieder zu einer Affirmation: »Ich lasse andere fühlen, denken und tun, was sie wollen; sie brauchen ihre Authentizität nicht für mich aufzugeben.« Wie verbessert sich Ihre Empfindsamkeit?

Vorteile, wenn Sie Schwingungen gegenüber bewusst empfindsam sind

- Ihre intuitive Fähigkeit und Klarheit sind sehr stark. Sie treffen gute Entscheidungen.
- Ihre kreativen und innovativen Fähigkeiten sind stark. Es fällt Ihnen leicht, alles, was nötig ist, zustande zu bringen und Ihre Fähigkeiten einzusetzen.
- Es fällt Ihnen leicht, mit anderen zusammenzuarbeiten und aus ihnen das Beste herauszuholen. Sie haben tiefe Einsichten in die Motivationen der anderen, in die Ursachen ihrer Schmerzen und was sie brauchen, um zu wachsen und zu heilen. Sie können den Menschen die Hilfe, den Rat und das Verständnis bieten, die sie benötigen.
- Ihre Fähigkeit, sich in die innere Dynamik von allem einzufühlen, verhilft Ihnen zu Erkenntnissen, die Ihnen wiederum einen großen Vorteil verschaffen: Sie erleichtern es Ihnen, in Ihren Beziehungen und in Ihrem persönlichen und geschäftlichen Leben glücklich und erfolgreich zu sein.
- Sie können Gefühle von Trennung und Isolation auflösen und verstehen, dass alles im Leben tatsächlich miteinander verbunden ist und sich gegenseitig bewirkt. Das hilft Ihnen dabei, die Seele in den Dingen zu spüren und spirituell erleuchteter zu werden.

Es braucht keine Krise, um bewusste Empfindsamkeit zu entwickeln!

Daniel war die meiste Zeit seines Arbeitslebens Bankdirektor gewesen und pflegte einen luxuriösen Lebensstil. Er war schnell und geschickt, großartig im Lösen von Problemen, ein Genie auf dem Gebiet des Marketings, und ein guter Chef, der seine Macht nicht missbrauchte. Als er in Rente ging, tat es allen leid, ihn gehen zu sehen. Eine Zeit lang reiste er herum, nahm Positionen in verschiedenen Gremien an, aber er wusste, es musste im Leben noch mehr geben. Er wurde unruhig und nervös. Er tauchte mit der ihm eigenen Souveränität in ein Studium der Spiritualität und Metaphysik ein, behandelte sie als ein Problem, das es zu lösen galt. Er besuchte überall auf der Welt Orte der Kraft, hakte einen nach dem anderen von seiner Liste ab. Er lernte mit guten Lehrern, las Hunderte von Büchern und praktizierte Yoga. Dann hatte er einen Herzinfarkt. Als er sich erholt hatte, fragte er sich, wie das ausgerechnet ihm hatte passieren können – seine Seele war doch angeblich »am rechten Platz« gewesen, und er hatte »alles richtig gemacht«.

Wir hatten einige gemeinsame Sitzungen, um die Wurzel des Problems zu finden. Als Erstes kam die Erkenntnis ans Licht, dass Daniel seine mentale Kraft und seine Fähigkeiten, Probleme zu lösen, auf Dinge anwandte, die man auf diese Weise nicht entdecken oder erfahren konnte. Je mehr er seinen starken Willen und seinen Verstand benutzte, umso mehr entzog sich ihm die Erfahrung, nach der er suchte. Der Gedanke an die Leere, der er nach einer glänzenden Karriere gegenüberstand, machte ihn wahnsinnig. Er konnte seine vertraute Kompetenz nicht anwenden, um sein Ziel zu erreichen – ja, er konnte nicht einmal verstehen, was sein Ziel war, weil es sich um einen Zustand des Seins handelte, der jeder Definition trotzte. Dabei lag die Antwort direkt vor seinen Augen; sein Herz hatte aufgeleuchtet wie eine rote Notleuchte. »Hey!«, schrie es, »Mach langsam. Achte auf mich. Ich bin die Antwort! Spüre mich. Fühle, was ich fühle. SEI einfach mal für eine Weile.«

Aus dem Herzen heraus etwas wissen und »Sein« erfahren – mit solchen Erfahrungen war Daniel nicht vertraut. Er hatte sie früher mit emotionaler Schwäche gleichgesetzt oder damit, schlechte Entscheidungen zu treffen. Als wir lernten, seinen unternehmerischen Geist anzuhalten, und ihm halfen, sich in seinen Körper und den gegenwärtigen Augenblick fallen zu lassen, erkannte Daniel, dass er ungesunde Gefühlsgewohnheiten entwickelt hatte. Diese hatten ihn ziemlich unsensibel gegenüber großen Bereichen seiner Erfahrungsmöglichkeiten gemacht. Er hatte gelernt, ein echter Erfolgsmensch zu sein, ein ausgezeichneter Sportler, und als Kind gute Noten zu bekommen, um seinem Vater zu imponieren, der keine Schwäche bei sich und anderen in seiner Umgebung duldete. Daniel war darin so gut gewesen, dass er das als seine Identität verinnerlicht hatte. Er hatte aufgehört, seine Herzenergie auszustrahlen, weil seine Eltern sie nicht anerkannten, und so prallte sie auf ihn zurück. Er hatte nicht gewusst, wie sehr sein Herz schmerzte, weil es entwertet und verkrampft war. Tatsächlich war sein Herzinfarkt eine große Energieentladung gewesen. Seine Seele hatte damit gewissermaßen gesagt: »Es ist an der Zeit, diese hemmende Situation zu korrigieren und dich weiterzubewegen zu deinem vollständigen Ausdruck deines Selbst. An deinem Verstand ist nichts verkehrt, aber er muss jetzt dem weisen Diktat deines Herzens folgen.«

Entwickelte Daniel in seiner Zeit als Bankdirektor zu viele Gefühle, dann hatte er sie einfach unterdrückt und abgelehnt. Er hatte sich mit einer Sucht nach Arbeit, Wein, Autos und Reisen abgelenkt. Er war nicht mehr in seinem Körper, außer um einen Adrenalinrausch zu erleben, und er lebte in seinem Kopf. Eine von Daniels ungesunden Gefühlsgewohnheiten kam von seiner Entscheidung, zu fliehen und die Informationen, die von seiner Empfindsamkeit kamen, zu vermeiden. Die ungesunden Gefühlsgewohnheiten aufgrund seiner Entscheidung zur Flucht waren: Erstens, so zu tun, als *liebte* er diese Realität, mit der er sich abgefunden hatte, obwohl er tief in seinem Innersten Wärme, Intuition, Kunst und Spiritualität vermisste, die er früher einmal ausgesperrt hatte, und zweitens hatte er sich unverwundbar gemacht, indem er eine dynamische Führungskraft, ein Problemlöser und Experte war.

Mit der Zeit lernte Daniel, seine Aufmerksamkeit in seinen Körper zu leiten, in sein Herz zu gelangen und zu bemerken, was er in jedem Moment spürte. Seine Entscheidungen beruhten auf diesen Einsichten. Er hörte auf, sich zu definieren, und ließ es zu, dass andere Menschen und das Leben selbst einen größeren Einfluss auf ihn ausübten, vor allem auf emotionaler Ebene. Auf diese Weise veränderte er ein lebenslanges Muster und öffnete sich einer erweiterten Wirklichkeit. Einige Jahre später war er so erfahren darin, sich mit höheren spirituellen Ebenen und nicht physischen Wesen zu verbinden, dass er als spiritueller Berater und Leiter für Menschen tätig wurde, die die gleiche Art von Transformation benötigten, die er selbst erlebt hatte. Wenn man ihn von früher her kannte, hätte man niemals gedacht, dass diese neue Fähigkeit in ihm steckte. All seine Kompetenz geht nun dahin, durch Empathie und Mitgefühl für andere Menschen seinem Herzen zu dienen. Er hat sich dadurch wieder in ein natürliches Gleichgewicht gebracht und ist zu dem gewachsen, der er wirklich ist.

Wendepunkte kündigen sich mit verschiedenen unklaren Symptomen an: einer tiefen Unruhe, einer namenlosen Sehnsucht, unerklärlicher Langeweile und dem Gefühl festzustecken.

Gloria Karpinski

Gesunde Gefühlsgewohnheiten und bewusste Empfindsamkeit zu entwickeln, dazu bedarf es keiner Krise – es sei denn, Sie leisten einer Veränderung sehr starken Widerstand. Wenn Sie jetzt anfangen, Ihren subtilen Wahrnehmungen mehr Aufmerksamkeit und Vertrauen zu schenken und zu sehen, wie Sie sich zu einem verbesserten und erfüllten Leben verbinden, werden Sie sich langsam wie ein Blüte in der neuen Wärme des Frühlings öffnen.

Es ist hilfreich, verborgene Fehlwahrnehmungen zu entdecken

Jeder ungesunden Gefühlsgewohnheit liegt eine Fehlwahrnehmung davon zugrunde, wie Energie und Gewahrsein wirklich funktionieren. Denken Sie daran, dass Sie, als diese Gewohnheit sich ursprünglich entwickelte, noch keine Sprache verstanden haben und keine mentalen Konzepte hatten. Alles war intuitiv, instinktiv und auf Überleben ausgerichtet. Ihr Hirnstamm oder Reptilienhirn und Ihre animalische Natur hielten Sie am Leben. Es hätte keinen anderen Weg durch die Kindheit gegeben. Es ist vollkommen normal, dass Sie beim Erreichen der Reife diese frühen Muster überdenken und klären, damit Sie zu diesem Wesen aus Licht und Liebe werden können, das Sie in Wirklichkeit sind. Jetzt ist es an der Zeit, sich in jede Gewohnheit einzufühlen, um die darunterliegende Fehlwahrnehmung Ihres kindlichen Geistes zu erkennen. Wenn Sie sich leidenschaftlich der eigentümlichen Logik und der Ursache bewusst werden, die zur Bildung dieser Gewohnheit führten, ist es sehr viel einfacher, diese Gewohnheit verblassen zu lassen und sogar über sie zu lächeln.

Am Anfang dieses Kapitels erwähnte ich beispielsweise Megan, deren Vater sie verließ, als sie noch sehr klein war. Ohne die Gründe für sein Handeln verstehen zu können, verkrampfte sich ihr Körper, weil er hochgradig verwirrt und überwältigt war von dem Verlust, während ihre Baby-Seele Folgendes verstand: »Meine männlichen Geliebten verlassen mich«, »Ich bin schuld daran, weil ich nicht gut genug bin« und »Ich kann keine männliche Energie haben, um mir zu helfen, also muss ich alles selber machen«. Sie lenkte sich von diesen Empfindungen mit der ungesunden Gefühlsgewohnheit ab, rebellisch und knallhart zu sein. Doch trotz ihrer Bemühungen, nicht verlassen zu werden, hatten ihre Freunde die Tendenz, sie zu verlassen, und sie hatte das Gefühl, dass sie einerseits etwas falsch machte und dass sie andererseits äußerst unabhängig sei. Die Entdeckung ihrer frühen Fehlwahrnehmungen hilft Megan dabei, die Muster zu verändern, sodass sie eine gute Ehe führen kann, die sie stützt, und, wenn sie will, auch beruflich Karriere machen kann.

Im Fall von Daniel ist er der Starke, Kompetente, Unfehlbare geworden, um so die Liebe seines Vaters nicht zu verlieren. Da das Herz seines Vaters verschlossen war, waren Anerkennung und Zustimmung das Beste, was Daniel in Richtung Liebe bekommen konnte. Seine ungesunden Gefühlsgewohnheiten dienten dazu, sich selbst abzulenken und stoisch zu sein. Die darunterliegenden Fehlwahrnehmungen seiner Baby-Seele waren: »Männer zeigen keine Liebe oder Zärtlichkeit«, »Erfolg ist zum Überleben notwendig« und »Mir geht es gut, und ich bin in Sicherheit, weil ich schlau bin«. Wenn wir weitermachen, finden wir unter diesen Fehlwahrnehmungen eine andere, grundlegendere, die wir fast alle gemeinsam haben: »In dieser Welt muss ich mein wahres Selbst opfern und deswegen leiden. Die Erfahrung des Lebendigseins ist eine Erfahrung von Leid.«

Es ist interessant, dass Daniel bei seiner Transformation jede einzelne seiner ursprünglichen Fehlwahrnehmungen umgekehrt hat. Männer zeigen Liebe und Zärtlichkeit; das ist eine ihrer großen Freuden. Materieller Erfolg ist zum Überleben nicht notwendig, sondern Entschlossenheit und Authentizität. Mir geht es gut, und ich bin in Sicherheit nicht deswegen, weil ich schlau bin, sondern weil ich ich selbst bin. Diese Welt ist nur dann ein Ort von Opfer, Leid und Schmerz, wenn ich mir das einrede.

Hier sind einige weitere Beispiele für Fehlwahrnehmungen über das Leben:

- Die Welt mit ihrem Wahnsinn und ihrer Grausamkeit ist größer als ich, und ich bin dagegen machtlos.
- Wenn ich den Schmerz der anderen spüre, fühle ich meinen eigenen. Wenn ich meinen eigenen spüre, sterbe ich, weil er so gewaltig ist.
- Ich muss den Schmerz der anderen verhindern, oder sie verlassen mich, und dann sterbe ich.
- Keiner mag mich, deswegen habe ich keine Bedeutung und keinen Wert.
- Ich muss unsichtbar bleiben, sonst ziehe ich Strafe an. Wenn ich mich zeige, werde ich verwundet.

Praktische Übung

Umkehrung Ihrer grundlegenden Fehlwahrnehmungen

- Fühlen Sie sich in Ihre ungesunden Gefühlsgewohnheiten ein, und versuchen Sie, die grundlegenden Fehlwahrnehmungen zu spüren, die Ihre Baby-Seele machte, als Sie noch ganz klein waren. Schreiben Sie sie als Aussagen auf. Vielleicht merken Sie, wie diese Aussagen Ihr Leben beeinflusst haben.
- Drehen Sie jede Fehlwahrnehmung um, sodass das Gegenteil wahr ist. Schreiben Sie jede als eine positive Aus-

sage auf. Und vergessen Sie nicht, hinzuzufügen: »Diese Welt ist nur dann ein Ort von Opfer, Leid und Schmerz, wenn ich mir das einrede.«

- Konzentrieren Sie sich darauf, jede positive Aussage auch wirklich so zu erfahren, als wäre es Ihre neue Wahrheit, und zwar so oft am Tag, wie Sie sich daran erinnern können. Achten Sie darauf, wie Ihre Bedürfnisse, Motivationen, Vorstellungen und Handlungen sich verändern.

Kurz zusammengefasst ...

Sie sind von Geburt an empfindsam für Schwingungen und empathisch; es ist der Weg, wie sich Ihr Herz und Ihr Körper formten und wie Sie gelernt haben, ein Teil der Welt zu werden. Es ist Ihr natürlicher Zustand, empfindsam zu sein, aber Sie können sich dessen mehr oder weniger bewusst sein. Sie können unbewusst, bewusst oder äußerst bewusst empfindsam sein. Als Sie noch klein und ohne Sprache waren, haben Sie vielleicht ungesunde Gefühlsgewohnheiten entwickelt, die zwar Ihre Empfindsamkeit deformiert haben, Ihnen aber beim Überleben halfen. Sie haben diese Gefühlsgewohnheiten ziemlich genau so entwickelt, wie Delfine ihr Echolot verwenden. Sie haben die Qualitäten Ihrer Seele ausgestrahlt, und wenn sie mit denen Ihrer Eltern übereinstimmten, konnten Sie sich selbst spüren und fühlten sich bestätigt. Passten sie nicht zueinander, weil Ihre Eltern Angst hatten, prallte die Energie zu Ihnen zurück, verwirrte Sie und erzeugte ein Gefühl von Schmerz. Sie haben gelernt, sich den Angstschwingungen Ihrer Eltern anzupassen, um Anerkennung und Zustimmung zu finden: ein armseliger Ersatz für Liebe.

Sie haben gesunde und ungesunde Gefühlsgewohnheiten. Die ungesunden stehen Ihrem Transformationsprozess im Wege, denn sie haben Sie auf Angst oder Voreingenommenheit beschränkt. Ihre ungesunden Gefühlsgewohnheiten beruhen auf der Wahl, entweder zu fliehen und zu vermeiden oder zu kämpfen und zu kontrollieren. Die heutige zunehmende Energiefrequenz beschleunigt das Auftauchen Ihrer unterbewussten »Wunden« und verlangt dringend danach, die zugrunde liegenden Fehlwahrnehmungen zu klären, die Ihre Baby-Seele aufnahm, ehe Sie verstehen konnten, dass Sie verantwortlich sind für Ihre eigenen Erfahrungen. Sie können die ungesunden Gewohnheiten in bewusste Empfindsamkeit umwandeln, indem Sie sich bei einer Reaktion ertappen, bei der Erfahrung verweilen und stattdessen eine andere, gesunde Gefühlsgewohnheit wählen, mit der Sie experimentieren können.

Die Botschaft der Eigenfrequenz

Wie ich im Kapitel *An die Leserinnen und Leser* erkläre, habe ich diese inspirierten Textbotschaften am Ende eines jeden Kapitels hinzugefügt, damit Sie von Ihrem normalen, schnell lesenden Geist umwechseln können zu einer tieferen Art unmittelbarer Erfahrung. Mithilfe dieser Botschaften können Sie Ihre persönliche Schwingung willentlich verändern.

Die folgende Botschaft ist dazu gedacht, Sie in eine Art von Welterkenntnis zu befördern, die dem sehr nahe kommt, wie Sie das Leben im Intuitionszeitalter erleben werden. Um in die *Botschaft der Eigenfrequenz* hineinzukommen, schalten Sie einfach herunter auf eine langsame, weniger gehetzte Geschwindigkeit. Atmen Sie langsam und tief ein, dann aus, und seien Sie so ruhig und still wie möglich. Lassen Sie Ihren Geist weich und empfänglich sein. Öffnen Sie Ihre Intuition, und bereiten Sie sich darauf vor, sich in die Sprache *einzu-*

fühlen. Achten Sie darauf, ob Sie die tieferen Wirklichkeiten und Gefühlszustände erfahren, die lebendig werden, *während Sie lesen*.

Ihre Erfahrung kann eine umso größere Dimension annehmen, je mehr Sie Ihre ganze Aufmerksamkeit auf die Worte richten. Konzentrieren Sie sich jeweils nur auf einige Worte zugleich, machen Sie eine Pause bei den Satzzeichen, und verweilen Sie bei der Intelligenz, die diese Botschaft verkündet, live im Hier und Jetzt – für Sie. Sie können die Worte laut aussprechen oder die Augen schließen und jemand anderen laut vorlesen lassen. Achten Sie darauf, welche Wirkung die Worte auf Sie haben.

Das Leiden in Ihnen selbst beenden

Leiden, selbst große körperliche Schmerzen und emotionaler Verlust, löst sich auf, wenn Sie aufhören, es anzusehen und danach Ausschau zu halten. Es verschwindet, wenn Sie damit nicht mehr einverstanden sind und nicht mehr dagegen ankämpfen. Es wird zu einem Nichts, wenn Sie Ihre Identität nicht mehr daraus beziehen. In den höheren Bereichen gibt es kein Leiden, gibt es keine Opfer, keine Erlöser, keine Anführer, keine Anhänger, keine, die etwas haben, und keine, die nichts haben, kein Hier und kein Nicht-Hier. In den höheren Frequenzen kennen Sie die Macht des Seins. Sein offenbart Gegenwärtigkeit, und Gegenwärtigkeit offenbart göttliches Gewahrsein, das über alles und von innen heraus wacht. Göttliches Gewahrsein offenbart Liebe als die grundlegende, unveränderliche Natur des Selbst und des Lebens. In jedem Moment können Sie sein. Sie können nach Gegenwärtigkeit Ausschau halten und sie spüren; Sie können eine überraschende Erwiderung auf die Liebe erwarten, die Sie nie verlassen haben. In der Liebe gibt es kein Leid, nur im

Getrenntsein von Liebe, und das Gefühl, getrennt zu sein, ist die Entscheidung für das Leiden.

In den höheren Bereichen ist Ihr Selbst unser Selbst das Selbst, und das Selbst ist die gemeinsame Erfahrung liebevoller Gegenwärtigkeit. Wenn Sie denken, dass Sie nicht das eine Selbst sind oder jemand anderes nicht das eine Selbst ist, dass es möglich ist, verloren zu sein, dann leiden Sie. Wenn Sie an »die anderen da« denken oder sich einen Zwischenraum vorstellen oder ein Vakuum, erzeugt das eine künstliche Lücke, denn es gibt nichts außerhalb von Ihnen, keine Fremden, und diese Gegenwärtigkeit kann nirgendwohin entfliehen, um eine Leere zu erzeugen. Sobald Sie so tun, als gäbe es für Sie eine Lücke im Kontinuum der Gegenwärtigkeit, erschaffen Sie Leiden, nämlich Zweifel und Angst, Trennung, Wahnsinn. Das existiert nur in Ihrem Kopf. Sobald Sie sich wieder mit der Welt vertraut machen, sie in Ihrem Inneren wieder mit Ihnen selbst verschmelzen lassen, löst sich die Lücke auf, und unteilbare Gegenwärtigkeit taucht wieder auf. Auf die eine Weise sehen Sie sich als ein kleines, begrenztes, zitterndes Selbst, auf die andere Weise als ein unbegrenztes, sich stets erweiterndes, strahlendes Selbst.

Manchmal werden Sie einen Schmerz fühlen, der ein Widerstand gegen eine natürliche Kontraktion ist. Sie brauchen aber nicht zu leiden. Lassen Sie los, und fließen Sie mit der Welle weiter. Manchmal werden leidende Menschen »in Ihrem Raum« erscheinen, in Ihrer eigenen Welt. Das bedeutet, dass Sie immer noch die Möglichkeit erwägen, Leiden könnte eine Realität sein. Seien Sie vollständig bei diesen Menschen, für einen reinen Moment lang. Glauben Sie ihnen nicht, leugnen Sie sie nicht, ahmen Sie sie nicht nach – lassen Sie einfach die Erfahrung von ihnen zu. Fühlen Sie die Gegenwärtigkeit in ihnen, lassen Sie sie Ihre Gegenwärtigkeit fühlen, bieten Sie sie ihnen als die Gegenwärtigkeit des einen Selbst, und lassen Sie sie dann, soweit sie es möchten, in Ihr Angebot hineinschmelzen. Wenn Gegenwärtigkeit bewusst wird, taucht eine ruhige Gewissheit auf, und Sie erinnern sich an Ihr wahres Selbst. Sie finden Ihren Weg aus dem Leiden heraus, und das befreit auch Sie. Ereignet sich die Erinnerung an Liebe, gibt es eine sofortige Heilung, eine plötzliche, positive Veränderung und persönliche Transformation – in Ihnen und den anderen. Jede Auflösung der Illusion von Nicht-Liebe löscht für jeden von uns Leiden aus. Jedes Mal, wenn die vom Geist erzeugten Lücken zusammenbrechen, löst sich Leiden auf – wie eine Wolke in das tiefe Blau des Himmels.

4
Befreien Sie sich von negativen Schwingungen

Die vollkommene und freudige Akzeptanz des Schlimmsten in uns mag der einzig sichere Weg sein, es zu transformieren.

Henry Miller

Claudia ging in die Besprechung mit einem aussichtsreichen künftigen Kunden und fühlte sich sofort klamm und kalt. »Ich spüre hier einige schlechte Schwingungen«, dachte sie. Sie drängte diese Empfindungen in den Hintergrund und bereitete ihre Präsentation vor. Als sie anfing zu sprechen, bemerkte sie, dass sich ein Mitglied des Teams ihres zukünftigen Kunden zu ihrem Kollegen lehnte und ihm etwas zuflüsterte, mit einem abfälligen Gesichtsausdruck. Der andere Mann blickte sie ausdruckslos an und schaute dann wieder auf seinen elektronischen Kalender. Plötzlich fühlte sich Claudia abgeurteilt und unwohl. Jetzt war sie befangen und fragte sich, was sie wohl glaubten, was mit ihr nicht stimmte. War sie nicht attraktiv genug? Sie unterdrückte ihre Angst durch Willenskraft und hielt einen Vortrag, der so intelligent und beeindruckend war, wie sie es sich nur vorstellen konnte. Danach schaute sie in die Runde am Konferenztisch und verfolgte, wie ihre eigenen Teammitglieder die Führung übernahmen und so taten, als wären sie Eingeweihte, und Informationen hinzufügten, von deren Existenz sie nichts gewusst hatte. Sie war in den Hintergrund gedrängt worden. Claudia spürte nun einen Knoten in ihrer Magengrube. Sie fühlte sich, als hätte man sie in ein Haifischbecken geworfen.

Für den Rest des Tages fühlte sie sich ausgeschlossen und konnte sich nicht konzentrieren. In jener Nacht konnte sie nicht schlafen, da sie sich im Geiste schon die Kritik ausmalte und negative Szenarien vorstellte. »Ich hätte meinen roten Anzug tragen sollen.« »Ich muss lustiger sein.« »Etwas Furchtbares wird mit mir geschehen.« Am nächsten Tag wurde sie, genau wie sie es befürchtet hatte, ins Büro ihres Chefs gerufen und entlassen. Er sagte, ihre Leistungen seien nicht gut genug und sie käme mit ihren Kollegen nicht aus. Als sie ging, dachte Claudia, dass die Versammlung am Vortag sicher eine Falle gewesen war, dazu gedacht, sie schlechtzumachen, um sie dann feuern zu können. In ihrem Kopf drehte sich alles unkontrollierbar, sie dachte an Zeiten in der Vergangenheit, als sie benutzt und respektlos behandelt worden war, stellte sich eine Zukunft vor, in der sie sich würde einschränken müssen, weil sie kaum einen neuen Job finden würde. Sie würde eine erniedrigende Position annehmen müssen, und sie würde als eine desillusionierte alte Frau enden, genau wie ihre Mutter. Dann wurde sie wütend auf ihre Kollegen, die so einfach die Umstände zu ihren Gunsten manipulieren konnten.

Nach Tagen und Wochen solcher Negativitäten und einer Reihe erfolgloser Vorstellungsgespräche erkrankte Claudia an einer Grippe, die sich lange hinzog. Jetzt konnte sie nicht mehr nach Arbeit suchen, und mit der Zeit gingen ihre finanziellen Mittel zur Neige, was ihr noch mehr Angst einjagte. Sie konnte zu keinem Berater gehen, nicht einmal eine Massage konnte sie sich leisten, weil sie nicht genug Geld hatte. Wenn sie ein Vorstellungsgespräch hatte, machte sie keinen guten Eindruck, denn von ihr ging eine so starke Energie der Bedürftigkeit aus, dass keiner in ihrer Nähe sein wollte. Das verstärkte ihre Depression, und so schraubte sie sich in die Tiefe. Claudia steckte fest – so fest, dass ihr Kopf keinen Ausweg mehr sah. In einer Endlosschleife wiederholte sie, wie sehr sie feststeckte, dass sie nicht wisse, was sie tun solle, und so grub sie sich immer tiefer ein. Sie musste etwas *tun!* Aber alles, was sie versuchte, schlug fehl. Aber sie musste etwas *tun!* Aber sie hatte schon alles versucht. Aber sie musste etwas *tun!* Aber sie konnte es sich nicht leisten, überhaupt etwas zu tun. Aber ...

Auf wie viele verschiedene Arten kann man sich festfahren? Zählen Sie mal!

Kommt Ihnen Claudias Abwärtsschraube bekannt vor? Haben Sie sich auch schon einmal in eine scheinbar so ausweglose Ecke manövriert? Wenn ja, dann haben Sie sicher alle Ihre ungesunden Gefühlsgewohnheiten aktiviert und allmählich Ihre persönliche Schwingung bis zur Lähmung, zur Taubheit oder sogar bis zum Suizid herabgesetzt. Wenn Ihre Frequenz so abnimmt und ganz zum Stillstand zu kommen scheint, sieht man kaum mehr, wie sich überhaupt noch etwas verändern kann, und es fällt Ihnen schwer, sich daran zu erinnern, dass Sie ein Mensch ohne Grenzen sind mit einem fabelhaften Schicksal – dass Sie *tatsächlich* in der Lage sind, etwas zustande zu bringen. Wie kommt es also zu so lähmenden Situationen? Untersuchen wir einmal die innere Dynamik, wie man sich in negativen Schwingungen verfängt. Dann schauen wir uns Möglichkeiten an, wie Sie diese Muster umkehren können, damit Sie sich schneller aus solchen Perioden wahrhaft vergeudeter Zeit herausretten können.

Haben Sie in Ihrem Leben nur von Menschen gelernt, die Sie bewundert haben, die sanft mit Ihnen umgingen und für Sie Platz gemacht haben? Haben Sie nicht wirklich wichtige Dinge von denen gelernt, die (...) sich gegen Sie gestellt (...) oder mit Ihnen gestritten haben?

Walt Whitman

Jede Menge anscheinend harmloser Erfahrungen kann Sie schockieren und Ihnen auf tiefer Ebene Verletzungen zufügen, ohne dass Sie das wissen – und das kann dazu führen, dass Sie sich einigeln und zusammenziehen. Die beiden Männer, die Claudia aburteilten, ohne ein Wort zu sprechen, machten ihr unterschwellig Angst, und sie fiel innerhalb von Sekunden von einer hohen Schwingung von Eifer und Enthusiasmus in eine zusammengezogene, niedrigere Schwingung von Selbstzweifel. Wenn Sie negative Erfahrungen machen, tendiert Ihre persönliche Schwingung von Natur aus dazu, abzunehmen, und Sie fühlen sich dann »schlecht«. Und wenn Ihre Frequenz niedrig ist, machen Sie normalerweise mehr negative Erfahrungen, was zu einer noch negativeren persönlichen Schwingung führt, wie man an Claudias Abrutschen von Enttäuschung und Frustration in Feindseligkeit und Verzweiflung deutlich sehen kann.

Dazu kommt die Neigung unseres Geistes, Erfahrungen zu benennen und als »schlecht«, »falsch« oder »schmerzhaft« einzuordnen und sich dann mit diesen Beschreibungen zu identifizieren. Jetzt sind Sie »schlecht«, »falsch« oder »haben Schmerzen«. Das macht keinen Spaß, also benutzen Sie Ihre Willenskraft dazu, Ihrer Erfahrung zu widerstehen, ihr zu entfliehen, und Ihr fließendes Leben kommt zum Stillstand. Eine niedrige persönliche Schwingung blockiert Ihre seelische Wirklichkeit, und Sie leiden unter einem Mangel an

Bewegung. Hier sind sieben verschiedene Arten, wie man stecken bleiben kann.

1. Ein Wachstumszyklus ist vollendet, aber Sie haben das noch nicht erkannt und lassen nicht los. Sie haben etwas fertiggestellt, neue Fähigkeiten entwickelt, einige Lektionen gelernt, und Ihre Schwingung steigt auf ein neues Niveau – aber, wie Claudia, haben Sie nicht erkannt, dass Sie damit fertig sind und dass Sie es sind, der oder die sich aus diesem Kapitel des Lebens zurückzieht. Vielleicht sind Sie zu loyal oder haben noch nicht bemerkt, dass Sie sich langweilen, oder Sie haben einfach Ihre Vorstellungskraft nicht benutzt, um eine neue Wirklichkeit zu gestalten. Wenn bei Ihnen die Botschaft, dass die Arbeit getan ist, noch nicht angekommen ist, dann wird das Leben das für Sie zu Ende bringen, und Sie werden gefeuert, wie Claudia, oder Sie werden gezwungen aufzugeben – wenn Ihre Mutter krank wird oder die Firma Ihres Mannes ihn versetzt. Wenn Sie den Tiefstpunkt der Welle nicht erkennen und sich entscheiden mitzugehen, dann können Sie leicht das Gefühl haben, dass das Leben Sie zurückweist oder dass Sie versagt haben. Wenn Sie ein Ende dazu benutzen, sich zu kritisieren, sich ungeliebt zu fühlen oder sich kopfüber in die Angst vor der Leere fallen zu lassen, geraten Sie, wie Claudia, in eine Abwärtsschraube. Jeder natürliche Zyklus der Schöpfung beinhaltet, eine Vorstellung in eine materielle Form zu bringen, sie dann wieder zu entmaterialisieren, um einen neuen, frischen Raum zu schaffen oder eine neue, leere Leinwand. Wir vergessen, dass wir eine Form erschaffen, dann Raum, dann Form, dann Raum. Wir vergessen, wie notwendig und angenehm Raum ist.

2. Sie benutzen nicht das, was Ihnen gegeben wurde, oder Sie wollen mehr, als Sie verwenden können. Es ist normal, nicht in Harmonie mit Ihrem natürlichen Wachstumszyklus zu sein; zu protestieren, dass das, was Sie bekommen haben, nicht das ist, was Sie wollten; zu versuchen, etwas zu erzwingen, ehe die Zeit dafür gekommen ist; oder etwas in einer Form festzuhalten, die sich auflösen will. Was Sie jetzt haben, ist das, an das Sie in den vergangenen Tagen, Wochen und Monaten bewusst oder unbewusst gedacht haben und worauf Sie sich konzentriert haben. Indem Sie protestieren und sich über Ihre gegenwärtige Situation beschweren, entwerten Sie das vollkommene Funktionieren des Manifestationsprozesses und halten Ihre *Lebenswelle* oder Ihren natürlichen Fluss an.

Ihre Lebensenergie entstammt Ihrer persönlichen Schwingung. Wenn Sie also von mühseligen Erfahrungen geplagt werden, waren Sie vielleicht eine Zeit lang in negative Emotionen und Gedanken versunken, und die widrigen Erfahrungen sind da, um Sie daran zu erinnern. Sie müssen wahrscheinlich Ihre Schwingung erhöhen, indem Sie sich auf Dinge konzentrieren, die Sie lieben, und darauf, wie Sie sich gern fühlen. Fragen Sie sich: Welche Denk- und Gefühlsgewohnheiten haben zu diesem Ergebnis geführt? Was zeige ich mir selbst? Indem Sie das, was Sie erzeugt haben, anwenden, können Sie bewusst einen Schöpfungszyklus vollenden und den Raum öffnen, in dem ein neuer auftauchen kann. Sie können aber auch den Fluss Ihres Lebens blockieren und stecken bleiben, indem Sie mehr wollen, als Sie benötigen, um Ihre neue Lebenslektion zu lernen. Wenn Sie zu viel erschaffen, bedeutet das, Sie müssen zu viel loswerden, und das ist Vergeudung von Zeit und Energie.

3. Eine Erfahrung löst die Erinnerung an eine frühere, ähnlich negative Erfahrung aus. Wenn das Leben eine schmerzliche Erinnerung wachruft, verlassen Sie den Fluss, in dem Sie sich befinden, und »teleportieren« sich zurück in die schmerzhafte Vergangenheit. Ihr Unterbewusstsein reagiert automatisch mit einer ungesunden Gefühlsgewohnheit, die die Art und Weise nachahmt, wie Sie mit der ursprünglichen Erfahrung umgegangen sind. Sie weigern sich, das, was auftaucht, zu spüren, indem Sie dem Kampf-oder-Flucht-Verhalten nachgeben. Dann trauen Sie weder sich noch anderen, können keine weiterführende Anleitung spüren und/oder fühlen sich überwältigt, überaktiv, defensiv, abgelenkt, desorientiert, deprimiert oder schikaniert. Sie können sich lähmen, indem Sie Schuld zuweisen, bestrafen, kontrollieren oder dickköpfig sind. In Claudias Fall löste ihre Kündigung Erinnerungen an ihre Mutter aus, deren Alkoholismus eine vielversprechende Karriere als Sängerin ruinierte, und Claudia war wie besessen von einer unrealistischen Angst, dass ihr in ihrem Leben etwas Ähnliches passieren würde.

4. Sie sprechen darüber, was nicht ist, was noch nicht passiert ist, was vielleicht nie sein wird, was Sie nicht mögen, was Sie nicht tun oder was Sie nicht sind. Wenn Ihr Geist sich darauf konzentriert, nicht existierende oder leere Realitäten zu beschreiben, dann materialisieren Sie in der Tat *nichts*. Dazu haben Sie noch den Fluss Ihres Lebens aufgegeben, denn Ihr Leben kann nicht ohne Ihre bewusste Gegenwärtigkeit fließen. Um etwas als real erleben zu können und deshalb motiviert zu sein und zu handeln, muss Ihr bewusster Geist sein Zentrum in Ihrem Körper haben und durch Ihren Körper wahrnehmen, der Ihren Realitätsfilter bildet. Wenn Ihre Selbstgespräche eine negative oder nicht vorhandene Realität beschreiben, kann Ihr Körper das nicht begreifen, denn Körper *existieren* in Zeit und Raum. Zum Beispiel bereitet sich Ihr Körper darauf vor, auf eine brillante Idee handelnd zu reagieren, bis Sie sagen: »Ich bin *nicht* schlau genug.«

Das Gleiche geschieht, wenn Sie sagen: »Ich möchte mehr Geld verdienen, aber ich weiß nicht, wie.« Dann geht Ihr Körperbewusstsein zurück in dieselbe Bestürzung, die Sie als Baby erlebt haben, als Ihre Liebe unbefriedigt auf Sie zurückprallte. Wie bitte? Es kann das Konzept von Negativität und Nichtexistenz nicht begreifen, und während es damit ringt, zu verstehen, was es tun soll, spüren Sie, dass Sie feststecken.

Wenn Sie über Leere und Nichtexistenz sprechen, erzeugen Sie ein Loch oder eine Lücke in sich und in Ihrer Welt. Diese Lücke ist ein Ort, an dem Sie so tun, als könnten Sie Ihre Seele nicht kennen oder erleben. Mangelndes Selbstvertrauen ist so eine Lücke, aber auch Ignoranz vortäuschen, Angst vor Verlust oder Schwierigkeiten haben oder unmittelbare Erfahrungen vermeiden, bei denen Körper, Emotionen, Geist und Seele beteiligt sind. Lücken vermitteln Ihnen die Illusion von Unmöglichkeit, was Sie entmutigt, sich selbst zum Ausdruck zu bringen, und was außerdem die Bewegung Ihrer Lebenswelle zum Stillstand bringt.

5. Sie projizieren Ihren Geist und Ihre Energie auf das Leben anderer Menschen, auf andere Orte und Zeiten oder auf fiktive Realitäten. Das ist so ähnlich, wie darüber zu reden, was nicht ist. Es entfernt Sie ebenfalls aus Ihrem Körper und Ihrem eigenen Prozess, wenn Sie aus dem Hier und Jetzt hinaus auf andere Zeiten und Orte projizieren. Ihr bewusster Geist ist anderswo und kann keine Einsichten, Anweisungen und keine Liebe von Ihrer Seele empfangen, die durch Ihren Körper zu Ihnen hinströmen, weil Sie nicht »in« Ihrem Körper sind. Da also »niemand zu Hause« ist, um die höhere Anweisung entgegenzunehmen, übernimmt Ihr Unterbewusstsein die Führung und reagiert auf Situationen automatisch so, wie es das in der Vergangenheit getan hat. Sie reagieren, anstatt auf die Lage einzugehen, und das ruft, wie schon gesagt, viele Ihrer ungesunden Gefühlsgewohnheiten wach. Was in der Vergangenheit funktioniert hat, wirkt nicht notwendigerweise auch in der heutigen Situation. Wenn Sie wissen, was jemand anderer im Leben braucht, bedeutet das noch lange nicht, dass dasselbe auch für Sie gut ist. Wenn Sie nicht in Ihrem Körper und in Ihrem Leben lebendig anwesend sind, verschieben Sie Ihr Wachstum und haben schließlich das Gefühl, dass Sie feststecken.

6. Sie hängen an Ihren Kreationen, Gewohnheiten, Definitionen und an Ihrer Identität und sind in einer Art »Festhaltemuster«. Sie *halten* vielleicht sicherheitshalber an Ihrem Glauben und Besitz *fest* oder *halten* sich davor *zurück*, Ihre Wahrheit oder Liebe zum Ausdruck zu bringen, oder Sie lassen sich über etwas aus und kontrollieren die Menschen in Ihrer Umgebung dadurch, dass Sie zu einem bestimmten Thema Erläuterungen abgeben. Vielleicht *halten* Sie sich *an* ein Gelöbnis oder an eine Verpflichtung, die Sie früher einmal eingegangen sind, die heute aber nicht mehr relevant ist. Oder Sie halten Feindseligkeit, Missgunst oder Ungerechtigkeit fest, oder Sie halten sich von Veränderungen ab. Sie halten vielleicht Ihren Atem an in der Hoffnung, dass etwas geschehen wird oder auch nicht, oder Sie halten sich unter Kontrolle, damit Sie sich nicht zu offensichtlich ausdrücken. Wenn Sie Ihre Energie einengen und versuchen, eine Welle anzuhalten, dann verlangsamen Sie damit Ihr eigenes Fließen und vermindern Ihre Frequenz, was dazu führt, dass Sie Gelegenheiten verpassen. Sie erschöpfen sich auch bei dem Versuch, den Fluss einzudämmen. Sind solche Muster des Festhaltens sehr stark, dann werden sie zu Besessenheiten und Fixierungen.

7. Sie sind erschöpft durch zu viel Negativität, Konflikt und Eigensinn. Möglicherweise haben Sie so viel Stress, dass Sie nicht schlafen können. Sie mögen unter einer starken Suchterkrankung oder chronischen Schmerzen leiden. Vielleicht kämpfen Sie, um sich gegen Schikanen durchzusetzen oder ein Versagen zu verhindern. Je mehr Energie Sie so verschwenden, umso weniger motiviert sind Sie und umso weniger Energie haben Sie für positive Vorstellungen. Ist Ihr Gewahrsein abgestumpft, werden Ihre Emotionen apathisch, und Ihr Körper wird lethargisch. Sie haben sich ins Abseits manövriert und fühlen sich vorübergehend unfähig, sich zu bewegen.

Es war noch nie so einfach, freizukommen

Trotz aller Anstrengungen und Schwierigkeiten denken Sie bitte daran, dass Sie einen Fluss hinunterschwimmen, einem sicheren Ziel entgegen: sich als Ihre Seele zu erkennen. Sie befinden sich in einem Abschnitt des Transformationsprozesses, in dem alte, niederfrequente Ängste und ungesunde Gefühlsgewohnheiten an die Oberfläche kommen und verschwinden wollen. Sie erleben die Reaktion darauf, indem Sie die damit verbundenen Gefühle von Unwohlsein und Schmerz zu unterdrücken versuchen mithilfe der Kampf-oder-Flucht-Methode. Ihr Kampf gegen Leiden und Angst laugt Sie aber aus, und schließlich gelangen Sie in die Phase, in der Sie klar erkennen, dass die alten Gewohnheiten und Formen unbrauchbar geworden sind.

Die alte Welt ist langsam aufgrund von
Trennung, Lücken und Angst.
Die neue Welt ist schnell aufgrund der
wechselseitigen Verbindungen.

Wir nähern uns der Einheit, und das Leben
wird immer unmittelbarer.
Unsere Leben funktionieren nach den neuen Regeln,
die auf der Geschwindigkeit des
gegenwärtigen Augenblicks beruhen.

Viele Teile Ihres Lebens und Ihrer Ideologie lösen sich auf. Sie sind eher gewillt, loszulassen und zu sehen, was geschieht, weil Sie müde sind. Wenn Sie aufhören zu kämpfen und Frieden finden, haben Sie, einen Einblick in die neue Wirklichkeit, und das motiviert Sie, weiterzumachen. Und doch können Sie alle paar Schritte stolpern, müssen also wissen, dass Sie sich leicht von Negativitäten befreien können, wenn Sie merken, dass Sie sich darin verfangen haben. Hier sind zwei beruhigende Vorstellungen:

Erstens werden Sie nicht einfach mehr so lange feststecken können, wie Sie es gewohnt waren, weil sich Ihre persönliche Schwingung zusammen mit der aller anderen und des gesamten Planeten zu einer höheren Frequenz hin entwickelt. Wenn Sie das Gefühl haben, festzustecken, oder Angst davor, dass etwas zu Ende geht, dann denken Sie daran, dass Sie in einer Lebenswelle existieren und dass das Leben immer in Bewegung ist. Wellen haben hohe Gipfel und tiefe Täler, und festzustecken ist einfach nur ein Anzeichen dafür, dass eine Wende Ihrer Welle bevorsteht. Nichts bleibt jemals wirklich stehen. Sie können sich auf einen unaufhörlichen Impuls verlassen, der Sie jetzt immer wieder und immer schneller weitertreibt, durch Höhen und Tiefen, durch Anfänge und Auflösungen. Je mehr Sie es sich gestatten, sich in die Strömung hinein zu entspannen und zu spüren, dass sich alles und alle anderen mit Ihnen gewissermaßen im selben Fluss befinden, umso einfacher werden die einzelnen Wendungen sein.

Zweitens wird es viel schneller als gewohnt geschehen, dass Ängste und unterbewusste Blockaden aufgelöst werden, weil der beschleunigte Prozess mit Ihnen und nicht gegen Sie arbeitet. Wir mussten früher Therapien machen, jahrelang über unsere Probleme sprechen und erlösende emotionale Entladungen erleben. Jetzt kann der therapeutische Prozess viel schneller ablaufen. Indem wir uns dem gegenwärtigen Augenblick zuwenden, einem neuen, frischen Raum, in dem Sie Ihre persönliche Geschichte von Verletzungen loslassen und sich stattdessen für die Realität der Seele entscheiden, wird Heilung als eine wiederholte Entscheidung für die Seele und für das Loslassen einer falschen Realität angesehen. Heilung oder »heilende Aufdeckung« findet im gegenwärtigen Augenblick statt und nicht in der Zukunft. Deswegen bedarf es nicht mehr eines so langen, linearen Prozesses, um zu Ihrem besten Selbst zurückzukehren. Ehe man es sich versieht, verliert Ihre persönliche Leidensgeschichte ihre Bedeutung und verschwindet. Wir werden in Kapitel 5 tiefer auf diesen Zentrierungsprozess eingehen. Bis dahin folgen nun einige Methoden, wie man im Fluss bleiben kann, frei von Negativitäten.

Wenn wir aufhören, vorwiegend an uns zu denken und an unseren Selbsterhaltungsprozess, dann durchleben wir eine wahrhaft heldenhafte Transformation des Bewusstseins.

Joseph Campbell

Befreien Sie sich, indem Sie mit den Wellen zusammenarbeiten

Da Wellen trotz aller Hindernisse da hingehen, wohin sie wollen, ist es am besten, sich ihnen nicht in den Weg zu stellen. Tatsächlich ist es nützlicher, sich vorzustellen, dass Sie die Welle sind und nicht ein unbewegliches Objekt, das ihr im Wege steht. Sie sind ein schwingendes Wesen, das sich durch ein Meer von Schwingungen bewegt. Sie müssen das Kunststück fertigbringen, sich an die ständig sich ändernde Dynamik lebendiger Energie anzupassen und mit ihr zu verbinden. Das bedeutet, Sie müssen eine völlig neue Art lernen, Ihre Willenskraft zu verwenden, denn es ist unsere Eigenwilligkeit, die dazu führt, dass wir uns starr wie Betonwände verhalten.

Lernen Sie den rechten Gebrauch Ihrer Willenskraft. Wenn Sie so sind wie ich, haben Sie in Ihrer Jugend wahrscheinlich die Stimmen einer ganzen Reihe von Autoritätspersonen verinnerlicht, die Sie jetzt daran erinnern, was Sie tun »sollten«. Ich erinnere mich besonders gut daran, dass mir immer gesagt wurde, »Gott hilft denen, die sich selbst helfen«, und dass ich eine Weile brauchte, dieses Konzept zu begreifen. Denn es schien mir so, dass ich Gott nicht brauchte, wenn ich mir selbst helfen konnte. Wie auch immer, diese Vorstellung brachte mich jedenfalls auf den Weg der Selbstständigkeit, auf dem ich mich vollkommen auf meinen eisernen Willen verließ, um Dinge durchzusetzen. Ich benutzte meinen Willen, um meine Intentionen zu projizieren und aufrechtzuerhalten, um fleißig und diszipliniert zu sein, nicht aufzugeben, wenn es schwierig wurde. »Wo ein Wille ist, da ist auch ein Weg« – das war ein anderer heiliger Spruch, der sich in mir festsetzte. Nachdem ich jahrelang mit konzentrierter und starker Willenskraft meinen Erfolg aufrechterhalten hatte, war ich vollkommen erschöpft. Ich wollte *überhaupt nichts* mehr tun. Ich hatte all diese »Du-sollst«-Stimmen satt. Da erkannte ich, dass es eine »rechte Verwendung des Willens« gibt.

Aus Negativität und Feststecken herauszukommen ist häufig nicht ein Frage der alten, starken Willenskraft, sondern »sich für das zu entscheiden, was sich für dich entscheidet«.

Bei der Willenskraft geht es nicht um Widerstand, Gewalt oder Kontrolle, sondern um Entscheidung. Und es gibt grundsätzlich nur zwei Entscheidungen: sich weit, liebevoll und in Verbindung mit den hohen Schwingungen der eigenen Seele fühlen – im wörtlichen Sinne Ihre Seele *zu sein* – oder sich eng, ängstlich und in die niedrigen Schwingungen des Leidens eingetaucht fühlen – Ihre Seele *nicht zu sein*. Entscheiden Sie sich dafür, sich allein und abgetrennt zu fühlen, dann werden Sie annehmen, dass Sie alles in Ihrer Macht Stehende tun müssen, um sich und die Welt zu kontrollieren, wie ich es viele Jahre lang getan habe. Entscheiden Sie sich dafür, sich mit dem Leben verbunden zu fühlen, brauchen Sie nur wenig von der alten Willenskraft. Sie werden entdecken, dass Konzepte wie Fluss und Synchronizität den Platz von Willenskraft einnehmen.

Wenn Sie feststecken, müssen Sie nicht mit Ihrem Willen eine Strategie entwickeln, wie Sie die Dinge ändern können und wie die neue Phase aussehen wird. Sie müssen einfach nur das alte, enge, niederfrequente Muster aufgeben. Benutzen Sie Ihre Willenskraft, um sich dafür zu entscheiden, das zu sein, was ist. Stellen Sie sich vor, Ihr Verstand sei ein Muskel, und lassen Sie ihn erlahmen. Sagen Sie einfach »Ah«, und lassen Sie Ihren Unterkiefer hängen! Ich habe festgestellt, dass das seltsamerweise dabei hilft, den geschäftigen Geist zu leeren, der glaubt, Dinge zu kontrollieren sei die Antwort. In dem stillen Raum des Zulassens können Sie leicht merken, was die Welle tun will. Sind Sie an einem Ende, das Sie noch nicht erkannt haben? Klopft da eine neue

Inspiration an Ihre Tür, die bewusst werden und Gestalt annehmen will?

Folgen Sie dem Fluss; er weiß, wohin. Wir pendeln in eine Gestalt hinein, dann wieder zurück in Energie, dann wieder in eine neue Form und wieder zurück in Energie. In jeder Sekunde, in jeder Minute, an jedem Tag – welche Zeiteinheit Sie auch immer nehmen wollen – haben Sie eine neue Chance. Die Wellen des Lebens helfen Ihnen dabei, loszulassen und neue Räume zu öffnen, eine neue Begeisterung und neue Motivationen zu finden und noch einmal neu anzufangen. Sie müssen lediglich der Weisheit und dem Plan hinter dem Energiefluss vertrauen, um dann mit dem Fluss in die Richtung zu gehen, in die er fließt. Manchmal gibt es wütende Stromschnellen und Wildwasser, dann wieder verschwindet der Fluss im Untergrund, dann taucht er wieder auf und treibt friedlich dahin. Manchmal sind Sie Sein, manchmal Tun, manchmal Haben.

Das Leben ist ein Prozess des Werdens, eine Kombination von Zuständen, durch die wir gehen müssen. Die Menschen versagen dann, wenn sie einen Zustand auswählen und darin bleiben wollen. Das ist eine Form von Tod.

Anaïs Nin

Erkennen Sie Wellengipfel und Täler (Anfangs- und Endpunkte). Nachdem ich mich lange gequält hatte – und schließlich entschied, dass ich es nicht mag, gequält zu werden –, habe ich gelernt, dass mein Arbeitsfluss als selbstständig Arbeitende meinen inneren Bedürfnissen entspricht. Ich dachte immer, das Leben würde sich eigenwillig gegen mich durchsetzen, aber ich erkannte schließlich, dass da ein anderes Prinzip am Werk war. Wenn ich zum Beispiel eine intensive

Zeit bei der Arbeit mit meinen Klienten hatte und anfing, mich zu beschweren, dass der volle Zeitplan ein Problem sei, war ich in Wirklichkeit bereit, in eine weniger arbeitsintensive Phase einzutreten, in der ich Zeit für mich selbst haben würde, in der ich Einsichten verarbeiten und mich sammeln konnte und in der neue Projekte in mir reifen konnten. Dann klingelte das Telefon, oder ich bekam einen Auftrag nicht, um den ich mich bemüht hatte, und so kam ich zu meiner ruhigen Zeit. Allerdings erkannte ich das meist nicht als ein persönliches Bedürfnis. Ich hatte vielmehr das Gefühl, ich würde mit diesem »Rückgang« bestraft, und machte so aus dem Geschenk, Zeit für mich zu haben, ein Problem. »Stimmt was nicht mit mir? Mögen die Leute meine Arbeit nicht? Ich muss mehr Geld verdienen!«, murmelte ich dann. Blieb ich in diesem Modus des Sich-Beschwerens, dann verlängerte sich die freie Zeit. Wenn ich mir stattdessen für die Erholungspause dankte und schaute, was ich gelernt hatte, und dann erkannte, dass ich jetzt wieder Appetit auf Leute, Kommunikation und äußere Stimulierung hatte, dann änderte sich der Zyklus schnell, und Gelegenheiten zeigten sich an meiner Türschwelle innerhalb von Tagen – manchmal Stunden.

Um harmonisch mit einer Welle mitschwimmen zu können, müssen Sie die Wendepunkte meistern, sowohl auf dem Gipfel der Welle als auch im Wellental. Sie müssen erkennen, dass Sie das Nächste, was Sie brauchen, jetzt bekommen werden, anstatt zu denken, dass Sie von einem Problem (z. B. Überbeschäftigung) zu einem anderen Problem wechseln (z. B. Unterbeschäftigung). Die Wendepunkte sind da, wo Sie die Geschenke, die Sie bekommen haben, und die Lektionen, die Sie gelernt haben, erkennen können. Dankbarkeit und Optimismus sind also besonders nützlich in solchen Zeiten. Sie haben den Wendepunkt auf dem Gipfel der Welle erreicht, wenn Sie eine sehr materialistische und extrovertierte Weltsicht vertreten, wenn die Materialisation vollendet ist und Sie ein Hochgefühl haben und erfolgreich sind.

Physikalisch ausgedrückt: Die Welle ist zu einem Teilchen geworden.

Die Zeit der größten Herausforderung kann die sein, wenn die Welle sich im Tal umwendet – wenn Sie gelangweilt sind, das Gefühl haben, die Dinge verblassen, wenn Sie Raum benötigen und Sinn und all das loslassen müssen, was veraltet ist, damit Sie zum Sein zurückkehren können. Physikalisch ausgedrückt, ist dies der Punkt, an dem das Teilchen zu einer Welle wird. Sich vom Tal zum Gipfel zu bewegen sieht wie der amüsante Teil aus, denn dazu gehören Enthusiasmus, Motivation und das Erreichen von Zielen. Aber alte Formen loszulassen, sich zu entspannen, von vielfachen imaginären Realitäten zu träumen und sich zu verjüngen – das alles ist mindestens ebenso erfreulich. Chronischer Widerstand gegen die Wendepunkte einer Welle kann übersteigerte dramatische Veränderungen wie Krisen und Traumata verursachen.

Damit sich emotionale Heilung durchsetzen kann, müssen wir vollkommen in das eindringen, was unverarbeitet geblieben ist, und den gesamten Weg gehen, bis die ganze aufgestaute Energie der Probleme abgeleitet ist. Dann ist es erledigt und wird nie wieder Ihre Aufmerksamkeit oder psychische Energie beanspruchen.

Jacquelyne Small

Fördern Sie überall da das Fließen, wo Sie Stagnation und erstarrtes Gewahrsein vorfinden

Achten Sie auf die Festhaltemuster. Wenn Sie Ihre Ideen zurückhalten, versuchen Sie, öfter mit anderen ins Gespräch zu kommen und mehr mit ihnen zu teilen. Sitzen Sie zu viel, steigen Sie aufs Laufband! Halten Sie an einem alten Liebhaber fest, weil Sie nicht allein sein wollen, dann »werden Sie erwachsen« und entwickeln neue Interessen. Wenn Ihr alternder Vater auf die Gewohnheit fixiert ist, den ganzen Tag lang fernzusehen und sich darüber zu beschweren, dass er keine Freunde hat, dann nehmen Sie ihn mit zum Schwimmen in Ihren Verein. Ist Ihre Familie zu sehr in ihrem Trott, dann verändern Sie Ihre Routine und tauschen die Rollen oder richten die Wohnung anders ein. Fühlen Sie sich zu analytisch oder von der Sprache bestimmt, dann versuchen Sie, in die andere Gehirnhälfte zu wechseln: Machen Sie einen »Hirnstamm-Spaziergang«, lassen Sie Ihren Körper entscheiden, ob er nach rechts oder links gehen oder einfach ohne Grund rennen will. Tauchen Sie in Ihre Sinne ein – versuchen Sie, eine Stunde lang Dinge zu riechen.

Etwas erzwingen oder an etwas festhalten wollen ist ein Anzeichen dafür, dass Sie nicht mehr in Harmonie mit dem Fluss sind und dass Ihnen eine wesentliche Information fehlt.

Achten Sie auch auf Ihre mentalen Gewohnheiten. Behaupten und erklären Sie viel? Ordnen Sie die Menschen nach Ihrem ersten Eindruck ein? Definieren Sie Ihre Erfahrungen, und schließen Sie ganz schnell geradezu zwanghaft mögliche Bedeutungen aus, indem Sie sagen: »Das ist eben einfach so«? Wenn Sie etwas definieren oder beschreiben, hört es auf, sich zu bewegen, und hat weniger Chancen, sich kreativ zu entwickeln. Wenn Sie sagen: »Ich bin wütend«, dann übersehen Sie die Nuancen Ihrer subtileren Empfindsamkeit und Ihres Körperbewusstseins. Bleiben Sie stattdessen im Fluss, und beschreiben Sie Ihre Erfahrung so: »Mein Magen ist verkrampft; ich bin frustriert, weil mein Mann mir nicht zugehört hat. Jetzt zieht dieses Gefühl meine Kehle zusammen, und ich habe das Gefühl, es ist mir nicht erlaubt, meine eigenen Bedürfnisse und Vorstellungen zum Ausdruck zu bringen, und das macht mir Angst, und eigentlich möchte ich weinen.« Versuchen Sie einmal, ob Sie mit weniger Definitionen leben können, oder lassen Sie Ihre Definitionen weniger starr und eher vorläufig sein. Versuchen Sie, das Leben unmittelbarer zu erfahren. Andererseits, wenn Sie aus Gewohnheit immer »Ich weiß nicht« sagen, könnten Sie darauf achten, wie das die Welle Ihres Selbstausdrucks und Ihres Wachstums behindert.

Praktische Übung

Wo halten Sie etwas fest?

- Erstellen Sie eine Liste davon, wie und warum Sie an manchen Dingen festhalten und woran Sie festhalten.
- Erstellen Sie eine Liste davon, wie und warum Sie stillhalten, aushalten, sich davon abhalten, etwas zu tun, was Sie vermeiden und was Sie wirklich wollen.
- Erstellen Sie eine Liste davon, wie und warum Sie sich über etwas auslassen oder versuchen, Ihre Welt und andere zu kontrollieren – indem Sie der Experte sind, das Zentrum der Aufmerksamkeit oder zu viel reden.
- Erstellen Sie eine Liste davon, wie und warum Sie sich

an alten Entscheidungen, Verantwortungen oder Regeln festklammern, die nicht mehr gültig sind.

- Erstellen Sie eine Liste davon, wie Sie Ihre Erfahrungen beschrieben haben und wie Sie vielleicht neue Möglichkeiten entdeckt haben, als Sie mit diesen Beschreibungen aufgehört haben.

Lassen Sie die Wellen durch sich hindurchgehen. Wellen bewegen sich ununterbrochen durch Sie hindurch, durch das Energiefeld und durch das Bewusstsein, und Sie sind ein Teil davon. Es gibt Wellen, die neue Energiefrequenzen und Informationen bringen. Dieselben Wellen tragen Energie und Informationen fort, wenn sie durch Sie hindurchgehen. Ereigniswellen erreichen Sie häufig schon vor dem Ereignis, so wie der Blitz vor dem Donner. Wenn Sie zum Beispiel auf der Autobahn fahren und merken, dass der Verkehr um Sie herum ungleichmäßig und stockend wird, dann stellen Sie möglicherweise fest, dass vor Ihnen ein Unfall passiert ist. Die kleinen Wellen des Unfalls strahlen in alle Richtungen, die Menschen fangen an, diese Unruhe zu spüren, und handeln dann verstört. Ich weiß noch, als der Vulkan St. Helena vor Jahren ausbrach; ich wohnte damals in Nordkalifornien. Mindestens eine Woche zuvor war ich ungewöhnlich irritiert und ärgerlich, immer kurz davor, zu explodieren. Sobald der Vulkan ausgebrochen war, beruhigte ich mich.

Es ist normal, dass man unbewusst versucht, eine Welle anzuhalten, wenn sie durch einen hindurchfließt, damit Sie sie sich anschauen und sehen können, was es mit ihr auf sich hat. Bringt Ihnen eine Ereigniswelle Informationen über einen Vulkan oder einen Unfall, dann reagieren Sie energetisch sehr wahrscheinlich mit nervöser Unruhe. Ihr Geist kann die energetische Information nicht interpretieren und denkt dann oft irrtümlicherweise, die störende Unruhe habe etwas mit Ihnen zu tun. Ich glaube, ich bin ungewöhnlich wütend, aber in Wirklichkeit geht es um einen *Vulkan*, der kurz davor ist, auszubrechen! Ich glaube, ich sterbe, wenn es in Wirklichkeit ein Freund ist, der stirbt. Ich bin unangemessen traurig, aber in Wirklichkeit sind es die Opfer und Überlebenden einer bevorstehenden Terrorattacke, die kurz vor ihrer Zerstörung stehen. Sie brauchen aber keine Welle anzuhalten, um die Information zu erkennen, die verschlüsselt in ihr vorhanden ist. Wenn Sie sie durch sich hindurch lassen, wird sie dabei diese Information herunterladen und in Ihnen abspeichern. Sie müssen sich nur regelmäßig fragen: »Ich merke, dass ich mich ohne einen Grund traurig (verstört, unangemessen glücklich und so weiter) fühle. Wieso bemerke ich das?« Auf diese Weise können Sie sich dieses nutzlose, verzerrte Denken sparen, dass etwas mit *Ihnen* nicht in Ordnung sei.

Finden Sie eine gleichmäßige Gewichtung der physischen, emotionalen, mentalen und spirituellen Gebiete Ihres Lebens. Stellen Sie sich vor, eine Welle von Kreativität kommt von der Hochfrequenz Ihrer Seele und bringt ein neues Muster in Ihr Leben, indem sie durch die Oktaven Ihres Gewahrseins herabsteigt: von dem spirituellen Bereich herunter durch den mentalen und emotionalen bis zum physischen, und dann wieder hinaus. Wenn diese Ebenen Ihres Gewahrseins gleichmäßig entwickelt sind, geht die Welle gleichmäßig mit einem konstanten Rhythmus hindurch. Sie lädt ihren Inhalt herunter und speichert ihn mühelos in Ihnen. Sie erleben das als Glück, leichtes Fließen und als harmonische Ausgeglichenheit Ihres Lebens. Wenn Sie aber zum Beispiel Ihre emotionale Realität zugunsten eines Lebens nach der Logik, nach Regeln und abstrakten Konzepten vermieden haben, wird Ihre mentale Ebene »erweiterter« sein, da sie überbetont ist. Die emotionale Ebene wird »verengter« erscheinen, wenn sie zu wenig betont ist. Die Welle muss ihre Frequenz dem erweiterten, überentwickelten Band des mentalen Gewahrseins anpassen, sich dann erneut an das verengte, unterentwickelte emotionale Band anpassen und sich dann auf der physischen Ebene möglicherweise wieder erweitern. Die Bewegung wird ruckartig und unstimmig, und Ihr Lebensprozess wird das mit verschiedenen Hindernissen reflektieren: Sie erleben vielleicht, dass es schwierig ist, Projekte zu vollenden und Motivationen aufzubringen, oder Sie spüren einfach unangemessen viel Druck und emotionale Lähmung. Wenn Sie aber körperlich, emotional, geistig und spirituell gleichmäßig entwickelt sind, dann fließen die Wellen rhythmisch durch Sie hindurch, und Sie haben den größten Nutzen davon.

Praktische Übung

Welche Gebiete Ihres Lebens bedürfen eines Ausgleichs?

1. Stellen Sie sich ein Thermometer vor mit Markierungen von 1 bis 100 an der Seite. Bitten Sie Ihr inneres Selbst, zu bewerten, wie stark Sie jeden der folgenden Teile Ihres Gewahrseins benutzen, wobei 100 die höchste Stärke darstellt.
2. Wie weit entwickelt sind Sie, und wie aktiv benutzen Sie Ihr spirituelles Gewahrsein? Ihr mentales Gewahrsein? Das Gewahrsein Ihrer Gefühle und Ihrer subtilen Empfindsamkeit? Ihre körperlichen Instinkte und Ihr Körpergewahrsein?
3. Schauen Sie sich die relativen Prozentzahlen an, und schreiben Sie dann fünf Arten auf, wie Sie die Entwicklung und die Benutzung der weniger aktiven Gebiete vorantreiben können, damit alle Teile Ihres Gewahrseins ausgeglichen sind.

Das Erhöhen Ihrer Frequenz befreit Sie von negativen Schwingungen

Sie können in negativen Schwingungen stecken bleiben, wenn Sie die Gegenwart Ihrer Seele und Ihr Einssein mit dem Leben nicht spüren. Etwas steht im Weg – Angst, Lügen oder falsche Wahrnehmungen –, oder Sie erleben eine Zersplitterung und leeren Raum. Jeder »fehlende Teil« der Seele, den Sie nicht spüren, senkt Ihre Frequenz ab. Jedes Mal, wenn Sie Ihr Gewahrsein in Fragmente aufteilen – das bedeutet, Sie erleben Getrenntsein –, verlangsamt sich Ihre Schwingung. Wenn Ihre persönliche Schwingung in einer niedrigen Frequenz feststeckt, neigen Sie dazu, in ungesunde Gefühlsgewohnheiten, negatives Denken und in einen trägen körperlichen Zustand zurückzufallen.

Eine Erhöhung Ihrer Frequenz, die Sie immer von Negativität und Stagnation befreit, bedeutet, sich zu entspannen und Zeit und Raum zu schaffen, um Ihre Seele mehr zu spüren. Sie können das erreichen, indem Sie lächeln oder sich einen Maßstab vorstellen, wie ein Thermometer, und Ihre Energie um zehn Prozent erhöhen. Oder Sie können sich bildlich eine bessere Realität vorstellen, eine strahlende Farbe oder einen willkürlichen, erbaulichen Akt von Freundlichkeit. Sie können sich zum Beispiel dafür entscheiden, mehr Akzeptanz und Großzügigkeit zu fühlen. Sie können eine Erfahrung zulassen, der Sie Widerstand geleistet haben, oder Ihrem Leben tiefgründiger und achtsamer nachgehen. Der Versuch, die Frequenz Ihrer persönlichen Schwingung willentlich heraufzusetzen und zu manipulieren, führt nur zu Hyperaktivität, Stress und schließlich zu einem Zusammenbruch. Ihre Frequenz steigt auf ihre natürliche Höhe, wenn Sie Ihr mentales und emotionales Durcheinander aufräumen und damit aufhören, zu blockieren. Wenn nichts im Weg steht, werden die Wärme und Klarheit Ihrer Seele mühelos hervorstrahlen.

Praktische Übung

Erhöhen Sie Ihre Schwingung, indem Sie tief und langsam atmen

Es ist seit Langem bekannt, dass Sauerstoff die Frequenz Ihres Körpers erhöht. Außerdem fließt Energie durch verkrampfte Muskeln langsamer, und deshalb sind körperliche Entspannung und tiefes Atmen der Schlüssel für die Erhöhung Ihrer Schwingung. Flaches Atmen im oberen Brustbereich deutet auf Angst und Beklemmung hin.

1. Setzen Sie sich aufrecht hin, fühlen Sie, dass Sie gestützt werden, lassen Sie Ihre Muskeln locker hängen und fühlen sich behaglich. Halten Sie Ihren inneren Dialog an, und hören Sie auf die Stille. Seien Sie ruhig, spüren Sie die subtilen Schwingungen in Ihrem Körper, und konzentrieren Sie sich auf die Vorstellung, dass der Sauerstoff in der Luft Ihr Blut vollständig auflädt und sich Ihr Körper deswegen besonders lebendig anfühlt. Atmen Sie ruhig, sehr langsam, ununterbrochen und gleichmäßig, sodass der Atem scheinbar ohne Pause am Ende des Aus- und Einatmens umkehrt.
2. Atmen Sie tief ein, um alle möglichen Höhlungen auszufüllen, von Ihren Nebenhöhlen bis zum Unterbauch. Wenn Sie denken, dass Ihre Lungen ganz voll sind, atmen Sie noch ein bisschen mehr ein, füllen jede noch so kleine Höhlung. Stellen Sie sich vor, dass sich Ihr Brustkorb über seine normale Kapazität hinaus ausdehnt.
3. Atmen Sie aus, indem Sie langsam Ihre Rippen einfallen

lassen und Ihre Bauchmuskeln einziehen, Ihr Zwerchfell straffen, bis Sie alle Luft herausgepresst haben.

1. Fahren Sie damit fort, wobei Sie von eins bis zehn zählen, eine Zahl beim Einatmen, eine beim Ausatmen. Denken Sie nur an die Zahl, und wenn sich andere Gedanken dazwischendrängen, halten Sie inne und beginnen von vorn. Probieren Sie das zwanzig Minuten lang.

Die Reinigung Ihres persönlichen Energiefelds erhöht Ihre Frequenz

Ihr Licht scheint durch ein Sieb, und Sie sind das Resultat davon, wie viel durchkommt. Stellen Sie sich vor, Sie wären umgeben von konzentrischen, sphärischen Schichten, wie eine Zwiebel. Die Schichten, die Ihnen am nächsten sind, enthalten physische, die Schichten darüber emotionale Informationen. Dann kommen Informationen über Ihre Gedankenmuster, und noch weiter entfernt liegen die Schichten, die Informationen über Ihre Seele und den Sinn Ihres Lebens enthalten. Dies sind gewissermaßen die Oktaven Ihres Gewahrseins. Auf der Ebene der Seele gibt es keine Angst und keine Blockaden – nur klares, mitfühlendes *diamantenes Licht*, eine Lichtqualität, die Meditierende häufig visualisieren, um das Gefühl reinen Gewahrseins zu erlangen. Aber in den physischen, emotionalen und mentalen Schichten werden Sie physische Fehlfunktionen finden, eingefrorene Gefühle und festgefahrene Vorstellungen, die auf frühere Erfahrungen zurückgehen, als Sie verwirrt waren und Angst hatten. Solche beschränkten Muster sind wie Schatten; sie sind unbewegliche Orte, an denen Sie Ihre eigene Wahrheit und Liebe nicht erfahren. Sie werden auch Löcher und Lücken finden, an denen Sie zersplittert sind oder etwas vermeiden, und auch das sind Blockaden.

Wenn du deinen Geist beruhigst, bietest du ihm keine Gedanken; und wenn du das tust, bietest du ihm keinen Widerstand; und wenn du keine widerstehenden Gedanken aktiviert hast, dann ist die Schwingung deines Wesens hoch und schnell und rein.

Abraham und Esther Hicks

Stellen Sie sich nun vor, dass Ihre Seele Weisheit, Intention und Energie durch die Oktaven hinunterprojiziert, um Ihr Leben, Ihren Körper und Ihre Persönlichkeit zu erschaffen. Aufgrund der vielen Schatten oder dichten Orte und der leeren Lücken im Feld dessen, was Sie sind, kommt nur ein Bruchteil Ihrer Gesamtheit durch, so, wie das Licht durch ein Sieb nur an den offen Stellen durchdringen kann. Überall da, wo ein Schatten oder eine Lücke in der höheren Dimension ist, gibt es eine entsprechende Kontraktion oder einen unbewussten Ort in Ihrem Körper und Ihrem Leben. Die Erinnerung an ein emotionales Trauma und der Glaube, der sich darum gebildet hat, werfen einen Schatten auf Ihren Körper und verursachen vielleicht chronische Schmerzen, Krankheit oder eine Verletzung an einer Stelle, die der ursprünglichen Wunde entspricht. Wenn jemand beispielsweise häufig geschlagen wurde, entweder in einem früheren Leben oder früh in seinem oder ihrem jetzigen Leben, bleibt die Erinnerung an den Schmerz, an die Prellungen oder die gebrochenen Knochen in seinem oder ihrem subtileren »Energiekörper«. Später kann diese beschränkte Energie oder dieser Schatten leicht zu chronischen Schmerzen führen, für die man dann keine Ursache finden kann und die an genau der Stelle auftauchen – zum Beispiel im Gesicht –, an der zuvor der Hass und die Wut so kraftvoll und schmerzhaft ausgeteilt wurden.

Wenn Sie solche festsitzenden Emotionen und Glaubenssätze durch Verständnis und Loslassen heilen, lösen sich die dunklen Flecken in Ihrem Feld auf, und jetzt kann mehr von dem diamantenen Licht Ihrer Seele hindurchfließen. Hier auf der Erde erhöht sich Ihre Frequenz, Sie werden weiser und liebevoller, Ihr Körper heilt, und Ihr Leben verbessert sich. Also einfach dadurch, dass Sie die Gefühle und Gedanken, die Ihre Seele blockieren – Ihre ungesunden Gefühlsgewohnheiten –, klären, verstärkt sich ganz natürlich Ihre persönliche Schwingung.

Einige der üblichen Blockierungen der Seele sind die ungesunden Gefühlsgewohnheiten, über die wir schon gesprochen haben: ein Opfer oder Beherrscher sein, Schuld projizieren, dickköpfig und eigenwillig sein, andere retten und selbst gerettet werden und die Wirklichkeit durch Ablenkungen, Verzögerungen und Aufschiebungen vermeiden. Dazu kommen noch: andere beneiden, angreifen/kämpfen, sich beschweren und negative (ich kann nicht, ich hasse) oder hässliche (Entwertung, Klatsch und Tratsch) Formulierungen benutzen und sich ausführlich die schlimmsten Szenarien vorstellen. Die buddhistische Nonne Pema Chödrön nennt solch reaktives Verhalten »verhakt sein, geködert sein«, wie ein Fisch, der an einem Köder angebissen hat.

Jedes Mal, wenn Sie einen dieser Haken oder Verhaltensweisen umkehren und durch eine gesunde Gefühlsgewohnheit ersetzen, jedes Mal, wenn Sie Widerstand aufgeben und einfach in dem *sind*, was ist, kann sich mehr diamantenes Licht Ihrer Seele mit Energie aufladen. Und jedes Mal offenbart dann die Gegenwart wichtiges Wissen, verstärkt sich Ihre mitfühlende Sichtweise, und das hilft Ihnen, zu wissen, was Sie als Nächstes zu tun haben. Wenn Sie etwas nicht mehr bezeichnen oder einer festen Vorstellung oder Definition Ihre Energie entziehen, lösen Sie einen weiteren Schatten auf, und mehr diamantenes Licht fließt in Ihr Leben. Das Gleiche trifft zu, wenn Sie sich zusammennehmen und gesunde Nahrung essen, überschüssiges Gewicht verlieren, aufhören zu rauchen oder Ihren Körper mit Drogen oder anderen Abhängigkeiten zu verunreinigen.

Eine andere Kategorie von Seelenblockierungen hat etwas zu tun mit Vorstellungen, Glaubenssätzen und Weltanschauungen, die Sie unbewusst angenommen haben, um in Ihren ersten Jahren überleben zu können. Sie mögen etwas gemein haben mit dem, wer Sie wirklich sind und warum Sie hier sind, was Sie hier zu tun haben. Diese Überlagerungen ereigneten sich damals in Ihrer »sonaren« Periode, als Sie sich unbewusst an die Glaubensstrukturen und Körperhaltungen Ihrer Eltern angepasst haben. Ihre Überlagerung mag Ihnen sagen, dass Sie höflich und demütig sein müssen, wenn Sie eigentlich bereit sind, ein furchtloser Journalist zu werden. Diese Vorstellungen sind wie nasse Laken, die schwer auf Ihnen lasten und Sie veranlassen, etwas zu tun, aus dem Sie bereits herausgewachsen sind. Sie denken fälschlicherweise, dass diese Vorstellungen zu Ihnen gehören, und sollten sich vielleicht vorstellen, sie den Leuten zurückzugeben, von denen Sie sie ausgeliehen hatten. Oder Sie stellen sich vor, wie sie Ihr Energiefeld verlassen wie Schmelzwasser oder Wasserdampf. Sie können diese ererbten Vorstellungen erkennen, weil ihnen das Wort »sollte« vorangeht, oder aber Sie hören das Echo der Stimme eines anderen, wenn Sie sie aufsagen.

Deine Vergangenheit ist nicht dein Potenzial. Zu jeder Stunde kannst du dich dazu entschließen, die Zukunft zu befreien (...) Letztendlich wissen wir tief in uns, dass die andere Seite jeder Angst die Freiheit ist.

Marilyn Ferguson

Praktische Übung

Die Überlagerungen anderer Menschen wegräumen

- Erstellen Sie eine Liste von den Sitten und Werten, nach denen Sie leben, einschließlich der negativen, die Sie verteidigen. Welche stammen von Ihrer Mutter? Welche von Ihrem Vater? Sind einige der Ideen, die Sie fühlen, veraltet oder passen nicht wirklich zu Ihnen? Wenn dem so ist, dann geben Sie sie demjenigen zurück, von dem Sie sie bekommen haben, oder lassen Sie sie sich auflösen.
- Erstellen Sie eine Liste Ihrer Gewohnheiten und Glaubenssätze in Bezug auf Geld, Arbeit, Beziehungen, Elternschaft, Gesundheit, Altern, Religion, Politik und Tod. Woher haben Sie diese Vorstellungen? Brauchen Sie sie? Versuchen Sie, eine nach der anderen aufzugeben. Wie wäre es, wenn Sie zuließen, dass Sie die verschiedenen Gebiete spontan lehrten, wie Sie zu sein und was Sie zu tun haben, anstatt feste Regeln und Vorstellungen davon zu haben? Wie könnte sich dadurch jedes einzelne Gebiet ausdehnen oder verändern?

Wenn Sie in Gewohnheiten feststecken, die förderlich sind für Unwissenheit, Mangel, Hilflosigkeit, Geistesabwesenheit, Klagen und Mangel an Selbstwertgefühl, dann gibt es nur eines, was diese Art von Lücken ausfüllen kann, und das ist *Gegenwärtigkeit*, die Qualität von allgegenwärtiger, liebevoller Freundlichkeit, die allem zugrunde liegt. Zentrieren Sie sich, erfüllen Sie sich mit Gegenwärtigkeit, und Sie werden die »Geistesgegenwart« haben, Ihren ungesunden Gefühlsgewohnheiten entgegenzuwirken. Wenn Sie sich »Ich weiß nicht« sagen hören, dann versuchen Sie stattdessen zu sagen: »Was weiß ich bereits darüber?« Wenn Sie sich zu Ihrem Freund sagen hören: »Ich kann nicht gut tanzen«, dann können Sie sich ja einmal mit dem Gedanken anfreunden, dass Sie in der Lage sind, sich auf interessante, einzigartige oder kreative Art zu bewegen. Wie wäre es, wenn Sie *Ihre Version* davon hätten, was es heißt, als Teil Ihres Lebens tanzen zu können? Wenn Sie hören, wie Sie wieder mal Ihre Litanei aufsagen, dass Sie nicht genug Geld haben, dann sagen Sie zu sich selbst: »Hör auf! Ich habe genug, um am Leben zu bleiben und auf einem bestimmten Niveau zu leben. Es geht mir gut. Ich kann meine Umstände verändern, wenn es mir interessant genug erscheint, das zu tun. Bin ich jetzt daran interessiert? Was würde ich jetzt gern erschaffen?« Sie sind der Autor Ihrer eigenen Geschichte. Ihnen wurde auf mysteriöse Weise das *unglaubliche* Geschenk des Lebens gegeben, und zugleich haben Sie den freien Willen, Ihre Einstellung, Ihre Stimmung und das Niveau Ihrer Aktivität selbst zu bestimmen. Es gibt keine Kraft oder Begründung in der Welt, die stark genug wäre, Sie davon abzuhalten, vollkommen Sie selbst zu sein, wenn Sie das wollen.

Man kann einen Fluss nicht antreiben. Gehst du dorthin, dann gehst du im Tempo des Wassers, und dieses Tempo verbindet dich mit einem Fließen, das älter ist als das Leben auf diesem Planeten. Das Akzeptieren dieses Tempos, wenn auch nur für einen Tag, verändert uns, erinnert uns an andere Rhythmen jenseits des Klanges unseres eigenen Herzschlags.

Jeff Rennicke

Kurz zusammengefasst …

Steckt man in Negativität fest, gibt es dafür vier Ursachen: niedrige persönliche Schwingung, unangemessene Verwendung der Willenskraft, keine harmonische Zusammenarbeit mit Wellen und Zyklen und nicht in jedem Moment vollkommen gegenwärtig und gewahr zu sein. Ihre persönliche

Schwingung wird langsamer, wenn Sie auf Angst stoßen und versuchen, ihr mit ungesunden Gefühlsgewohnheiten zu begegnen – mit den Kampf-oder-Flucht-Methoden. Sie können leicht stecken bleiben, wenn Ihre persönliche Schwingung langsamer wird, denn niedrige Frequenzen verursachen weitere negative Erfahrungen. Versuchen Sie, eine Welle anzuhalten oder sie zu zwingen, sich so zu bewegen, wie es Ihre Willenskraft befiehlt, verursachen Sie damit Nachwirkungen und Verzerrungen im Fluss Ihres Lebens. Wenn Sie versuchen, aus Ihrer Erfahrung auszusteigen oder sich auf Leere oder negative Realitäten zu konzentrieren, wird dieser Mangel an Gegenwärtigkeit Verzerrungen und Schwierigkeiten verursachen.

Die rechte Anwendung Ihrer Willenskraft besteht nicht darin, etwas zu erzwingen oder Widerstand zu leisten, sondern: (1) sich für eine höhere Schwingung zu entscheiden, (2) sich dafür zu entscheiden, sich der Wellenbewegung, in der Sie sich befinden, anzupassen und »mitzufließen«, und (3) sich dafür zu entscheiden, »mit« dem zu sein, was auch immer im gegenwärtigen Augenblick geschieht – in jeder Situation mehr Gegenwärtigkeit aufzubringen, damit sich die Weisheit Ihrer Seele offenbaren kann. Wenn Sie Gedanken auflösen, die Ihre Seele blockieren, sowie die ererbten Überlagerungen, die nicht mehr angemessen sind für Sie, wie Sie jetzt sind, erschaffen Sie mehr klaren Raum für Ihr eigenes diamantenes Licht, das dann in Ihren Körper und in Ihr Leben strömen kann. Dazu bedarf es keiner Gewalt – Ihre Frequenz steigt ganz natürlich, wenn Sie sie sich selbst überlassen. Heutzutage ist es einfacher, sich von Negativitäten zu befreien, weil die sich beschleunigende Frequenz Ihres Körpers und der Erde es schwieriger machen, längere Zeit stecken zu bleiben, und das Klären von Ängsten findet viel unmittelbarer statt.

Die Botschaft der Eigenfrequenz

Wie ich im einführenden Kapitel *An die Leserinnen und Leser* erkläre, habe ich diese inspirierten Textbotschaften am Ende eines jeden Kapitels hinzugefügt, damit Sie von Ihrem normalen, schnell lesenden Geist umwechseln können zu einer tieferen Art unmittelbarer Erfahrung. Mithilfe dieser Botschaften können Sie Ihre persönliche Schwingung willentlich verändern.

Die folgende Botschaft ist dazu gedacht, Sie in eine Art von Welterkenntnis zu befördern, die dem sehr nahe kommt, wie Sie das Leben im Intuitionszeitalter erleben werden. Um in die *Botschaft der Eigenfrequenz* hineinzukommen, schalten Sie einfach herunter auf eine langsame, weniger gehetzte Geschwindigkeit. Atmen Sie langsam und tief ein, dann aus, und seien Sie so ruhig und still wie möglich. Lassen Sie Ihren Geist weich und empfänglich sein. Öffnen Sie Ihre Intuition, und bereiten Sie sich darauf vor, sich in die Sprache einzufühlen. Achten Sie darauf, ob Sie die tieferen Wirklichkeiten und Gefühlszustände erfahren, die lebendig werden, *während Sie lesen.*

Ihre Erfahrung kann eine umso größere Dimension annehmen, je mehr Sie Ihre ganze Aufmerksamkeit auf die Worte richten. Konzentrieren Sie sich jeweils nur auf einige Worte zugleich, machen Sie eine Pause bei den Satzzeichen, und verweilen Sie bei der Intelligenz, die diese Botschaft verkündet, live im Hier und Jetzt – für Sie. Sie können die Worte laut aussprechen oder die Augen schließen und jemand anderen laut vorlesen lassen. Achten Sie darauf, welche Wirkung die Worte auf Sie haben.

Stellen Sie sich vor, Sie sehen sich als Licht und Energie. Ein Teil von Ihnen, wo Sie um die vielen Formen der Liebe wissen und sie praktizieren, glitzert mit der klaren Transparenz des Diamanten. Andere Teile, wo Sie sich an Angst und die Vergangenheit klammern, wo Sie nicht ein wahres Selbst erfahren, scheinen wolkig, neblig, dicht und undurchsichtig. An diesen eingeengten Orten leben die schattengleichen Gedankenformen, hier verfängt sich die frei fließende Energie des einheitlichen Feldes des Universums in Drecklöchern und Strudeln, und das färbt Ihre Erfahrung von sich selbst und von jedem anderen Selbst, weil Sie durch diesen schmutzigen Filter hinausschauen müssen. Wenn Sie durch eine verdunkelte Linse schauen, erfahren Sie Schmerz, Begrenzung, Mangel und negative Emotionen, und Sie können leicht auf den Gedanken kommen, die Schatten befänden sich in den anderen.

Die gute Nachricht jedoch ist, dass Sie sich in einem Prozess befinden, durch den Sie vollkommen durchscheinend werden. Durchscheinend zu sein bedeutet, nichts für sich zu behalten, alles Ego loszulassen, weich und anpassungsfähig zu sein, porös und durchlässig. Es bedeutet, ohne die Notwendigkeit für eine festgelegte Identität oder Historie zu leben, ohne Beschränkung, ohne Glaubenssätze, ohne Angst oder rückschrittliches Verhalten. Wenn Sie loslassen und Vertrauen oder Glauben erfahren, dann werden Sie durchscheinender. Wenn Sie aufhören, defensiv, selbstgerecht, aggressiv, starrsinnig oder konkurrierend zu sein, hat Ihr diamantenes Licht eine größere Chance, aus Ihnen heraus zu scheinen. Jedes Mal, wenn Sie sich flexibel und fließend sein lassen und ganz und gar im gegenwärtigen Moment, ohne Erwartungen oder Projektionen in die Zukunft oder Vergangenheit, erweitern Sie Ihre Fähigkeit, alles zu empfangen.

Es gibt gewaltige Energie und Bewusstsein – jenseits von allem, was Sie jetzt in Erwägung ziehen könnten –, die frei in dem Feld umhertreibt. Wenn Sie sich an kleingeistige Ideen halten oder sich aus Zweifel und Negativität im Angesicht erweiterten Selbst-Gewahrseins und eines erweiterten Ausdrucks Ihres Selbst zusammenziehen, dann kann die Energie nicht durch Sie hindurchfließen. Wenn sie nicht durch Sie hindurchfließt, können Sie nicht wissen, was sie weiß. Sie kann Ihnen nicht helfen, Sie zu lehren. Sie kann Ihnen nicht helfen, kreativ zu sein. Intensiviert sich die Energie in einem Feld – das Feld der Erde erlebt das gerade –, dann werden auch Sie, als Teil des Feldes, intensiver. Wenn Sie festhalten oder zurückhalten oder aushalten und Widerstand leisten, dann blockiert Ihre Eintrübung die Wellen, und Sie fangen schon bald an, sich zu schütteln – wie ein Hund, der nach dem Schwimmen das Wasser abschüttelt –, damit Sie die feststeckende, trübe Energie in Bewegung bringen und Ihre Energiebahnen freispülen können und zu einer komfortablen, harmonischen Einstimmung in das Feld, in dem Sie leben, überwechseln können.

Dort, wo Sie immer noch Negativität und Kontraktion – oder Eintrübung – festhalten, erleben Sie Leiden und Verstimmung. Je durchscheinender Sie sich sein lassen, umso weniger Störungen erleben Sie. Wenn eine intensive Energie durch einen durchscheinenden Menschen fließt, erzeugt sie ein Gefühl von gesteigerter Göttlichkeit, Enthusiasmus und Licht. Richten Sie Ihre Aufmerksamkeit auf das Bild des diamantenen Lichtes, und spüren Sie diese glänzende Klarheit in sich und um sich herum; stellen Sie sich vor, sie dehnt sich unendlich aus. Das diamantene Licht mit seiner inhärenten liebenden Weisheit erfüllt jedes Teilchen, jede Welle und jedes Wesen; Leere ist eine Illusion; stimmen Sie sich ein auf den kristallklaren Ton der Transparenz, der durch alle Zeiten und Räume hindurchtönt, werden Sie zu seiner intensiven Reinheit. Bringen Sie sie überall in Ihr Inneres hinein. Lassen Sie sie in dieser Ehrfurcht gebietenden Gegenwart die Schatten absorbieren und wegschmelzen. Vollkommene Klarheit kommt mit vollkommenem Loslassen und vollkommenem Akzeptieren von allem, was ist.

5
Spüren Sie Ihre Eigenfrequenz

Mit meinem Arm als Kissen
mag ich mich wirklich
unter dem diesigen Mond.

Yosa Buson

Lisa, die sich gerade von einer Krebsbehandlung erholte, erzählte mir, dass sie im Bett lag und las und merkte, wie ihr Körper vibrierte, nicht wegen des aufreibenden Angstgefühls oder wegen eines elektrischen Schwirrens, das sie während ihres Heilungsprozesses häufig heimsuchte, sondern aufgrund von Seligkeit. Ihr Körper war glückselig! Ohne Grund; er war es einfach. Sie lenkte ihre Aufmerksamkeit hinunter in diesen einzigartigen Gefühlszustand, verschmolz mit der weichen, glücklichen Energie und erfreute sich einfach daran, was ihr Körper ganz von alleine tat. »Was für eine starke Heilkraft das doch ist«, dachte sie. »Wie können Krebs, eine Nebenhöhlenentzündung oder auch nur ein blauer Fleck in einer Wirklichkeit existieren, die so ehrfurchtgebietend ist? Wenn mein Körper weiß, wie er das machen kann, wie bin ich dann überhaupt krank geworden?« Sie entdeckte in jener Nacht, dass sie ihre eigene Energie liebte, dass es da etwas so Schönes und so Nährendes an der »realen Lisa« gab – sie wollte sich einfach nur an sich selbst wärmen, für immer ihre eigene Essenz spüren. In jener Nacht, sagte sie, blieb sie stundenlang wach und verwöhnte sich damit, die Kommunion ihres Körpers mit und in sich selbst zu fühlen. Sie sagte, dieser Zustand sei so denkwürdig gewesen, dass sie ihn jederzeit neu erzeugen kann, wenn sie nur an ihn denkt.

Sie haben auch eine so erstaunliche Schwingung in sich, eine Resonanz, die die Liebe, Wahrheit, Fülle und Freude Ihrer Seele vermittelt. Sie sprudelt von Ihren winzigen »Quantumentitäten« hoch, die sich wellenförmig aus Ihren Zellen und Ihrem Gewebe heraus und durch sie hindurchbewegen und den Raum um Sie herum anfüllen. Das ist immer da und bleibt verlässlich gleichmäßig. Das ist Ihre *Eigenfrequenz*, die Schwingung Ihrer Seele, wie sie sich durch Ihren Körper zum Ausdruck bringt. Ich nenne es Eigenfrequenz, weil es etwas Ihnen Eigenes vermittelt, das Himmel und Erde so nahe wie nur möglich kommt. Ihre Eigenfrequenz ist wie ein Kompass. Wenn Sie Ihre schwankende, tägliche *persönliche Schwingung* in Einklang bringen mit dieser essenziellen, natürlichen hochfrequenten Energie, dann stabilisiert sich Ihr Leben und entfaltet sich mit Glück, Sinn und Freude.

Wenn Sie in Ihrer Eigenfrequenz ruhen, wie es Lisa tat, fühlen Sie sich so fantastisch, Sie lieben sich und das Leben so sehr, dass Sie sich wundern, wie Sie je anders haben leben können. Die Ideen und Antworten, die aus Ihrer Eigenfrequenz herauskommen, sind einfach immer richtig und förderlich für den Ausdruck Ihrer Seele. Es ist tatsächlich ein wenig schockierend, dass es Ihnen möglich war, Ihre Eigenfrequenz im weltlichen Getümmel zu verlieren, aber wir machen das regelmäßig. Manchmal, wie bei Lisa, setzt sich Ihre Eigenfrequenz spontan durch, aber häufiger müssen Sie nach ihr suchen, sie einladen und mit ihr verschmelzen. Lernen, Ihre Eigenfrequenz zu finden, sich in sie hinein zu entspannen und zu teilen, das ist der Schlüssel für die Transformation Ihres Lebens und für den Eintritt in das Zeitalter der Intuition.

Beginne, dich selbst als eine Seele mit einem Körper zu sehen, anstatt als Körper mit einer Seele.

Wayne Dyer

Sie haben einen magischen Wendepunkt erreicht

Sie haben Ihre ungesunden Gefühlsgewohnheiten geklärt und gelernt, die Frequenz Ihrer persönlichen Schwingung zu erhöhen. Wenn Sie nun den Höhepunkt dieser Reinigungsphase des Transformationsprozesses erreichen, kann das Leben intensiv und chaotisch werden und manchmal sogar hoffnungslos aussehen. Das Alte funktioniert nicht mehr. Vielleicht haben Sie das Gefühl, sich selbst aufzuopfern, fantasielos zu sein und unfähig, vorwärtszugehen. Sie haben Ihren Schwerpunkt gerade genug von Angst auf Liebe verlagert, sodass Ihre alte Welt destabilisiert ist und die neue Realität Ihrer Seele durchzubrechen beginnt. An diesem Punkt mag Ihr Leben vielleicht nicht richtig funktionieren, und Sie müssen Ziele, Besitztümer, Menschen oder Teile Ihres Lebensstils aufgeben. Sie verlieren möglicherweise ganze Aspekte Ihrer Identität, Motivation und Richtung sowie Ihrer komfortablen Gewohnheiten. Es ist wichtig, nicht wieder zurückzufallen in Kampf-oder-Flucht-Reaktionen. In Wirklichkeit sagt Ihre Seele nämlich: »Du bist nicht mehr dieses alte, eingeschränkte Selbst. Es ist an der Zeit, dass du entdeckst, wer du wirklich bist und was du tun kannst.« Dies ist der Punkt, an dem Phönix sich selbst in Brand setzt und auf mysteriöse Weise zu Gold wird. Jetzt stehen Sie unmittelbar vor der Entscheidung, wer Sie wirklich sein wollen.

Fürchten Sie sich nicht vor befremdeten Gefühlen.
Die Zukunft tritt in uns ein, lange bevor sie geschieht.
Warten Sie in tiefer Demut und Geduld die Stunde der
Niederkunft einer neuen Klarheit ab.

Rainer Maria Rilke[6]

Wie finden Sie Ihre neue Identität? Sollen Sie wie Ihr Lieblingsheld oder Ihre Lieblingsheldin sein? Keine Sorge – Sie brauchen niemanden nachzuahmen, denn Ihre neue Identität wird Ihre ganz eigene sein, und sie wird vollkommen zu Ihnen passen. Aber Sie werden sie nicht außerhalb von sich finden. Die Antwort ist eingebettet in Ihre Eigenfrequenz, und wenn Sie in Ihrer Eigenfrequenz leben, wird sich Ihre neue Identität wie ein neues Blatt entfalten. Während Ihre äußere Welt aufgebrochen und zerbröckelt ist, haben Sie sich innerlich wieder neu aufgebaut und erneuert. Ihre unsichtbare innere Infrastruktur ist beinahe vollständig. Der magische Wendepunkt im Transformationsprozess geschieht, wenn Sie aufhören, Ihre Aufmerksamkeit auf die äußere Welt mit all ihrer hektischen Geschäftigkeit und ihrem Durcheinander zu richten, und Ihre volle Aufmerksamkeit darauf umlenken, wie Ihre Seele alles neu erschaffen mag. Die Herausforderung besteht hier darin, dass es von Ihrem Standpunkt *innerhalb* der hektischen Geschäftigkeit so aussieht, als würden Sie auf-

---

6 Rainer Maria Rilke, *Briefe an einen jungen Dichter*. Brief vom 16. Juli 1903. (Anm. des Übersetzers)

hören oder loslassen, alles verlieren, in eine Leere fallen und möglicherweise sogar versagen und sterben. Das ist natürlich die verrückte und verzweifelte Sicht des Egos, nicht die der Seele. Wenn es so aussieht, als würden Sie der Leere gegenüberstehen, sind Sie in Wirklichkeit kurz davor, sich in einer neuen und besseren Weise wiederzufinden.

Es ist an der Zeit, sich zu entspannen und loszulassen

Das Leben gibt Ihnen aus Mitgefühl ein Bindeglied, eine Phase zwischen dem Alten und dem Neuen. Wie ein Schiff, das durch den Panamakanal fährt, werden auch Sie durch die »Schleusen« des Bewusstseins gehen und allmählich von einem niedrigeren zu einem höheren Niveau steigen. Um diese Periode zu erleben, müssen Sie nichts anderes tun, als sich zu entspannen. Sie müssen nicht alles darüber wissen, wie Ihre Zukunft aussehen oder wie Ihre Transformation vor sich gehen wird. Sie können ausatmen, sich weniger mit äußeren Dingen beschäftigen und aufhören, Druck auszuüben. Sie sind den anderen keine Beschreibung Ihrer Vorlieben und Abneigungen, Ihrer Erfolge und Misserfolge oder Ihrer Zukunftspläne schuldig. Sie können wie Ihr Hund oder Ihre Katze sein: vollkommen real, vollkommen glücklich und vollkommen unbestimmt. Sie sind eine mysteriöse Kraft, die aus zwei schönen, flüssigen Augen hervorspäht und aus einem glücklich schwingenden Körper heraus strahlt. Sie können Sie selbst sein, ohne ein Ego aufrechtzuerhalten. Sie werden nicht einfach – husch – verschwinden, wenn Sie loslassen.

Gewiss werden Sie Augenblicke erleben, in denen ein Ende droht, Ihr Ego wird überstürzt alle möglichen Tricks anwenden, um an der Macht zu bleiben. Die Vorstellung, innezuhalten und für eine kurze Zeit »die Felder brachliegen zu lassen«, wird Geschrei hervorrufen: »Aber ich *kann nicht* aufhören! Wenn ich X nicht mache, werde ich allein sein« oder: »Ich muss noch Rechnungen bezahlen, und die Leute sind von mir abhängig« oder: »Ich werde ins kalte Wasser stürzen und untergehen«. Ihr Ego wird Sie davon überzeugen, zu einer alten Aufgabe oder Tätigkeit zurückzukehren, aus der Sie herausgewachsen sind, einfach nur, damit Sie sich sicher fühlen oder damit Sie die neue Identität eines strampelnden Opfers annehmen, das außer Kontrolle ist. Ihr Ego wird das Loslassen immer wie eine Schwarz-Weiß-Situation aussehen lassen, in der es bei beiden Möglichkeiten nur um Leiden geht: »Entweder opfere ich mich, indem ich etwas mache, das nicht mehr richtig ist für mich, oder ich opfere alles, was ich habe, indem ich in die Leere falle.«

Beim Loslassen geht es einfach um die Rückkehr zum Sein. Richtig gemacht, geht es um Zentrierung.

Beim Loslassen geht es weder um Opfern noch erzeugt es faule Untätigkeit; es ist einfach nur eine Rückkehr zum Sein. Es ist ein Umschalten von einer selbstbewussten Konzentration auf Handlungen und Resultate in einen weicheren, intuitiven Zustand, in dem Sie »mit etwas« sein werden. Sie werden bemerken und wertschätzen, was im Moment mit Ihnen ist. Es geht darum, vom Lärm zur Stille zu gelangen. Wenn man es richtig anstellt, geht es beim Loslassen um Zentrierung, und es führt immer zu Ihrer Eigenfrequenz.

Aufhören und Loslassen bedeuten nicht Verlieren

Wenn Sie in die Ruhe- und Reifephase zwischen Alt und Neu kommen, müssen Sie nicht ganz und gar mit allem aufhören, und es muss auch nicht lange dauern. Sie müssen allerdings die Reinheit dieser Pause erfahren – und das kann innerhalb weniger Momente, in einem Tag oder in einer Woche geschehen. Ihre Seele muss einfach die Gelegenheit haben, in einen reinen Ort hinein aufzutauchen und Ihr Leben so zu durchtränken, dass Sie es auch wirklich fühlen können. Es funktioniert nicht, stehen zu bleiben und ungeduldig zu sagen: »Wie lange wird das dauern?«

Margaret entwickelte vor Kurzem eine Krankheit, die sorgfältig behandelt werden muss; ihre Eltern waren gerade gestorben und hatten sie mit der Verantwortung für die Besitzungen zurückgelassen; die Beziehung mit ihrem Mann war einem Schweigen gewichen; sie hatte ihre Kunst aufgegeben, weil sie keinen Ort mehr hatte, an dem sie malen konnte; und ihre Versuche auf dem Gebiet der Heilkunst hatten nicht viele Klienten gebracht. Sie hat das Gefühl festzustecken und ist deprimiert. Sie möchte etwas verändern, weiß aber nicht, wo sie anfangen soll. Ihr Haus ist mit wunderbarer Kunst angefüllt, mit Volkskunst und einzigartigen Sammlerstücken. Das alles ist jedoch so viel, dass es schwierig ist, alles zu pflegen, die Sammlungen verstauben. Ihr Grundstück ist ungepflegt, es herrscht eine Rattenplage. Die Nachbarn haben den Zaun zu ihrem Grundstück umgestoßen und machen keine Anstalten, ihn wieder instand zu setzen. Das Leben ist verwirrend, denn ihr Ego versucht, zu vermeiden, loszulassen und sich einer unterbewussten Angst zu stellen. In der Komplexität ihres Lebens hat sie ihre Eigenfrequenz vergessen. Wenn Sie sich übervoll und unordentlich fühlen, liegt das häufig daran, dass Sie nicht vollkommen »in« sich selbst sind, und andere Leute dringen dann in Ihren Raum ein bei dem Versuch, »Sie zu finden«.

Ich schlug vor, dass sich Margaret zunächst dadurch entlastete, dass sie ihren inneren Dialog anhielt, bei dem es immer wieder um Variationen dieser Themen ging: Ich kann nicht, ich habe nicht und ich sollte. In der Stille konnte sie dann zu ihrem großzügigen, humorvollen, kreativen Selbst zurückkehren, konnte Raum schaffen, sehen, was von einem angenehmeren Ort aufstieg, und für eine Weile nur solche Sachen machen. Sie konnte sich tatsächlich vorstellen, sie sei eine eingedrückte Schaumstoffmatratze, die langsam wieder in ihre ursprüngliche Form zurückkehrte. Ich schlug ihr außerdem vor, ein Zimmer komplett auszuräumen und in der Weite der leeren Wände zu verweilen. So sollte sie feststellen, welche Gefühle und unterbewussten Themen auftauchten, um dann zu entscheiden, welche Objekte wieder zurück ins Zimmer gehen wollten. »Aber ich habe keinen Platz, wo ich die Sachen hinräumen kann, denn die Garage ist voll mit Kartons.« Unsere Unterhaltung endete damit, dass sie nicht wirklich verstand, wovon ich gesprochen hatte, da es unmittelbar nichts mit ihren konkreten Problemen zu tun hatte.

Sie rief mich einige Tage später an, um zu sagen, dass sie Angst hatte und nicht schlafen konnte. Es zeigte sich, dass ihr Ego meine früheren Vorschläge in »Du-sollst-Aufträge« verwandelt hatte und ihr das Gefühl vermittelte, etwas stimme nicht mit ihr. Sie hatte »gehört«, dass ich die Vorstellung negiert hatte, dass sie eigentlich eine *Heilerin* und keine Künstlerin sein wolle. Das hatte sie sich zu Herzen genommen, nachdem andere Berater ihr gesagt hatten, dass sie zur Heilerin »bestimmt« sei. Sie hatte ganz bestimmte Vorstellungen davon, wie es auszusehen hatte, wenn man eine Heilerin war, und das basierte auf anderen Heilerinnen, die sie aufgesucht hatte. Hier war also ein Problem, dessen Bedeutung durch die anderen Schwierigkeiten, die sie beschrieben hatte, verdeckt geblieben war. Und diesem Problem, eine Heilerin sein zu wollen, lag das wirkliche Problem zugrunde: Margaret gestand sich nicht das Recht zu, das zu tun, was sie wollte. Sie hatte nach den Urteilen und dem Beispiel anderer Leute gelebt, hatte sich um andere gekümmert und war selbstlos gewesen, anstatt »selbstsüchtig« ihre Originalität zu zelebrieren. Sie fühlte sich benachteiligt und aufopfernd und schwebte am Abgrund einer Urangst vor Vernichtung in dem Fall, dass sie aufhörte, die anderen an erste Stelle zu setzen.

Ich schlug ihr noch einmal vor, die Vorstellungen davon, wie ihr Leben aussehen *sollte*, aufzugeben und zurückzukehren zum »Einfach-nur-Sein« und von da aus spontan zu handeln und sich das Recht zu geben, ihrer frischen Neugier und ihren Wünschen einem nach dem anderen zu folgen. Dann würde ihre *eigene* Art, eine Heilerin zu sein, entstehen, wenn sie es wollte, und diese Art kann in Kunst, Lehre und Musik begründet sein, in den Dingen also, an denen sie schon immer Interesse hatte. Aber zuerst musste sie ihre alten Muster aufgeben und zu ihrer Eigenfrequenz zurückkehren.

Wenn ich aus dem Herzen heraus kreativ bin, dann geht
fast alles; vom Kopf heraus geht so gut wie nichts.

Marc Chagall

Es ist schwer zu begreifen, aber es kann mitten in Ihrem Bemühen um Handlungen und Resultate einen Durchbruch geben, bei dem es um das Sein geht. Lösungen sehen so aus, als müssten sie mit mehr Tun und Haben zu tun haben: Wenn ich nur andere Nachbarn *hätte*. Wenn ich nur mehr Geld *verdienen* könnte. Wenn ich nur mehr Patienten zu heilen *bekäme*. Das Ego will einen voll ausgearbeiteten, strategischen Plan in zehn klar definierten Schritten, die in einer Woche umsetzbar sind. Doch wenn wir das Ego nicht auf »Pause« stellen, kann die Magie der Seele nicht geschehen. Ihre Eigenfrequenz wird auftauchen, sobald Sie aufhören, Ihre Aufmerksamkeit darauf zu lenken, was nicht in Harmonie schwingt mit Ihrem am meisten kindhaften, freudvollen und neugierigen Selbst. Sie fangen an, das zu spüren, sobald Sie Ihre Gedanken auf die Qualitäten der Seele richten. Es wartet auf Sie, sobald Sie innehalten. Es ist in der Stille, und es trifft Sie auf halber Strecke, wenn Sie darauf zugehen.

Wann und wie man zu seiner Eigenschwingung kommt

Wenn Sie Ihre Eigenfrequenz finden, ist das wirklich ein wichtiger Wendepunkt in Ihrem Transformationsprozess. Es ist eines der am besten gehüteten Geheimnisse im Leben: Wenn Sie denken, Sie fallen in die Leere, dann kehren Sie in Wirklichkeit zu sich selbst zurück. Das, was Ihrer Ansicht nach leer sein wird, ist tatsächlich voll. Wenn Sie mit dem Alten aufhören, beginnt sofort das Neue. Wenn Panik und Komplexität ihren Höhepunkt erreichen, sobald Sie mithilfe Ihrer Willenskraft versuchen, sich selbst und Ihr Leben zu beherrschen, dann müssen einige Dinge geschehen:

1. Drücken Sie auf die Pausetaste, und halten Sie Ihren inneren Dialog an. Gehen Sie vom mentalen Zustand des »Ich-habe-ein-Problem« dazu über, auch die allerkleinste Freude in sich zu spüren.
2. Dringen Sie tiefer in Ihren Körper ein, beruhigen Sie sich, hören Sie auf die Stille, breiten Sie Ihre Energie aus, und nehmen Sie mehr Raum ein. Sie sind zu Hause.
3. Konzentrieren Sie sich auf die Qualitäten der Seele wie Heiterkeit, Aufrichtigkeit, Arglosigkeit oder spielerische Kreativität. Halten Sie Ausschau nach Ihrer innersten Schwingung, und spüren Sie sie – Ihre Eigenfrequenz –, die existierte, seit Sie ein strahlendes Baby waren. Denken Sie an das *Du*, das Sie lieben, die Art, wie Sie sich fühlen, wenn Sie liebevoll, glücklich und großzügig sind.

Versinken Sie in dem Genuss Ihres eigenen Seins. Lassen Sie Ihre Eigenfrequenz jeden einzelnen Teil Ihres Körpers, Ihrer Emotionen und Ihres Verstands durchtränken.

4. Haben Sie sich einmal mit Ihrer Eigenfrequenz angefüllt, stellen Sie sie sich als einen Ton vor und sehen vor Ihrem geistigen Auge, wie Sie »Ihre eigene Stimmgabel anschlagen« und das Kräuseln Ihrer Eigenfrequenz durch sich strahlen lassen und heraus durch das Feld um sich herum. Geben Sie der Welt aus freien Stücken.
5. Stellen Sie sich vor, Ihre Eigenfrequenz programmiert und trainiert Ihre Zellen neu, während Sie die Erfahrung davon genießen. Taucht etwas Frisches und Authentisches aus Ihrem ruhigen, offenen Raum auf, wird es zu Ihrer Eigenfrequenz passen. Ob es sich nun um eine Emotion handelt, die zu Ihren tieferen Problemen passt, um eine Kuriosität, Idee, Gelegenheit oder Person – folgen Sie Ihrem Drang und beschäftigen Sie sich vollkommen damit.

In Margarets Fall kann eine Zentrierung in ihrer Eigenfrequenz leicht Lösungen für ihre weltlichen Belange bringen. Aber dies ist nicht einfach nur wieder eine gewöhnliche Phase von Stagnation. Dies ist die Gelegenheit, loszulassen und wiedergeboren zu werden. Sie befindet sich genau in der Mitte einer Transformation von einer alten Realität und Identität in ein grenzenloses neues Leben. Das trifft auch auf Sie zu, denn *dies ist die Zeit für Transformation auf der Erde.* Jetzt ist es möglich, alle uns einschränkenden Gewohnheiten aus dem Weg zu räumen. Wenn Sie einmal diese Krisenzeit eine Gelegenheit für eine dauerhafte Verbesserung sein lassen, fehlt nur noch die Vorstellung davon, was möglich sein könnte und wofür wir uns entscheiden.

Manchmal müssen Sie immer wieder und wieder Platz schaffen

Manchmal – vielleicht weil wir uns starrsinnig mit Opfern und Leiden identifizieren – muss die frühere Abfolge von Handlungen mehrere Male wiederholt werden, ehe sich Ihre auf der Seele basierende neue Realität etabliert. Ich ließ einmal mein Horoskop von einem hervorragenden Astrologen deuten, der einige genaue und verbindliche Aussagen über meine Zukunft machte. Dazu zählten: »Ihre Mutter wird in diesem Herbst sterben« und: »Sie werden nie heiraten und wenn, dann wird die Ehe unglücklich sein«. Ich war schockiert, ging nach Hause und war so verstimmt, dass ich schließlich weinte. Ich beschloss zu meditieren, um mich zu beruhigen, und in der Meditation hatte ich eine Vision. Ich sah die bestürzende Zukunft, die er entworfen hatte, vor mir in der Ferne ausgebreitet. Sie tauchte aus mir auf wie ein kreuzgeripptes Gitter sanft wogender grüner Neonlinien in einem schwarzen Raum, so wie Computergrafiken oft dargestellt werden, wobei die negativen Ereignisse an verschiedenen Knotenpunkten glühten. Ich erkannte, dass ich einfach durch meine Kontemplation Energie auf diese Vision verwandte, etwas ihrer Lebenskraft hinzufügte und damit behilflich war, dass sie sich verwirklichen würde. Was für eine Zeitverschwendung!

In dem Moment drehte sich das gesamte Gitter aus Linien, meine potenzielle Zukunft, um einen halben Grad – und verschwand vollständig! Jetzt war da nur noch ein samtener schwarzer Raum, der sich unendlich ausdehnte und mich stützte. Ich war vollkommen still und ruhig. Dann drehte ich mich einen halben Grad zurück, und die Linien mit ihrem negativen Potenzial erschienen wieder. Ich drehte mich wieder heraus, und – Raum. Ich saß da mit der Erfahrung endlosen Raumes, und das war sehr viel angenehmer als die entsetzliche Zukunft, die mir wie ein nasses Tuch aufgelegt worden war. Ich fühlte mich ein wenig merkwürdig, keine Zukunft, keinen »Plan« zu haben, aber ich erkannte, dass das merkwürdige Gefühl in Wirklichkeit *Freiheit* war! Ich merkte, dass ich eigentlich noch nie zuvor Freiheit wirklich erlebt hatte, obwohl ich immer dafür gekämpft hatte, und dass meine Zukunft etwas Mittelmäßiges sein würde, wenn ich versuchte, sie mit meinem begrenzten Geist zu erzeugen. Ich wusste, dass mein Leben ohne Beschränkungen aus der samtenen Schwärze kommen würde, wenn ich einfach in dem angenehmen Zustand bleiben würde mit seinen positiven Erwartungen und dem Vertrauen auf das Gute.

Noch Monate danach, wenn ich erkannte, dass ich in dem »grünen Gitter« war und negative Gedanken dachte, drehte ich mich in meinem Geist um diesen halben Grad und ließ meine Pläne und Überlagerungen – auch die positiven – zurück in den Raum schmelzen. Ich übte, geräumig zu sein, anstatt in Unordnung. Meine Mutter starb in jenem Herbst nicht. Im Gegenteil! Sie erholte sich auf wundersame Weise von einer Krebserkrankung, die ganz plötzlich aufgetreten war, und sie ist immer noch, viele Jahre später, eine der positivsten und vitalsten Personen, die ich kenne. Ich klärte schnell die Wunden vergangener Beziehungen, meine Kreativität ging neue Wege, und ich besuchte fremde Länder, was ich nie geglaubt hätte. Aber vor allem hatte ich meinen Frieden gefunden.

Zu wissen, was du vorziehst, anstatt demütig »Amen« zu sagen zu dem, was du der Welt nach vorziehen solltest, das bedeutet, deine Seele lebendig zu halten.

Robert Louis Stevenson

Sie reifen natürlich, wie eine Frucht am Baum

Wenn Sie sich in Ihrer Eigenfrequenz sonnen, haben Sie eine geordnete Erfahrung davon, mit dem Leben so zu sein, wie es ist, und darin liegt die einfache Wahrheit, die Sie entlastet. Nun werden Sie gewahr, dass Sie erfrischt sind, dass ein tieferer Teil von Ihnen alle Überlagerungen oder Möglichkeiten vielfacher Realitäten erforscht, die Sie in Ihrem wellenförmigen Zustand haben. Damit werden neue Erfahrungen für Sie vorbereitet, aber Ihr Geist braucht davon nichts zu wissen. Ihre Lebensformen können, müssen sich aber nicht auflösen, wenn Sie Ihre Aufmerksamkeit von ihnen abziehen. Das hängt davon ab, ob Ihre Seele sie nötig hat oder nicht. Sie können sich auch auflösen und später in einer Neuauflage wieder auftauchen. Es geht hier darum, dass Sie sich jetzt *selbst* brauchen; die Formen werden sich um sich selber kümmern. Manchmal brauchen Sie nur für einen kurzen Moment in Ihre Seele einzutauchen, manchmal für ein paar Tage, für einige Monate oder sogar Jahre, in denen Sie etwas ziellos umherwandern. Manchmal müssen Sie aufhören, negative Störungen zu erzeugen, und tiefer mit dem verbunden sein, was Sie haben. Das Leben hört niemals vollständig auf.

Ich glaubte, dass die Früchte an meinem neuen Zwerg-Zitronenbaum immer hart und grün bleiben würden, aber es war wie im Märchen: Alle wurden in der richtigen Jahreszeit dick und saftig, und das Fruchtfleisch wurde weich. Ich kann sie nicht zum Pflücken bereit machen; sie nehmen sich ihre eigene Zeit, um ihr Potenzial so zu erfüllen, wie nur sie es können. Mit Ihrer Eigenfrequenz brauchen Sie keine Willenskraft, um weiterzugehen. Wenn Sie mit dem Fließen Ihrer Welle mitgehen und alle Möglichkeiten loslassen, die Ihr Ego Ihnen als einzige Alternativen nennt, und wenn Sie vollkommen gegenwärtig bleiben, wird sich die Zeit des Reifens wie eine Entlastung anfühlen. Dann befinden Sie sich in der Fülle Ihrer selbst, wie ein Kind. Sie werden Ihr Zeitgefühl verlieren, während da zugleich auch die Freude daran ist, dass sich etwas auf seine Geburt vorbereitet. Sie spüren vielleicht, dass es noch nicht ganz an der Zeit ist für die Geburt, aber wenn sie kommt, wird es wunderbar sein. Sie vertrauen darauf, dass Ihre Seele ausgezeichnete Arbeit leistet, um Ihnen das zu geben, was Sie brauchen. Schließlich, wenn Sie es am wenigsten erwarten, lässt die Frucht den Baum los, und eine überraschende, großartige Idee taucht auf, ein Plan, eine Gelegenheit, ein instinktiver Akt, ein hilfreiches Ereignis oder eine hilfreiche Person.

Ihr Potenzial ist grenzenlos

Wenn Sie über die Vorstellung, neu zu werden, nachsinnen, ist es hilfreich, zu wissen, dass Ihnen dadurch, dass Sie wachsen und das Bedürfnis des Egos nach einer besonderen Identität loslassen, der Schatz des Wissens und der Erfahrung aller Leben, die Sie je auf der Erde verbracht haben, frei zur Verfügung steht – alle Erfahrungen, die Seelen in anderen Dimensionen machen, und jede nur mögliche Überlagerung in der Quantumrealität. Ihre Identität und damit auch Ihre Kreativität sind wirklich grenzenlos: Was zu Ihnen zurückkommt, wenn Sie losgelassen haben, kann äußerst wunderbar sein und etwas, das Ihnen jetzt nicht einmal im Traum einfallen würde. Bewahren Sie sich Ihr kindliches Vertrauen und Ihre Vorstellungskraft, denn damit werden Sie erkennen, was Wirklichkeit werden will.

Entdecken Sie, wie es ist, in Ihrem Körper zu sein

Um Ihre Eigenfrequenz zu finden, müssen Sie Ihre volle Aufmerksamkeit in Ihren Körper lenken und fühlen, was vor sich geht. Der Grund dafür ist, dass Ihr ganzer Körper durchtränkt ist mit Ihrer Seele – und damit auch mit Ihrer Eigenfrequenz, und nur dann, wenn Ihr Geist sich auch in Ihrem Körper befindet, können Sie bewusst erkennen, wie sich »Seele« anfühlt, und nur dann ist sie auch real für Sie. Es gibt da jedoch eine Schwierigkeit, die auf der Tendenz Ihres Körpers beruht, wie eine Stimmgabel mitzuschwingen und seine Schwingung an die Frequenzen in Ihrer Umgebung anzupassen. Obwohl die hohe Eigenfrequenz Ihrer Seele immer gegenwärtig ist, kann sie vorübergehend getarnt sein durch verschiedene niedere Frequenzen wie Sorgen, Panik, Neid, Wut oder mentale Erschöpfung.

Wenn die Schwingung Ihres Körpers durch zu viele ablenkende Oberflächenschwingungen chaotisch ist, neigt Ihr Geist dazu, auszubrechen und sich in andere Zeiten und Orte zu projizieren oder einfach nur in eine Leere »abzudriften«. Gibt es zu viel Stimulierung, oder sind die Schwingungen niedrig und negativ – wenn Sie also nicht das tun, was Sie gern tun, in ungesunden Gefühlsgewohnheiten verfangen sind, krank sind oder Schmerzen haben, oder wenn Sie sich selbst mit Drogen und schlechtem Essen demoliert haben –, dann ist Ihr Körper einfach kein angenehmer Aufenthaltsort. Sie können wahrscheinlich erkennen, wenn jemand »nicht in seinem Körper« ist und dieses leere »Keiner-ist-zu-Hause«-Starren hat, wenn er anscheinend nur automatisch reagiert oder abwesend handelt, anstatt vollkommen beteiligt zu sein. Wenn Menschen nicht in ihrem Körper sind, können Sie sie nicht spüren und werden sich womöglich Sorgen machen: »Was werden sie wohl als Nächstes tun? Da sitzt keiner am Steuer!« Es ist nicht ungewöhnlich, dass auch Sie dann *Ihren* Körper verlassen. Versuchen Sie, Augenkontakt herzustellen und die Kassiererin anzulächeln, wenn Sie das nächste Mal im Supermarkt sind, und Sie werden merken, wie sie in ihren Körper zurückkommt und mit Ihnen in Verbindung tritt.

Wie also fühlt es sich an, wirklich »in Ihrem Körper zu sein«? Die meisten von uns denken, wir »haben« einen Körper, dass er irgendwo da unten ist und etwas macht – das Herz schlägt, das Blut fließt, Essen wird verdaut. Aber tatsächlich in dem Maße in Ihrem Körper zu sein, dass Sie der Körper werden und die Welt von seinem Standpunkt aus erkennen, das ist etwas völlig anderes. Wenn Sie als Ihr Körper in Ihrem Körper sind, sind Sie wie ein Tier – Sie sind mit dem Leben auf gleicher »Augenhöhe«. Sie haben eine *unmittelbare Erfahrung* vom Leben und eine lebendige Verbindung zur Welt. Sie reagieren auf Situationen direkt, ohne innezuhalten, um zu analysieren und zu vergleichen, und Sie sind aufrichtig und bei jeder Handlung vollkommen gegenwärtig. Sie sind so sehr im gegenwärtigen Augenblick, dass Sie sich unverzüglich ausdehnen und zusammenziehen, rechts oder links gehen können und Ihr Energieniveau auf vollendete Weise an die jeweiligen Umstände anpassen können. Manche nennen das »im Einklang mir sich selbst« sein. Wenn Sie vollkommen in Ihrem Körper sind, dann strahlen Ihre Augen, es wird spontan übertragen, was Sie meinen, Sie sind völlig überzeugend, und wenn Sie in Ihrer Eigenfrequenz ruhen, fühlt sich Ihr Körper auch sicher, und er wirkt vertrauenswürdig auf andere.

Du bist nie wesentlicher und tiefer du selbst als dann,
wenn du still bist.

Eckhart Tolle

Beruhigen Sie Ihren Körper, um Ihre Eigenfrequenz zu spüren

Wenn Sie Aufmerksamkeit in Ihren Körper bringen und sich im Zentrum des Hier und Jetzt niederlassen, können Sie immer dann eine rohe und schwirrende Oberflächenschwingung spüren, wenn Sie Sorgen oder Schmerzen haben oder Ihre Gedanken oder Emotionen rasen. Wenn Sie sich weiter in Ihren Körper auflösen, können Sie auf noch mehr Oberflächenschwingungen und Energiestrukturen treffen, die sich anfühlen wie Sandpapier, gummiartiges Wachs, aschene Trockenheit, feuchte Lehmklumpen oder prickelnde, elektrische Hochspannung. Jetzt können Sie noch weiter vordrängen und nach noch subtileren Schwingungen Ausschau halten. Selbst wenn Sie denken, Sie spüren nichts, lassen Sie sich tiefer hineinfallen und lassen Ihre Aufmerksamkeit ruhen. Sie werden entdecken, dass Ihre Nerven prickeln und Ihre Zellen vibrieren. Ihr Körper erfüllt weiter seine Aufgabe, gesund zu bleiben. Wenn Sie genau hinhören, werden Sie vielleicht sogar den fröhlichen und gesunden Klang Ihres Körpers wahrnehmen.

Wenn Sie vorsätzlich Ihren Körper in Ruhe versetzen, wird Ihnen das helfen, schneller durch verzerrte Oberflächenschwingungen hindurchzudringen. Sich zu beruhigen, geschieht häufig dadurch, dass Sie sich aus Ihrer linken Gehirnhälfte, aus der analytischen, verbalen Wahrnehmung herausbewegen. Wenn Sie in Ihre rechte Gehirnhälfte kommen, in Ihre künstlerische, auf Schönheit ausgerichtete, intuitive Wahrnehmung, dann wird Ihre Energie weicher und offener. Das ist entspannender. Ihren Körper beruhigen und Ihre Eigenschwingung erhöhen, das kann auch geschehen, wenn Sie kontinuierliche, weiche Bewegungen ausführen wie spazieren gehen, laufen, Tai-Chi, schwimmen oder Fahrrad fahren. Außerdem sind sich wiederholende Handlungen beruhigend, wie schaukeln, sich auf den Körper klopfen, bewusstes Atmen, Mantras wiederholen, mit einem Kajak paddeln oder trommeln.

Praktische Übung

Dringen Sie tiefer in Ihren Körper ein

Jetzt, in diesem Moment, haben Sie die Gelegenheit zum Sein. Lenken Sie Ihre Aufmerksamkeit in Ihre Haut, und vergessen Sie, dass es so etwas gibt wie Vergangenheit und Zukunft. Dies hier ist faszinierend.

1. Sagen Sie sich: »In diesem Moment und in diesem Körper bin ich hundertprozentig gegenwärtig.« Spüren Sie, was das bedeutet, und bringen Sie sich mit dieser Aussage in Einklang.
2. Drehen Sie den Ton Ihrer Gedanken herunter, als würden Sie die Lautstärke eines Radios regulieren. Schon bald werden Sie dann das Strömen Ihres Körpers hören, was wie ein Klingeln, wie weißes Rauschen oder wie ein stetiges Summen klingen kann. Stellen Sie sich etwas Tieferes vor, hinter oder durch das Summen des Körpers hindurch. Dringen Sie in die Stille im Zentrum Ihrer selbst vor, die immer da ist, auch bei lautem, physischem Lärm.
3. Stellen Sie sich vor, Sie befinden sich im Zentrum Ihres Kopfes und schauen durch Ihre Augen hinaus. In diesem zentralsten Punkt befindet sich ein winziger, glänzender Diamant, der transparentes Licht aussendet, das durch Ihr Gehirn strahlt und Ihren Geist reinigt und ihn in einen neutralen Zustand des Beobachtens versetzt.
4. Stellen Sie sich vor, dass Sie sich in diesem Diamanten befinden und hinausschauen und dass er sich durch Ihren

Körper bewegen kann wie eine kleine, fliegende Untertasse. Lassen Sie ihn hinunterfliegen zu Ihrer Kehle, und bleiben Sie dort schweben. Schauen Sie aus diesem Blickwinkel hinaus in die Welt – der Kopf Ihres Körpers ist jetzt über Ihnen. Fliegen Sie dann hinunter in die Mitte Ihrer Brust, in die Nähe Ihres Herzens, und bleiben Sie da schweben. Schauen Sie hinaus in die Welt. Ein Teil Ihres Körpers befindet sich nun über Ihnen und einer unter Ihnen. Sie befinden sich zentriert in der Mitte.

5. Jetzt fliegen Sie hinunter zum Ende Ihrer Wirbelsäule und bleiben dort schweben. Schauen Sie aus diesem Blickwinkel hinaus in die Welt. Sie sind der Energie der Erde nun näher, der Geist in Ihrem Gehirn liegt weit darüber, und der Körper versteht andere Körper unmittelbar, ohne die Sprache.
6. Experimentieren Sie damit, an verschiedene Orte in Ihrem Körper zu fliegen, und spüren Sie die Schwingungen im Fußgewölbe, in der Kniescheibe, in der Spitze Ihres Zeigefingers, in der Zungenspitze, im Zentrum eines Wirbels, in Ihrem Herzen, in Ihrem Zwerchfell. Wenn Sie diese unterschiedlichen Standpunkte einnehmen, können Sie merken, dass Sie die Welt auf besondere Art erkennen, dass es inhärent an jedem Ort eine bestimmte Art von Gewahrsein gibt. Manche Orte sind unglaublich ruhig und weise.
7. Kommen Sie zurück zum Zentrum Ihres Kopfes, öffnen Sie die Augen, und gehen Sie umher, richten Sie Ihre Aufmerksamkeit auf Ihre Umgebung, indem Sie nur Farbe, Form, Struktur, Temperatur, Geruch und Geräusch wahrnehmen. Benennen Sie nichts, bleiben Sie einfach in der unmittelbaren Erfahrung, gleiten Sie sanft von einem Eindruck zum nächsten, wie es ein Tier täte.
8. Versuchen Sie es später mit einer Aktivität, die nur einen oder zwei Ihrer Sinne betont: Tanzen Sie zu Musik im

Wohnzimmer umher, bereiten Sie sich ein Mixgetränk mit frischen Zutaten und trinken es langsam. Achten Sie auf den Genuss Ihres Körpers und ganz genau darauf, wie sich das anfühlt.

Ihr Herz ist der Schlüssel zu Ihrer Eigenfrequenz

Die vielleicht beruhigendste Art, Ihre Eigenfrequenz zu finden, besteht darin, in die Achtsamkeit Ihres Herzens zu gelangen, sie zu aktivieren und liebende Aufmerksamkeit auf Ihren Körper und die jeweilige Situation zu lenken. Eine schnelle Art, das zu erreichen, besteht darin, das Leben so zu lassen, wie es ist. Entscheiden Sie sich dazu, die Vernunft der Seele in Ihrer unmittelbaren Erfahrung zu finden, und denken Sie daran, wie Sie sich fühlen möchten, wenn Sie besonders großzügig, freundlich und selbstlos sind. Seien Sie so in Bezug auf den Moment mit allem, was dazugehört. Alles ist in gewisser Weise vollkommen in Ordnung. Lassen Sie es zu, dass Ihnen diese Entschlossenheit offenbart wird. Seien Sie einladend.

Eigenfrequenz und das elektromagnetische Feld Ihres Herzens

In einem Artikel in der Winterausgabe 2005 der Zeitschrift des *Institute of Noetic Sciences,*[7] *SHIFT*, schrieben Rollin McCraty, Raymond Trevor und Dan Tomasino über das Herzfeld unseres Körpers. Sie sagten, dass das »Herz das kraftvollste und ausgedehnteste rhythmische elektromagnetische Feld unseres Körpers erzeugt«. Es ist von der Schwin-

7 Das Institut für noetische Wissenschaften in Petaluma, Nordkalifornien, USA, widmet sich der Erforschung der Natur und des Potenzials von Bewusstsein, einschließlich Telepathie, Psychokinese, Hellsehen und der Auswirkungen von Meditation. (Anm. des Übersetzers)

gungsweite her sechzigmal größer als das des Gehirns, durchdringt jede Zelle und kann noch etwa einen Meter vom Körper entfernt gemessen werden. »Negative Emotionen wie Wut und Frustration entsprechen einem wechselhaften, ungeordneten und inkohärenten Muster im Rhythmus des Herzens.« Positive Emotionen entsprechen einem weichen, kohärenten Muster, und »dauerhafte positive Emotionen lassen offenbar eine bestimmte Funktionsweise entstehen, die wir *psychophysiologische Kohärenz* nennen.« Diese Funktionsweise ist charakteristisch für eine »gesteigerte Wirksamkeit und Harmonie bei den Aktivitäten und Interaktionen des Körpersystems« und auch für eine »Reduktion des inneren mentalen Dialogs, für reduzierte Stresswahrnehmung, für ein verbessertes emotionales Gleichgewicht und für gesteigerte mentale Klarheit, intuitive Einsicht und kognitive Leistung.« Es ist plausibel, wenn die Schwingungen Ihres Herzens kohärent sind, dass dann Ihr Körper, Ihr Geist, Ihre Emotionen und Ihre Seele in Harmonie miteinander wirken oder vielleicht in Oktaven derselben Frequenz – *Ihrer Eigenfrequenz*.

Ich habe gesehen, wie erstaunliche Dinge in Menschen passieren, wenn sich ihr Herz öffnet: Ihre Augen vergrößern sich und glänzen, ihr Gesicht lächelt ohne Einschränkung (wie meine kleine Schwester immer sagte: »Hilfe, ich kann nicht aufhören zu lächeln!«), Verstehen flutet ihren Geist, und ihr *drittes Auge*, das Energiezentrum oder Chakra auf der Stirn, öffnet sich und bringt plötzliche Einsicht und Visionen. Wenn Sie Mitgefühl und Zärtlichkeit bei der Angst anwenden können, die Ihren Körper zittern lässt, oder bei einer Anspannung, die physische Schmerzen verursacht, und wenn Sie besänftigend mit Ihrem Körper sprechen können, als wäre er ein Kind, das von seinem ersten großen Fahrrad gefallen ist, dann werden Sie in das Herzfeld gelangen. Diese besondere Schwingung nennen die Buddhisten oft »zentrierte Würde«. Sie wird Ihnen dabei helfen, Ihre Eigenfrequenz zu erkennen.

Praktische Übung

Fühlen Sie sich in Ihren Körper ein, um Ihre persönliche Schwingung zu spüren

Zentrieren Sie sich in dieser Woche mindestens einmal am Tag, indem Sie Ihre Aufmerksamkeit in Ihre Haut lenken und sich dabei auf den Punkt des elektromagnetischen Zentrums in Ihrem Gehirn konzentrieren und empfänglich sind für alles, was Sie bemerken.

- Fühlen Sie sich ein in Ihr Gewebe, in Ihre Organe, Knochen und Zellen. Wie fühlt sich die Schwingung an? Spüren Sie eine überaktive oder unteraktive Oberflächenschwingung? Beschreiben Sie sie in Ihrem Tagebuch mit sinnlichen Adjektiven: Wie klingt sie? Wie sieht sie aus? Wie fühlt sie sich kinästhetisch an? Wie schmeckt sie? Wie riecht sie? Gibt es Emotionen, die Sie ganz natürlich mit diesen Schwingungen in Verbindung bringen würden?
- Spüren Sie durch oder unter jede Oberflächenschwingung hindurch, indem Sie an die innersten Stellen in Ihrem Körper gehen und in die Kernfrequenz Ihres Herzens. Wie fühlt sich diese gleichförmige Schwingung an? Beschreiben Sie sie in Ihrem Tagebuch mit sinnlichen Adjektiven: Wie klingt sie? Wie sieht sie aus? Wie fühlt sie sich kinästhetisch an? Wie schmeckt sie? Wie riecht sie? Gibt es Emotionen, die Sie ganz natürlich mit diesen Schwingungen in Verbindung bringen würden?

- Mit der Zeit werden Sie bemerken, dass Sie gewohnheitsmäßig Ihre Eigenfrequenz mit Oberflächenschwingungen überdecken. Können Sie sich dabei ertappen, wenn Sie verstimmt sind? Üben Sie dann, sich wieder Ihrem Zentrum zu überlassen. Suchen Sie nicht nach einer Veränderung der Form, genießen Sie einfach das Sein.

Ihre Eigenfrequenz ist weniger »hoch« als »real«

Es ist wahr, dass Ihre Eigenfrequenz sehr hoch ist, aber es wäre ein Fehler, zu glauben, Sie kämen dahin, wenn Sie Ihre Schwingung in die Höhe treiben oder »versuchen«, beschwingt zu sein. Wenn Sie bei dem Versuch, etwas zu haben oder zu sein, Ihren Willen benutzen, dann bedeutet das eigentlich, dass Sie das Gefühl haben, dass Sie es nicht bereits haben oder von Natur aus so sind, dass es da eine Lücke zu schließen gilt oder dass ein Hindernis die Erfahrung blockiert. Je mehr Sie es versuchen, umso schriller und spröder wird Ihre Schwingung, und das bringt Sie weiter fort von Ihrer natürlichen hohen Eigenfrequenz. Sie müssen Ihre Eigenfrequenz nicht erzeugen; sie strahlt immer ganz frei. Entspannen Sie sich einfach in sie hinein. Je aufrichtiger Sie sind, umso einfacher ist es, mit Ihrem ganz realen Selbst in Einklang zu bleiben. *Ihre persönliche Schwingung mag sich von einer Minute zur anderen ändern, aber das Ziel ist, sie in Einklang zu halten mit Ihrer Eigenfrequenz, sodass Ihre persönliche Schwingung schließlich zu Ihrer Eigenfrequenz wird.*

Sie können, ähnlich wie Lisa, Ihre Eigenfrequenz mithilfe einer spezifischen Seelenqualität erkennen wie Seligkeit, Heiterkeit, Großzügigkeit, Lieblichkeit, Freude, Aufrichtigkeit, Würde oder die Bereitschaft, zu lachen und mitzumachen. Sie kann aber auch eine energetische Beschaffenheit sein, die sich anfühlt wie Seide, weiche Butter, ein Diamant, Alpenluft oder fließendes Wasser. Sie spüren sie auf die eine Art, wenn Sie still sind oder meditieren, und auf eine andere Art, wenn Sie aktiv sind. Um sich auf Ihre Eigenfrequenz einzustimmen, kann ein Prozess hilfreich sein, bei dem Sie die alten, langsameren Frequenzzustände, die Sie als normal angesehen haben, den höheren Zuständen, an die Sie sich vielleicht nur vage erinnern können, gegenüberstellen. Das Ziel ist es, eine Momentaufnahme Ihres Zustands in der Eigenfrequenz in geradezu berührbaren Einzelheiten zu machen, damit Sie sie nie wieder aus den Augen verlieren. Sie benötigen ein verlässliches Gefühl, in dem Sie sich wieder zentrieren können, wenn Sie durch aufgewühlte oder verwundete Leute aus dem Gleichgewicht geraten, wenn Sie sich zu Tode ängstigen aufgrund von Erlebnissen, die Sie an vergangene Traumata erinnern, oder wenn Sie aufgrund von zu vielen Wahlmöglichkeiten überwältigt sind.

Wir müssen still sein und uns still bewegen/in eine andere Intensität ...

T. S. Eliot

Was ist das Schlimmste, das Ihnen passieren könnte?

Stellen Sie sich vor, Sie sind in einer geistigen Verfassung, bei der Sie ganz vertieft sind in ärgerliche Belange und Probleme. Vielleicht sind es die anderen, die Sie ärgern und ablenken, oder Sie haben das Gefühl, dass Sie nicht klar denken können, weil Sie voller Sorgen sind. Vielleicht machen Sie sich Sorgen darüber, dass Sie versagen, oder über die Gesundheit eines lieben Menschen. Es gibt eine Stimmung, in die wir alle gelegentlich fallen, die Angst und Aufregung fördert. Versuchen Sie, sie heraufzubeschwören und vorübergehend zu fühlen.

Praktische Übung

Erstellen Sie eine Liste mit Ihren Sorgen und den negativen Dingen, mit denen Sie sich häufig beschäftigen

1. Versetzen Sie sich in Ihre »Sorgenstimmung«, und schreiben Sie alles auf, was in folgende Kategorien passt:
   - Welche Probleme versuchen Sie zurzeit zu lösen?
   - An welchen Problemen arbeiten Sie gerade in Ihrem persönlichen psychologischen und spirituellen Wachstumsprozess? Welche alten Wunden scheinen aufzutauchen?
   - Was hat Sie unlängst verärgert, das mit Ihrer Umgebung und anderen Leuten zu tun hatte?
   - Über wen machen Sie sich Sorgen und warum?
   - Was jagt Ihnen Furcht oder Angst ein?
   - Was erzeugt derzeit Chaos in Ihrem Leben?
   - Welche körperlichen Bedürfnisse und Wünsche haben Sie gerade, die nicht befriedigt werden?
   - In welchem Sinne fühlen Sie sich emotional benachteiligt?
   - Wogegen leisten Sie Widerstand? Wo liegen die Konflikte in Ihrem Leben?
   - Welche Dinge geben Ihnen das Gefühl, verkrampft und eingeengt zu sein, wenn Sie an sie denken?
   - Inwiefern fühlen Sie sich eingefangen und inwiefern überwältigt?
   - In welchem Bereich Ihres Lebens haben Sie das Gefühl, dass etwas nicht fair ist?

2. Wenn Sie sich bestimmte Situationen ganz konkret ins Gedächtnis rufen, in denen Ihre persönliche Schwingung enger wird und Sorgen und Verdichtungen sich aufeinanderstapeln, dann können Sie ganz leicht Ihren Seinszustand in niedriger Schwingung fühlen – ich nenne das gern unsere »alte Realität«. Als Nächstes wählen Sie einige der Dinge, die Sie oben aufgeschrieben haben, und schreiben über die spezifischen Sinneseindrücke, die Sie in Ihrem Körper fühlen, wenn Sie sich auf die negativen Schwingungen einstimmen. Spüren Sie die Realität.
3. Von Ihrem Spannungs- und Angstzustand aus, den Sie erzeugt haben, als Sie die Liste Ihrer eingrenzenden Konditionierungen zusammenstellten, projizieren Sie Ihr Leben in die Zukunft und malen sich das Schlimmste aus, das passieren könnte. Was würde geschehen, wenn alles danebenginge, Sie nur Pech hätten und Ihnen keiner helfen würde? Stellen Sie sich das im Detail vor, und machen Sie im Geist eine Momentaufnahme davon, damit Sie es nicht vergessen. Dann atmen Sie aus und entspannen sich.

Wenn Sie das Gummi Ihrer Schleuder so weit anspannen wie möglich und es dann loslassen, werden Sie am weitesten in Ihre positive Realität reichen. Es geht hier darum, bewusst zu erkennen, wie furchtbar sich die negative Realität anfühlt, und darum, spezifische Sinneseindrücke in Ihrem Körper genau zu bestimmen, die zusammen mit diesem Schwingungszustand auftreten. Vielleicht bemerken Sie ein Zusammenziehen in Ihrer Kehle oder eine Enge in Ihrer Brust, eine feuchte Kälte oder eine Neigung zur Hyperventilation. Vielleicht fühlen Sie sich im Inneren schwer und finster, oder Sie würden am liebsten explodieren wie eine Atombombe und alles um sich her plattmachen. Diese Neigungen haben etwas zu tun mit den Methoden Ihres Unbewusstseins, Stress abzubauen.

Was ist das Beste, das Ihnen passieren könnte?

Jetzt wollen wir umschalten und über die Dinge nachsinnen, die Sie wertschätzen oder die hilfreich sind, die Sie gern für andere tun würden. Vielleicht träumen Sie von einem Urlaub, der Spaß macht, oder von einem Theaterstück, das Sie sehen wollen, oder von einem kreativen Projekt, das Sie vorhaben. Vielleicht freuen Sie sich auch für einen Freund, der Glück gehabt hat. Es gibt eine Stimmung, in die wir alle gelegentlich fallen und die zur obigen ganz gegensätzlich ist, die Enthusiasmus und Fließen fördert. Rufen Sie sich diese Stimmung ins Bewusstsein, und spüren Sie sie.

Praktische Übung

Erstellen Sie eine Liste mit Ihren positiven Erfahrungen

1. Versetzen Sie sich in Ihre »fröhliche Stimmung«, und schreiben Sie alles auf, was in folgende Kategorien passt. Während Sie mit Erinnerungen und Erfahrungen in Berührung kommen, spüren Sie, wie Ihr Körper aus einem Rest von Verengung, der von der vorherigen Übung übrig geblieben ist, in eine Resonanz umschaltet, aus der Sie leicht die Eigenschaften Ihrer Seele hervorrufen können. Erinnern Sie sich an eine oder mehrere spezifische Erfahrungen, als
   - Ihr Bauchgefühl Sie zu einer großartigen Entscheidung führte;
   - sich Ihnen eine wunderbare Gelegenheit bot oder jemand unglaublich großzügig Ihnen gegenüber war;

- Sie besondere Menschen kennenlernten, die sich wie Seelengefährten, Seelenfreunde oder Seelenverwandte anfühlten;
- Sie großzügig waren, ohne sich um Rückzahlung oder Anerkennung zu kümmern;
- Sie wichtige Wahrheiten und Informationen hörten, die Sie zu neuem Wachstum anstachelten;
- Sie zutiefst ruhig, friedlich, befriedigt und dankbar waren und das Gefühl hatten, dass »alles stimmt«;
- Sie eine Vision hatten, die Sie nach Ihren Maßstäben erfolgreich in die Wirklichkeit umgesetzt haben;
- Sie Ihre Vorstellung haben fließen lassen und Ihnen auf magische Weise ureigene Ideen kamen;
- Sie eine Periode erlebten, die charakterisiert war durch Sychronizität, Glück, Fließen und Kooperation mit anderen talentierten Menschen;
- Sie bekamen, was Sie brauchten, ohne darum zu bitten;
- Sie in einer so guten Stimmung waren, dass niemand sie Ihnen zerstören konnte;
- Sie bei einem besonderen Tier waren oder an einem besonderen Ort in der Natur, wo Sie sich mit dem Leben und vielleicht sogar mit dem Gefühl für das Göttliche verbunden fühlten.

2. Wenn Sie sich bestimmte Situationen ganz konkret ins Gedächtnis rufen, in denen Ihre persönliche Schwingung erweitert war, in denen sich Erfolg und Glück zu größeren Möglichkeiten aufbauten, dann können Sie ganz leicht Ihre Eigenfrequenz und die »neue Realität« spüren. Als Nächstes wählen Sie einige der Dinge, die Sie oben aufgeschrieben haben, und schreiben Sie über die spezifischen Sinneseindrücke, die Sie in Ihrem Körper fühlen, wenn Sie sich auf die positiven Schwingungen einstimmen. Spüren Sie die Realität.

3. Von dem Zustand des Enthusiasmus und der Zentriertheit aus, den Sie erzeugt haben, als Sie Ihre positiven Erfahrungen aufgelistet und gefühlt haben, projizieren Sie Ihr Leben in die Zukunft und malen sich das aus heutiger Sicht Bestmögliche aus, das passieren könnte. Was würde geschehen, wenn alles gut ginge, Sie Glück hätten und Ihnen alle helfen würden, wenn alle positiven Eigenschaften ganz natürlich stärker würden und Ihre Fähigkeiten sich erweiterten? Stellen Sie sich das im Detail vor, und machen Sie im Geist eine Momentaufnahme davon, damit Sie es nicht vergessen. Dann atmen Sie aus und entspannen sich.

Wieder geht es hier darum, bewusst zu erkennen, wie wunderbar und erhebend sich die positive Realität anfühlt, und spezifische Sinneseindrücke in Ihrem Körper genau zu bestimmen, die zusammen mit diesem hohen Schwingungszustand auftreten. Vielleicht bemerken Sie, wie sich Wärme ausbreitet, ein Gefühl von Erleichterung, wie Energie aufsteigt, wie sich Ihr Energiefeld erweitert oder der Wunsch entsteht, zu strahlen und nach außen zu leuchten. Vielleicht fühlen Sie sich großzügig, liebevoll und sanft, vielleicht aufgeregt wie ein Rennpferd beim Start.

Praktische Übung

Pendeln Sie zwischen den Zuständen hin und her

Ihnen stehen jetzt zwei gut definierte Seinszustände zur Auswahl. Es ist wie ein Preiskampf zwischen zwei Herausforderern. In dieser Ecke der illusionäre Schwingungszustand aus der Hölle, der Sie austrickst und aus dem Gefühl Ihrer Seele herausbringt! In der anderen Ecke die wahre Eigenfrequenz aus dem Himmel, die Ihnen offenbart, wer Sie wirklich sind!

Sie sind wahllos zwischen diesen beiden hin und her gependelt, einmal waren Sie dort und einmal hier. Aber jetzt ist es an der Zeit, dass Sie die Kontrolle über Ihr Pendeln übernehmen, damit Sie nicht zu lange in der Welt der Angst bleiben und unnötig leiden.

1. Von Ihrem gegenwärtigen Standpunkt aus, bei dem Sie sich gerade in Ihrer Eigenfrequenz befunden haben, versuchen Sie, auf die entgegengesetzte Seite zu pendeln und wieder mit dem engen, sich selbst aufopfernden, schlimmstmöglichen Zustand zu verschmelzen. Erinnern Sie sich an Ihre Liste mit den Problemen und Verstimmungen, und lassen Sie sich in diese Seinsart hineinversinken. Achten Sie darauf, wie sich das anfühlt.
2. Jetzt entspannen Sie sich und pendeln zurück in Ihre Eigenfrequenz. Überdenken Sie Ihre Liste mit positiven Erfahrungen und lassen sich umschalten und einstimmen auf diese höheren Schwingungen. Achten Sie darauf, wie Sie sich fühlen und was sich in Ihrem Körper verändert.
3. Jetzt pendeln Sie wieder zurück in die eingeengte Schwingung und stimmen sich darauf ein, verschmelzen Sie damit, werden Sie zu dieser Schwingung. Achten Sie darauf, wie sich Ihr Körper anfühlt. Mag er diesen Zustand?
4. Jetzt pendeln Sie zurück in Ihre Eigenfrequenz. Spüren Sie die Offenherzigkeit, die Entspannung, das Natürliche, das Fließende, das Einverstandensein. Mag Ihr Körper diesen Zustand?

Nachdem Sie zwischen den Extremen der schlimmsten und besten Szenarien hin und her gependelt sind, werden Sie feststellen, dass es einiger Arbeit bedarf, in den eingeengten, dichteren Zustand zurückzukehren. Nach einigen Malen sagt Ihr Körper wahrscheinlich: »Aber *muss* ich denn?« Es ist nicht einfach, zuzumachen und ein gewisses Niveau von

Anspannung und Falschheit beizubehalten, und doch machen wir das natürlich dauernd. Im Gegensatz dazu können Sie spüren, wie mühelos die Dinge funktionieren, wenn Sie sich im Zustand des bestmöglichen Szenarios befinden, im Einklang mit Ihrer Eigenfrequenz.

Es liegt an Ihnen, zu entscheiden, wie Sie sich fühlen wollen

Warten Sie darauf, sich gut zu fühlen? Jeden Tag, in unbedeutenden und bedeutenden Situationen, haben Sie die Wahl, sich entweder angespannt und ängstlich zu fühlen oder zu Hause in Ihrem Zentrum. Es liegt an Ihnen, wie Sie sich fühlen wollen und mit wem Sie zusammensein wollen. Kein anderer kann für Sie die Umstände erschaffen, unter denen Sie sich gut fühlen, wenn Sie sich nicht dazu entschlossen haben, sich gut zu fühlen. In jedermanns Leben kommt ein Punkt, an dem wir uns einfach dafür entscheiden müssen, uns wohl und gesund zu fühlen und nicht darauf zu warten, dass sich Situationen klären oder Probleme gelöst werden. Das Leben ist kurz; wir können es ebenso gut genießen. Und jeden Moment zu genießen, einen nach dem anderen, ist keine so schwierige Aufgabe.

Hier müssen wir grundehrlich sein und uns die vernichtenden und demütigenden, aber auch befreienden Fragen stellen: Fühle ich mich elend, um andere zu bestrafen? Verzögere ich meinen Fortschritt, weil ich hartnäckig möchte, dass andere mir ein Gefühl von Sicherheit vermitteln oder Dinge für mich tun? Zögere ich, ein gutes Leben zu führen, weil ich nicht zugeben will, dass ich einen Fehler gemacht habe? Halte ich meine Schmerzen aufrecht, weil ich zu faul bin, an etwas Besseres zu denken? Bin ich stolz auf mich? Die wichtigste aller Fragen ist jedoch: Bin ich gewillt, das

Alte loszulassen, mich zu transformieren und zu wissen, wie wirklich wunderbar es sein kann, wenn ich nicht die Kontrolle habe?

Wenn Sie über die Antworten auf diese Fragen nachsinnen, achten Sie auf Ihre Ausreden. Wie erklären Sie sich und anderen Ihren mangelnden Mut? Wir alle haben Rechtfertigungen dafür, dass wir unser Leben nicht in vollem Umfang leben. Doch jedes Mal, wenn Sie Ihre Begründungen aufsagen, erzeugt das ein Gefühl von Scham auf einer ganz tiefen Ebene, und das macht es schwieriger, loszulassen.

Es ist auch hilfreich, zu erkennen, dass dieser Körper,
den wir haben, der gerade jetzt und gerade hier sitzt (...) mit
seinen Schmerzen und Freuden (...) genau das ist, was wir
brauchen, um vollkommen menschlich, vollkommen wach
und vollkommen lebendig zu sein.

Pema Chödrön

Schauen Sie sich Ihr Leben an. Wem oder was haben Sie die Macht gegeben, Sie aus der Zuflucht Ihrer Eigenfrequenz zu verdrängen? Was lassen Sie wichtiger sein als Ihren inneren Frieden? Ist es die Negativität der Politik? Oder eine Krankheit, ein verrückter Chef, rücksichtslose Fahrer, bellende Hunde nebenan, ein alkoholkrankes Geschwister oder weil sich jemand nicht ordentlich bei Ihnen bedankt hat? Wenn Sie in Ihr neues, hochfrequentes Leben kommen wollen, müssen Sie Ihre Macht von all diesen Dingen zurückfordern. Das bedeutet, wenn Sie wach werden, dann lassen Sie sie sein und wählen Ihre Eigenfrequenz anstatt Ihre »Ärgerfrequenz«. Sie konzentrieren sich stark auf die Nuancen, wie Ihre Eigenfrequenz Ihren Körper, Ihre Emotionen und Ihre Gedanken beeinflusst.

Wenn Sie sich klar darüber sind, dass Sie in Ihrer Eigenfrequenz leben und sofort zu ihr zurückkehren wollen, sobald Sie feststellen, dass Sie sie verlassen haben, dann sagen Sie zu sich Sätze, die Ihnen dabei helfen, sich daran zu erinnern, dass die Realität Ihrer Eigenfrequenz die *einzige* Realität ist. Dazu mögen gehören: »Ich werde aufhören, meinen Schmerz weiterzugeben. Ich werde nichts tun oder sagen, was anderen Menschen physischen, emotionalen oder mentalen Schmerz verursacht. Ich werde über mich und andere keine Gedanken zulassen, die unsere Großartigkeit oder unser Potenzial verringern. Ich werde nach den guten Gründen meiner Erfahrungen Ausschau halten. Ich werde leidenschaftlich aufrichtig sein. Ich werde in jedem Moment vertrauen und aus meine Seele heraus handeln.« Wenn Sie sich bewusst für Ihre Eigenfrequenz entscheiden, machen Sie nichts weniger, als Ihre eigene Erleuchtung und die aller anderen auszulösen.

Ihr diamantener Lichtkörper sitzt am Steuer

Damit Sie sich selbst finden und Ihre Eigenfrequenz aufrechterhalten, wenn Sie in einem Ihnen nicht vertrauten Kontext sind, ist es wichtig, sich daran zu erinnern, wer Sie sind. Sie sind ein grenzenloses Wesen, das aus Bewusstsein und Energie besteht und mit allem, was es gibt, durch ein einheitliches Feld verbunden ist, das den Fluss der Schöpfung vollendet koordiniert und reguliert. Ihre Grundsubstanz ist Licht. Als ich anfing zu lernen, intuitive Readings für andere durchzuführen, wurde mir beigebracht, still zu meinen Klienten zu sagen: »Das Licht in mir kennt und liebt das Licht in dir.« Indem ich diese Wahrheit fühlte, wurde sofort eine wichtige Einstimmung erzeugt. Mit den Jahren lernte ich, die Seelenenergie der Menschen als transparentes, diamantenes Licht zu sehen. Es hält nichts, hat keine Blockierungen und ist strahlend rein und klar. Sie können die folgende kraftvolle Meditation verwenden, um sich zu helfen, Ihre Eigenfrequenz zu finden, wenn Sie sie verloren haben. Mit Übung werden Sie lernen, das in Sekunden zu tun – vor einer Besprechung, wenn Sie einen Vortrag halten oder wenn Sie fahren.

Praktische Übung

Aktivieren Sie Ihren diamantenen Lichtkörper

1. Werden Sie still, lenken Sie Ihre Aufmerksamkeit in Ihren Körper, seien Sie hundertprozentig in der Gegenwart, und erzeugen Sie Ruhe und Empfänglichkeit. Rufen Sie sich die Liste Ihrer positiven Erfahrungen ins Gedächtnis.
2. Stellen Sie sich vor, dass hinter Ihnen Ihr diamantener Lichtkörper auftaucht. Dieser Körper sieht aus wie Sie, besteht aber aus reinem, transparentem Licht und hat keine Wunden und keine Blockaden. Ihr Lichtkörper strahlt Weisheit, Liebe, Harmonie und das Wissen um Überfluss aus. Ihr Lichtkörper tritt vor und legt Ihnen die Hände auf Ihre Schultern.
3. Stellen Sie sich nun vor, Sie spüren die höhere Schwingung Ihres Lichtkörpers. Heißen Sie sie willkommen, und stimmen Sie sich auf diese Frequenz ein. Während Sie das tun, tritt Ihr Lichtkörper in Sie ein und verschmilzt nahtlos und leicht mit Ihnen.
4. Ihr Lichtkörper passt genau in Ihren physischen Körper, jeder Teil des Lichtkörpers findet seinen entsprechenden physischen Teil: Das Lichtherz verschmilzt mit dem physischen Herzen, die Lichtzellen passen in die physischen Zellen, das Lichtgehirn verbindet sich mit dem physischen

Gehirn. Lassen Sie sich Zeit bei diesem Prozess, und tasten Sie die verschiedenen Teile Ihres Körpers im Geiste ab.

5. Lassen Sie es zu, dass Sie sich in Ihren Lichtkörper entlassen, der Sie übernimmt, und Sie sagen: »Du weißt, wie du dieses Gehirn, dieses Herz und diese Lungen steuerst, wie du diese Hände benutzt und diese Stimme. Bitte zeige mir, wie das geht. Ich vertraue dir, dass du mich erneuerst, mich neu ordnest und mich lehrst.« Lassen Sie sich in Ihr eigenes Licht fallen, und fühlen Sie sich unterstützt.
6. Etwas Merkwürdiges geschieht. Wenn Sie nämlich die Führung Ihrem Lichtkörper überlassen, wird ein Sättigungspunkt erreicht, an dem Sie »umschlagen« und erkennen, dass Sie der diamantene Lichtkörper sind. Ihre Identität verlagert sich. Sie hören die leitende Stimme Ihres Lichtkörpers und erkennen, dass es Ihre eigene Stimme ist. Sie sagen nun vielleicht: »Ich bin jetzt hier, und ich weiß, das ist real.«
7. Lassen Sie das diamantene Licht nicht nur jede einzelne Zelle ausfüllen, sondern auch Ihre Emotionen, Gefühle und Gedanken. Lassen Sie es an Ihrem Gehirn und Ihrem Körper arbeiten, Schatten auflösen, Lücken füllen, alle Ihre Systeme aufwerten, Sorgen und Zweifel auslöschen, neue Wege öffnen und Sie mit erneuerten Frequenzen neu programmieren. Verweilen Sie in der Stille.
8. Schlagen Sie jetzt die Stimmgabel der Schwingung Ihres diamantenen Lichtkörpers an, und lassen Sie die Wellen Ihres Lichtes und Ihres ursprünglichen Klangs durch jeden winzigen Raum in Ihrem Körper rieseln und aus Ihrer Haut heraus in den Raum um Sie her. Lassen Sie sich so weit in das Universum hinaus ausdehnen, wie Sie es wollen. Während sich Ihr eigenes diamantenes Licht ausdehnt, verbindet es sich mit dem diamantenen Licht, auf das es überall in der Gegenwart trifft. Im Zentrum des

Lichtes können Sie den ewigen, unzerstörbaren Ton Ihrer Seele oder Ihrer Eigenfrequenz spüren oder hören.

Wenn Sie in Ihrer Eigenfrequenz leben, klärt sich Ihre Wahrnehmung. Während Sie ruhiger und zentrierter werden, kommen andere in Ihrer Umgebung vielleicht an die früheren, chaotischeren Teile des Transformationsprozesses. Sie sind vielleicht versucht, sich mit denen zu vereinigen, die leiden, um Ihnen zu helfen. Sie werden wahrscheinlich hundertmal am Tag aus Ihrem Zentrum heraus und in eine niedrigere Frequenz gebracht. Sie müssen außergewöhnlich nett zu sich sein und doch diszipliniert genug, um sich immer wieder zu entscheiden. Wenn Sie sich daran gewöhnt haben, in Ihrer Eigenfrequenz zu leben, stellen Sie wahrscheinlich fest, dass andere zu Ihnen kommen, um etwas über diese »besondere Qualität« herauszufinden, die Sie haben.

Cameron, ein Unternehmensberater und Kampfsportler, erzählte, dass die Firma, für die er arbeitete und die von zwei neuen Visionären gegründet worden war, von einem großen Technologiekonzern aufgekauft wurde. Der neue Spitzenmanager ist unpersönlich, hasst Manager und hält wichtige Informationen zurück. Als Ergebnis davon weiß niemand, wie er seine Leistung überprüfen, Ziele stecken und Probleme ausarbeiten kann. Die Gesellschaft hat sich von einem wunderbaren Ort in einen völlig chaotischen Arbeitsplatz verwandelt. Cam, der sehr viel über energetische Zustände und Energieflüsse weiß, beobachtete die Veränderungen und die Muster unter der Oberfläche. Er sagte, er würde niemanden sonst leiten, doch weil er im Allgemeinen zentriert und ruhig ist und sein Herz in problematischen Situationen geöffnet hält, kämen die Leute zu ihm, fragten ihn um Rat, und die meiste Zeit verbringe er damit, seine Kollegen zu betreuen.

Es ist interessant, zu sehen, dass die Menschen auf die innere Energierealität ansprechen. Cam ist nicht der Anführer der Gruppe, aber seine Energie ist am meisten vertrauenswürdig. Doch auch er fühlt sich herausgefordert, weil er jeden Tag von einem chaotischen Energiefeld umgeben ist. Für ihn lohnt es sich, bei seinem Arbeitsplatz noch länger zu bleiben, denn er hat das Gefühl, er könne da üben, in seiner Eigenfrequenz zu verweilen, ziemlich so, wie er auch sein Aikido übt. Aber er spürt auch, dass sein Talent bei den »Energiespielen« vergeudet wird. An einem Punkt in der nahen Zukunft erwartet er, dass er eine neue Situation findet, in der die Menschen mehr auf seiner Wellenlänge sind.

Das Privileg eines Lebens ist es, zu sein, wer du bist.

Joseph Campbell

Kurz zusammengefasst ...

Sie sind an einem wichtigen Wendepunkt angekommen, an dem Sie bereit sind, die alte, auf Angst basierende Realität loszulassen und in eine Wirklichkeit überzuwechseln, die auf der Seele basiert. Dafür müssen Sie innehalten, in Ihrem Körper anwesend sein und Ihre Eigenfrequenz finden – die Schwingung Ihrer Seele, die sich durch Ihren Körper zum Ausdruck bringt. Ihre Willenskraft und Ihr Ego können nicht alles kontrollieren. Es ist an der Zeit, einfach nur »zu sein« und mit dem Leben zu sein, so, wie es ist. Loslassen lässt Sie in einen Zustand der Fülle überwechseln, in dem Sie etwas Authentisches in sich reifen fühlen, und doch können Sie das nicht beschleunigen. Alles zu seiner Zeit, und wenn Sie es am wenigsten erwarten, erscheinen spontan vollendete Lösungen und neue Ideen, die getragen sind von Enthusiasmus, Vertrauen und der positiven Erwartung Ihrer Eigenfrequenz. Wenn Sie tiefer in Ihren Körper eindringen und ihn zur Ruhe bringen, wenn Sie Platz machen und immer wieder die Unordnung beseitigen, dann werden Sie in der Lage sein, schneller durch ablenkende Oberflächenschwingungen hindurchzufallen.

Sie finden Ihre Eigenfrequenz nicht dadurch, dass Sie Ihre Schwingung künstlich auf ein »Hoch« erhöhen, sondern dadurch, dass Sie in jedem Moment real und aufrichtig sind und Ihre Schwingung natürlich und ohne Beeinflussung strahlen lassen. Sie können Ihre Eigenfrequenz finden, indem Sie Ihr Herz öffnen und liebevolle Freundlichkeit praktizieren. Es ist auch hilfreich, das Gefühl des schlimmstmöglichen Szenarios mit Ihrem bestmöglichen zu vergleichen, von dem engsten, angespanntesten Zustand in einen höchst offenen und fließenden zu wechseln. Auf diese Weise können Sie den Zustand Ihrer Eigenfrequenz präzise bestimmen und zu ihm zurückkehren, wenn Sie durch niedrige Schwingungen aus dem Gleichgewicht gebracht wurden. Sie müssen mit sich selbst aufrichtig sein und festlegen, wer Sie sein wollen und wie Sie sich fühlen möchten. Kein anderer kann das für Sie tun, und es gibt verschiedene Ausreden und Mechanismen der Verzögerung, die Sie auflösen müssen.

Die Botschaft der Eigenfrequenz

Wie ich im Kapitel *An die Leserinnen und Leser* erklärte, habe ich diese inspirierten Textbotschaften am Ende eines jeden Kapitels hinzugefügt, damit Sie von Ihrem normalen, schnell lesenden Geist umwechseln können zu einer tieferen Art unmittelbarer Erfahrung. Mithilfe dieser Botschaften können Sie Ihre persönliche Schwingung willentlich verändern.

Die folgende Botschaft ist dazu gedacht, Sie in eine Art von Welterkenntnis zu befördern, die dem sehr nahe kommt, wie Sie das Leben im Intuitionszeitalter erleben werden. Um in die *Botschaft der Eigenfrequenz* hineinzukommen, schalten Sie einfach herunter auf eine langsame, weniger gehetzte Geschwindigkeit. Atmen Sie langsam und tief ein, dann aus, und seien Sie so ruhig und still wie möglich. Lassen Sie Ihren Geist weich und empfänglich sein. Öffnen Sie Ihre Intuition, und bereiten Sie sich darauf vor, sich in die Sprache einzufühlen. Achten Sie darauf, ob Sie die tieferen Wirklichkeiten und Gefühlszustände erfahren, die lebendig werden, während Sie lesen.

Ihre Erfahrung kann eine umso größere Dimension annehmen, je mehr Sie Ihre ganze Aufmerksamkeit auf die Worte richten. Konzentrieren Sie sich jeweils nur auf einige Worte zugleich, machen Sie eine Pause bei den Satzzeichen, und verweilen Sie bei der Intelligenz, die diese Botschaft verkündet, live im Hier und Jetzt – für Sie. Sie können die Worte laut aussprechen oder die Augen schließen und jemand anderen laut vorlesen lassen. Achten Sie darauf, welche Wirkung die Worte auf Sie haben.

Verschmelzen Sie mit dem Herz-Feld

Überall um Sie her: Spüren Sie den beruhigenden, blauschwarzen Samt des tiefen Raumes. Er stützt Sie wie der Himmel die Sterne. Sie schweben im Zentrum, vertrauen der wiegenden Stille vollkommen und werden von Moment zu Moment von der Kraft einer weisen Gegenwärtigkeit erschaffen, die Sie niemals aufgibt. Ihr Geschenk dauerhafter, liebevoller Aufmerksamkeit ist das Geschenk des Lebens, das Geschenk des Selbst, und das ist die Essenz des Herzens. Das Überraschende ist: In Ihrem eigenen Herzen befindet sich die Gegenwärtigkeit, die jedes Herz erschafft und darin lebt. Und Sie sind eine Gegenwart, die in dem großen Herzen lebt.

Stellen Sie sich vor: Ihre Beziehungen lösen sich auf, Ihre Arbeit löst sich auf, Ihre Besitztümer lösen sich auf. Sie brauchen weder Essen noch Wasser, weder Geld noch Zustimmung. Sie haben keine Ziele, keine Bedürfnisse. Alles Solide und Langsame ist in die Transparenz übergegangen. Sie haben keinen Glauben, kennen kein Richtig und Falsch mehr, haben kein Gedächtnis, kein Wachstum, keine Fehler, nichts zu kommunizieren. Übrig geblieben ist eine Schwingung klaren Lichtes, eine Welle von Liebe. Sie glänzen, schweben, schlagen Herz-Stoff. Das ist es, was Sie sind, wie Sie etwas wissen und was Sie wissen.

Schauen Sie nun über das Kosmos-Feld: Jeder helle Stern ist ein Herz aus Licht und Gegenwärtigkeit. Schauen Sie genau in das Erd-Feld: Jedes helle Licht ist das Herz eines Wesens, das lebt oder gelebt hat. Eines ist der Weltherrscher, der sich in der Macht verloren hat, eines die hungernde Mutter und eines ihr sterbendes Kind, eines der aufgestiegene Meister, eines die Bedienung beim Mittagessen, eines ist der Soldat, der nicht mehr nach Hause kommen wird, eines der Engel, der ihn beschützt, eines ist Ihr Lieblingstier, »entschlafen«. Schauen Sie genauer hin in das Körper-Feld: Jeder helle Punkt ist ein winziges Zellwesen, ein Mikroherz, das Licht empfängt und aussendet, Liebe ausstrahlt, ein Stückchen Märchenstaub, das auf magische Weise das Leben formt.

Sehen Sie den fernen Stern als ein Herz, dann sieht er Sie als fernen Stern mit einem Herzen. Sehen Sie das unsterbliche Herz-Leben im sterbenden Kind, zelebriert es dankbar Ihr ewiges Herz. Sehen Sie die treue Zelle als ein Herz, sieht sie Sie als ihre Vergrößerung. Diese Linien des Wiedererkennens sind die schwingenden Liebessaiten, die den bewussten Kosmos verbinden; diese Stränge der Aufmerksamkeit verweben uns zu einem leuchtenden, hallenden Herz-Feld; diese feinen Energiefäden sind das Wiedererkennen unserer Einheit. Stellen Sie sich das Gewaltige der vernetzten Herzen vor, der Herzlinien im Herz-Feld, und spüren Sie es. Stellen Sie sich den Ton vor, der stetig, veredelt, Leben spendend, liebeserzeugend, durch alles hindurch klingt. Das ist der Klang Ihres eigenen »Zuhauses«.

Stellen Sie sich vor: Alle Herzen schauen Sie an und kennen Sie. Empfangen Sie die liebevolle Aufmerksamkeit bedingungslos, und geben Sie sie weiter, indem Sie Ihre bewusste Aufmerksamkeit auf andere richten. Sie empfangen, und Sie geben, empfangen und geben. Das Herz-Licht dringt in Sie ein, und Sie wachsen und wachsen; Sie erinnern sich an Ihr Selbst, dann fließt die Welle weiter, überfließend, kaskadenförmig kräuselt sie sich durch den Raum. Jetzt kommt noch mehr Herzensliebe zu Ihnen. Empfangen Sie, und geben Sie, empfangen und geben. Das Herz schlägt durch das Herz-Feld, erinnert Sie mit jeder Welle an die Gegenwärtigkeit in uns, die uns alle stützt.

6
Sich mit bewusster Empfindsamkeit in das Leben »einfühlen«

Innovative Führungspersönlichkeiten, die in den unsichtbaren Bereichen arbeiten, handeln aus ihrer subjektiven Wahrnehmung von Organisationen oder Situationen heraus (...) Solche Wegweiser arbeiten mit dem unsichtbaren, unterbewussten Geist, um bevorstehendes Chaos vorauszusehen (...) Sie sind in der Lage, Chaos in Kreativität zu verwandeln und die quantitativ nicht bestimmbaren Veränderungen im Denken zu unterstützen, die sich ereignen müssen, damit ein transformativer Wandel geschehen kann.

Karen Buckley und Joan Stuffy

Sie sind der neu erstandene Phönix. Jetzt stellen Sie sich der Aussicht, wieder in die Welt zurückzukehren und zu lernen, sich an die »normale« Wirklichkeit anzupassen, in der erstaunliche Sachen passieren können. Sie können zum Beispiel routinemäßig Synchronizität und Telepathie erleben, das Richtige tun, ehe Ihnen überhaupt bewusst wird, was getan werden muss. Sie können Dinge wissen, ohne dabei die normalen Mittel zu benutzen, und sich auf die subtile Ebbe und Flut der Energie verlassen, was Ihnen dabei hilft, Ihre Richtung zu bestimmen. Möglicherweise sind Sie sehr viel empfindsamer als vorher, und Sie fragen sich vielleicht, wie Sie sich diese neue, relativ ungewohnte Kraft des Gewahrseins nutzbar machen können.

Empfindsamkeit ist die Fähigkeit, physische und emotionale Gefühle und Empfindungen wahrzunehmen, und wenn sich die Empfindsamkeit verstärkt, können Sie mit Ihren fünf Sinnen und durch kleinste Variationen von Expansion, Kontraktion und Bewegung in Ihrem Körper nonverbale Informationen auffangen. *Bewusste Empfindsamkeit*, die Sie nun erforschen und deren Entwicklung Sie üben werden, ist die Fähigkeit, subtile Reize und nonverbale Informationen unmittelbar aus physischen oder nicht physischen Quellen zu erkennen und deren Bedeutung wahrzunehmen, *während sie sich ereignen.* Wenn Sie versierter darin werden, Ihre Fähigkeit der unmittelbaren Erkenntnis aufgrund von Schwingungen zu verstärken, werden Sie feststellen, dass es viele Verbesserungen in Ihrem Leben gibt und dass diese neue Kraft des Gewahrseins für Dinge benutzt werden kann, die Sie nie für möglich gehalten hätten. An diesem Punkt aber werden Sie vielleicht einige grundsätzliche Fragen stellen: Wie beteilige ich mich an der Welt? Wie navigiere ich und weiß, was sinnvoll ist?

»Sich einfühlen« ist das neue Gesetz der Beteiligung

Sich an der Welt beteiligen ist jetzt eine neue These. Es geht dabei nicht so sehr um Ehrgeiz, Aufmerksamkeit auf sich ziehen, Eroberung oder von Angesicht zu Angesicht Abkommen schließen, als vielmehr darum, ein Gefühl zu bekommen für eine geteilte Erfahrung mit Menschen, Gegenständen, Maschinen, Prozessen und Ereignissen. Unmittelbare Erfahrung (bewusste Empfindsamkeit), unmittelbares Wissen (Intuition), unmittelbare Kommunikation (Telepathie) und unmittelbares Lieben (verstärkte Empathie) – sie alle sind Funktionen Ihrer Eigenfrequenz und des gegenwärtigen Augenblicks und werden Ihre primären Methoden sein, um zu navigieren, zu wissen und zu handeln.

Und so fängt das an: Sie zentrieren sich in Ihrer Eigenfrequenz, dann dehnen Sie Ihre Gefühlswahrnehmung auf 360 Grad aus und über Ihren Körper hinaus. Wenn Sie das tun, schließen Sie Dinge ein und bemerken manche Sachen ganz besonders. Dann *fühlen* Sie sich in das *ein*, was Sie gerade bemerken. Sich einfühlen bedeutet, Ihre Empfindsamkeit zu benutzen, um in etwas einzudringen, damit zu verschmelzen und für kurze Zeit das zu sein. Wenn Sie sich in etwas einfühlen, wird es zu einem Teil von Ihnen, es ist Ihnen vertraut, und Sie beginnen, sofort darüber Bescheid zu wissen. Es ist ein wenig wie die Rolle der Dinge zu spielen, die Sie wahrnehmen.

Außerhalb meines Körpers sind meine Venen unsichtbar.

Antonio Porchia

Angenommen, Sie erweitern sich und nehmen Ihr Sofa wahr. Sie fühlen sich in das Sofa ein. Wenn Sie mit ihm verschmelzen und für kurze Zeit zum Sofa werden und die Einzigartigkeit seines Bewusstseins anerkennen, wissen Sie aus erster Hand, dass es neu gepolstert werden will. Dann weiten Sie sich noch weiter aus und bemerken den Baum draußen vor dem Fenster. Fühlen Sie sich in ihn ein, und wenn Sie für kurze Zeit an seinem Ort stehen und sein Leben leben, wissen Sie, dass er von einem anderen Baum bedrängt wird und mehr Licht möchte. Jetzt dehnen Sie sich noch weiter aus und bemerken den Autobus auf der Straße, jetzt die Versammlung im Rathaus, jetzt das Tal oder die Berge, die eine

Stunde weit weg liegen, und so weiter. Egal, wofür Sie sich die Zeit nehmen, sich einzufühlen, es offenbart Ihnen seine innere Natur. Das geschieht aufgrund einer Art Osmose, wenn Sie zu dem werden und »bei dem« sind, dem Sie Ihre Aufmerksamkeit schenken. Wenn Sie sich in Ihre Umwelt einfühlen, fühlen Sie sich mehr verbunden mit allem.

Wenn Sie Ihre Eigenfrequenz kennen und in ihr leben, errichten Sie sie als eine verlässliche Basislinie für einen Vergleich mit anderen Arten von Frequenzen. Nachdem Sie sich in das Sofa oder den Baum eingefühlt und deren Schwingungen und deren Blickwinkel ausprobiert haben, können Sie leicht in Ihr Zentrum zurückschwingen und sich wieder an Ihre eigene Frequenz erinnern. Nach dem bewussten Vergleich der Schwingungen besteht der nächste Schritt darin, den sich ändernden Zustand Ihres Körpers und Ihrer persönlichen Schwingung als Barometer dafür zu verwenden, was um Sie herum geschieht. Vergessen Sie nicht, Ihr Körper ist wie eine Stimmgabel und verändert seine Resonanz leicht, um sich dem anzupassen, was sich in der unmittelbaren Umgebung befindet. Begegnen Sie zum Beispiel einem äußerst lebhaften Menschen, dann werden auch Sie möglicherweise lebhafter. Ihr Körper registriert Daten, indem er sich an den Schwingungszustand eines anderen anpasst. Aber wenn Sie sich wieder in Ihrer Eigenfrequenz zentrieren, wissen Sie plötzlich, ob der Betreffende ein Genie ist mit einer großartigen neuen Idee oder eine bipolare Persönlichkeit, die Meditation benötigt. Ihr Körper wird zu einem Medium für den Empfang von Schwingungsinformationen, und Ihre Eigenfrequenz hilft Ihnen bei der Entschlüsselung.

Manchmal empfangen Sie eine Schwingungsinformation, ohne dass Ihnen bewusst ist, dass Sie irgendetwas beobachten. Sie verspüren plötzlich den Drang, Ihre Schwester anzurufen, und es stellt sich heraus, dass sie in der Arbeit

Schwierigkeiten hat und Ihre Hilfe gebrauchen könnte. Weil Ihr Körper immer auf der Hut ist vor möglichen Gefahren, fangen Sie möglicherweise negative Streusignale auf, die nicht besonders relevant sind für Sie, die Ihnen aber unangemessenen Stress verursachen. Sie bemerken beispielsweise, dass Sie sich aus keinem erkennbaren Grund Sorgen machen. Wenn Sie sich dann wieder in Ihrer Eigenfrequenz zentrieren, begreifen Sie, dass es früher am Morgen Spannungen gegeben hatte, weil die Leute im Berufsverkehr auf der Stadtautobahn ungewöhnlich wütend waren. Das stellt keine unmittelbare Gefahr dar, und so können Sie diese Einsicht loslassen und sich entspannen. Wenn Sie mit Empfindsamkeit arbeiten, ist es wichtig, im Einklang mit Ihrer Eigenfrequenz zu bleiben und sich im Laufe des Tages immer wieder zu fragen: »Was bemerke ich? Was weiß ich bereits darüber? Ist diese Information für mich jetzt nützlich und angemessen?« Entwickeln Sie die Gewohnheit, nach innen zu gehen, auf Ihren Körper zu hören und wichtige sensorische Informationen herunterzuladen, so, wie Sie Ihre E-Mails lesen und Spam löschen würden. Wenn Sie sich Schwingungsinformationen bewusst machen, säubern Sie Ihren »Bildschirm« und vermindern Ablenkungen und Negativität. Und Sie verstärken Ihre bewusste Empfindsamkeit Stück für Stück.

Bewusste Empfindsamkeit hilft Ihnen, Dinge aus erster Hand zu wissen

Wenn Sie vorgefasste Meinungen aufgeben, Ihre Aufmerksamkeit und Empfindsamkeit auf etwas richten, sich da einfühlen und ganz dabei sind – besonders mit einem wirklichen Verlangen, etwas zu wissen und es wertzuschätzen –, dann wird erstaunliches Wissen offenbart. Wenn Sie sich in das

Leben und den Blickwinkel eines Menschen einfühlen und zeitweilig damit verschmelzen – es können auch Leben und Blickwinkel eines Tieres, einer Pflanze, eines Ortes, eines Problems oder einer Situation sein –, dann kennen Sie die Geheimnisse, die dort eingeprägt sind, durch direkte Erfahrung und unmittelbares Wissen. Fühlen Sie sich in eine Pflanze ein, und Sie wissen, dass sie Wasser oder Dünger braucht, denn *Sie* spüren, dass Sie Wasser oder Dünger brauchen. Fühlen Sie sich in Ihr Haustier ein, und Sie wissen, dass es spazieren gehen will, denn *Sie* fühlen sich danach, spazieren zu gehen. Fühlen Sie sich in einen Ort ein, und Sie wissen, es gibt dort Wasser oder Mineralvorkommen, weil Sie diese Ressourcen wie einen Teil *Ihres* Körpers spüren. Fühlen Sie sich in ein Problem ein, und Sie wissen, dass es sich ganz natürlich in eine bestimmte Richtung entwickeln will, weil *Sie* die Tendenz fühlen, uneingeschränkt in eine Richtung zu gehen. Fühlen Sie sich in Ihren Partner ein, und Sie wissen, dass er etwas loswerden muss, damit sich sein Herz öffnen kann, weil *Ihr* Herz sich eng anfühlt und *Sie* sprechen möchten.

Sie werden wissen, wozu Sie Ja oder Nein sagen müssen, je nachdem, ob es sich zutiefst angenehm oder unangenehm anfühlt. Wenn Sie sich in eine Situation oder in einen Prozess einfühlen – indem Sie Ihre Aufmerksamkeit einfach etwas länger darauf richten, und dann noch etwas länger –, werden Sie Schichten über Schichten von Daten darüber empfangen, wie sich die Dinge wahrscheinlich entfalten werden, denn alles enthält seine vollkommene Geschichte, wenn Sie weit genug darin eindringen. Sich ins Leben einzufühlen ist wie Hausaufgaben machen – die Vorbereitungen, ehe Sie sich zu einer Handlung verpflichten. Erst danach können Sie Ihren strategischen Geist anwenden, um die empfangenen Einsichten zu untersuchen und in die Tat umzusetzen. Sie werden immer noch Ihr Scheckheft abgleichen und Daten analysieren müssen, aber logisches und organisatorisches Denken wird jetzt mehr für die Umsetzung benutzt.

Solange Sie noch nicht genügend Erfahrung auf dem Gebiet der Empfindsamkeit haben, spüren Sie Ihren Weg einfach bei nahe bevorstehenden, alltäglichen Entscheidungen. Selbst wenn sich wichtige Entscheidungen anbahnen und Druck auf Sie ausüben, überstürzen Sie nichts, und lassen Sie sich nicht überwältigen. Der erste Schritt auf eine große Entscheidung hin ist eine kleine Entscheidung. Üben Sie Ihre Empfindsamkeit, indem Sie zum Beispiel versuchen zu spüren, ob Sie zum Frühstück ein Ei oder lieber Müsli möchten. Dann spüren Sie den genau richtigen Zeitpunkt, um das Haus für eine Verabredung zu verlassen. Dann fühlen Sie, welchen Anruf Sie zuerst machen müssen. Treffen Sie diese Entscheidungen ganz bewusst, indem Sie darauf achten, in welche Richtung der Energiefluss Sie tragen will und was Ihnen ein Gefühl vermittelt, das am besten mit Ihrer Eigenfrequenz harmonisiert. Wenn Sie dann schließlich zu der wichtigen Entscheidung kommen, sind Sie erfahren darin, die Einsichten zu erfassen, die Sie benötigen, indem Sie die Schwingungen um Sie herum und in Ihnen richtig deuten.

Selbst wenn deine Bemühungen um Aufmerksamkeit jahrelang keine Ergebnisse bringen, wird eines Tages ein Licht, das genau im Verhältnis zu ihnen steht, deine Seele überfluten.

Simone Weil

Durch *unmittelbare Erfahrung*, das heißt Spüren und Fühlen ohne den Kommentar Ihres Geistes, werden Sie Eindrücke auffangen, die vielleicht ganz simpel erscheinen, die aber voller Bedeutung sind. Wenn Sie beispielsweise drei verschiedene Vorstellungsgespräche haben, stellt sich die Frage, welche Stelle ist die beste? Ihr Körper reagiert auf das erste Gespräch mit einem Kältegefühl, auf das zweite mit Schläfrigkeit, und beim dritten riechen Sie frische Blumen und sind ungewöhnlich wortgewandt. Intuitiv mögen Sie die dritte Möglichkeit, denn Sie fühlen sich natürlich und willkommen. Wenn Sie danach zu Ihrem Auto gehen, sind Sie ein wenig traurig, das Gebäude verlassen zu müssen. Mehr Nachforschungen mögen nötig sein, aber Sie können Ihren Eindrücken vertrauen; Ihr Körper lügt nicht.

Angenommen, Sie sind mit einem Klienten zusammen und hören telepathisch Ihre eigene innere Stimme, wie sie sich darüber beschwert, dass man ihr nicht zuhört – und plötzlich erkennen Sie, dass Ihr *Klient* dies denkt. Sofort sagen Sie: »Verstehe ich Sie richtig? Gibt es da etwas, das ich vielleicht missverstanden habe?« Sie mögen feststellen, dass eine erhöhte Empathie – das Gefühl, das Licht in anderen zu lieben und sich deshalb mit ihnen verbunden zu fühlen – Ihnen dabei hilft, genau zu wissen, was die Betreffenden brauchen, und zwar ehe sie es selbst wissen. Sie könnten zum Beispiel ohne erkennbaren Grund wissen, dass für Ihre Familie die Zeit gekommen ist, ihre Essgewohnheiten zu verändern, oder dass ein Freund von Ihnen einsam ist und einen lustigen Ausflug benötigt.

Praktische Übung

Fühlen Sie sich in einen Gegenstand, eine Maschine oder eine Pflanze ein

1. Wählen Sie einen Gegenstand aus. Richten Sie Ihre Aufmerksamkeit darauf. Halten Sie Ihr Gewahrsein geöffnet für jeden Eindruck, der von ihm ausgeht. Gewähren Sie

ihm Leben, und lassen Sie sich neugierig sein, ihn kennenzulernen, als wäre es Ihr neuer bester Freund. Fangen Sie mit Ihrem Sehsinn an, und untersuchen Sie, wie er aussieht. Dann gehen Sie zu Ihrem Tastsinn und – ohne den Gegenstand tatsächlich anzufassen – dehnen Ihren Lichtkörper über Ihren physischen Körper hinaus aus, lassen ihn ein formbares Energiefeld sein und lassen einen Teil davon wie eine Wolke auf den Gegenstand zuschweben und ihn einhüllen. Stellen Sie sich vor, Ihre Augen sind in dieser Wolke. Stellen Sie sich vor, dass Sie ganz dicht herankommen, beinahe auf molekularer Ebene, sodass Ihre Lichtteilchen in die Lichtteilchen des Gegenstands eindringen können. Ihr Blickwinkel ist genau da unten, direkt bei der Substanz des Gegenstands.

2. Fließen Sie mit Ihrer Energie und Ihrem Gewahrsein dort hinein. Begrüßen Sie das Bewusstsein des Gegenstands, und fragen Sie ihn, ob es in Ordnung sei, eine Zeit lang seinen Raum zu teilen, um ihn kennenzulernen. Während Sie mit ihm verschmelzen, werden Empfindungen, Eindrücke und Einsichten unmittelbar in Ihren Körper und Geist übermittelt. Bleiben Sie entspannt und neugierig. Sie könnten Eindrücke aus der Geschichte, der Lebensspanne dieses Gegenstands empfangen, von dessen Potenzial, symbolischer Bedeutung, struktureller Stärke und Schwäche und dessen Bedürfnissen.
3. Machen Sie sich im Geist Notizen. Strahlen Sie eine Schwingung von Wertschätzung und Liebe in den Gegenstand, und bringen Sie damit Ihre Dankbarkeit für seine Existenz zum Ausdruck. Dann ziehen Sie sich wieder zurück, kommen wieder ganz in Ihren Körper zurück und überdenken, was Sie bemerkt und gelernt haben.

Praktische Übung

Fühlen Sie sich in ein Tier oder eine andere Person ein

1. Wählen Sie ein Tier oder eine Person aus, gegenwärtig oder in der Entfernung, und durchlaufen Sie denselben Prozess, wie oben beschrieben. Vergessen Sie nicht, um Erlaubnis zu fragen, ihren Raum teilen und sie kennenlernen zu dürfen. Sie empfangen vielleicht Informationen von einer lebendigen Kreatur über Gesundheit, emotionale Bedürfnisse und Gewohnheiten, Talente und Wünsche, Fließen oder Festsitzen von Energie, Gedankenmuster und Schicksal.
2. Ehe Sie Ihren Lichtkörper abziehen, danken Sie dem Körper und der Seele dieses Wesens, indem Sie Wertschätzung und Herzenergie abstrahlen und den Gedanken übermitteln, dass Sie sich darüber freuen, dass Sie lebendig sind. Kommen Sie zurück in Ihren Körper, und überdenken Sie, was Sie bemerken und gelernt haben.

Sich in Leben einfühlen erzeugt Innigkeit und Fürsorge

Wenn Sie sich in Leben einfühlen, lernen Sie, sich mehr um alles zu kümmern, und um was immer Sie sich kümmern, das wird Ihre Fürsorge erwidern. Wenn Sie auf etwas treffen, was Ihr Geist mit »Nicht-Ich« bezeichnen mag, wie der Küchentisch, dann gehen Sie nicht auf dieses Konzept ein und nennen es nicht »Küchentisch« (denn das hält Sie »oben in Ihrem Kopf« fest und trennt Sie davon). Dann werden Sie es unmittelbar erfahren als eine Art von Energie, die Teil von Ihnen ist, weil sie in Ihrem *persönlichen Feld* existiert. Ihr persönliches Feld ist die subtile Energie in Ihrem physischen Körper und um ihn herum und enthält Ihr emotionales, mentales und spirituelles Gewahrsein. Alles, was Sie unmittelbar wahrnehmen, wird ein Teil Ihres persönlichen Feldes und deshalb auch Teil Ihrer selbst. Wenn Sie sich also einfühlen in die Form eines Gegenstands, der nicht benannt werden soll, und mit ihr verschmelzen, dann haben Sie Wahrnehmungen, die vom Blickwinkel dieses Gegenstands stammen. Sie spüren seine Lebenskraft, Harmonie, Schönheit, Liebe, Integrität und Gesundheit. Sie werden wissen, wie es sich anfühlt, wenn man beispielsweise aus Holz oder Stahl besteht oder vier Beine hat oder scharfe oder abgerundete Ecken. Sie schmieden eine Bindung zu etwas, das Ihnen zuvor fremd war, selbst wenn es sich um einen Gegenstand oder um eine Maschine handelt. Ich nehme mir regelmäßig die Zeit, mich in mein Auto einzufühlen, in meinen Computer, meine Waschmaschine und meinen Föhn, und sie zu lieben, und ich könnte schwören, dass meine Maschinen sich um mich kümmern und deswegen nur selten nicht richtig funktionieren. Sie schicken mir Gedanken: »Bitte säubere das Flusensieb«, »Ich brauche einen Ölwechsel«, »Ich werde bald kaputtgehen, nimm mich also nicht mit auf deine Reise«.

Wenn wir wirklich wach sind für das Leben unserer Sinne – wenn wir wirklich mit unseren Tieraugen beobachten und mit unseren Tierohren hören –, dann entdecken wir, dass nichts in der Welt um uns her unmittelbar als passiver oder unbelebter Gegenstand erfahren wird. Jedes Ding, jedes Wesen begegnet unserem Blick mit seinen eigenen Geheimnissen.

David Abram

Wenn Sie lernen, sich bewusst mit Menschen und Dingen zu vereinen, dann lockern Sie den Griff Ihres Egos und erweitern Ihre Identität. Sobald Ihr Gewahrsein mit etwas anderem verschmilzt, verlieren Sie Ihr Getrenntsein und werden zu einer Mischung. Sie sind nicht mehr die bestimmte Persönlichkeit, die Sie eben noch waren. Sie sprechen jetzt vielleicht als ein bewusster Küchentisch. Schließlich werden Sie sich so mit dem Leben verbunden fühlen, dass Sie imstande sind, die Gefühle anderer zu fühlen, ihre Sinneseindrücke zu spüren und ihre Gedanken zu denken – wenn Sie das wollen. Auf lange Sicht lehrt Sie das äußerst viel über das kollektive Bewusstsein und Kameradschaft, worüber wir in Kapitel 10 mehr sprechen werden.

Was ich lernte, als ich in Japan fast ertrank

Diese Lektion in Kommunion wurde mir bei einem meiner Besuche in Japan dramatisch demonstriert. Ich hatte jeden Tag ohne Pause tief greifende Readings für Klienten und stand um die Mittagszeit an einem Straßenübergang. Ungefähr fünfzig Leute warteten mit mir, und eine ähnlich große Gruppe wartete auf der anderen Straßenseite. Die Ampel schaltete auf Grün, und die beiden Gruppen flossen geschmeidig durch einander wie zwei Fischschwärme. Ich war die einzige Blonde in der Menge und zog deswegen eine subtile Art von Aufmerksamkeit auf mich. Niemand schaute mich direkt an, und sie berührten mich auch kaum, aber sie fühlten sich neugierig in mich ein, als wäre mein Innerstes ein offenes Buch. Nach Wochen solcher Invasion, verbunden mit einem täglichen tiefen Kontakt mit dem japanischen unterbewussten Geist – der, wie ich feststellte, voll war mit den verschiedensten Vorstellungen von Selbstaufopferung –, war ich ausgelaugt.

Ich bekam Fieber, war überwältigt, hatte Schwierigkeiten zu atmen und war kurz davor, ohnmächtig zu werden. Ich war mir nicht sicher, ob ich meinen persönlichen Raum und meine Realität bewahren konnte. Eines Nachts war ich allein in meinem Hotelzimmer und wurde überflutet mit Bildern von den Menschenmengen und all den Geschichten sämtlicher Klienten, die ich gesehen hatte, und ich hatte das Gefühl zu ertrinken. Da tauchte eine »Hand« von unten auf und zog mich nach unten. In einer Vision, die nur Sekunden dauerte, hatte ich das Gefühl, ich würde in einem Meer aus wässriger Energie untergehen. Ich starb aus meiner alten, amerikanischen, individualistischen Realität heraus und »kam zu mir« in einer neuen. Ich war vollkommen untergetaucht und schwamm in einem Meer flüssigen Gewahrseins, in dem alles und jeder miteinander verbunden war. Seitdem habe ich erfahren, dass dies in vielen asiatischen Kulturen als normal gilt.

Ich konnte mich aus diesem Meer von Gefühlen herausrecken, ohne es zu verlassen, wie eine schäumende Woge, und eine andere Gestalt annehmen. Ich konnte ich selbst sein oder ein Klient, eine Person auf der Straße oder ein Baum. Wenn ich mich innerhalb anderer Menschen erhob, kannte ich sie, als *wäre* ich sie. Dann konnte ich mich wieder in dieses Energiemeer hinein entspannen. Ich verstand die japanische Realität plötzlich von innen heraus. Von dem Tag an fühlte ich mich nicht mehr gedrängt, denn ich fühlte mich nicht mehr geschlossen. Meine Körpertemperatur wurde wieder normal, ich fühlte mich verbunden und war glücklich über jeden, den ich sah. Sie fühlten sich alle an wie Familienmitglieder, und ich konnte sehen, dass in dieser inneren Realität jeder jeden kannte und dass sich alle umeinander kümmerten, einander beschützten, denn der Schmerz jedes Einzelnen wirkte sich auf alle aus. Deswegen legten die Japaner so viel Wert darauf, ihr »Gesicht zu wahren« – es tut allen weh, wenn jemand verhöhnt und verunsichert wird. Diese Erfahrung veränderte mich vollständig. Sie demonstrierte eine Wahrheit über das Verbundensein der Menschen, die heute jeder anfängt zu spüren, nicht nur die Asiaten, und die einen großen Teil unserer zukünftigen Wirklichkeit darstellt.

Wenn du anfängst, Sinne zu benutzen, die du vernachlässigt hast, wirst du damit belohnt, dass du die Welt mit vollkommen neuen Augen siehst.

Barbara Sher

Vertrauen Sie Ihrem Inneren Wahrnehmer, und folgen Sie dem Weg der größten Resonanz

Zu einer guten Arbeit mit bewusster Empfindsamkeit gehört es, dass man lernt, den Unterschied zu erkennen zwischen dem, was Ihre Seele erkennen will, und den Dingen, die nicht besonders nützlich sind. Es gibt in Ihnen eine Kraft – nennen Sie sie den Inneren Erkennenden, den Offenbarenden, den Heiligen Geist; es gibt viele Namen dafür. Ihre Seele hat die Kraft, Ihre Aufmerksamkeit darauf zu lenken, Dinge zu bemerken, die Ihnen helfen, die Lektionen des Lebens zu lernen und sich authentisch zum Ausdruck zu bringen. Ich *kenne* meine Schwester, wir sind im selben Haus mit denselben Eltern aufgewachsen, aber die Erinnerungen an unsere Kindheit bringen mich zum Lachen, denn wir scheinen in völlig verschiedenen Welten gelebt zu haben. Unsere Inneren Wahrnehmer ließen uns offensichtlich vollkommen gegensätzliche Dinge feststellen. Sie hatte ein Problem mit dem Grundsatz unserer Mutter, uns eine kleine Kostprobe oder »Nein-danke-Portionen« aller möglichen Speisen essen zu lassen, während ich das für fair hielt. Sie wurde allmählich zu einer Fachfrau für Ernährung, während ich so gut wie alles esse.

Wir können unserem Inneren Wahrnehmer vertrauen und der Abfolge von Dingen, die er uns erkennen lässt. Der Trick besteht darin, Ihr Engagement für das zu vertiefen, was Sie bemerken, und Ihren Inneren Wahrnehmer zu fragen: »Warum bemerke ich diese Person?« »Was soll ich mit dieser Wahrnehmung anfangen?« Eine behinderte Person erregt vielleicht während der Wartezeit am Flughafen Ihre besondere Aufmerksamkeit. Warum? Die Person kann möglicherweise eine Art praktische Tapferkeit demonstrieren, die Sie in Ihrem eigenen Leben anwenden müssen. Sie können auch mit Ihrem Inneren Wahrnehmer verhandeln. Wenn Sie sich zum Beispiel Sorgen machen, dass Sie vielleicht einen Autounfall haben, können Sie ihm, anstatt in Panik zu geraten, die Frage stellen: »Wenn es eine ernste Gefahr gibt, einen Autounfall zu haben, dann mache mir das bitte bewusst, damit ich ihn vermeiden kann. Wenn es andere Bedrohungen gibt, die für mich keine Bedeutung haben, dann mache mir die nicht bewusst. Ich brauche nur Informationen, mit denen ich auch etwas verändern kann.« Der Schlüssel dabei liegt darin, sich zu entspannen und Ihrer bewussten Empfindsamkeit und Ihrem Inneren Wahrnehmer zu vertrauen.

Wenn Sie mittels Empfindsamkeit und Schwingungen navigieren, dann wählen Sie sich Leute und Gelegenheiten aus, die Ihnen zutiefst angenehm sind und harmonisch mit Ihrer Eigenfrequenz mitschwingen. Sie können Leute, Gelegenheiten, Orte und Antworten unterscheiden, die »mit Ihnen schöne Musik machen«. Manche Leute oder Situationen können auf demselben Ton schwingen wie Ihre Eigenfrequenz, wie beispielsweise dem mittleren »C«, und andere schwingen vielleicht auf einer höheren oder niedrigeren Oktave, wie dem hohen oder tiefen »C«. Wieder andere schwingen vielleicht auch auf dem mittleren »C«, haben aber eine andere Klangfarbe als Sie. Das mittlere »C« einer Violine klingt zum Beispiel anders als das einer Tuba, aber zusammen können sie sehr schön klingen. Wenn Sie auf Leute, Ideen und Gelegenheiten treffen, die mit Ihrer Eigenfrequenz eine Dissonanz erzeugen, dann lassen Sie sich mit ihnen nicht ein – oder nur oberflächlich, wenn es denn sein muss.

Wir sind Wahrnehmende. Wir sind ein Gewahrsein;
wir sind keine Gegenstände; wir haben keine Festigkeit.
Wir sind grenzenlos.

Don Juan/Carlos Castaneda

Für den Fall, dass Sie erwägen, sich mit neuen Menschen und Erfahrungen zu beschäftigen, gebe ich Ihnen einige Fragen an die Hand, die Sie sich vorher stellen sollten:

1. Liegt diese Möglichkeit auf meiner Wellenlänge? Handelt es sich im Vergleich zu meiner Eigenfrequenz um eine höhere oder niedrigere Oktave? Harmoniert sie mit mir?
2. Wenn ich an die Möglichkeiten eines Zusammenwirkens denke, führt das zu einem natürlichen Fluss, Kooperation, leichter Kommunikation und wechselseitiger Unterstützung und Vorteilen? Fühle ich mich aufgrund meiner Mitwirkung besser? Hilft diese Möglichkeit mir, noch empfindsamer, empathischer und bewusster zu sein, oder muss ich mich davor schützen, mich abschotten?
3. Um diese Möglichkeit erfolgreich zu machen, muss ich da unterrichten, unterstützen, konvertieren, kämpfen oder mehr als meinen Anteil tun? Werde ich mich in irgendeiner Weise selbst aufopfern?
4. Was würde ich lernen, wenn ich einen Beitrag zur Mitwirkung leistete oder durch sie beeinträchtigt würde?

Es ist vollkommen in Ordnung, zu verlockenden Angeboten Nein zu sagen. Je mehr Sie sich dazu entscheiden, nicht bei disharmonischen Schwingungen mitzuwirken, selbst wenn sie nur ein wenig »schräg« klingen, umso mehr Energie und authentische Kreativität werden Sie haben. Sie sind vielleicht früher in der Lage gewesen, eine Arbeit zu tolerieren, die Sie aufzehrte, aber jetzt wird es sich so anfühlen, als würden Sie ersticken. Geben Sie Ihren eigenen Ton an. Wenn Sie andere einladen, mit Ihnen auf einer höheren Frequenz zu spielen, fügen Sie größere Glaubwürdigkeit zum neuen Intuitionszeitalter des Daseins hinzu.

Aktualisieren Sie Ihre Wirklichkeit, sodass sie zu Ihrer Eigenfrequenz passt

Sie haben gelernt, Ihre persönliche Schwingung auf Ihre Eigenfrequenz eingestimmt zu halten, indem Sie sich immer wieder dazu entschieden haben, sich so zu fühlen, wie Sie sich gerne fühlen. Wenn Sie jetzt mehr von der Welt mit einschließen und dabei doch Ihre Eigenfrequenz beibehalten, werden Sie feststellen, dass viele Situationen prähistorisch und langweilig erscheinen, Prozesse, die verknöchert und langsam sind, und Leute, die noch nicht so weit sind wie Sie. Sie fühlen sich vielleicht sogar nicht mehr im Einklang, nicht mehr in Resonanz mit der Art, wie die Dinge immer funktioniert haben, oder mit Geschäftspartnern, Ehegatten, Freunden, Familie und Klienten. Sie fühlen sich möglicherweise abgeschreckt durch die primitive, unbewusste oder skrupellose Art, wie die Leute Dinge tun.

Zwei Geschäftsfrauen, beide klug und mit spirituellen Erfahrungen, erzählten mir neulich eine ganz ähnliche Geschichte. Die eine war verantwortlich für ein »grünes« Projekt für die Entwicklung von Immobilien, beschaffte unglaubliche Geldsummen, bewältigte emotional wechselhafte Geschäftspartner und löste zahllose Probleme mit der Stadt und den angrenzenden Grundbesitzern. Bei alldem erlag sie aber nicht dem Druck, die ursprüngliche spirituelle Vision des Projekts der Zweckmäßigkeit halber aufzugeben. Es gab Wellen von Erfolg, dann wieder Rückschläge. Sie sieht sich gegenwärtig der Aussicht auf einen Finanzpartner gegenüber, der sie herausdrängen und das Projekt den Gründern und Visionären wegnehmen will. Obwohl sie Erfahrung damit hat, in ihrer Eigenfrequenz zu bleiben, ist sie am Rande der Insolvenz, ihr Körper ist ausgebrannt von zu viel Adrenalin, und sie befindet sich an einem Wendepunkt, an dem sie loslassen und sich – einmal mehr – wieder zentrieren muss.

Die zweite Frau machte mit der Firma, die sie besaß, einen ähnlichen Prozess durch. Als der Markt umkippte, konnte ihre Firma die Rechnungen nicht mehr bezahlen. Alle waren wütend auf sie; sie hatte zugenommen, war deprimiert und führte Gespräche mit einem Rechtsanwalt für Insolvenz. Eines Tages dann dämmerte es ihr, dass sie ebenso gut aufhören konnte, sich Sorgen zu machen – wozu sollte das schließlich noch gut sein? Nicht lange danach erregte eines ihrer Produkte großes öffentliches Interesse und verkaufte sich national und international sehr gut. Das Blatt wendete sich. Sie hatte losgelassen, war wieder in Verbindung mit ihrer Eigenfrequenz getreten, und das Leben kam auf neue, faszinierende Weise wieder. Ihre Gesundheit kehrte zurück, sie nahm ab, zahlte ihre Schulden zurück, und ihre Gesellschaft wurde von einer großen, bekannten Firma aufgekauft. Ihr wurde eine eigene Abteilung gegeben und die Freiheit, Produkte zu produzieren, die sie positiv einschätzte. Jetzt war ihre Intuition schärfer als je zuvor. Sie erkannte das Potenzial eines anderen Produkts und stürzte sich darauf. Das wurde noch erfolgreicher als das erste. Dann arrangierten ihre neuen Partner einen feindlichen Schritt, nahmen ihr das Produkt weg und schlossen sie aus zukünftigen Profiten aus.

Beide Frauen lernten eine ähnliche Lektion. Beide engagierten sich in ehrgeizigen Unterfangen, die sie spirituell stimulierten. Sie hatten sich, vielleicht unbewusst, entschlossen, sich schnell zu vergrößern, und als Mittel zu diesem Zweck wählten sie sich Partner, die mit Berühmtheit und Glamour und damit Geld machten, anderen immer einen Schritt voraus zu sein. Indem sie von ihrer hohen Eigenfrequenz aus kreativ tätig waren, gab es für sie Gelegenheiten, in denen sie magische Resultate erlebten. Dann wählten sie Partner, deren Schwingung viel niedriger war als ihre eigene, und sie konnten sehen, wie Angst und Ego – die alte »Realität« – gute Ansätze ruinieren konnten. Beide Frauen müssen nun ihre Eigenfrequenz wiederherstellen und neue Partner und neue Gelegenheiten wählen, die in Harmonie mit ihnen schwingen. Sie befinden sich in einem *Prozess der Frequenzsortierung.*

Die Stimme unseres ursprünglichen Selbst wird häufig gedämpft, überwältigt, sogar erwürgt durch die Erwartungen anderer Menschen. Die Stimme des ursprünglichen Selbst spricht die Sprache des Herzens.

Julia Cameron

Erfüllen Sie die Welt mit Ihrer Eigenfrequenz

Sie befinden sich möglicherweise an einem ähnlichen Ort, an dem Sie mit Schwingungen experimentieren, wie sie Ihr Leben und Ihren Erfolg beeinflussen. Sie haben vielleicht die magischen Erfolge erlebt, die Ihre Eigenfrequenz erzeugen kann und die Hindernisse und Misserfolge, die unstimmige

Beziehungen und Gelegenheiten herbeiführen. Auch Sie müssen sich jetzt das Recht einräumen, Ihre Eigenfrequenz zur Basis von allem in Ihrem Leben zu machen, zu wissen, dass Ihre Realität *auf jedem Gebiet* fließend und freudvoll sein kann. In dem Maße, in dem Sie Harmonie nicht als einen Lebensstil angenommen haben, werden Sie weiterhin Leute anziehen, die Ihre Realität herausfordern oder negieren. In dem Maße, in dem Sie teilweise klar sind und teilweise in Ihren alten ungesunden Gefühlsgewohnheiten stecken, wird Ihr Leben eine Mischung von Menschen enthalten, deren Denken auf Angst beruht, also der »alten Realität«, und solchen, deren Denken auf der Seele beruht, also der »neuen Realität«.

Vielleicht haben Sie einen ähnlichen Ort erreicht wie Cameron im vorigen Kapitel, wo Sie mehr Energie als notwendig in Situationen gesteckt haben oder »sich abgefunden haben« mit schwierigen Leuten, wo Ihre Energie andere stabilisiert hat und Sie versucht haben, ausgeglichen zu bleiben, damit Sie morgen alles weiter so machen konnten. Wenn Sie ein Gefühl für Ihre erweiterte Fähigkeit bekommen und begreifen, dass Sie für den Erfolg keinen Teil dessen opfern müssen, wie Sie sich selbst zum Ausdruck bringen, dann werden Sie erkennen, dass Sie sich vorstellen können, »den Ton Ihrer Stimmgabel anzuschlagen« und die Schwingung Ihrer Eigenfrequenz durch das Feld um Sie herum hinauszusenden als die ordnende Frequenz Ihrer Welt. Je mehr Sie akzeptieren, dass dies möglich ist und Wirklichkeit werden kann, umso mehr werden Sie sehen, dass die Leute und Situationen in Ihrem Leben mit Ihrer Eigenfrequenz in Resonanz kommen werden. Und dann verbessert sich das Leben auf wundersame Weise. Sie werden schon bald feststellen, dass Sie Ihre eigene Schwingung nicht herabsetzen müssen, um in der Welt zu sein – es ist genauso einfach, eine erfolgreiche Welt aus Ihrer Eigenfrequenz heraus zu erschaffen und Freunde und Kollegen zu haben, die Sie verstehen und unterstützen.

Praktische Übung

Fühlen Sie sich in einen Ort der Kraft ein

Verwenden Sie Ihre bewusste Empfindsamkeit, um Orte zu finden, die Kraft haben oder mit Ihrer Eigenfrequenz mitschwingen. Dadurch können Sie Ihr Energieniveau maximal erhöhen, Ihre Gesundheit, Ihre Klarheit vergrößern und sogar Ihr Wachstum beschleunigen.

1. Zentrieren Sie sich und bringen Sie Ihren Körper zur Ruhe. Beginnen Sie da, wo Sie sind – in Ihrem Haus oder Garten, im Büro oder auf dem Markt oder auf einem Wanderweg. Spüren Sie die Energie, die dem Ort innewohnt, an dem Sie gerade stehen. Sie kommt direkt aus dem Zentrum der Erde hoch in Ihre Füße und in Ihren Körper und füllt den Raum um Sie her. Bewegen Sie sich jetzt langsam, und erforschen Sie die Umgebung. Lassen Sie Ihren Körper einen Ort finden, an dem er innehalten will. Achten Sie auf die Energie dort. Was ist an ihr interessant?
2. Lassen Sie Ihren Körper sich wieder bewegen und anhalten. Achten Sie auf die Energie. Machen Sie so weiter, bis Sie die magnetischste Stelle finden, an der die Energie am stärksten ist. Achten Sie auf den Unterschied zwischen dieser Stelle und anderen Orten. Atmen Sie so viel Energie von diesem Ort der Kraft ein, wie Ihr Körper es will, und schicken Sie Ihre Liebe hinunter in die Erde und in diesen Ort.
3. Probieren Sie das in einem Restaurant, um herauszufinden, wo Sie sitzen wollen, oder wenn Sie draußen in der

Natur sind, Möbel umstellen oder einen Garten bepflanzen – wo wollen Sie hingehen? Wo möchte jedes Teil oder jede Pflanze sein? Finden Sie den Platz in Ihrem Haus, der Ihnen tiefste Stille vermittelt, und benutzen Sie ihn zum Meditieren. Suchen Sie sich einen alten, besonderen Baum, der Ihnen hilft, klar zu denken, wenn Sie sich an ihn lehnen.

Benutzen Sie alle drei Ebenen Ihres Gehirns, um Ihre Empfindsamkeit zu verfeinern

Es gibt drei Ebenen Ihres Gehirns, wie im folgenden Diagramm dargestellt, und jede Ebene nimmt anders wahr. Sich in Ihrem Gehirn auf und ab zu bewegen ist so, als würden Sie eine Skala oder eine Leiter des Bewusstseins durchqueren. Der obere Neocortex mit seiner linken und rechten Hemisphäre erledigt das abstrakte, konzeptuelle Denken. Die linke Hemisphäre regiert das analytische Denken und die Sprache, und die rechte Hemisphäre betrifft das Erkennen von Mustern, die Intuition und Kreativität. Das Mittelhirn ist die Ebene der Sinneswahrnehmungen. Es hilft Ihnen dabei, sich mit der Welt verbunden zu fühlen durch Gemeinsamkeiten und Zuneigung. Das niedere *Reptilienhirn* (der Hirnstamm) ist auf Überleben ausgerichtet und erkennt mit instinktiver Abneigung oder Zuneigung und mit Kampf-oder-Flucht-Impulsen. Es ist für Motivation und unmittelbare Erfahrung verantwortlich. Da die Körperdaten an der Wirbelsäule hochsteigen, ist das Reptilienhirn der erste Ort, an dem Informationen bewusst werden. Sie nehmen dann im Mittelhirn weitere Dimensionen an, wenn die Sinne ihnen Gestalt verleihen, und sie gehen dann weiter in das obere Gehirn, wo sie Bedeutung und Sprache annehmen und Teil eines größeren Musters von Wissen werden. Wenn Sie das

Bild einer Leiter im Kopf behalten, können Sie fließend die einzelnen Stufen rauf und runter gehen und dabei ganz leicht von Körperempfindungen zu Intuition zu Mustererkennung und zu Bedeutung hin und her wechseln.

Die drei Ebenen des Gehirns

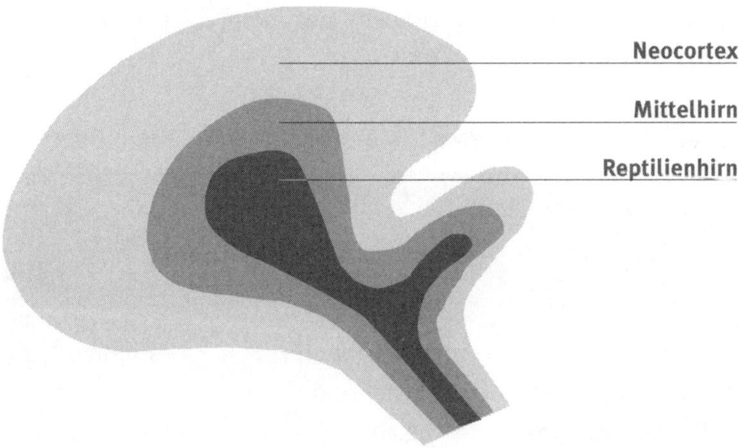

Um Empfindsamkeit zu betonen, steigen Sie die Leiter hinunter in Richtung Körperwissen. Um abstrakte Wahrnehmung zu betonen, steigen Sie die Leiter hoch. Wenn Sie den ganzen Tag in Ihrer linken Hemisphäre gelebt haben, sind Sie wahrscheinlich mit Worten und Betawellen gesättigt, und das kann dazu führen, dass Sie sich angespannt und nervös fühlen. Wenn Sie sich vorstellen, in die rechte Hälfte überzuwechseln und sich nach unten zum Mittelhirn hin zu bewegen – wo Sie Intuition, die Sinne, Gemeinsamkeiten und Zuneigung erleben –, können Sie umschalten auf die langsameren Alpha- und Thetawellen und Ihre Spannungen abschwächen. (Denken Sie daran, dass Deltawellen hauptsächlich während des Schlafens auftreten.) Wenn Sie weiter hinuntergehen zum Reptilienhirn, wo Sie Instinkte erleben und eine unmittelbare Verbindung mit der Umgebung, können Sie sich erden und die letzten Spuren Ihrer Anspannung auflösen. Wenn Sie in Ihrem Gehirn »runter«kommen, dringen Sie tiefer in Ihren Körper ein und bringen sich zur Ruhe. Sind Sie einmal ruhig und fühlen sich stabil, ist es leicht, zu spüren, dass Ihre Eigenfrequenz auf allen Ebenen Ihres Gehirns und Ihres Körpers existiert.

Arten von Empfindsamkeit in den drei Ebenen Ihres Gehirns

Frühe Erkennung **REPTILIENHIRN**	Sinne und Gefühle **MITTELHIRN**	Feinste Empfindsamkeit **NEOCORTEX**
Subtile Schwingungen Angstzustände/Schmetterlinge im Bauch Guter Instinkt Anziehung/Abneigung Ausdehnung/Verkrampfung Resonanz/Dissonanz	Geruch/Innerer Geruchssinn Geschmack/Innerer Geschmackssinn Berührung/Außersinnliche Berührung Hörsinn/Hellhören Sehen/Hellsichtigkeit Empathie/Kommunion	Rationale Bedeutung Aufblitzendes Verstehen Plötzliches Begreifen von Mustern Mystizismus Nicht physische Wesen spüren Einheitliches Feldbewusstsein Kollektives Bewusstsein

Um äußerst subtile Empfindsamkeit zu aktivieren, ist es hilfreich, wenn Sie Ihre Augen schließen und sich unter Ihren Sehsinn fallen lassen – denn das Sehen und der innere Sehsinn, Hellsichtigkeit, sind eng verbunden mit Ihrem Neocortex – und unvermittelt in Sprache, in Bedeutung und Konzepte wechseln. Um Empfindsamkeit zu entwickeln, sollten Sie mit Ihrem Körper verschmolzen bleiben. Versuchen Sie, auf Geräusche zu hören – in Ihnen selbst und in Ihrer Umgebung, nahe und ferne, leise und laute. Dann führen Sie eine ganz subtile Verschiebung durch, sodass Sie jetzt die Geräusche unterhalb der hörbaren Grenze »hören«. Sie können dann Botschaften Ihrer Organe hören, die Stimme eines Freundes oder die Pflanzen. Passen Sie auf, dass Sie nicht auf Abwege geraten, denn *Hellhörigkeit* verknüpft Sie mit Ihrer inneren Stimme und kann zu vermehrten Selbstgesprächen führen, was Sie zurückbringt in Ihr oberes Gehirn.

Berichtigen Sie das, indem Sie in das tastende Gewahrsein unterhalb der Geräusche gehen. Spüren Sie mit geschlossenen Augen, was in Ihnen und um Sie herum ist, indem Sie die Temperaturen und Konsistenzen fühlen. Sie haben vielleicht das Gefühl, dass Ihr Kopf heißer ist als Ihre Füße, dass es Temperaturunterschiede in der Luft gibt oder dass ein Gewebe genoppt ist. Wechseln Sie über zu Ihrem inneren Tastsinn – außersinnliche Berührung –, und achten Sie auf die Eindrücke, die Sie empfangen. Hat Ihre Energie eine stoffliche Beschaffenheit? Stagniert die Energie in dem Raum, in dem Sie sich befinden, ist sie elektrisch oder nährend? Jetzt probieren Sie Folgendes: Verbinden Sie Ihren Hörsinn mit Ihrem Tastsinn. Versuchen Sie, den physischen Eindruck zu spüren, den die tickende Uhr oder das klingelnde Telefon auf Ihren Körper macht. Achten Sie mit geschlossenen Augen darauf, was Sie riechen. Je stiller Sie sind, umso mehr werden Sie subtile Gerüche wahrnehmen, wie beispielsweise den

Unterschied zwischen einem einfachen kalten Blatt Papier und dem, das gerade aus einem warmen Drucker kommt. Wechseln Sie nun zu Ihrem inneren Geruchssinn über, und Sie werden Informationen darüber empfangen, wie die Gesundheit Ihres Körpers riecht oder welchen Geruch die mögliche Lösung eines Problems hat. Sie können dasselbe auch mit dem Geschmackssinn machen, indem Sie beispielsweise spüren, ob eine Situation süß oder bitter schmeckt.

Ich bin überzeugt, dass allumfassende Ströme göttlicher Gedanken existieren, die überall im Äther schwingen, und dass jeder, der diese Schwingungen wahrnehmen kann, inspiriert wird.

Richard Wagner[8]

Wenn wir uns auf subtile Wahrnehmungen einstimmen und die Leiter herunterklettern zu den intuitiven Sinnen (siehe die Grafiken zu den alltäglichen Schwingungen in Kapitel 2), werden Sie bewusste Empfindsamkeit entwickeln. Ihre Empfindsamkeit bringt Ihnen Informationen über andere Körper, Gegenstände, Orte, Ereignisse, Trends, Zeitachsen und Prozesse, selbst aus der bevorstehenden Zukunft. Sie können möglicherweise plötzlich die Natur emotionaler Verletzungen und deren Heilung verstehen, Motivationen, die komplexen Gedankenmuster hinter Verhaltensweisen und Resultaten, sogar erleuchtete emotionale Zustände wie Ekstase, Freude und Seligkeit sowie die Ereignisse in den höheren Dimensionen des Gewahrseins.

---

8 *Gespräche mit berühmten Komponisten (Talks with great composers)* von Arthur Maynard Abell und Christian Dehm, G. E. Schröder Verlag, 1962. Eine angebliche Äußerung Wagners gegenüber Engelbert Humperdinck. (Anm. des Übersetzers)

Praktische Übung

Fühlen Sie sich in finanzielle Investitionen ein

Wenn Sie darüber nachdenken, Aktien oder offene Wertpapier-Investmentfonds zu kaufen oder zu verkaufen oder andere Investitionen zu machen, stellen Sie eine Liste Ihrer Möglichkeiten auf Papier zusammen, setzen Sie sich ruhig hin und schauen sie an. Konzentrieren Sie sich auf den ersten Eintrag: Sollten Sie diesen Fonds verkaufen oder behalten? Fühlen Sie sich da mit Ihrem erweiterten Tastsinn hinein. Welche Eindrücke bekommen Sie? Handelt es sich um eine hohe Schwingung, um eine wechselhafte, oder fühlt sie sich auf lange Sicht gesehen solide und echt an? Bekommen Sie irgendwelche Stiche, wird Ihnen bange ums Herz, spüren Sie etwas Stacheliges, oder fühlen Sie vielleicht eine Leere? Macht die Möglichkeit Sie glücklich, stumpf, ängstlich, verkrampft, enthusiastisch oder unbewusst? Sie können sogar ganz mit dem Fonds verschmelzen und zu ihm werden und dann als der Fonds sprechen und sich selbst eine Nachricht zukommen lassen. Nun achten Sie auf Ihre Eindrücke beim nächsten Eintrag und gehen so durch die ganze Liste. Wenn Sie fertig sind, können Sie Nachforschungen anstellen, sich anschauen, was andere dazu sagen, und überprüfen, ob es für Ihre Einsichten Beweise gibt. Dann handeln Sie!

Je eher Sie wissen, umso hilfreicher ist Ihre Empfindsamkeit

Wie früh erkennen Sie nonverbale Informationen, die über Schwingungen zu Ihnen kommen? Je eher Sie einen Eindruck erkennen und ihn entschlüsseln, umso bewusster empfindsam werden Sie. Sie können damit anfangen, sich der Dinge bewusst zu werden, die Sie ganz leicht und früh bemerken. Wie die meisten Menschen sind Sie am empfindsamsten für das, was Ihnen wichtig und faszinierend vorkommt. Sind Ihre Ängste und Sorgen vorherrschend, sind Sie vielleicht besonders wachsam gegenüber Bedrohungen Ihrem körperlichen Wohlergehen, Ihrer finanziellen Sicherheit oder Ihrer Ehe. Wenn Sie sich aber andererseits Ihrem Wachstum verschrieben haben, bemerken Sie vielleicht eher positive Dinge, die Ihnen dabei helfen, sich zu erweitern, wie eine Redewendung, die Ihr Verständnis öffnet, das Bedürfnis nach Sonnenschein oder ein neues Studium, in das Sie sich vertiefen wollen.

Als Nächstes können Sie Ihre Neugier darauf steigern, zu sehen, worauf Ihr Körper während des Tages reagiert und auf welchen subtilen Informationen oder Eindrücken sich viele Ihrer schnellen Navigationsentscheidungen stützen. Warum haben Sie plötzlich aufgehört zu arbeiten und sind einkaufen gegangen? Warum haben Sie einen bestimmten Anruf vor einem anderen beantwortet? Warum haben Sie scharf mit jemandem gesprochen, den Sie normalerweise freundlich behandeln? Und schließlich achten Sie einmal darauf, ob Sie Ihre Empfindsamkeit so erweitern können, dass Sie sich verborgener Kräfte gewahr werden oder Variablen, die Sie und Ihre Lieben beeinflussen. Wenn Sie auf das, was Sie bemerken, achten, werden Ihre Informationen zu einer angemessenen Handlung führen.

Wenn Ihr Körper nonverbale Informationen als Schwingungen aus der Umgebung auffängt, wird sich diese Schwingung intensivieren, wenn Sie sie nicht bewusst erkennen und entsprechend handeln. Es mag Zeiten geben, in denen Sie vorübergehend nicht empfindsam sind, weil Sie zu sehr in Ihrer linken Hirnhälfte sind, sich zu sehr auf etwas konzentrieren oder nicht in Ihrem Körper sind. Aber Ihre Seele spricht zu Ihnen, und wenn die Information wichtig ist, dann wird sie nicht aufhören, sich in den Vordergrund zu drängen, bis Sie die Botschaft empfangen. Angenommen, Sie sind in der Arbeit unentspannt und in schlechter Stimmung, wenn Sie nach Hause kommen. Sie haben die frühen Anzeichen beschönigt, die Ihnen sagten, dass es Ihnen nicht gut geht mit der erdrückenden Arbeitslast oder dass es ungesund ist, wenn Sie sich zu lange im Neonlicht aufhalten. Da Sie die Botschaft nicht sofort begriffen und keine Anstalten gemacht haben, die Probleme Ihres Körpers abzuschwächen, baut sich Spannung auf, bis Sie jetzt kurz vor einer Migräne stehen.

Wenn Sie nicht die ersten winzigen Wellen der Ausdehnung und Zusammenziehung bemerken, wird die Information immer schriller und beharrlicher. Zuerst flüstert Ihr Körper, dann räuspert er sich, klopft an die Tür, hämmert wie wild an die Tür, und schaltet schließlich die Warnblinkanlage und die Sirene ein. Subtile Verkrampfungen entwickeln sich zu Spannungen, Schmerzen, chronischen Schmerzen, Krankheit und Lähmung; schließlich kommt es zum Trauma oder zu einem Unfall. Hinter jedem Schmerz und jedem Trauma befindet sich eine nicht gehörte Botschaft Ihrer Seele und Ihres Körpers. Subtile Informationen durch bewusste Empfindsamkeit früh aufzufangen kann Ihnen eine Menge Schmerzen und Sorgen ersparen!

Praktische Übung

Wofür sind Sie am meisten und wofür am wenigsten empfindsam?

Wenn Sie die folgenden Kategorien von Erfahrungen in Ihr Gewahrsein bringen, kann Ihnen das dabei helfen, bewusster empfindsam zu sein für das, was Sie fühlen.

- Listen Sie alles auf, was bei Ihnen auf die Bedienknöpfe drückt: alle Auslöser – Dinge, die Sie aus der Fassung bringen können.
- Listen Sie alles auf, was Ihnen auf tiefer Ebene Angst macht und Beklemmungen erzeugt.
- Listen Sie alles auf, was Sie in anderen verkörpert sehen und selbst gern lernen würden.
- Listen Sie alles auf, von dem andere merken oder spüren, dass Sie demgegenüber empfindungslos sind.
- Listen Sie auf, wie Sie Ihre fünf Sinne mit Gefühlen von Freude und Schönheit verbinden.
- Schreiben Sie auf, wie früh Sie Spannungen, Schmerz oder geringfügige Erkrankungen Ihres Körpers bemerken.
- Worauf in der Umwelt sind Sie empfindlich (Licht, Feuchtigkeit, Farben, Hässlichkeit, Nahrungsmittel, Temperatur, Krach, Höhe usw.)?
- Schreiben Sie auf, wie Sie nonverbale Informationen aus der Umwelt in einem frühen Stadium bemerken könnten.
- Welche Ihrer Sinne sind die dominierenden? Welche würden Sie gern weiterentwickeln?

Die subtile Schwingung Ihrer Wahrheits- und Angstsignale

Sie sind äußerst empfindsam gegenüber Wahrheit und Lügen, Sicherheit und Gefahr. Wenn Informationen in Ihrem Reptilienhirn bemerkt werden, nehmen sie zwei Formen an: *Ja* und *Nein*. Sie werden diese Stichwörter aufgrund instinktiver Gefühle von Expansion oder Kontraktion erkennen und dadurch, dass Energie fließt oder nicht fließt. Achten Sie darauf, dass Sie diese Empfindungen nicht als Eigenarten Ihres Körpers ausblenden – es handelt sich um Ihr ganz eigenes System von Wahrnehmungsvermögen aufgrund bewusster Empfindsamkeit! Ist eine Entscheidung oder eine Handlung angemessen, sicher, wahr und gewollt für Sie, werden Sie Energie spüren, die sich ausdehnt: Vielleicht fühlen Sie in sich aufsteigende Energie, oder Sie werden aktiv oder lebhaft, oder Sie werden vielleicht »heiß« für eine Idee, fühlen sich »schwindelig« oder überflutet von Enthusiasmus und »Schmetterlingen« im Bauch. Diese Reaktionen sind Ihre *Wahrheitssignale*, und Sie können sie in verschiedenen Teilen Ihres Körpers spüren. Manche Menschen spüren ein warmes, sich in der Brust ausbreitendes Gefühl. Andere spüren, wie Energie von unterhalb des Zwerchfells hochsprudelt in ihre Brust, Kehle und Augen, die vielleicht vor Tränen überfließen. Manche spüren, wie das Blut so in ihren Nacken oder in ihr Gesicht strömt, dass sie dadurch rot werden, oder sie spüren, dass Energie an ihrer Wirbelsäule entlang nach oben fließt oder hinunter in ihre Arme und ihnen eine prickelnde Gänsehaut verursacht. Wieder andere beschreiben das als »Klicken und Knacken«, als würde sich etwas wieder einrenken und an seinen Platz finden.

Ist eine Möglichkeit oder eine Handlung nicht sicher, unangemessen, falsch oder sinnlos für Sie, dann werden Sie ein *Angstsignal* spüren. Vielleicht spüren Sie, wie die Energie sinkt, zurückprallt, sich verfinstert oder eng wird. Vielleicht fühlen Sie sich kühl oder kalt, oder Ihnen wird bang ums Herz, oder Sie spüren eine Verkrampfung im Bauch. Vielleicht fühlen Sie sich auch abgewiesen, werden bleischwer oder fühlen sich wie »versteinert«. Anstatt rot zu werden, werden Sie vielleicht bleich, fühlen sich grau oder blau. Sie können auch Schmerzen haben oder im wahrsten Sinne des Wortes eine »haarsträubende« Erfahrung machen. Häufig auftretende Angstsignale sind: Magenschmerzen oder Übelkeit, Nackenschmerzen, Engegefühl in der Brust, Kopfschmerzen oder das Gefühl eines Knotens oder einer Faust im Sonnengeflecht.

Ein Mann aus einer meiner Klassen machte eine Übung, bei der er seinen Geruchssinn im Zusammenhang mit Wahrheits- und Angstsignalen anwendete, um ein Problem zu lösen. Als er sich jede Lösungsmöglichkeit vorstellte und wie sie wohl riechen würde, roch eine wie ein gegrilltes Steak, eine andere wie Schmutz und eine dritte wie eine aufgeschnittene Apfelsine. Zu welcher fühlte er sich am meisten hingezogen? Er sagte, sein Körper mochte sie alle. Als ich ihn bat, die emotionalen Zustände zu fühlen oder die Art von Energie, die jede erzeugen würde, ging seine Entscheidung sofort zur Apfelsine, denn er mochte das Gefühl von hoher enthusiastischer Bewegung, die ihm das vermittelte. Die anderen beiden fühlten sich dauerhaft an, aber langweilig.

Wenn Sie in ein Haus kommen und Sie frösteln, was aber nichts mit physischer Temperatur zu tun hat, was könnte das bedeuten? Vielleicht ist jemand vor Kurzem in dem Haus gestorben, vielleicht ist es aber auch verflucht, die Bewohner hatten eine erbitterte Diskussion, oder Sie werden eine Enttäuschung erleben oder ein Unglück, das mit Ihrem Aufenthalt dort zu tun hat, oder es erinnert Sie an ein negatives Erlebnis aus der Vergangenheit, das Sie verstehen und klären müssen. Wenn Sie einen möglichen Geschäftspartner treffen und Sie starkes Herzklopfen bekommen, bedeutet das, dass Sie Ihren Seelenfreund gefunden haben oder dass Sie Ihre Eigenfrequenz noch einmal daraufhin überprüfen sollten, ob der Betreffende eine getarnte Gefahr darstellt. Wenn Sie einen Anruf machen müssen, verschieben ihn aber immer wieder, bedeutet das, dass es da etwas in der Beziehung zu dem Betreffenden gibt, das der Klärung bedarf, oder dass Ihnen eine Information fehlt, die das, was Sie sagen werden, vielleicht ändert. Das sind die Dinge, auf die Sie achten und deren Entschlüsselung Sie üben sollten.

Sie stehen am Meeresufer, und die Wellen spülen einen alten Hut, eine alte Schachtel, einen Schuh, einen toten Fisch ans Ufer, und das liegt nun alles zusammen am Strand. Sie werden sagen: »Zufall, Unsinn!« Der chinesische Geist fragt: »Was bedeutet es, dass diese Dinge zusammen sind?«

C. G. Jung[9]

Sie können Empfindsamkeit auch auf Geschäftliches anwenden

David, ein Anwerber für Unternehmen und Unternehmensberater in der Gegend von San Francisco, berichtet Folgendes. Als er anfing, seine Beraterpraxis auf die Jagd nach qualifizierten Arbeitskräften auszuweiten, sagten ihm die Leute, dass er dazu mindestens fünfzig unangemeldete Anrufe pro Tag machen müsse. Aber David experimentierte mit der Philosophie, dass alles im Leben miteinander in Verbindung steht und zusammenwirkt. Als er also seine neue Praxis eröffnete, stellte er seinen Schreibtisch nach Osten auf, sodass er die Masse der Vereinigten Staaten vor sich spüren konnte. Jeden Morgen saß er an seinem Schreibtisch, schloss seine Augen und stellte eine Verbindung zum ganzen Land her. Er visualisierte und fühlte Tausende von Lichtpunkten, die das ganze Land übersäten, bis hin zur Ostküste. Jeder Lichtpunkt war eine Person, die durch einen Lichtfaden mit ihm am Schreibtisch verbunden war. Dann ging er die Stellenanzeigen durch und bekam ein Gefühl dafür, welche Leute er benötigte. Dann schickte er fröhlich die Nachfragen

---

9 Carl Gustav Jung, Lilly Jung-Merker, Elisabeth Rüf: *Gesammelte Werke 18. Das symbolische Leben. Verschiedene Schriften.* 1981, Seite 86. (Anm. des Übersetzers)

entlang der Lichtschnüre hinaus, als würden sie eine Glocke ertönen lassen, die die Leute zum Essen rief. Er sah einige Lichtpunkte heller und größer werden.

Dann ließ er das Bild los, spürte ein Gefühl von Zufriedenheit und richtete seine Aufmerksamkeit auf die Anrufliste. Er rief zuerst den an, dessen Name aus der Seite hervorstach. In kurzer Zeit war David außergewöhnlich erfolgreich. Seine Kollegen verstanden nicht, warum er so viel Glück hatte. Anstatt fünfzig machte er nur zehn Anrufe – aber es waren die zehn richtigen. Bei den meisten Leuten, die er vermittelte, handelte es sich um Personen, die ins Blaue hinein oder auf Empfehlungen hin anriefen. Seine Klienten sagten, dass sie seine Entspanntheit liebten und dass sich die Dinge um ihn herum wie magisch manifestierten.

Eine Reihe meiner Kunden, die erfolgreiche Unternehmer und Geschäftsführer sind, erzählen ähnliche Geschichten von unorthodoxen, auf Empfindsamkeit basierenden Methoden. Peter war zu einer leitenden Position in einer Investitionsfirma aufgestiegen. Als er die Leitung einer großen Abteilung übernahm, erzählte er, bekam er ein Büro mit Glaswänden, in dem er es nicht aushalten konnte. Es trennte ihn von den anderen. Die einzige Möglichkeit, wie er Strategien kreieren und umsetzen konnte, bestand darin, herumzugehen und mit den Leuten zu reden. Häufig sprach er mit ihnen nur über ihre Familien oder Urlaubspläne. Er erkannte, dass sein Körper Informationen auffing, die nicht verbalisiert wurden. Dieses Wissen verschmolz zu einem Gesamtüberblick, und als er in seine »Zelle« zurückmusste, tauchten die Pläne ganz mühelos auf. Er fühlte sich in seiner Rolle wohl, solange er »herumbummeln« konnte.

Ihr Körper ist ein Barometer für das, was um Sie herum geschieht

Ich kann kaum zählen, wie oft es passiert ist, dass ich mich in meinen Körper einfühle, um zu sehen, was ich erfahre. Ich suche danach, eine Bewegung von Bewusstsein und Energie einzufangen, um dann darüber in meinem Newsletter zu schreiben oder es mit meiner Klasse zu teilen. Ich spüre beispielsweise Frustration und Panik oder Wellen unbeschreiblicher Erleichterung. Ich erkenne vielleicht, dass ich einen Durchbruch hatte auf eine neue Ebene von Gewahrsein. Wenn ich diese Einsichten mit anderen teile, bekomme ich eine Flut von Reaktionen – viel mehr als die Statistik voraussagen würde –, die sagen: »Das Gleiche ist mir auch passiert!«

Eine Unternehmerin, die ich kannte, ging eines Tages durch das Büro ihrer Firma, setzte sich an ihren Schreibtisch und spürte vage, dass sie etwas beunruhigte. Sie blieb damit eine Weile sitzen und ließ es an die Oberfläche steigen. Was ihr bewusst wurde, war keineswegs angenehm, aber es war eine nützliche Neuigkeit. Sie erkannte, dass sich ihre Angestellten langweilten. Wie schrecklich! Sie hatte eine Gesellschaft und Arbeitsbedingungen erzeugt, die nicht lebendig oder interessant genug waren, um das Beste in den Leuten zu motivieren. Was sollte sie tun? Sie saß damit eine Weile länger und hatte dann eine weitere Erkenntnis: *Sie selbst langweilte sich!* Die Auswirkungen verblüfften sie. Sie, ihre Gesellschaft und ihre Angestellten waren so eng miteinander verbunden, dass eine Veränderung ihrer eigenen Einstellung sich auf den ganzen Ort auswirkte. Bei solchen Gelegenheiten stellte sie sich die Frage: »Was war zuerst – das Huhn oder das Ei?« War ihre Langeweile auf einer telepathischen Schwingungsebene ansteckend für ihre Angestellten, oder strahlten ihre Angestellten eine Energie aus, die sie beeinflusste? Oder reagierte das gesamte System gleichzeitig auf veränderte energetische Umweltbedingungen? Die Antwort ist: alles zugleich.

Ich bitte Sie, sorgen Sie doch für diesen Leib mit anhaltender Treue. Die Seele muss nun einmal durch diese Augen sehen, und wenn sie trüb sind, so ist's in der ganzen Welt Regenwetter.

Johann Wolfgang von Goethe[10]

Philip war für kurze Zeit mit einer Frau verheiratet, die ein Problem mit ihrem Zorn hatte und ihre Wut regelmäßig bei ziemlich belanglosen Anlässen an ihm ausließ. Zu Beginn ihrer Beziehung trafen ihn ihre Wutausbrüche überraschend, und er spürte, wie sich sein Sonnengeflecht und seine Brust plötzlich verengten, als hätte sie einen wirklichen, physischen Schlag bekommen. Er versuchte, es einfach vorbeiziehen und die Intensität von sich abperlen zu lassen und nicht ebenso zu reagieren. Aber sein Körper konnte nicht aufhören, schmerzlich zurückzuzucken. Das ging ein ganzes Jahr so, und er bemerkte, dass sein Körper immer kurz vor ihren heftigen Ausbrüchen ängstlich nervös wurde. Es war fast so, als könnte sein Körper riechen, wie sich das »Ozon« in seiner Umgebung aufbaute. Er spürte förmlich eine Art extreme, subtile Spannung. Sein Körper wurde zu einem verlässlichen Barometer für das sich ändernde emo-

10 Johann Wolfgang von Goethe: *Briefe. Historisch-kritische Ausgabe.* Im Auftrag der Klassik Stiftung Weimar/Goethe- und Schiller-Archiv. Hrsg. von Georg Kurscheidt, Norbert Oellers und Elke Richter (GB). 1 I, S. 197–198. (Anm. des Übersetzers)

tionale Wetter in seiner Beziehung und sagte genau voraus, häufig innerhalb von Stunden, dass ein Wutausbruch seiner Frau bevorstand.

Ihr Körper kann Dinge in anderen Zeiten und Räumen wissen

Solche Erfahrungen sind keineswegs ungewöhnlich. Als Reaktion auf eine Krise, auf den Tod eines lieben Menschen oder sogar auf einen unverhofften Glücksfall sagen die Leute oft: »Ich wusste es. Ich habe es kommen gespürt!« Ihr Körper fängt Informationen auf über Ihre unmittelbare Umgebung und Beziehungen oder über ein Ereignis, das kurz bevorsteht, weil uns Wellen von Schwingungen ununterbrochen subtile Daten bringen. Vielleicht lösen sich die »Quantumentitäten« in dem Wissensmuster eines entfernten oder zukünftigen Ereignisses in Wellen auf und erscheinen dann wieder in unserem Körper als Eindrücke, wenn sie wieder zu Teilchen werden – dabei umgehen sie vollkommen Zeit und Raum.

Im einheitlichen Feld spielt Distanz keine Rolle; Zeit ist nicht einbezogen. Wissen ist unmittelbar und zugleich überall vorhanden. Stellen Sie sich Ihren Körper als zentrale Fokussierungslinse des Universums *für Sie* vor. Mein Körper ist die zentrale Fokussierungslinse des Universums *für mich*. Was im größeren Feld geschieht, das für Ihre Seele von Belang ist, wird durch Ihr persönliches Feld gefiltert und in Ihrer Körperlinse fokussiert. Dort kann es dann bewusst erkannt werden, als schauten Sie in eine Kristallkugel. Dieser Prozess verstärkt und beschleunigt sich hundertfach, wenn Sie sofort nach Einsicht und Führung Ausschau halten.

Sie können leicht Eindrücke von gleichschwingenden Realitäten bekommen

Wenn ich mich mit Ihnen überschneide, weil wir ähnliche Lebenslektionen und Wachstumssequenzen teilen, werden unsere Realitäten gleich schwingen. Es wird einfach sein, Sie mit den Gedanken, die *ich* denke, zu kennen, und die Emotionen und Antriebe, die *Sie* spüren, mit dem, was *ich* fühle. Wir teilen ein gemeinsames Energiefeld. So ähnlich werden Sie auch feststellen, dass Leute, die eine gemeinsame physische Umgebung teilen, ähnliche Lektionen lernen. Leute, die in einem Unternehmen arbeiten, das viele Überstunden von ihnen erwartet, haben alle ein Problem mit Selbstaufopferung. Menschen, die in einem Land leben, das von einem Diktator beherrscht wird, lernen alle in gewisser Weise, ihre innere Autorität und Authentizität zu finden. Möchten Sie die politischen Trends in Ihrem Land verstehen? Dann schauen Sie sich an, was in Ihrer eigenen Energie geschieht, in Ihren Emotionen und Gedanken. Was sind Ihre Kernfragen? Wo befindet sich die Schnittkante Ihres Wachstums?

Auch Realitäten, die man sich nur vorstellt, sind entweder mitschwingend oder nicht, und Ihr Körper wird Ihnen ganz genau sagen, ob eine potenzielle Zukunft realisierbar ist oder nicht. Wollen Sie wissen, wie es wohl wäre, mit einem neuen Geschäftspartner zusammenzuarbeiten oder in einen bestimmten Grundbesitz zu investieren? Ihr Körper wird eine unmittelbare Reaktion auf zukünftige Realitäten zeigen, wenn Sie sich diese vorstellen. Wollen Sie wissen, wie sich ein Prozess entfalten wird? Stellen Sie ihn sich vor, und Ihr Körper kann diesen Entwurf »lesen«, in welche Richtung die Ereignisse fließen werden, ob sie sich dabei erweitern oder zusammenziehen, und wann Hindernisse und Durchbrüche wahrscheinlich eintreten werden.

Praktische Übung

Fühlen Sie sich in unstimmige oder stimmige Schwingungen ein

1. Schreiben Sie drei Bekannte auf. Stellen Sie sich vor, wie der Körper eines jeden von ihnen seine persönliche Schwingung zu Ihrem Körper hin aussendet. Wenn diese dann auf Ihren Körper trifft und durch ihn hindurchgeht, lässt sie sich leicht mit Ihrer synchronisieren? Oder ist sie irgendwie grob oder verstimmt? Stellen Sie sich Ihre persönliche Schwingung vor, konzentriert auf Ihre Eigenfrequenz, wie sie auf Sie hin- und durch sie hindurchstrahlt. Schwingt sie leicht mit? Passt der oder die Betreffende sich harmonisch an? Oder ist da eine Disharmonie, und sei sie auch noch so winzig klein? Versuchen Sie jetzt dasselbe mit Ihrem besten Freund, und achten Sie auf den Unterschied.
2. Schreiben Sie drei Orte auf, an denen Sie gern Ferien machen würden. Stellen Sie sich Ihren Körper in jeder einzelnen Erfahrung vor. Erkennen und untersuchen Sie die Signale und Schwingungen Ihres Körpers auf die Menge von Harmonie oder Disharmonie hin, die er mit jedem Ort hat.
3. Schreiben Sie drei Aufgaben auf, die Sie erledigen müssen. Stellen Sie sich vor, wie Ihr Körper jede einzelne ausführt. Bei welcher Aufgabe zeigt Ihr Körper die höchste Resonanz? Es ist möglich, dass das daran liegt, weil sie Ihrer Eigenfrequenz entspricht oder weil sie auf der Liste der »dringenden« Aufgaben des Universums steht oder weil sie etwas bietet, was Sie dringend brauchen. Bewerten Sie sie in der Reihenfolge der Prioritäten Ihres Körpers.

Praktische Übung

Beschreiben Sie subtile Empfindungen

Schreiben Sie auf, wie sich die folgenden subtilen Sinneseindrücke anfühlen oder wo und wie Sie diese Dinge in Ihrem Körper erkennen:

- Wie fühlen Sie sich, wenn etwas versucht, sich bemerkbar zu machen?
- Wie fühlen Sie sich, wenn Sie eine Intuition missachten?
- Wie fühlen Sie sich, wenn Sie von einer persönlichen Ansicht auf eine kollektive Weltanschauung umschalten?
- Wie fühlen Sie sich, wenn etwas schiefzugehen droht?
- Wie fühlen Sie sich, wenn etwas offenbar gut gehen wird?
- Wie fühlen Sie sich, wenn Sie Informationen von dem Körper eines anderen auffangen?
- Wie fühlen Sie sich, wenn Sie etwas als ein »Zeichen« oder Symbol für etwas erkennen?
- Wie fühlen Sie sich, wenn Sie eine Welle von Energie empfangen, die Informationen enthält?

Hier folgen einige Hinweise, wie Sie Ihre bewusste Empfindsamkeit verstärken können

Wenn Sie mit Energie und Gewahrsein arbeiten, kann Ihnen die Kenntnis einiger *grundsätzlicher Frequenzprinzipien* helfen, die Daten zu entschlüsseln, die in Wellen und Schwingungen enthalten sind.

1. Es gibt eine richtige Anwendung des Willens, wenn man sich in etwas einfühlt. Wenn Sie Ihre Aufmerksamkeit über Ihr Umfeld hinaus ausdehnen, um etwas mit Ihrer Empfindsamkeit zu erkennen, dann drängen Sie sich nicht hinaus. Bleiben Sie einfach offen, weich, neugierig und expansiv. Empfangen

Sie einfach, was kommen will, und bemerken Sie, was Ihr Innerer Wahrnehmer Ihnen zeigen will. Ihre Aufgabe ist es nur, sich auszudehnen und beeindruckt zu sein. Wenn Sie beispielsweise jemandem in die Augen schauen, dann dringen Sie da nicht mit Gewalt ein, denn dann werden Sie nichts sehen. Entspannen Sie Ihre Augen, und seien Sie empfänglich. Dann werden Sie einen kontinuierlichen Strom von Informationen empfangen.

2. Es gibt einen Unterschied zwischen dem Sich-Einfühlen, indem Sie »hinübergehen«, und dem Sich-Einfühlen durch Einbeziehen. Wenn Sie eine Weltanschauung haben, die auf Trennung basiert, werden Sie wahrnehmen, dass Sie »hinübergehen«, um sich in einen anderen Menschen, eine Vorstellung, ein Ereignis oder einen Prozess einzufühlen – und Sie werden ein lineares Bild von »Verbindung« haben. Sie überbrücken eine Lücke, und dafür müssen Sie Ihre Willenskraft anwenden sowie an der Vorstellung festhalten, dass Sie Ihr Zentrum verlassen müssen, um zu finden, was Sie möchten. Wenn Sie das tun, müssen Sie sich nach jedem »Ausflug« von Neuem zentrieren. Wenn Sie merken, dass Sie auf diese Weise Erkenntnisse gewinnen, dann achten Sie darauf, dass Sie zu sich zurückkommen und sagen: »Was denke *ich* darüber? Funktioniert das für *mich?* Was ist *meine* Version davon?« Wenn Sie sich nicht wieder zentrieren, geraten Sie vielleicht auf Abwege, bleiben in der Realität des anderen stecken oder fühlen sich ausgelaugt.

Rufen Sie sich in Erinnerung, dass Sie sich immer im Zentrum Ihres persönlichen Feldes befinden und dass Sie dieses Feld des Gewahrseins einfach ausdehnen können, um die Dinge mit einzubeziehen, die Sie verstehen wollen. Sie müssen niemals Ihr »Zuhause« und Ihre Eigenfrequenz verlassen. Ihr Feld wird das Spüren für Sie tun. Auf diese Weise ist es einfacher, sich mit dem, was Sie verstehen wollen, zu verbinden, es als einen Aspekt Ihrer selbst zu spüren, Ihr Herz offen zu halten und aus bewusster Kommunion heraus zu erkennen.

3. Es ist ein Fehler, zu glauben, dass nur Sie etwas fühlen. Wenn Sie die Verantwortung, Dinge zu wissen, mit jedem teilen, dann tauchen Antworten (und Fragen) wie magisch aus dem Feld auf, so, wie Sie sie gerade brauchen. Sie werden feststellen, dass jeder ein Bote des einen großen einheitlichen Selbst ist. Alle Körper, sogar die von Tieren, Vögeln, Insekten und Pflanzen, können Schwingungsinformationen weitergeben.

4. Sie empfangen, was Sie wissen müssen – um das zu tun, was Sie tun müssen –, im gegenwärtigen Moment. Es gibt gute Gründe dafür, dass Sie sich nicht zu weit in die Zukunft einfühlen können. Sie bemerken, wenn Dinge bedeutsam sind, und sie sind bedeutsam, weil Sie eine Lektion lernen, die sich auf diese Wahrnehmung bezieht. Sie empfangen die Informationen, die Sie benötigen. Sobald Sie diese Informationen benutzen und in die Erfahrung integriert haben, die sie liefern sollte, magnetisieren Sie die nächste Vorstellung, das nächste Ereignis. Sie sind vielleicht nicht imstande, etwas allzu lange im Voraus zu wissen, oder Ihre Intuitionen über die Zukunft mögen sich als unrichtig herausstellen, weil Sie eine wichtige Wahrnehmung direkt vor Ihrer Nase ignoriert haben. Wenn Sie Wahrnehmungen integrieren und verwenden, die aufgereiht sein mögen wie Flugzeuge, die auf ihre Landeerlaubnis warten, klären Sie einen erweiterten Blick.

5. Empfindsamkeit wird durch Vertrauen und Bestätigung stärker. Angenommen, Sie versprechen Ihrer Seele und Ihrem Körper, dass Sie den subtilen Informationen, die über Schwingungen hereinkommen, vertrauen; dass Sie auf Hinweise achten, die darauf deuten, dass eine Nachricht auf ihre Übermittlung wartet; dass Sie nonverbale Botschaften entziffern, um deren Bedeutung zu erkennen; dass Sie die neuen Information benutzen, um ein besserer Mensch zu werden; und dass Sie den ganzen Prozess regelmäßig bestätigen – dann werden Sie Ihre Befähigung zu bewusster Empfindsamkeit optimieren. Wenn Ihr Körper Ihnen über Empfindsamkeit eine Nachricht vermittelt, danken Sie ihm laut und umarmen, streicheln oder liebkosen Sie ihn liebevoll. Körper lieben sinnliche Eingaben!

6. Emotionen sind verstärkte Empfindsamkeitssignale. Ob sich Ihre Emotionen nun weit und gut anfühlen oder eng und schlecht – Sie haben wahrscheinlich frühere, subtilere Hinweise der Empfindsamkeit ignoriert, und die Energie hat an Intensität zugenommen, um Ihre Aufmerksamkeit zu erregen. Ihre Emotionen bringen Ihnen Informationen über die Richtung, in die Ihre Seele gehen will, und über Lektionen des Lebens, denen Sie Ihre Aufmerksamkeit schenken sollten.

Eigenschaften eines bewusst empfindsamen Menschen

Ein bewusst empfindsamer Mensch:

- hat ein starkes Selbstgefühl und eine formbare Persönlichkeit;
- fühlt sich wohl damit, ein Ich und ein Wir zu sein; ein Teilchen, eine Welle und ein Feld von Gewahrsein;
- dringt in das, was er weiß, ein, er verschmilzt damit und wird zu dem, was er weiß;
- kümmert sich zutiefst, ist neutral und benutzt den empathischen Zustand als Lehrer;
- erkennt die äußere, unpersönliche Realität als eine innere, persönliche Wirklichkeit;
- vertraut darauf, dass subjektives Wissen der objektiven Wirklichkeit entspricht;

- ist sich gewahr, dass der physische Körper bewusst und wachsam ist;
- benutzt seine persönliche Schwingung, um beschleunigt herbeizuführen, was er braucht;
- arbeitet mit universaler Energie, um kreativ zu sein und zu heilen;
- heilt, indem er Einheit und Liebe wiederherstellt und Zweifel ausräumt;
- heilt andere, indem er sich selbst heilt, in dem Wissen, dass andere in seinem Inneren sind;
- spürt Bewegungen und Entscheidungen als »genau richtig«, und seine Entscheidungen fühlen sich »zutiefst komfortabel« an;
- leidet, wenn er sich nicht mit dem Leben in Harmonie befindet und wenn er Leute spürt, die sich getrennt und isoliert fühlen.

Kurz zusammengefasst ...

Sie können sich mit Erfahrungen auseinandersetzen und durch das Leben manövrieren, indem Sie Ihre Empfindsamkeit benutzen, um sich bewusst in die Welt einzufühlen. Dafür bewegen Sie sich Stück für Stück durch Ihre Umgebung hindurch, schließen die Menschen, Gegenstände, Situationen, Prozesse und Ereignisse, die Ihnen begegnen, mit ein und verschmelzen mit ihnen. Anstatt mit ihnen in Verbindung zu treten, gehen Sie in einen Zustand bewusster Kommunion mit ihnen über und erkennen sie von innen heraus als Aspekte Ihrer selbst. Das fördert Fürsorge und Mitgefühl. Es ist jetzt wichtig, dass Sie sich vorstellen, »den Ton Ihrer Stimmgabel anzuschlagen« und Ihre Eigenfrequenz durch Ihr persönliches Feld hinauszusenden als organisierende Frequenz Ihrer gesamten Wirklichkeit. Das bedeutet, dass Sie möglicherweise aussortieren und aufräumen müssen, um die Schwingung zu bekräftigen, die Sie als Basis für Ihre Beziehungen, Ihre Arbeit und die Art gewählt haben, wie Sie sich selbst zum Ausdruck bringen.

Jeder von uns kann die Eigenschaften eines Feldes von Bewusstsein manifestieren, das Raum, Zeit und lineare Kausalität transzendiert.

Stanislav Grof

Ihre Klarheit wird größer, je mehr Sie sich von unharmonischen Schwingungen und Selbstaufopferung lossagen. Sie wissen, was für Sie funktioniert, indem Sie spüren, was sich in Harmonie mit Ihrer persönlichen Schwingung befindet, ob es sich nun um eine höhere oder niedrigere Oktave oder um eine andere Klangfarbe Ihrer Eigenfrequenz handelt. Sie interpretieren die subtilen Daten, die in Wellen und Schwingungen enthalten sind, auf der Basis dessen, wie Ihr Körper reagiert: entweder aufgrund eines Wahrheitssignals (Expansion) oder eines Angstsignals (Kontraktion) oder aufgrund von angenehmen oder unangenehmen Sinnesinformationen. Je früher Sie eine Information auffangen, umso weniger wird sie sich auf ein belastendes Niveau verstärken. Ihr Körper ist ein Barometer dafür, was in Ihrer Umgebung und sogar in der unmittelbaren Zukunft geschieht. Es ist natürlich, Wissen unmittelbar durch Schwingungen mit anderen zu teilen, deren Frequenz Ihrer eigenen ähnlich ist.

Die Botschaft der Eigenfrequenz

Wie ich im Kapitel *An die Leserinnen und Leser* erklärte, habe ich diese inspirierten Textbotschaften am Ende eines jeden Kapitels hinzugefügt, damit Sie von Ihrem normalen, schnell lesenden Geist umwechseln können zu einer tieferen Art unmittelbarer Erfahrung. Mithilfe dieser Botschaften können Sie Ihre persönliche Schwingung willentlich verändern.

Die folgende Botschaft ist dazu gedacht, Sie in eine Art von Welterkenntnis zu befördern, die dem sehr nahe kommt, wie Sie das Leben im Intuitionszeitalter erleben werden. Um in die *Botschaft der Eigenfrequenz* hineinzukommen, schalten Sie einfach herunter auf eine langsame, weniger gehetzte Geschwindigkeit. Atmen Sie langsam und tief ein, dann aus, und seien Sie so ruhig und still wie möglich. Lassen Sie Ihren Geist weich und empfänglich sein. Öffnen Sie Ihre Intuition, und bereiten Sie sich darauf vor, sich in die Sprache *einzufühlen.* Achten Sie darauf, ob Sie die tieferen Wirklichkeiten und Gefühlszustände erfahren, die lebendig werden, *während Sie lesen.*

Ihre Erfahrung kann eine umso größere Dimension annehmen, je mehr Sie Ihre ganze Aufmerksamkeit auf die Worte richten. Konzentrieren Sie sich jeweils nur auf einige Worte zugleich, machen Sie eine Pause bei den Satzzeichen, und verweilen Sie bei der Intelligenz, die diese Botschaft verkündet, live im Hier und Jetzt – für Sie. Sie können die Worte laut aussprechen oder die Augen schließen und jemand anderen laut vorlesen lassen. Achten Sie darauf, welche Wirkung die Worte auf Sie haben.

Sie sind viel unbegrenzter, privilegierter und besser bedient, als Sie es sich vorstellen können! Alle Dinge stehen Ihnen zur Verfügung, warten nur auf Ihre Erlaubnis, zu geschehen. Alles Wissen wartet nur auf Ihre Neugier, es hervorzuziehen. Das lebendige Feld der Gegenwart, in dem Sie sich aufhalten, aus dem Sie bestehen, ist empfindsam für den Wunsch eines einzelnen Atoms; es reagiert und verändert sich und öffnet sich für jedes Ihrer noch so winzigen Bedürfnisse. Wenn Sie mit seiner Willigkeit mitfließen, können Sie ganz leicht die Natürlichkeit und die Befriedigung des Dienens spüren. Ja, Sie sind dabei, die Vorteile der bewussten, verfeinerten Empfindsamkeit und der harmonischen Resonanz zu entdecken – wie sie für ein gutes Leben und für den Zugang zur aufsteigenden Spirale der Weisheit sorgen. Aber wohin führt eigentlich bewusste Kommunion? Sie führt Sie zu einer Erfahrung von Uns, durch gemeinsames Wissen, gemeinsames Fühlen und gemeinsame Motivation. Sie führt Sie in die Wahrheit Ihrer Zugehörigkeit. Ihre Kommunion mit Ihren Brüder-und-Schwestern-Lebensformen zeigt Ihnen die Selbstlosigkeit der Welt. Schauen Sie sich um, achten Sie auf die einfachen Details und fühlen Sie sich in die Motive von Gegenständen ein. Warum existieren sie? Es gibt nur ein wirkliches Gefühl: Großzügigkeit.

Das Café heißt Sie willkommen, und Sie bemerken und spüren, wie der rote Nagellack auf den glücklichen Zehen der Frau aufleuchtet. Ihre Sandalen zeigen sie stolz vor. Und das Handy des Mannes lebt, um ihn mit anderen zu verbinden, seine Schultern und sein Nacken sind zueinander gebeugt, um das Telefon so festzuhalten, dass seine Hand gleichzeitig nach dem Geld greifen kann. Das Geld geht dahin, wo er es hinschicken will, und ist gewillt, niemals ein wirkliches Zuhause zu haben. Die dicken Beine des Babys, die von den freundlichen Armen seines Vaters baumeln, möchten Sie zum Lächeln bringen. Die runde Granitplatte, zu einer Tischplatte poliert, trägt viele Arme, Tassen, Bücher und Gebäck und lebte geduldig als Berg, ehe sie von ihrer Familie abgeschnitten wurde, um in Ihre Stadt zu kommen und ihre grünen und schwarzen Flecken so schön und beständig zu zeigen. Sie können spüren, dass der Schreibstift es liebt, Markierungen zu zeichnen. Sie spüren die Hand und die Freude Ihrer Finger, weil sie genau wissen, wie sie pressen müssen, um die Buchstaben, die Motive aus dem Gehirn vermitteln, zu formen und über den Nacken, die Schultern, die Arme und das Handgelenk auf das wartende Papier zu bringen. Es stammt von einem Baum, der in Oregon wuchs und nach einem allzu kurzen Leben starb, damit Sie Ihre Gedanken, diese flüchtigen Dinge, in diese Welt bringen konnten, eine Welt, die sich so sehr liebt, dass alles, was sie zu tun weiß, Geben ist.

7
Beziehungsresonanz meistern

Das tiefgründige Gefühl von Verbundenheit und Zugehörigkeit, das in der Erfahrung von »Zuhause« hervorgerufen wird sowie in der Gegenwart von jemandem, der aus unserem Zuhause kommt oder mit dem wir ein Zuhause geschaffen haben, reflektiert eine Art von Übereinstimmung, eine überall vorhandene Resonanz zwischen dem, was in uns, und dem, was außerhalb von uns ist, zwischen Vergangenheit und Gegenwart, zwischen dem, was wir waren, und dem, was wir zu sein ersehnen.

Stephen A. Mitchell

Wenn Sie *Seelenfrequenz* kontinuierlich gelesen haben, werden Sie feststellen, dass wir durch einige Stufen des Transformationsprozesses hindurchgegangen sind. Zuerst beschrieben wir die Situation in Begriffen von Frequenzen und wie unser Gewahrsein sich beschleunigt. Dann schauten wir uns an, was unsere Empfindsamkeit möglicherweise blockieren oder verzerren kann und wie das zu klären ist. Danach konzentrierten wir uns darauf, unsere Eigenfrequenz zu finden, und arbeiteten daran, die Fähigkeiten bewusster Empfindsamkeit zu entwickeln. Jetzt kommen wir in eine andere Phase: die

Anwendung von Empfindsamkeit und Frequenzprinzipien auf einige wichtige Bereiche des Lebens. Der erste Bereich sind Beziehungen, denn es scheint so, als basiere alles, was wir tun, darauf, in Beziehung zu sein – selbst beim Meditieren. Zusätzlich zu Menschen und Tieren haben wir Beziehungen zu allem, von unserem Geld und Auto bis hin zu unserem Körper und dem Göttlichen.

Großartige persönliche Beziehungen – sogar solche, die wir als Seelenfreunde oder spirituelle Familie bezeichnen – sind unser idealistischster Traum. Was ist befriedigender, als mit jemandem auf gleicher Wellenlänge zu sein? Oder gemeinsam in Harmonie zu arbeiten, die Bedürfnisse des jeweils anderen vorherzusehen? Es ist eine Art Primärfreude, jemanden in seinem Heilungsprozess zu stützen oder jemandem Hilfe anzubieten, wenn er in Not geraten ist. Aber alltägliche Beziehungen können uns auch unglücklich machen und uns herausfordernde Prüfungen und Traumata bescheren. Was soll man also tun? Beziehungen sind, wie alles andere auch, Schwingungen, und das Wissen darum, wie man Frequenzprinzipien anwendet, kann gestörte Interaktionen in wahre Geschenke des Geistes verwandeln.

Wer bevölkert Ihre Welt?

Schauen Sie sich um. Welche Leute haben Sie als Freunde, als Geschäftspartner, als Vertraute? Wenn Sie Glück haben, sind sie vertrauenswürdig, liebevoll und rücksichtsvoll. Sie haben für Sie Zeit und wollen nur Ihr Bestes. Sie kommen Ihnen entgegen, engagieren sich für Sie, so, wie Sie es umgekehrt für sie tun, und sie sind anpassungsfähig, kommunikativ, produktiv und bringen sich ein. Auf der anderen Seite sind Sie vielleicht umgeben von Leuten, die verwundete Opfer sind, Blutsauger, Menschen, die Sie tadeln und bestrafen, die Kommunikation zurückhalten oder passiv-aggressive Herrscher sind.

Es gibt einen Grund dafür, warum es in Ihrer Welt solche Leute gibt. Alle Beziehungen, auch solche, die schwierig scheinen, sind Geschenke Ihrer Seele, um Ihnen zu helfen, Blockaden, Talente und neue Richtungen zu finden, die Sie alleine vielleicht nie entdeckt hätten. Manche Leute mögen Ihre Interessen teilen und Ihre Talente bestätigen und Ihnen helfen, Zuversicht zu entwickeln. Manche sind Katalysatoren, die Ihnen helfen, Ihre Lebenslektionen zu lernen. Manche führen Sie in neue Vorstellungen und Potenziale ein. Wieder andere sind vielleicht nur aus Freude mit Ihnen zusammen, weil Ihre Seelen zusammen sein möchten. Mühsame Beziehungen existieren, um Ihnen zu helfen, sich von ungesunden Gefühlsgewohnheiten zu befreien.

Liebe ist unsere wahre Bestimmung. Wir finden den Sinn des Lebens nicht von selber – wir finden ihn mit anderen.

Thomas Merton

Beziehungen sind ein Weg zur Transformation

Beziehungen beschleunigen Ihren Transformationsprozess, weil sie Ihnen helfen, sich schneller und klarer zu sehen – sowohl Ihre positiven Charakterzüge als auch Ihre Blockaden. Es ist schwierig, das Auftauchen von Kernproblemen und Wachstum in einer energetisch verstärkten Umgebung zu verhindern, die darauf beruht, dass zwei Menschen ihre Schwingungsfelder vereinigen. In dieser intensivierten Resonanz können Sie ungesunde Gefühlsgewohnheiten schneller klären und neue Aspekte Ihrer Identität entdecken, die Sie ihrerseits erweitern. Bald werden Sie sich dann als viel größer sehen, als eine Art komplexeres Wesen. Die Auswirkungen von Liebe und Angst werden in Beziehungen unmittelbar an Sie zurückgesendet, sodass es einfach ist, schnell zu prüfen, was mehr Seele in Ihr Leben bringt und was nicht. Und Beziehungen treiben Sie über die Vorstellung hinaus, dass nur *Sie* bestimmte Probleme haben, dass nur *Sie* ein bestimmtes Potenzial haben, und das hilft dabei, Empathie zu entwickeln. Sie sehen, dass alles, was Sie erleben, auch von allen anderen erlebt werden kann, und umgekehrt – und das verleiht Ihnen Kraft.

Wenn unsere Egos bestimmen könnten, würden wir stecken bleiben in der begrenzten Vorstellung von »Ich bin ich, und du bist du, und niemals werden die zwei sich begegnen.«[11] Aber Sie sind jetzt dabei, sich zu transformieren, und das bedeutet, Sie sind imstande, sich als ein schwingendes Wesen aus Energie zu erkennen und zu wissen, dass Sie und andere Menschen Felder von Gewahrsein sind, die einander durchdringen. Jetzt können Sie wirklich verstehen, dass wir alle alles miteinander teilen, dass wir umeinander wissen, unsere Existenz gegenseitig unterstützen und uns miteinander entwickeln, niemals allein. Obwohl das komplex aussieht, können Sie jetzt auch spüren, wie elegant einfach unsere Bezogenheit ist: Im Kern werden alle unsere Eigenfrequenzen schließlich in eine Eigenfrequenz münden. Wir alle schwingen auf der universalen Frequenz der Liebe.

Wenn Sie sich in eine Beziehung einfühlen, können Sie spüren, dass Sie zu einem einzigen *Beziehungsfeld* gehören, das die kombinierten Geschichten, Talente und Potenziale

---

11 »I am me, and you are you, and never the twain shall meet.« Nach der bekannten Formulierung von Rudyard Kipling aus seinen *Barrack-room ballads*, 1892: »Oh, East is East, and West is West, and never the twain shall meet.« (Anm. des Übersetzers)

beider Menschen enthält. Dieses Feld wird gewissermaßen der Führer für beide Leute, und wenn Sie erst einmal damit verschmelzen können, werden Sie in der Lage sein, die Weisheit und natürlichen charakteristischen Merkmale der Beziehung, ihre Lebenslektionen und ihre Bestimmung, als Teil Ihres eigenen Lebens mit einzubeziehen. Zusätzlich zum Wissen um Sie selbst als Individuum sind Sie also auf dem Weg, sich als das Bewusstsein der Beziehung zu erkennen. Es dämmert Ihnen, dass Sie beides sind – ein individuelles *und* ein kollektives Selbst. Wenn Sie lernen, immer mehr Menschen in Ihre Sammlung von Beziehungen mit aufzunehmen, überschreiten Sie die Skala von Identität und fühlen sich selbst als Individuum, als Beziehung, als Familie, als Organisation, als Nation, als Menschheit, und das geht noch weiter in höhere, nicht physische Dimensionen, in denen alle zusammenkommen zu einem einheitlichen Zustand, in dem das Selbst zu reinem Gewahrsein wird.

Die Menschen in Ihrem Leben passen der Frequenz nach zu Ihnen

Ob Ihre Beziehungen mit vollendeter Synchronisation fließen oder emotional aufreibend sind, liegt immer daran, ob die andere Person ein Frequenzmuster hat, das dem Ihren ähnelt. Die Menschen, die Ihre Welt bevölkern, passen alle der Frequenz nach zu Ihnen. Ist jemand in Ihrem Leben aufgetaucht und hat Ihr Innerer Wahrnehmer ihn bemerkt, dann teilen Sie eine gemeinsame persönliche Schwingung. Tauchen sie in Ihrer Welt auf, dann erscheinen auch Sie in ihrer. Sie erschaffen sich gegenseitig für ein gemeinsames Ziel. Sie sind natürlich nicht identisch mit Ihnen, aber Sie haben ähnliche Frequenzen. Sind Sie erst einmal zusammengekommen, verschmelzen Ihre persönlichen Felder, und ein

Beziehungsfeld entsteht. Das Beziehungsfeld wird dann zur Quelle Ihrer Erfahrung als Paar, bringt Ihnen gemeinsame Ressourcen wie Energie, Weisheit aus früheren Erfahrungen und Zugang zu neuen Talenten. Deswegen ist es möglich, aufgrund von Osmose Dinge zu wissen, die der andere weiß. Interessanterweise tauchen Leute mit sehr unterschiedlichen Schwingungsmustern und wenig Gemeinsamem nicht in ihren jeweiligen Realitäten auf.

Wir ziehen nicht das an, was wir wollen, sondern das,
was wir sind.

James Lane Allen

Dieser Angleichungsprozess kann verwirrend sein, (1) weil er bewusst oder unbewusst sein kann und (2) weil Partner oft gegensätzliche Seiten desselben Problems ausagieren, ohne die darunterliegende, gemeinsame Problematik zu erkennen. Es ist wunderbar, zu erkennen, dass Sie Leuten ähnlich sind, die Sie bewundern, aber Sie geben nicht gern zu, dass Sie auch nur annähernd so sein könnten wie Menschen, die Sie irritieren oder bedrohen. In jeder Beziehung, in jedem Moment spricht die Stimme des Beziehungsfelds ein Thema in beiden an. Wenn ein Partner für seine Arbeit einen Monat verreisen muss und der andere protestiert, weil er verlassen wird, ist es in Wahrheit so, dass beide Partner Unabhängigkeit und Raum benötigen. Wenn Partner nicht übereinstimmen, muss jeder erkennen, dass der andere ein Anliegen anspricht, das für beide relevant ist. Es ist unmöglich, Ihrem Partner etwas zu sagen, das nur ihn betrifft; jede Beobachtung an dem anderen ist eine an Ihnen beiden. Die Botschaften vom Beziehungsfeld zu finden und die gemeinsame Problematik der Partnerschaft zu erkennen ist ein großer Teil davon, Beziehungen für Transformation zu benutzen.

Entdecken Sie, wie und warum Sie mit anderen in Verbindung treten

Damit Beziehungen sich auf eine höhere Ebene entwickeln und um einander so wertzuschätzen, wie wir es sollten, müssen wir die große Liebe verstehen, die hinter den Gründen für unsere Beziehung liegt, sowie die energetische Dynamik, wie wir in Beziehung treten. Das populäre Gesetz der Anziehung sagt: »Gleiches zieht Gleiches an.« Dann ist da das alte Sprichwort: »Gegensätze ziehen sich an.« Schauen wir einmal genauer hin, was energetisch wirklich geschieht, wodurch Beziehungen verursacht werden. Sie stellen die Energie Ihres *persönliches Feldes* her, die Energie, die den Raum um Sie her anfüllt; es ist der Glanz Ihrer persönlichen Schwingung. Es kann eine niedrige oder die hohe Schwingung Ihrer Eigenfrequenz sein. In beiden Fällen erscheinen Leute mit ähnlicher Frequenz einfach oder tauchen aus Ihrem Feld heraus auf und lösen sich darin wieder auf, als Reaktion auf wechselseitige Bedürfnisse oder aus Neugierde. Natürlich erscheinen Sie ebenso in deren Feld. Wir werden die tiefere Dynamik der »Anziehung« genauer im Kapitel 9 untersuchen, aber für jetzt stellen wir uns die Anziehung als eine Art Gemeinsamkeit der Frequenz vor.

Wir ziehen andere Menschen nicht *wirklich* so an, wie ein Magnet Eisenspäne anzieht. Wenn Seelen eine gemeinsame Resonanz haben, tauchen sie einfach füreinander auf. Verändert sich die Resonanz, verschwinden sie. Beziehungen werden immer wechselseitig erschaffen und aufgelöst. Selbst wenn Sie sich mit Absicht aufmachen, jemanden anzuziehen – wenn Sie eine Wunschliste erstellen und verschiedene Strategien anwenden, ist es wahrscheinlich so, dass Sie daran denken, das zu tun, weil Ihre Seele es will und es in den inneren Bereichen bereits in Vorbereitung ist. Aber seien Sie unbesorgt, wenn Ihre Seele will, dass jemand erscheint, dann wird das geschehen. Wenn die Zeit gekommen ist, dass Sie Ihrem Lebenspartner begegnen oder mehr Klienten in Ihrem Geschäft bekommen, werden die Seelen das arrangieren. Und ja, ungesunde Gefühlsgewohnheiten klären, Ihre Wünsche anerkennen und einen darauf ausgerichteten mental-emotionalen Konzentrationspunkt anzuwenden, das kann den Manifestationsprozess stromlinienförmig machen. Aber das Gegenteil ist auch wahr: Wenn Ihre Seele keine Verbindung benötigt, werden keine auch noch so vielen Affirmationen das zustande bringen.

Es gibt hundert Wege durch die Welt, die einfacher sind,
als zu lieben. Aber, wer will es schon einfacher?

Mary Oliver

Wenn Sie sich *stark* zu jemandem hingezogen fühlen oder von ihm begeistert sind – sei es ein Geliebter, ein Lehrer oder ein neuer Freund –, liegt das daran, dass Sie beide *wirklich* Blockaden beseitigen wollen, dass Sie beide *wirklich* Ähnlichkeiten anerkennen wollen. Wir denken bei denen, die der Frequenz nach zu unseren guten Eigenschaften und Zielen passen, »Gleiches zieht Gleiches an«. Bei denen aber, die der Frequenz nach zu unseren unterdrückten negativen Schwingungen passen oder die die andere Hälfte der Polarität ausagieren, in der wir festsitzen, denken wir: »Gegensätze ziehen sich an.«

Es passiert häufig, dass starker sexueller »animalischer Magnetismus« im frühen Stadium einer romantischen Beziehung durch Adrenalin verursacht wird – die Partner jagen sich aber in Wirklichkeit Angst ein, denn jeder repräsentiert unbewusst jemanden, der den anderen in der Vergangenheit verletzt hat.

Früher war es oft so, dass ein hyperaktiver Mensch eine gegensätzliche Person anziehen konnte, die solide wie ein Fels war, und jeder seinen Teil der Polarität lebte, und dass die beiden sich dadurch ausglichen. Heute müssen wir beide innerlich ausgeglichen sein –, wir müssen beide in der Lage sein, aktiv *und* ruhig zu sein – damit unsere Beziehung sich transformieren kann. Wenn Sie nun von einer niedrigeren Dynamik angezogen werden, sind Sie wahrscheinlich bereit, sich in der Art, wie Sie sich zum Ausdruck bringen, zu erweitern. Wenn Sie sich davon angezogen fühlen, dass sich eine Führungspersönlichkeit großzügig gegenüber einem Unterprivilegierten verhält, heilen Sie damit wahrscheinlich eine aufgrund von Vernachlässigung entstandene Wunde aus der Vergangenheit. Bei missbräuchlichen Beziehungen sind Missbraucher und Missbrauchte beide Opfer, und beide sind Beherrscher. Die Seelen dramatisieren ein Muster, um es ins Bewusstsein zu bringen, damit sie es klären und ihre Herzen wieder öffnen können.

Praktische Übung

Bereiten Sie sich auf die vor, die Sie wollen

1. Wenn Sie daran gedacht haben, neue Leute mit einer höheren Schwingung zu finden, oder wenn Sie für einen neuen Lebenspartner, Geschäftspartner oder für mehr Klienten bereit sind, ist das ein Zeichen dafür, dass Ihre Seele eine neue Wachstumsphase zu inszenieren beginnt. Wenn Sie daran denken, ist es ein frühes Stadium auf dem

Weg, Wirklichkeit zu werden. Sie müssen das nicht erzwingen – entspannen Sie sich einfach, und lassen Sie es sich entfalten.

2. Fühlen Sie sich ein in die verschiedenen Qualitäten der bevorstehenden Beziehung(en), die Sie möchten. Wie fließt die Energie? Wie steht es mit der gegenseitigen Empfindsamkeit? Wie aufrichtig und einfach ist der Kommunikationsprozess? Wie glücklich sind die beiden Körper zusammen? Stellen Sie es sich in sensorischen Einzelheiten vor, als könnten Sie es anfassen. Seien Sie sich darüber im Klaren, dass die Gefühlstönung oder Schwingung der Beziehung tatsächlich Ihr eigenes neues Schwingungsniveau ist. Das etablieren Sie hier als vereinheitlichende Frequenz Ihres aktuellen persönlichen Feldes. Wer auch immer die Betreffenden sein mögen, sie überlagern diese Frequenz und sind ebenfalls bereit dafür, dass dies ihre neue Realität wird. Entspannen Sie sich, und laden Sie sie ein zu erscheinen. Wissen Sie, dass es real werden wird. Warten Sie gelassen und vergnügt.
3. Strahlen Sie jetzt aktiv mit der Frequenz Ihrer neuen Schwingungsebene. Stellen Sie sich vor, Sie wären ein Leuchtturm, der das über sich hinausprojiziert. Sein Lichtstrahl rotiert ununterbrochen und sendet Ihre Frequenz überall hin, Tag und Nacht. Das ist dazu da, Sie zu vergewissern, dass Leute Sie schnell finden werden, und wenn Sie es einmal in Bewegung gesetzt haben, strahlt die Energie schwingend nach außen und hält die klare Schwingung Ihres Feldes aufrecht.

Wenn Ihre Beziehungen mit Angst mitschwingen …

Unterbewusste Angst kann in Ihrem Feld mitschwingen und genauso leicht zu Menschen führen, deren Leben auf Angst basiert, wie Ihre Eigenfrequenz liebende, seelenverwandte Bekannte und Freunde manifestieren kann. Wenn Menschen miteinander Fehlinterpretationen und ungesunde Gefühlsgewohnheiten teilen, dann berichtigen sie den Irrtum ihrer Lebensweise, indem sie mit anderen Menschen in Verbindung treten, die dieselben unterschwelligen Kontraktionen haben. Sie werden nicht bestraft, wenn Sie schwierige Menschen in Ihrem Leben haben; es wird Ihnen vielmehr die Gelegenheit gegeben, sich schnell zu transformieren.

Es gibt viele Arten, wie Beziehungen unharmonisch sein können. Ängstliche Egos können die Interaktionen bitter machen, Schmerz erzeugen und das Paar auseinanderbringen. Sind beide verkrampft, wenn sie allein sind, verstärkt sich das Muster in einem Maße, dass es spürbar wird, wenn sie zusammenkommen. Dann ist es normal, dass beide einander Widerstand leisten, dass sie das, was sie nicht sehen wollen, auf den anderen projizieren, und das führt zu Vorwürfen, Bestrafung und Zurückweisung. Wenn Sie in schwierige Beziehungen verwickelt sind, kann das an einer der folgenden Ursachen liegen.

1. **Beide Menschen halten unterbewusst an den nonverbalen »Echolot«-Mustern fest, die in der Kindheit errichtet wurden und die sich auf die Art beziehen, wie ihre Eltern miteinander und mit ihnen umgegangen sind. Diese Muster wurden dann als Anweisungen für eigene Beziehungen angenommen.** Sie sind auf Automatik geschaltet und reagieren, ohne zu bemerken, was in der Gegenwart wahr ist. Ihre Seele bringt Ihnen Leute, die dasselbe zugrunde liegende Echolot-Muster haben und die abwechselnd die Rolle des Opfers und die des Beherrschers mit *Ihnen* spielen. Ihre Mutter war gemein zu Ihrem Vater, und Sie wurden sein kleiner süßer Liebling. Jetzt nehmen Sie ganz leicht Frauen ihre Männer weg, oder andere Frauen nehmen Ihnen die Männer weg. Oder Ihre Mutter

erstickte Sie mit bedürftiger Liebe, weil Ihr Vater nicht für sie da war. Jetzt können Sie Frauen gegenüber keine Verpflichtungen eingehen, und wenn Sie es tun, dann beherrschen sie Sie oder können sich *Ihnen gegenüber* nicht verpflichten. Oder ein Elternteil starb oder ging fort, als Sie klein waren, und jetzt werden Sie immer dann wütend auf Ihre Partner, wenn Sie das Gefühl haben, dass sie ihren eigenen Raum brauchen, und Sie verlassen *sie* oder umgekehrt.

2. Beide Menschen sind auf eine emotionale oder mentale Position fixiert, die den vollkommenen Ausdruck der Seele beeinträchtigt. Ihre Seele bringt Ihnen jemanden, der Ihre Ansichten auf eine Art reproduziert oder herausfordert, die Ihnen hilft, sie zu erkennen. Sie haben bedeutendes wissenschaftliches Fachwissen gesammelt und benutzen das jetzt, um alles, was in Ihrer Welt passiert, zu erklären. Dann begegnen Sie jemandem, der glaubt, dass Wissenschaft begrenzt ist und dass es am besten ist, künstlerisch und im Fluss zu sein. Oder Sie haben Ihr Haus und Ihren Garten in einen schönen Zufluchtsort vor dem Chaos der Welt verwandelt, und Ihre neuen Nachbarn nebenan machen viel Krach, rauchen dauernd auf der Veranda und parken schrottreife Autos vor Ihrem Eigentum. Oder Sie sind als Kind bei einem Bootsunfall beinahe ertrunken, und Ihre Seele bringt Ihnen einen Ehepartner, der den Strand liebt und gern segelt und schwimmt.

3. Einer oder beide Menschen haben Karma – Unerledigtes aus der Vergangenheit. Sie haben vor langer Zeit etwas getan, was Sie jetzt verstehen und wiedergutmachen möchten. Sie finden eine Beziehung, die es Ihnen gestattet, unbewusst eine Situation wiederherzustellen, in der Sie zuvor ein verschlossenes Herz hatten, in der Sie jetzt aber großzügig sein wollen. Oder Sie lassen jemand anderen eine Missetat aus der Vergangenheit an Ihnen wiedergutmachen. Vielleicht haben Sie in einem anderen Leben oder früher einmal in diesem Leben von Ihrem Chef etwas gestohlen, und jetzt hat Ihr Vater Sie enterbt. In einer anderen Zeit sind Sie jung gestorben und haben Ihren Ehepartner mit zwei kleinen Kindern zurückgelassen. Anstatt jetzt Ihren schwierigen Partner zu verlassen, bleiben Sie bei ihm und kümmern sich um sie oder ihn und um Ihre problematischen Stiefkinder, und zwar länger, als es jeder »gesunde« Mensch tun würde.

Eine karmische Beziehung ist zuerst automatisch und hypnotisch, dann fühlt sie sich eher so an, als befänden Sie sich in einem Tunnel. Sie kommen da erst raus, wenn Sie am anderen Ende angelangt sind. Sie entscheiden sich dazu, Sie möchten es tun, aber es ist nicht besonders angenehm. Wenn es vorbei ist, schütteln Sie sich und sagen: »Was ist denn da bloß mit mir passiert?«

Begegnen sich zwei Persönlichkeiten, so ist es,
als träfen zwei chemische Stoffe aufeinander: Kommt es
zu einer Reaktion, werden beide umgewandelt.

C. G. Jung[12]

Wenn sich Ihre Beziehungen ändern oder wenn sie enden ...

Genauso, wie zwei ähnlich schwingende, persönliche Felder Beziehungen erschaffen, ändern sich Beziehungen häufig oder enden sie gar, wenn sich die Schwingung des persönlichen Feldes eines der beiden verändert. Wenn sich die Schwingung Ihres Feldes ändert, wie etwa nach einem spiri-

12 C. G. Jung, *Modern Man in Search of a Soul*, Kegan Paul Trench Trubner & Co., London 1933, S. 49. (Anm. des Übersetzers)

tuellen Durchbruch, können bestimmte Leute in Ihrem Feld nicht mehr auftauchen und werden wahrscheinlich verschwinden, es sei denn, sie hätten einen ähnlichen Durchbruch. Sie können das verwerfen mit Bemerkungen wie »sie sind langweilig« oder »aus irgendeinem Grunde mögen sie mich nicht mehr«. Freunde verschwinden, und neue tauchen wie aus heiterem Himmel auf. Wenn eine karmische Periode beendet ist, ändert sich sofort auch die Schwingung des Feldes des Betreffenden und bewirkt eine plötzliche Veränderung in der Art der Beziehung.

Meine Eltern blieben in einer Ehe, die voller Kommunikationsprobleme und Polarisierungen war. Beide waren nicht besonders glücklich, aber die Beziehung hatte die Qualität von Karma. Sie gestatteten es sich, jeweils beim anderen etwas gutzumachen, einfach indem sie zusammenblieben. Ich hatte immer das Gefühl, dass mein Vater meiner Mutter gegenüber loyal sein und ihr große Freiheiten einräumen musste und dass sie das zulassen, ihm vergeben und ihm gegenüber großzügig sein musste. Obwohl die Ehe ständig von Spannungen belastet war, glaube ich, dass sie es ziemlich gut gemacht haben, und als sie neunundvierzig Jahre zusammen waren, entschloss sich meine Mutter plötzlich, zu gehen – im Alter von zweiundsiebzig! Ich musste mich wundern; neunundvierzig Jahre? Warum *jetzt!?* Aber ich habe es in meiner Arbeit allzu oft gesehen – wenn die Seele fertig ist, ist es vorbei. Es bedarf keiner Rechenschaft darüber, warum so viel Zeit gebraucht wurde; vielleicht ist es für die Seele unbedeutend. Irgendein unsichtbares Kennzeichen wird erreicht, und der eine bewegt sich aus der Einstimmung und Resonanz mit den alten Schwingungsmustern heraus. An diesem Punkt verändert sich die Realität für beide sehr schnell. Häufig macht derjenige, der heraustritt, schnell Fortschritte auf seine Bestimmung zu. Die Ironie dabei ist, dass der andere simultan dieselbe Entscheidung, weiterzugehen, getroffen hat, aber es nicht bewusst erkennt und sich häufig als Opfer fühlt.

Nachdem er jahrelang mit seiner Frau ein Geschäft geführt hatte, machte sich Ravi auf den spirituellen Weg. Er arbeitete mit einem Guru in Indien, las Bücher über Metaphysik und die neue Physik und war begeistert von ganz neuen Denkansätzen. Seine Frau blieb traditionell, ihre Werte fest verwurzelt in der Familie, in materieller Sicherheit und in der indischen Kultur. Obwohl er diese Dinge respektierte, musste Ravi darüber hinausgehen, um eine neue Identität zu finden. »Wenn meine Frau nur ein wenig Interesse daran hätte«, stöhnte er, »dann würde ich weiter Gemeinsamkeiten mit ihr finden!« Aber sie glaubte, seine Konzentration auf das Spirituelle sei töricht. Seine kulturelle Programmierung hielt ihn in der einen Rolle fest, während seine Eigenfrequenz ihn in eine andere Richtung lenkte und ihn zu einer neuen Person machte. An einem bestimmten Punkt konnte er die innere Spaltung nicht länger ertragen und leitete den Scheidungsprozess ein, womit er alle in seiner Familie verärgerte und sich selbst einen schlechten Ruf einhandelte. Er musste einen hohen Preis für seine Evolution zahlen, aber er sah ganz klar, dass er sterben würde, wenn er diese Veränderung nicht machte. Wir alle entwickeln uns, und das Erkennen solcher Markierungen des Wachstums wird häufig besonders deutlich in der Art, wie unsere Beziehungen – ob nun auf persönlicher oder geschäftlicher Ebene – sich entweder entwickeln oder stagnieren.

Wenn die Welle des einen aus der Synchronisation mit der Welle des anderen heraustritt in eine höhere Frequenz, spürt man das sofort. Wenn die Beziehung relativ unbewusst war, kann die Person, die »zurückgelassen« wird, wütend werden, beschuldigen, bestrafen und beherrschen und damit versuchen, den anderen zu zwingen, in die komfortablen alten Muster zurückzukehren; oder sie kann ihn sogar körperlich verletzen. Wenn die Partner gewohnheitsmäßig in ihrer Eigenfrequenz geblieben sind, haben sie eine wesentlich bessere Chance, sich gemeinsam zu entwickeln. Sie können sich die fehlerhafte Anpassung bewusst machen, indem sie darüber sprechen. »Etwas ist anders; etwas zwischen uns hat sich verändert. Was ist es? Haben sich die Bedingungen unserer gemeinsamen Abmachung – unsere Ziele, unsere Träume – verändert? Was willst du jetzt? Können wir zusammen ein neues Feld besetzen, das auf einem höheren Niveau schwingt? Können wir neu verhandeln und unsere Beziehung an die Form anpassen und sie verkörpern, die aus unserer neuen Schwingung auftauchen will?«

Wenn eine Ehe, Familie, Freundschaft oder Geschäftsbeziehung fließend sein kann, offenherzig und aufrichtig, können Anpassungen dieser Art friedlich vor sich gehen. Wenn die Absichten der Seelen auseinandergehen, kann die alte Beziehung enden und sich in eine neue Form verwandeln, die angemessen ist – beispielsweise von einer Ehe zur Freundschaft. Oder die Menschen können mit Dankbarkeit leicht in völlig neue Realitäten geraten. Zerstörung oder Wut über das Ende einer Beziehung sind wirklich nicht mehr notwendig, da beide Seelen immer involviert sind, wenn es um die Form einer Beziehung geht.

Wenn Sie dem Alleinsein Widerstand leisten …

Wenn Sie zurückgewiesen wurden oder sich entschieden haben, eine Beziehung aufzugeben, finden Sie sich vielleicht in einer Zeit des Alleinseins wieder, in einem Stadium des Transformationsprozesses, in dem Sie loslassen und still sein und Ihre Eigenfrequenz wieder auftauchen lassen müssen, was Ihnen neue Ideen, Motive und Verbindungen bringen wird. Lacey ist eine charmante, intellektuelle Frau, die es gewohnt war, in Beziehung zu Männern zu leben, die sich um alle ihre Bedürfnisse kümmerten. Wenn eine Beziehung zu Ende war, hatte sie nie Probleme damit, einen anderen Mann zu finden. Aber als sich ihre Eigenfrequenz erhöhte, funktionierte dieses Verhalten nicht mehr. Sie konnte keinen passenden Mann finden. Tatsächlich zeigte ihr ihre Seele ein darunterliegendes Muster einer emotionalen Blockierung, das geklärt werden musste, sodass sie ihre Kreativität frei zum Ausdruck bringen konnte. Diese Kreativität war früher nämlich darauf ausgerichtet gewesen, Männer zu finden, die Dinge für sie taten. Sie schimpfte darüber, allein sein zu müssen, und fühlte sich gequält. Sie war zwanghaft damit beschäftigt, eine neue Beziehung zu finden. Aber durch ihre Beteiligung an einer Frauengruppe lernte sie zu meditieren. Sie fing an, in eine Kirche der Neugeist-Bewegung in der Nähe zu gehen. Allmählich wurde sie ruhiger und gestattete es sich, »einfach nur zu sein«. Sie vergaß ihre Besessenheit gerade lange genug, um eine Malklasse zu besuchen, stellte fest, dass sie das gern tat, und entdeckte eine neue Begabung in sich. Kurz danach begegnete sie durch die Kirche einem ganz andersartigen Mann, der ein ebenbürtiger Partner für sie war und diesen Ausdruck ihrer Seele verteidigte.

Allein zu sein bedeutet nicht, nicht in einer Beziehung zu sein. Zunächst einmal sind Sie immer mit sich selbst zusammen. Zweitens gibt Ihnen Ihre Seele, was Sie brauchen – entweder Beziehungen oder Raum. Wenn Sie eine Beziehung haben, besteht die Aufgabe darin, in Beziehung zu der Seele in dem anderen zu treten. Wenn Sie Raum haben, treten Sie mit Ihrer eigenen Seele in Beziehung und mit der Gegenwart des Göttlichen in allen Dingen. Sie können eine Beziehung mit dem Essen oder dem Fernsehen erleben, oder, wenn Sie sich in Ihre Vorstellungswelt begeben, mit Ihrem Lichtkörper, mit Ihrem physischen Körper oder mit nicht physischen Wesen. Sie können Menschen lieben, die Sie noch nicht kennen und die hinter den Kulissen stehen und Ihnen den dringend benötigten Raum lassen.

Das Auge, in dem ich Gott sehe, das ist dasselbe Auge,
darin mich Gott sieht.

Meister Eckhart[13]

»Sich beziehen«, während Sie sich in einer Raum-Phase befinden, mag sich zuerst abstrakt anfühlen, aber wenn Sie Achtsamkeit praktizieren und überall Freude am Licht haben, an Liebe und Großzügigkeit, dann frischen Sie sich auf und stärken sich. Eine Form-Phase wird bald folgen, in der physische Beziehungen wieder auftauchen und erneuert werden. Wenn Sie also allein sind, fühlen Sie sich in Ihren Körper ein, in die Welt, in Gegenstände und in die Luft und finden Sie die Eigenfrequenz überall. Harmonisieren Sie mit ihr, erschaffen Sie eine Liebesbeziehung mit dem Idealen Elternteil, dem Ungesehenen Geliebten, dem Unsichtbaren Besten Freund. In Wahrheit ist es unmöglich, getrennt zu sein oder aufzuhören mitzuschwingen. Sie gehören zu einem einheitlichen Feld von Wesen, die in derselben Weise schwingen wie Sie. Ihre hochgeschätzten Beziehungen sind wohl letzten Endes die mit Ihrer Eigenfrequenz und Ihrer nächsten Ebene des Selbst.

---

13 Predigt 13, Qui audit me. In: Meister Eckhart, *Deutsche Predigten und Traktate*. Herausgegeben und übersetzt von Josef Quint. München: Hanser Verlag, 1995, S. 216. (Anm. des Übersetzers)

Auch Beziehungen haben eine Eigenfrequenz

Da Beziehungen die charakteristischen Eigenschaften und Schwingungen der individuellen Teilnehmer verstärken und vergrößern, ist es verständlich, dass das Beziehungsfeld von zwei Menschen, die gleichzeitig in ihrer Eigenfrequenz ruhen, ihre Fähigkeit zur Liebe weit über das hinaus ausdehnen werden, was wir normalerweise für möglich halten. Vergessen Sie nicht, dass Eigenfrequenz Offenherzigkeit ist; sich so zu fühlen, wie Sie sich gern fühlen möchten, die Art zu lieben, wie Sie gern lieben. Wenn beide Partner in ihrer Eigenfrequenz sind, spielen Unterschiede von Persönlichkeit, Stil und Meinungen kaum eine Rolle – Sie wollen einander mögen und verstehen und sind immer bereit zu lachen. Es ist zum Beispiel nicht einfach, einem Kleinkind böse zu sein, wenn es mitten in einem spontanen Lachanfall steckt – hauptsächlich, weil das von der reinen und fröhlichen Eigenfrequenz des Kindes herrührt. Das ist so kraftvoll, dass Sie eigentlich nur in das Gelächter einstimmen können. Alle Eigenfrequenzen sind so, wenn man sie miteinander teilt. Sie erschaffen einen gemeinsamen Grund. Da jedermanns Eigenfrequenz eine etwas andere Version von Liebe ist, sind sie alle miteinander vereinbar, wie Töne in einem Akkord.

Wir sind alle durch den Stoff unsichtbarer Verbindungen verknüpft. Dieser Stoff verändert und entwickelt sich dauernd. Dieses Feld wird unmittelbar von unserem Verhalten und Verständnis strukturiert und beeinflusst.

David Bohm

Jedes Beziehungsfeld hat eine Eigenfrequenz, die von den miteinander verschmolzenen Eigenfrequenzen oder Herzen beider Menschen stammt. Wenn Ihr Beziehungsfeld beginnt, in seiner Eigenfrequenz mitzuschwingen, werden Sie und Ihr Partner nur selten aus dem Gleichklang geraten, und Ihre Liebe wird stetig anwachsen. Die Eigenfrequenz einer Beziehung ist jener Zustand gegenseitiger Offenherzigkeit, in dem Sie die mitfühlende, höhere Vernunft der Gründe für Ihr Zusammensein spüren können und sich sicher fühlen. Denken Sie nur einmal daran, wie es sich anfühlt, wenn Sie beide warmherzig, authentisch und spontan sind. Wie entfaltet sich Ihr Zusammenspiel? Wenn Ihrer beider Herzen offen sind, wollen Sie beide nichts mehr, als einander dabei zu unterstützen, Ihr bestes Selbst zu werden. Sind Sie in der Eigenfrequenz einer Beziehung, können Sie deutlich den Prozess der Frequenzangleichung sehen; Sie können die spezifische Problematik oder die Eigenschaften, die zwischen Ihnen aktiviert sind, spüren und die subtile Dynamik verstehen, wie der Heilungs- und Klärungsprozess wahrscheinlich funktionieren wird und wie Sie gegenseitig den Ausdruck Ihrer Bestimmung ergänzen. Die erzeugte Empathie lässt Sie mehr telepathisch und vorauswissend sein, gegenseitig Ihre Gedanken zu lesen und die zukünftige Richtung und Ereignisse zu spüren.

Probleme an der Oberfläche führen häufig dazu, dass Sie das Gefühl haben, Sie und Ihr Partner seien unvereinbar. Aber wenn Sie auf die Seelenschwingung in dem anderen achten und es wertschätzen, wie sich die Beziehung anfühlt, wenn sie sich in ihrer Eigenfrequenz befindet, dann öffnet sich Ihr Herz, und die Vorstellung der Unvereinbarkeit bricht zusammen. Bleiben Sie in Ihrer Eigenfrequenz, wenn der andere seine eigene vorübergehend vergessen hat, ist es viel einfacher, aus der Negativität herauszukommen. Wenn mit der Zeit Angst aus einem gemeinsamen Beziehungsfeld verschwindet, geht es in der Beziehung immer mehr um die

Erfahrung der Seele durch Freude, Kreativität und einfach durch das Zusammensein.

In romantischen, primären Beziehungen kann Sex eine wichtige Hilfe für die Partner sein, um auf Reaktionen, die auf Angst beruhen, zu verzichten und sich in ihren Eigenfrequenzen zu zentrieren. Sex kann als heiliger Raum dienen, in dem die oberflächlichen Belange der Welt zur Seite gelegt werden, und der wichtige, offenherzige, vertrauensvolle, wertschätzende und spielerische Zustand des Gewahrseins kann wieder anerkannt werden. Die meisten von uns können all dies Klären, Ausgleichen und Transformieren nicht allein in ihrer Vorstellung vollziehen – wir benötigen die Erfahrung der Sättigung der Seele, um uns körperlich verankert zu fühlen. Sex ist eine der Arten, auf die wir solch eine Erfahrung machen können. Darüber hinaus kann Sex die innere Energie von Yin und Yang für beide Menschen ins Gleichgewicht bringen, und in seinem verfeinerten Ausdruck kann er Sie beide zu einer höheren, vereinigenden Erfahrung des Liebens und Geliebtwerdens bringen. Wenn sich ungesunde Gefühlsgewohnheiten in Ihr Sexualleben einschleichen, ist Klärung besonders wichtig; Sie müssen einen verlässlichen, sicheren Zufluchtsort mit einem anderen Menschen haben, so wie für Ihre eigene Meditation oder für private, kreative Zeit.

Je höher die Eigenfrequenz in Ihrer Beziehung ist, umso schneller werden Sie beide Ihre innere Wahrheit enthüllen und Zugang zu verborgenen Talenten bekommen. Eine Eigenfrequenz-Beziehung verbindet die Absicht von Ihnen beiden, Ihr »Bestes« auszustrahlen und ein vollkommen gesättigtes Feld zu werden, das hochwertigere Erfahrungen auf einer erweiterten Weisheitsbasis für Sie beide verwirklichen kann. Dann wird Ihre Beziehung zum Weg zu einem wahrhaft erweckten Leben.

Eigenschaften von Eigenfrequenz-Beziehungen

Bei Eigenfrequenz-Beziehungen

- engagieren sich Menschen gleichermaßen, haben Zeit füreinander und gehen sich den halben Weg entgegen;
- sind Menschen offen liebevoll, rücksichtsvoll, vorausschauend und verständnisvoll;
- sind Menschen aufrichtig und vertrauenswürdig;
- zeigen sich Menschen mit guten Taten erkenntlich, passen sich an die gegenseitigen Bedürfnisse an und nehmen wechselseitig führende und unterstützende Rollen an, je nachdem, wie es notwendig ist;
- wollen Menschen das Beste füreinander und unterstützen sich dem Ausdruck ihrer Seelen und ihrer Bestimmung entsprechend;
- lösen Menschen ungesunde Emotionen und Gefühlsgewohnheiten auf wie Beschuldigungen, Eifersucht, Geheimniskrämerei und Opferrollen;
- verpflichten sich Menschen dazu, ihre Herzen offenzuhalten und zur Offenherzigkeit zurückzukehren, wenn einer oder beide in Angst zurückfallen;
- wissen Menschen, dass sie beide mit denselben Problemen zu tun haben, wenn einer von beiden ein bestimmtes Problem zur Sprache bringt;
- sprechen Menschen darüber, was ihnen Angst oder Freude bereitet und was sie motiviert;
- suchen Menschen Wachstum und entwickeln sich natürlich, indem sie in jedem Moment alles miteinander teilen und Erfahrungen machen, die das eigene Wohlbefinden an seine Grenzen bringt;
- respektieren die Menschen die Ebbe und Flut des Bedürfnisses nach Raum, Intimität und sozialer Beteiligung.

Von Ihrer Eigenfrequenz aus geben und empfangen

Wenn Sie in Ihrer Eigenfrequenz zentriert bleiben, nehmen das Geben und Empfangen eine beinahe aufregende, magische Qualität an. Sie fühlen sich nicht mehr verpflichtet, zu geben oder zu empfangen; es gibt kein »Auge um Auge, Zahn um Zahn« mehr, kein Gefälligsein, um etwas zu bekommen, kein Kontrollieren, was und wie Sie etwas empfangen. Sie stellen vielleicht fest, dass Sie großzügig geben, ohne Vorder- oder Hintergedanken, und Dinge bekommen, von denen Sie nicht einmal wussten, dass Sie sie gewollt oder benötigt haben. Es kommt Ihnen der Gedanke, etwas für Ihren Partner zu tun, und es stellt sich heraus, es war genau das, was er brauchte. Er gibt mit einem Gefühl von Freude, und das ist der nächste Teil Ihres Puzzles. Wenn Sie aus der Eigenfrequenz einer Beziehung heraus etwas geben oder bekommen, reguliert das gemeinsame Feld, was Sie wissen oder tun müssen, indem es Ideen in Ihren Kopf setzt und Motive in Ihren Körper.

Geben und Empfangen sind Pole eines einzigen Zyklus von Aktivität. Geben und Empfangen sind beide Katalysatoren für etwas aus dem Feld, das beide Menschen erkennen und erfahren sollen. Beide Rollen – der Gebende und der Empfangende – ermöglichen Selbsterkenntnis und vermitteln dem jeweiligen Partner, sich auf erweiterte Art zu spüren (ich + das Geschenk = ein neues Ich). Ich erinnere mich an ein Weihnachten, an dem ich ein Geldgeschenk meines Vaters verlor, das er mir eingewickelt in einen Haufen übrig gebliebenes Geschenkpapier gegeben hatte. Nach einer hektischen Suche erzählte ich ihm, was geschehen war, und sagte, dass ich so tun würde, als hätte ich das Geld bekommen, es ausgegeben und davon etwas Schönes gekauft hätte, und dass es für mich nicht verloren sei – er solle sich also keine

Sorgen machen. Er war bestürzt, den Tränen nahe. Natürlich waren eine Stunde später alle Sorgen vergangen, denn ich hatte das Geld gefunden. Aber wir hatten uns beide aufgrund dieses Dramas verändert. Unsere gegenseitige Wertschätzung wurde stärker, und unser Verständnis von der Kraft, zugleich Gebende und Empfangende zu sein, wurde klarer. Ohne mir dessen bewusst zu sein, war die Art, wie ich empfangen hatte, ein Geschenk für ihn.

In unserer transformierten Wahrnehmung, eben weil alles miteinander ganz eng verknüpft ist, können wir nichts geben oder verlieren, wenn wir etwas verschenken. Gebender, Geschenk und Empfänger sind alles Aspekte von Ihnen, die in Ihrem Raum existieren. Indem Sie bewusst geben oder empfangen, aktivieren Sie die Erfahrung, die das Geschenk Ihnen beiden bietet.

Wenn Individuen sich einmal miteinander verbunden haben, werden sie zu etwas anderem (...) Beziehungen verändern uns, offenbaren uns, rufen mehr von uns wach. Nur, wenn wir uns mit anderen vereinen, werden unsere Geschenke sichtbar, auch für uns selbst.

Margaret Wheatley und Myron Kellner-Rogers

Die Eigenfrequenz einer Beziehung offenbart deren Zweck

Wenn Sie sich in der Eigenfrequenz einer Beziehung zentrieren, selbst wenn es sich um eine Beziehung mit jemandem handelt, den Sie kaum kennen, fungiert sie als eine Basislinie für Weisheit, die Sie anwenden können, um Einsichten darüber zu finden, warum Sie gerade diesem Menschen begegnet oder mit ihm zusammengekommen sind. Aus dieser ruhigen, neutralen, liebevollen Perspektive heraus können Sie nach Themen Ausschau halten, die zu beiden Menschen passen. Danach wird das von Ihnen gemeinsam besetzte Feld Sie lehren, indem es Intuitionen darüber bereitstellt, wie sich der Lern- und Klärungsprozess zwischen Ihnen wahrscheinlich entfalten wird.

Schauen wir uns noch einmal die Leute an, die unsere Welt bevölkern – auch die Schauspieler und Charaktere, die uns in den Medien und in Büchern auffallen. Die Themen, für die sie stehen, geben Hinweise darauf, worauf Sie *beide* nach dem Willen der Seelen Ihre Aufmerksamkeit richten sollen. Vergessen Sie nicht, wenn von einem Paar einer etwas bemerkt, dann ist es für beide relevant. Versuchen Ihre Freunde, viel Geld zu verdienen, oder kämpfen sie gegen die Insolvenz an? Sie sind vielleicht alle bereit, umzuschalten auf eine Art von Erfolgreichsein, bei der Angst keine Rolle spielt. Langweilt sich Ihr Partner, oder beschwert er sich über seine Position im Leben? Sie sind möglicherweise bereit für einen Durchbruch auf eine neue Ebene, sich selbst zum Ausdruck zu bringen. Lesen Sie viele Bücher von Jane Austen[14]? Vielleicht brauchen Sie und Ihr Partner mehr Romantik und Schwung oder ein einfacheres Leben. Vielleicht sind Sie beeindruckt von einigen hoch geschätzten Leuten, deren Leben ausgeglichen und produktiv ist und die etwas in der Welt bewirken. Sie sind wahrscheinlich bereit, diese Eigenschaften in Ihr Leben zu integrieren, um so auf ein höheres Niveau in Ihrem eigenen Leben und in Ihren Beziehungen zu kommen.

---

14 Eine britische Schriftstellerin (1775–1817). Hauptwerke sind u. a.: *Sense and Sensibility (Verstand und Gefühl), Pride and Prejudice (Stolz und Vorurteil),* Emma. Seit den 1990er-Jahren wieder sehr populär aufgrund der beliebten Fernsehadaptionen und Verfilmungen ihrer Romane. (Anm. des Übersetzers)

Wie wäre es, wenn Sie in Beziehung zu einer Person stünden, die einen widerlichen Charakterzug hat? Befindet sich diese schreckliche Eigenschaft nicht auch in Ihnen? Um den Sinn einer solchen kniffligen Situation zu finden, müssen Sie sich in darunterliegende Emotionen und Gefühlsgewohnheiten fallen lassen. Das Verhalten, das Ihnen missfällt, könnte die Art sein, wie der andere eine emotionale Wunde, mit der er den Kontakt verloren hat, »medizinisch behandelt«, etwa Zurückweisung oder das Erlebnis überwältigenden Terrors. Die Parallele besteht darin, dass Sie vielleicht eine ähnliche Verletzung haben, dass Sie mit ihr aber genau entgegengesetzt umgehen. Wenn beispielsweise zwei Menschen durch unangemessene sexuelle Energie von einem Elternteil geradezu erdrückt wurden – egal, ob es tatsächlicher körperlicher Missbrauch war oder telepathischer sexueller Missbrauch –, kann der eine daraufhin promisk und sexuell aggressiv werden und der andere prüde und sittenstreng. Wenn diese beiden nun eine Anziehung füreinander spüren, kann die Beziehung vollkommen verrückt aussehen, und wahrscheinlich beschuldigen sie sich gegenseitig, so zu agieren, dass ihre eigene Haltung untergraben wird. Wenn sie sich in der Eigenfrequenz ihrer Beziehung wieder zentrieren, können sie ihre unterdrückten Erinnerungen und gemeinsamen Verwundbarkeiten finden. Dann entsteht das Verständnis dafür, dass sie gegensätzliche Rollen spielen und dass sie ganz leicht auch in den Schuhen des anderen gehen könnten. Danach kann Heilung folgen.

Sie heilen andere, indem Sie sich selbst heilen

Ihre beiläufigen und intimen Beziehungen enthalten beide Informationen darüber, wie Sie wachsen und heilen, und sie können Ihnen beibringen, wie Sie anderen dienen und wirksamer in Berufen arbeiten können, in denen Sie anderen Hilfe und Heilung bringen können. Je mehr Sie andere als Aspekte von sich selbst in sich einschließen können, umso telepathischer und empathischer werden Sie sein. Je empathischer Sie sind, umso mehr werden Sie imstande sein, die Ursachen für die Schmerzen anderer präzise zu bestimmen. Wenn Sie unbewusst mit ihnen verschmolzen sind, wird es sich so anfühlen, als wäre es Ihr eigener Schmerz, und Sie werden ihn loswerden wollen, indem Sie sie heilen und in Ordnung bringen. Die Wahrheit ist aber, dass es *Ihr Schmerz ist, wenn Sie ihn spüren.* Obwohl die Ärzte daran arbeiten, die physischen Körper zu heilen, kann ein vollständiges Heilen energetischer und emotionaler Wunden, die physische Wunden und Krankheit herbeiführen, nur erreicht werden, wenn jeder im Laboratorium seines eigenen Lebens und Körpers arbeitet. »Arzt, heile dich selbst.«

Sam, der als kleines Kind seine Eltern durch einen Autounfall verloren hatte, hatte eine Vorliebe dafür, verlassene Frauen zu retten. Er konnte seine eigenen Verletzungen vom Verlassenwerden fühlen, wenn sie in den Frauen auftauchten, weil es in einem sicheren Abstand geschah, aber er konnte selbst die unmittelbare Erfahrung seines eigenen qualvollen Verlusts nicht zulassen. Nach seiner unbewussten Logik konnte er dadurch, dass er die Frauen heilte, seine eigene Verletzung auflösen. Ironischerweise zwang das die Frauen dazu, ihn zu verlassen. Sie hatten das Gefühl, er würde ihnen unrecht tun, indem er versuchte, sie zu verändern. Dann verließen sie ihn und verstärkten dadurch seine Verletzung. Ihre eigene Verletzung zu heilen, indem Sie das bei jemand anderem tun, kann nicht funktionieren. Und die Verletzung eines anderen kann so auch nicht geheilt werden. Das Heilen wird nicht »greifen«, weil die andere Person sich nicht für diese Erfahrung entschieden hat und sie sich nicht eingesteht.

Weil wir einander wechselseitig einschließende Felder von Gewahrsein und Energie besetzen, heilt jede Heilung, die Sie in sich selbst vornehmen, einen Teil der Verletzung Ihres Partners – indem die Schwingung erhöht wird, die Sie beide teilen. Wenn Sie beispielsweise Ihre eigene Wunde des Verlassenwerdens klären, sind Sie nicht dabei behilflich, die Wunde des anderen aufrechtzuerhalten, indem Sie sich anpassen. Ihr Partner kann sich dann leichter dazu entscheiden, nicht länger an seinem Schmerz festzuhalten und ihn nicht Wirklichkeit werden zu lassen. Ihre persönliche Schwingung ist ein Katalysator für unmittelbare Körper-zu-Körper-Kommunikation. *Heilung ist in Wirklichkeit zwanglose telepathische Kommunikation zwischen Seelen und Körpern.* Es ist so, als würde die persönliche Schwingung eines gesunden Menschen zum ungesunden sagen: »Hier ist ein Beispiel für ein stimmiges System. Ich schwinge in Liebe mit dir mit, und du kannst deine eigene Version davon kreieren, wann immer du willst.« Sie bieten ihnen Ihre geheilte Verletzung an, um das selbst zu erfahren. Wenn sie bereit sind, werden die beiden Körper eine Übertragung subtiler Muster aushandeln, wie eine Heilung geschehen könnte und wie es sich danach anfühlen könnte. Ihr Partner wird entweder dankbar in den von Ihnen geschaffenen Raum für Heilung eintreten, oder er wird fortgehen, um jemand anderen zu finden, der seinen Schmerz bestätigt und sich entsprechend anpasst. Die Wahl liegt natürlich bei Ihnen. Geheilt oder verwundet zu sein ist die Entscheidung für eine Identität.

Ich mag es nicht nur, geliebt zu werden, sondern auch, gesagt zu bekommen, dass ich geliebt werde; der Bereich des Schweigens ist groß genug, über das Grab hinaus.

George Eliot

Mit bewusster Empfindsamkeit können Sie Menschen »lesen«

Wenn Sie jemand Neuen treffen, empfangen Sie dann deutlich erste Eindrücke? Sie stellen vielleicht fest, dass Sie viele subtile Einsichten auffangen und mehr darüber wissen, wie die Leute ticken, als Sie denken. Wenn Sie das erste Mal jemanden treffen, ob persönlich, per Telefon oder auch nur per E-Mail, erweitert oder verengt sich Ihr Körper – Ihr vertrauenswürdiges Barometer –, während er sich anpasst und sich mit dessen persönlicher Schwingung in Einklang bringt. Ihre Frequenzen mögen sofort zu dessen emotionalem Zustand passen. Wenn Sie sich glücklich, handlungsstark oder vollkommen akzeptiert fühlen, bedeutet das wahrscheinlich, dass die andere Person glücklich ist, anderen den Rücken stärkt und Ihnen ohne Vorurteile gegenübertritt. Vielleicht spüren Sie, wie gleichsam ein großes Schlürfen süßer Energie über Sie hinwegrollt, und Sie erkennen, dass Ihr Gefährte sich auf seinen Charme verlässt. Fühlen Sie sich eingeengt oder kalt, spüren Sie vielleicht sofort, dass der Betreffende verspannt ist, weil er schüchtern oder besorgt ist, oder dass er unzuverlässig ist und ein Geheimnis verbirgt oder dass er die Kontrolle über die Details seiner Umgebung behalten muss, weil er sich überwältigt fühlt.

So, wie Menschen und Tiere spüren können, wenn jemand sie anschaut, kann Ihr Körper winzige Spannungsänderungen spüren, die ein beschleunigtes oder gebremstes Fließen subtiler Energie begleiten. Sie können das Gefühl einer aufgestauten, einer gestörten oder gefährlich verstärkten Welle haben oder das Gefühl bevorstehender Polarisation und Opposition von Energieflüssen. Sie können auch die gleichmäßigen, beständigen und stimmigen Wellen harmonischer Menschen spüren. Vertrauenswürdige Personen fühlen sich vollkommen gegenwärtig an, »real« und übereinstimmend. Sie fühlen sich in ihrer Gegenwart realer. Wenn Sie die Wahrheit hören, mag es so scheinen, als würde Ihre persönliche Schwingung einen harmonischen Klang von sich geben oder klarer schwingen, wie eine Glocke.

Wenn jemand lügt, kann Ihre persönliche Schwingung unregelmäßig rasen oder still stehen, als hätten Sie kurz eingeatmet. Ihr Körper spürt, wenn etwas nicht in Harmonie ist, und das kann Ihrem Körper auf instinktiver Ebene Angst einflößen. Sie fühlen vielleicht etwas Ähnliches, wenn Sie auf Leute treffen, die nicht im Einklang mit sich selbst sind; vielleicht sagen sie etwas mit Worten, projizieren aber in ihrer Vorstellung andere innere Bilder, während ihre persönliche Schwingung weich und sorglos wirkt. Irgendetwas stimmt da nicht, und innerlich schütteln Sie den Kopf und hören aufmerksamer hin. Sie können viele feine Linien unterscheiden. Es gibt einen subtilen Unterschied zwischen einer aufgrund von Adrenalin (Angst) beschleunigten Energie und einer, deren Beschleunigung auf gesundem Enthusiasmus beruht. Auf ähnliche Weise können Sie den Unterschied fühlen zwischen ruhiger, offenherziger Energie und eingefrorenem Stillstand.

Praktische Übung

Spüren Sie den Unterschied zwischen einem geschlossenen und einem offenen Herzen

Woher wissen Sie, ob jemandes Herz offen oder geschlossen ist? Schreiben Sie die subtilen Empfindungen Ihres Körpers auf, wenn Sie mit einem Partner zusammen sind, der Sie akzeptiert, versteht, wertschätzt und sich für Sie einsetzt; oder wenn Sie in Schwung sind, spielerisch, lachend und mit jemandem Witze machen. Wie fühlen sich Ihr Körper und Ihr Herz an, wenn Ihr Partner Sie beurteilt, Ihre guten Absichten falsch interpretiert, Sie beschuldigt oder anklagt, stoisch anstatt kommunikativ wird oder Entscheidungen trifft, die Sie betreffen, ohne Sie zu fragen?

Erinnern Sie sich an eine Zeit, als Sie jemand verletzt oder beleidigt hat, als einer Ihrer »Bedienungsknöpfe gedrückt wurde« und Sie darauf reagiert haben, indem Sie Ihre Energie eingezogen und dichtgemacht haben. Wie hat sich da Ihr Herz angefühlt? Erinnern Sie sich an eine Zeit, als Sie im Herzen bei jemandem waren. Schreiben Sie über diese subtilen Empfindungen. Üben Sie für einige Tage, so gut es geht, die subtilen Signale zu spüren, die Ihnen sagen, ob das Herz von jemandem offen oder geschlossen ist und ob Ihr Herz offen oder geschlossen ist.

Als Andrew aufwuchs, war seine Mutter nicht für ihn da und ignorierte ihn weitgehend. Als Folge davon hatte er eine Serie von Beziehungen, in denen die Frauen ihn ebenfalls ignorierten und er sie verließ. Er verbrachte einige Jahre allein, arbeitete an seinen Problemen, vertraute dem Mechanismus, wie er Frauen auswählte, nicht und entschloss sich dann, dass es an der Zeit sei, endlich eine Lebensgefährtin zu finden, die wirklich zu ihm passte. Eine Frau, deren Geburtstag nur wenige Tage nach seinem lag und ihm bemerkenswert ähnlich schien, war besonders attraktiv und aufregend für ihn. Er konnte sich ein gemeinsames Leben mit ihr gut vorstellen. Doch allmählich traten eine Reihe relevanter Fakten zutage: (1) war sie wohnungslos und hatte zwei Jahre lang auf den Sofas von Freunden zugebracht, und (2) war sie noch verheiratet mit einem Mann, der wieder jemand anderen geheiratet hatte, ohne seiner neuen Partnerin von dieser Situation etwas zu sagen. Als Andrew sie fragte, warum sie die Beziehung nicht abgeschlossen hatte, sagte sie kurz angebunden: »Oh, ich hatte keine Zeit, den Papierkram zu erledigen.«

Als er nach den Gründen forschte, warum diese Frau aufgetaucht war und er sich so zu ihr hingezogen fühlte, erkannte er, dass sie zwar gewillt schien, eine Beziehung mit ihm einzugehen, dass sie aber nicht wirklich verfügbar war; sie übte eine seltsame Form von Rache an ihrem Mann, indem sie es auch ihm nicht gönnte, vollkommen verfügbar für seine neue »Ehefrau« zu sein. Sie war nicht einmal für sich selbst verfügbar, weil sie sich kein Zuhause schaffte, von dem aus sie sich zentrieren und ihre Wahrheit zum Ausdruck bringen konnte. »Sie muss Pheromone mit *ich bin nicht verfügbar* aussenden – meine Lieblingsdroge!«, sagte Andrew halb im Spaß. Er sah, dass er die Tatsache, dass diese Frau nicht verfügbar war, sowie ihre Hyperaktivität als eine attraktive Mysteriöse falsch »gelesen« hatte und dass sein Körper in Wirklichkeit mit Adrenalin und Befürchtungen reagiert hatte; denn er kannte das Muster potenzieller Zurückweisung nur zu gut. So sagte er also Nein zu dieser Büchse der Pandora und blieb weiter in seiner Eigenfrequenz in dem Wissen, dass er nahe daran war, eine gesunde Beziehung erkennen zu können.

Fragen, die Sie sich beim »Lesen« von Menschen und von Beziehungen stellen sollten

- Stimmen sie in sich überein? Ist ihre Präsentation im Einklang mit ihrer Angst oder ihrer Seele?
- Projizieren sie eine falsche Fassade, oder treten sie mit mir über ihr Ego in Beziehung?
- Lese ich die Energie korrekt? Haben wir irgendwelche zueinanderpassenden blinden Flecke? Reagiere ich aus

versteckten Motiven heraus oder von einem neutralen Ort aus?
- Was bringen sie in mir auf Anhieb zum Vorschein? Wie reagiert mein Körper auf sie?
- Empfange ich sinnliche Hinweise: »Riechen« sie wie Fisch oder sauer? Oder »klingen« sie wie Blech, krächzend oder hohl?
- Was könnte ich wohl von dieser Person lernen? Auf was in mir könnte sie mich aufmerksam machen?
- Sind sie vertrauenswürdig? Sind sie aufrichtig? Halten sie etwas zurück, oder lügen sie?
- Haben sie ein persönliches Problem, das die Beziehung oder den Energiefluss eines Projekts sabotieren wird?
- Haben sie das Bedürfnis nach Kontrolle, und wenn ja, was und wie machen sie das?
- Ist dies eine förderliche Beziehung für mich? Warum?
- Ist es an der Zeit, diese Beziehung zu erneuern oder zu verändern? Ist es an der Zeit, diese Beziehung zu beenden?

Wie Sie von einem Konflikt zum Energiefluss gelangen können

Zum Teil besteht das Meistern einer Beziehungsresonanz darin, die zyklische Natur von Interaktionen zu verstehen und zu begreifen, wie Ihre verschiedenen inneren Wellenbewegungen denen Ihres Partners entsprechen. Sie pendeln ununterbrochen hin und her – zwischen Identitätsebenen, zwischen Geben und Empfangen, Klarheit/Liebe und Verwirrung/Angst, Raum und Form sowie zwischen Ihrem inneren Yang/affirmativen Bewusstsein und dem Yin/rezeptiven Bewusstsein. Das Leben ist nicht nur einseitig gemeint. Je fließender Sie sind – je weniger Sie die Wellen aufhalten –, umso ausgeglichener sind Sie und umso mehr können Sie Wellenprinzipien anwenden, um das Fließen und die Seele in Ihren Beziehungen zu verstärken.

Beziehungen können auf die alte, von Konflikten getriebene Art funktionieren, wie es in den folgenden Abbildungen 1 und 2 dargestellt ist, oder aber auf eine umgewandelte Art, bei der Frequenz und Energiefluss eine primäre Rolle in der Dynamik spielen, wie es die Abbildung 3 zeigt.

Von Opposition auf eine fließende Acht umschalten

Abbildung 1

Abbildung 2

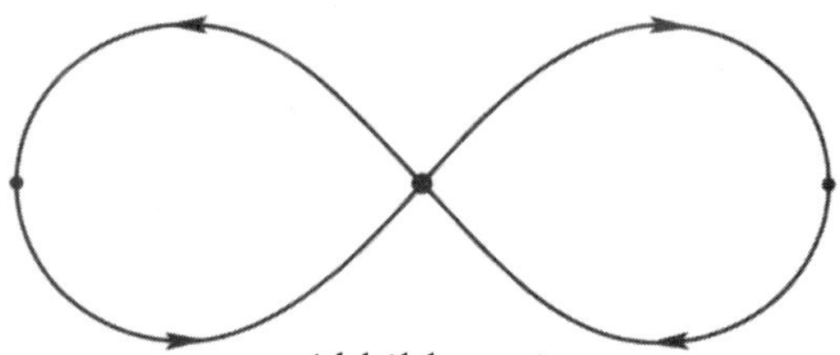
Abbildung 3

Abbildung 1 steht für ein Wellental oder die zurückfließende, zentrierende Phase eines Zyklus. Ob es nun Sie als Individuum oder die Entwicklung einer Beziehung betrifft, auf dieser Stufe erscheint die Erfahrung von Einheit, Raum und dem Reifen von etwas Neuem. Befinden Sie sich in Ihrem eigenen privaten Prozess, müssen Sie innehalten, still sein, und mit Ihrer Eigenfrequenz wieder in Verbindung treten. Befinden Sie sich in einer Beziehung, bezeichnet dies die Zeit, in der Menschen sich zueinander hingezogen fühlen und die äußere Welt vergessen. Wenn dieser Zufluss auftritt, will das Ego den Fluss anhalten und möchte, dass das jetzt die dauerhafte Lebensweise bleibt. Fixierung beginnt. In einem persönlichen Prozess fühlen Sie sich vielleicht von anderen isoliert, versinken in sich selbst, fühlen sich wertlos oder bleiben in einer Depression stecken, weil nichts passiert. In einer Beziehung sind beide auf den anderen und auf ihre Ähnlichkeiten fixiert, verbringen übertrieben viel Zeit miteinander, leben buchstäblich im Leben des anderen und verlieren den Bezug zu ihrer eigenen Wahrheit.

Abbildung 2 steht für den Wellenberg oder die herausfließende kreative Phase eines Zyklus. Ob es nun Sie als Individuum oder die Entwicklung einer Beziehung betrifft, auf dieser Stufe erscheint die Erfahrung von Verschiedenheit, Entdeckung und Manifestation. Beginnt das Nach-außen-Fließen, will das Ego den Fluss anhalten und möchte, dass *dies* jetzt die dauerhafte Lebensweise bleibt. Im persönlichen Prozess, wenn Fixierungen auf dieser Stufe beginnen, fühlen Sie sich möglicherweise hyperaktiv, überwältigt, Sie kleben an dem, was Sie geschaffen haben, oder Sie sind sich selbst fremd. In einer Beziehung gehen die Partner jetzt auseinander, um etwas über ihre scheinbaren »Unterschiede« herauszufinden. Sie bewegen sich fort von der Einheit in eine polarisierte Sackgasse, in der sie miteinander nicht übereinstimmen können, und fangen an, sich zu beschweren und zu beschuldigen, das Gefühl zu haben, der Partner sei nicht der Richtige, und schließlich fühlen sie sich isoliert.

In Wirklichkeiten, in denen Sie, ohne es zu wollen, ruckartig hin und her pendeln zwischen dem Fixiertsein auf Verschmelzen und Fixiertsein auf Unterschiede, verschaffen Sie sich unnötiges Leiden. Wenn Sie nicht erleben, wie die Welle sich wendet, was typischerweise immer dann passiert, wenn plötzlich alles, was Sie getan haben, einen Sinn ergibt, dann verlängern Sie diese Phase, und das erzeugt Negativität.

Wenn Sie Ihre Aufmerksamkeit auf das Fließen des Lebens und auf seine natürliche Tendenz zu Schwankungen lenken, können Sie in eine transformierte Art wechseln, wie Sie mit Ihrer eigenen höheren Natur und der der anderen in Beziehung treten. Der Schlüssel liegt dabei darin, zu sehen, (1) dass das Fließen niemals aufhört, (2) dass die Welle oder der Zyklus sich immer wendet und auf eine Umkehr zugeht, (3) dass, welchen Teil des Zyklus Sie auch bemerken, es der Teil ist, den Sie gerade jetzt benötigen, und (4) dass der Teil des Zyklus, in dem Sie sich befinden, sich natürlich und zur rechten Zeit in seine nächste Phase entwickeln wird.

Wie eine Beziehung harmonisch schwingen kann

Abbildung 3 steht für eine fließende Beziehung, eine, bei der Sie sich daran erinnern, wie es sich anfühlt, am Ende einer Phase zu sein, wenn die Welle sich wendet und Sie in die nächste Erfahrung, die Sie brauchen, trägt. Ihr Geist bleibt nicht in einer Position stehen und steckt nicht im »Entweder-oder«-Denken fest. Stattdessen vertrauen Sie dem Energiefluss, bemerken, was neu ist, nehmen an, dass es etwas Wertvolles ist, das es zu verstehen gilt, und fühlen sich komfortabel mit Paradoxa oder einem »Beides-und«-Denken. »Zusammen und getrennt sein sind beide gut. Unterschiedliche Vorstellungen zu haben ist lehrreich.« Wenn die Gegensätzlichkeit am größten ist und Sie dann sehen können, dass der Charakterzug, den Sie an Ihrem Partner nicht leiden können, auch Ihr eigener ist, dann machen Sie die Wende und erinnern sich daran, dass es möglich ist, sich wieder in der Eigenfrequenz Ihrer Beziehung zu zentrieren.

Wenn Sie zu einer Zeit der größten Verschmelzung in der Beziehung (das Zentrum der Acht in Abbildung 3 oben) erkennen, dass es stärkend und interessant sein wird, wenn Ihr

Partner von Ihnen getrennt ist, und Sie sehen, was er oder sie entschieden hat, als Nächstes zu erschaffen und zu lernen, dann sind Sie nicht besitzergreifend oder misstrauisch. Wenn Sie beide am Punkt der größten Getrenntheit in der Beziehung sind (an den äußeren Enden der Acht in Abbildung 3 oben) und Sie erkennen, dass Sie am liebsten »nach Hause« kommen würden und Ihre Erfahrung mit Ihrem Partner teilen möchten, und wenn Sie dann darauf achten, wie er oder sie reagiert und was der andere womöglich hinzufügt, dann werden Sie sich nicht isoliert fühlen und dem Partner keine Vorwürfe machen.

(...) das Herz in dir ist das Herz von allen; in der gesamten Natur gibt es kein Ventil, keine Wand, keine Kreuzung, sondern ein Blut fließt ununterbrochen in endloser Zirkulation durch alle Menschen, so wie das Wasser des Planeten ein Meer ist, und seine Gezeiten sind in Wirklichkeit nur eine.

Ralph Waldo Emerson

Eine Beziehung zwischen zwei innerlich ausgeglichenen Menschen, deren Priorität es ist, in der Eigenfrequenz der Beziehung zu bleiben, kann ein schöner, harmonischer Tanz sein, bei dem beide führen *und* geführt werden können. Beide erfreuen sich daran, intim *und* privat miteinander zu sein; beide haben Freude daran, unabhängig *und* sozial zu sein. Beide vertrauen auf den Fluss und wissen, dass alles, was aus dem anderen auftaucht, für beide bedeutungsvoll ist. Wenn Ihr Partner besonders dynamisch sein muss, haben Sie ganz natürlich das Gefühl, den Raum für ihn offen zu halten, sodass er möglichst wirkungsvoll handeln kann. Beim nächsten Mal unterstützt Ihr Partner Sie. Wenn Sie Ihr Partner wegen irgendetwas beschuldigt, dann können Sie klar bleiben und eine Rückkehr zur Offenherzigkeit ermöglichen. Beim nächsten Mal ist dann Ihr Partner der Ruhige. Wenn Sie imstande sind, ständig durch die gegensätzlichen Phasen eines Zyklus zu kreisen, dann bekommen Sie Zugang zu viel mehr Potenzial in der Beziehung, denn jeder vollendete Kreis bildet Vertrauen und mehr Sättigung für die Seele Ihres gemeinsamen Feldes.

Formel für erfolgreich fließende Beziehungen

Erste Phase Sie beide fühlen sich gleichzeitig zum jeweils anderen hingezogen, weil Ihre Frequenzen zusammenpassen und beide Seelen sich auf dieselben Themen konzentrieren wollen. Sie erleben Anziehung, Liebe und Bewunderung.

Die Liebe zieht alles, was einem Wachsen der Liebe im Wege steht, in den Beziehungsraum hinein, sodass es geklärt werden kann. Die unterbewussten Ängste von beiden kommen an die Oberfläche. Sie spielen gegensätzliche Rollen, haben unterschiedliche Meinungen, beschuldigen und bestrafen einander, unterdrücken Ihre Probleme erneut, um miteinander auszukommen, oder Sie trennen sich. Das wiederholt sich gewöhnlich, zieht sich hin und kann häufig zum Ende der Beziehung führen. Um erfolgreich zu sein, muss die Beziehung zur zweiten und dritten Phase voranschreiten.

Zweite Phase Sie können sich dazu entscheiden, sich in der Eigenfrequenz der Beziehung wieder zu zentrieren, einen Weg zu finden, Ihre Herzen zu öffnen, und darüber zu kommunizieren, was Sie fühlen, ohne einander zu beschuldigen oder zu projizieren (keine Sätze, die mit »Du …« anfangen).

Sie suchen nach gemeinsamen Verletzbarkeiten, verstehen Ihre Fehlwahrnehmungen und entscheiden sich dazu, die ungesunde Gefühlsgewohnheit in Ihnen selbst umzukehren (Ihr Partner entscheidet sich nach seiner eigenen Geschwindigkeit).

Sie bestätigen erneut, was Sie an der Beziehung und an dem anderen schätzen, formulieren nochmals Ihre Ziele für Ihr Zusammensein und vergessen nie, dass Sie den anderen wertschätzen wollen.

Jetzt tauchen weitere Hindernisse für das Wachstum der Liebe aus dem unterbewussten Geist beider Partner auf.

Dritte Phase Wiederholen Sie die zweite Phase! Jedes Mal, wenn Liebe die Angst überwindet, gewöhnen sich Ihre Körper mehr an die hochfrequente Beziehung, und Sie hören auf, sich für negative Schwingungen zu entscheiden, denn sie sind langweilig und schwierig.

Kurz zusammengefasst ...

Die Menschen in Ihrer Welt passen der Frequenz nach zu Ihnen und teilen ein Schwingungsfeld. Es kann Ihr Wachstum beschleunigen, wenn Sie den Zweck der Beziehungen in Ihrem Leben verstehen; andere Menschen verstärken Ihre positiven Talente und helfen Ihnen dabei, die gegenwärtigen Lektionen Ihres Lebens zu verstehen, stellen Ihnen neue Richtungen vor oder helfen Ihnen, Ihre emotionalen Wunden und ungesunden Gefühlsgewohnheiten zu sehen und zu klären. In Beziehungen, die auf Angst beruhen, müssen bestimmte Probleme bearbeitet werden, aber Menschen mit gänzlich verschiedenen Frequenzen tauchen nicht in Ihrem Leben auf. Beziehungen verändern sich oder enden, weil sich die Schwingungen der Partner verändern – denn die Seelen treten in neue Phasen ein. Es gibt keinen Grund dafür, verärgert zu sein, weil Beziehungen enden, wenn Sie beide sich beim Wachstum Ihrer Seele behilflich sind. Wenn Sie allein sind, stehen Sie immer noch in Beziehung mit vielen anderen Dingen; es ist unmöglich, gar nicht mehr mitzuschwingen.

Beziehungen haben ebenfalls eine Eigenfrequenz, die den tieferen Zweck der Beziehung enthüllt sowie die Funktionsweisen, nach denen sich die Transformationsprozesse der Partner wahrscheinlich entwickeln werden. Wenn Sie in einer Beziehung von Ihrer Eigenfrequenz aus geben und empfangen, dann kann es für beide Partner nur Wachstum geben. Beziehungen helfen Ihnen dabei, Ihre Identität zu erleben und zu erweitern; Sie gehen darüber hinaus, sich für ein Individuum zu halten, und fühlen sich stattdessen als Beziehung, Familie, Gruppe, Organisation, Nation und Menschheit. Um andere zu heilen, müssen Sie die emotionalen Wunden, die Sie in ihnen wahrnehmen, *in sich selbst* klären. Wenn Sie versierter in bewusster Empfindsamkeit und Empathie sind, können Sie detaillierte Informationen über andere mit Ihrem Körper und Ihrer Intuition auffangen. Sie können von Beziehungen, die auf ungesunden Konflikten und auf Opposition beruhen, überwechseln zu gesunden, die auf fließender Energie beruhen, indem Sie mit den Wellenprinzipien arbeiten und sich bewusst in Schwingungen versetzen.

Die Botschaft der Eigenfrequenz

Wie ich im Kapitel *An die Leserinnen und Leser* erklärte, habe ich diese inspirierten Textbotschaften am Ende eines jeden Kapitels hinzugefügt, damit Sie von Ihrem normalen, schnell lesenden Geist umwechseln können zu einer tieferen Art unmittelbarer Erfahrung. Mithilfe dieser Botschaften können Sie Ihre persönliche Schwingung willentlich verändern.

Die folgende Botschaft ist dazu gedacht, Sie in eine Art von Welterkenntnis zu befördern, die dem sehr nahe kommt, wie Sie das Leben im Intuitionszeitalter erleben werden. Um in *die Botschaft der Eigenfrequenz* hineinzukommen, schalten Sie einfach herunter auf eine langsame, weniger gehetzte Geschwindigkeit. Atmen Sie langsam und tief ein, dann aus, und seien Sie so ruhig und still wie möglich. Lassen Sie Ihren Geist weich und empfänglich sein. Öffnen Sie Ihre Intuition, und bereiten Sie sich darauf vor, sich in die Sprache einzufühlen. Achten Sie darauf, ob Sie die tieferen Wirklichkeiten und Gefühlszustände erfahren, die lebendig werden, *während Sie lesen.*

Ihre Erfahrung kann eine umso größere Dimension annehmen, je mehr Sie Ihre ganze Aufmerksamkeit auf die Worte richten. Konzentrieren Sie sich jeweils nur auf einige Worte zugleich, machen Sie eine Pause bei den Satzzeichen, und verweilen Sie bei der Intelligenz, die diese Botschaft verkündet, live im Hier und Jetzt – für Sie. Sie können die Worte laut aussprechen oder die Augen schließen und jemand anderen laut vorlesen lassen. Achten Sie darauf, welche Wirkung die Worte auf Sie haben.

Eerinnern Sie sich an die Art von Liebe der Seele

Tiefe Vereinbarkeit, von Seele zu Seele, beginnt mit der komfortablen Resonanz von Vertrautheit, mit der Intuition, dass wir uns irgendwie schon kennen. Wenn wir sprechen, passen unsere Ideen wie die Teile eines Puzzles zusammen. Sie bauen aufeinander auf, während wir entdecken, dass langsam eine gemeinsam erschaffene Welt auftaucht, die komplexer und interessanter ist, als dass jeder Einzelne von uns sie kennen könnte. Die Begeisterung darüber, dass wir uns geistig durchdringen und stimulieren, schürt das romantische Herz und die körperliche Leidenschaft. Der Wunsch, den Weg zu dem zu entdecken, was so tiefgründig angenehm ist, die Verwandtschaft, die schon bestand, ehe wir etwas voneinander wussten, ist der Treibstoff für eine lebenslange Liebe. Denn je näher wir der Ursache unserer mysteriösen Harmonie kommen, desto weiter zieht sie sich zurück. Damit zieht sie uns immer weiter nach außen zu einer größeren und erweiterten Erfahrung unseres gemeinsamen Selbst hin.

Unser Geist verwebt sich und segelt himmelhoch, und das erregt in uns Ehrfurcht – dass eine derartige Gegenseitigkeit des Austauschs möglich sein kann, dass sie durchaus die Zeit überdauern kann. Wir sind fassungslos, unsere Herzen schmelzen vor Erleichterung und tiefer Dankbarkeit, und wenn wir weiteres spontanes Austauschen erahnen, hüpfen unsere Herzen! Das filtert hinunter in jede Zelle, und unsere Aufmerksamkeit verlangsamt sich und geht unter die Ebene der Worte. Wir können nicht sprechen; wir können uns nur hingeben, durchdringen, verschmelzen und geradezu ohnmächtig werden vor lauter Schönheit. Hier ist er also, der Rhythmus körperlicher Anziehung, zuerst langsam, dann hungrig die Einheit der Empfindungen suchend, die Empfindung der Einheit. Ich kann in dich hineinfallen, und du lässt die Dinge in mir los, die mich getrennt von dir halten, die mich zu einem Ich machen. Wir sind frei und glücklich über unser beider Freiheit.

Und Tag für Tag, mit Vertrauen auf unsere eigene überraschende Substanz und die unseres Partners, wächst die Intimität. Mit dem Rhythmus einfachen Atmens drehen wir uns voneinander fort und unterscheiden uns in interessanter Weise, dann kommen wir wieder zusammen und teilen unser Wissen. Wir wachsen. Und indem wir uns immer wieder befreien und nach uns verlangen, bilden wir ein Vertrauen, das alle Aspekte der Liebe verstärkt. Alles, was von dem anderen kommt, ist eine Erleichterung und bringt uns nach Hause. Wir leisten Gelübde, die Aussagen höherer Wahrheiten sind und keine verbindlichen Verträge der Selbstaufgabe. Wir verpflichten uns dazu, an die Großartigkeit unseres Partners zuerst als Seele zu glauben, dann als Persönlichkeit. Zu sehen, dass die Seele, das selbst-gleiche Gewahrsein, aus den Augen des anderen herausschaut und mit der Stimme des anderen spricht – bedeutet den Zusammenbruch der falschen Anziehung aufgrund von Bedürftigkeit, der falschen Angst vor Beschuldigung und Zurückweisung. Die Seele als unsere tägliche Übung anzusehen macht aus Anziehung und Zurückweisung prähistorische Phänomene; wir wissen, dass wir immer Teile des anderen waren, sind und sein werden.

Wir geloben, den warmen Teich des Herzens als Zuhause zu erzeugen und zu schätzen und uns in dieser Frequenz wieder zu zentrieren und dort so beständig wir möglich zu leben. Es wird schmerzlich, dieses Zuhause zu verlassen, schmerzlich für Unsere Seele, negativ über einander zu denken, geschweige denn negativ zu sprechen, ganz zu schweigen davon, aus Angst zu handeln. Der andere hört unsere Gedanken, denkt unsere Gedanken, spürt unsere verkrampften Emotionen und macht keinen Unterschied, wessen Gedanken und Gefühle es sind. Wir entscheiden uns für Glück und Freude, um Unserem Selbst zu dienen. Wir verpflichten uns zu körperlicher und emotionaler Gesundheit, um Unserem Selbst zu dienen. Wir sagen Ja! zu Kreativität und Zelebrieren so oft wie möglich, um Unserem Selbst zu dienen. Alles, was wir tun, dient dazu, »Liebe zu machen« und die Liebe lebendig in uns zu spüren. Es besteht kein Anlass, den anderen an seine Fehler zu erinnern; das dient lediglich dazu, Unser Selbst in Gedanken daran festzuhalten, was nicht funktioniert. Zu sehen, was nicht ist, vergeudet wertvolle

Zeit, in der wir Liebe durch die Körper zum Ausdruck bringen könnten.

Wer sind wir jetzt? Unser Repertoire ist angewachsen und umfasst unser beider Talente und neuen Denkansätze. Wir wissen und spüren in unseren Knochen, wie es ist, von unserer gegenseitigen Abstammung zu kommen, die Kindheit des jeweils anderen zu erleben, die Bürde des anderen zu tragen und sogar den Tod des jeweils anderen zu sterben. Wenn zwei von uns alle diese gemeinsamen Elemente leben, wird es einfacher, sie zu ertragen, irgendwie auch einfacher, alles zu verdauen. Wir können uns schneller bewegen, wenn wir wollen. Oder langsamer! Neue Perspektiven tauchen auf, während wir uns entwickeln. Sind wir jetzt eher wie die Engel? Wenn wir uns in Unser Selbst entspannen, versuchen wir, ganz natürlich zu erreichen, dass wir mehr Leben in uns aufnehmen, mehr Menschen einladen in eine Familienliebe mit uns, und wissen mit einem noch größeren Herz-Zuhause. Wir besitzen einander nicht, greifen nicht nach dem anderen; Vertrauen und Anerkennung ebnen den weiten weißen Weg, auf dem wir reisen.

8
Hochwertige Lösungen, Entscheidungen und Pläne finden

Um ein bestehendes Paradigma zu verändern, versuchst du nicht, zu kämpfen und das problematische Modell zu ändern. Du erschaffst ein neues Modell und machst damit das alte überflüssig.

Richard Buckminster Fuller

Patrick ist Personal Trainer und Unternehmensberater und ist fasziniert von Wahrnehmungen. Er erinnert sich noch, als er mit fünf Jahren ein Buch anschaute und sich gleichzeitig eines klaffendes Loches auf der anderen Seite des Zimmers bewusst war. Er nannte es das »Auge Gottes«, und er erlebte, dass er sich in seinem Körper befand *und* gleichzeitig im Inneren vom Auge Gottes und sich selbst mit seinem Buch anschaute. Das war keine Einbildung, sagte er, sondern es fühlte sich körperlich real an. Heutzutage hat Patrick bei seiner Arbeit mit Unternehmen die frappierende Fähigkeit, mehrere Positionen und Möglichkeiten gleichzeitig zu spüren, ein Bild zu sehen, wie alles zusammenpasst und wie verschiedene Kombinationen von Variablen funktionieren würden – und das alles beinahe gleichzeitig.

Er sagt: »Das ist so, als käme ein riesiger Farbpinsel aus

meinem Zentrum heraus und malte einen großen Bogen, ein ganzes Panoramabild. Es ist wie ein Film aus Energie! Zuerst kommt er als ein Wissen, dann übersetzt er sich in Bilder auf einer mittleren bewussten Ebene. Ich spüre den Fluss des Musters, wie die Energie sich verändern würde, wenn andere Dinge geschähen, welche Intention jeder Einzelne haben müsste, damit es funktionieren könnte, und sogar, ob jemand nicht gut dazupasst. Wenn sich eine Variable ändert, passt sich die gesamte Leinwand entsprechend an. Manchmal kann ich hineingleiten in die Art, wie sich einer der Beteiligten fühlt, und auf Anhieb verstehen, was er oder sie darüber denkt, wie der Prozess funktionieren wird. Dann vergleiche ich das mit dem, was mein Körper weiß – und ich weiß, wie ich die Nuancen des Prozesses kommunizieren kann.«

Ich mag Patricks Geschichte deswegen, weil er darin eine neue Art der Arbeit mit Energie und Bewusstsein veranschaulicht, wenn es um Problemlösungen und Planungen geht. Er befindet sich im Fluss, ist offen für zufällige Übereinstimmungen und spontane Entscheidungen und lässt dem Prozess seine eigene Intelligenz. Er hat keine Angst vor Empathie, arbeitet ganz leicht mit den unsichtbaren Bereichen, *liest* die Energie, hält alles offen, versucht nicht, eine Antwort zu früh festzunageln, und lässt seine Intuition und Empfindsamkeit, zusätzlich zu seiner Logik, Informationen an sich leiten.

Eine neue Art von Problemlösung mithilfe von Schwingungen kann Ihr Leben einfacher machen

Wenn Sie sich als schwingend sehen und mit Frequenzprinzipien arbeiten, verändert das die Art, wie Sie zu Lösungen, Plänen und Zielen gelangen. Bei dieser neuen Art, Antworten zu finden, treffen Sie Entscheidungen auf der Basis von

Kriterien der Seele, nicht des Egos, und Sie sind bei jeder Entscheidung nicht allein auf sich gestellt. Sie beschreiben Situationen nicht mehr bloß mit gut/vorteilhaft oder schlecht/problematisch. Bei der alten Art von Problemlösung isolierten wir ein Problem, hielten den Fluss an und konzentrierten all unsere Aufmerksamkeit darauf, ihn dazu zu bringen, sich in etwas zu verwandeln, was wir lieber mochten. Wir sammelten Daten und Meinungen, analysierten alles, projizierten die Daten in die Zukunft, wählten unsere Antwort und setzten sie um und strichen dann das Problem aus unserer Liste. Fertig! Weiter zum nächsten. Zur alten Art, über Probleme nachzudenken, sich Ziele zu stecken und entsprechend zu planen, gehörte es dazu, eine Vision zu haben – manchmal eine Inspiration, manchmal eine schlaue Erweiterung einer anderen Idee – und dann die Schritte zu analysieren, die notwendig waren, um das zu verwirklichen. Dann haben wir uns strikt an diesen Plan gehalten, komme, was wolle, und benutzten die Fähigkeiten unseres Geistes und Willens, um uns durch die Probleme, die auf dem Weg auftraten, durchzuboxen. Wir waren problemlösende und planende Krieger!

Hat sich Ihr Gewahrsein beim Transformationsprozess aber einmal geöffnet, sehen Sie alles und jeden als in Ihnen, in diesem Moment, miteinander verbunden und kooperativ. Antworten sind genau hier, Ressourcen tauchen auf, wenn Sie sie benötigen, und Sie erkennen, dass das Leben Sie immer auf etwas Besseres hin bewegt. Probleme verändern sich; sie sind nicht mehr Dinge, die Ihre Aufmerksamkeit anhalten, sondern sie lenken Ihre Aufmerksamkeit auf eine neue Sichtweise hin. Im Intuitionszeitalter bedeutet das Lösen von Problemen, sich mit dem Energiefluss und dem kollektiven Bewusstsein zu beraten, um zu erkennen, was als Nächstes geschehen möchte. Entscheidungen treffen bedeutet, sich für das zu entscheiden, was mit unserer Eigenfrequenz mitschwingt und mit den Frequenzen unserer Beziehungen und unseres Engagements in Gruppen. Ziele, Pläne und Strategien sind nicht in Stein gemeißelt, sondern sie sind Teil eines organischen, sich ständig entwickelnden holografischen Films, mit dem wir in Einklang bleiben müssen. Um zu planen, stimmen Sie sich auf hochfrequentere Energieflüsse ein, verschmelzen mit komplexeren Feldern und achten dann darauf, was in dem erweiterten Raum geschehen will. Bei den Kriterien für das Auffinden von hochwertigen Lösungen – solchen, die auf höheren Frequenzen mitschwingen – geht es jetzt vielmehr darum, ob ein Ergebnis den Fluss der Seele freisetzt, sich in Harmonie mit den Frequenzprinzipien befindet und Erfahrungen erzeugt, bei denen es nicht nur um das Gewinnen von zwei Seiten geht, sondern um ein Gewinnen sämtlicher Beteiligten.

Wahrscheinlich ist es nur der intuitive Sprung, der uns Probleme in dieser komplexen Welt lösen lässt. Das ist der wesentliche Vorteil des Menschen gegenüber Computern.

Tom Peters und Robert Waterman

Finden Sie Ihre Bestimmung, ist das einzige »Problem« der Seele gelöst

Ehe wir die Frequenzprinzipien hinter dem Lösen von Problemen und dem allgemeinen Planen erforschen, wollen wir einen Blick auf das einzige »Problem« der Seele werfen und auf die Strategie, nach der es gelöst werden kann. Das Problem der Seele ist Folgendes: *Wie kann ich dir helfen, von der Wahrnehmung von Getrenntsein zur Erfahrung von Einheit zu wechseln?* Schließlich verursacht die Erfahrung von

Trennung die Probleme; wenn also das Problem der Seele gelöst ist, sind alle anderen Probleme auch beseitigt. Die Seele löst das Problem der Trennung dadurch, dass sie die Wahrnehmung von Einheit demonstriert, indem sie Ihre *Bestimmung* offenbart und Ihnen hilft, diese ganz und gar zu leben. Ihre Bestimmung ist Ihr Leben auf höchster Frequenz, in dem Sie Ihre unbegrenzten Talente entdecken und das zu tun bekommen, was Ihnen am meisten Freude bereitet. In Bezug auf Ihre Bestimmung erleben Sie einen harmonischen Fluss, dass alles zur rechten Zeit geschieht und dass die Einheit für Sie sorgt und Sie auf Schritt und Tritt anleitet. Probleme werden zu Botschaften Ihrer Seele, und aus dem Lösen von Problemen wird einfach »das Leben«. Sie erkennen, dass das Leben vollendet funktioniert und Ihnen das bringt, was Sie brauchen, und dass der Versuch, die Zukunft zu kontrollieren, eine Zeitverschwendung ist. Je mehr Sie zu Ihrer Seele werden, umso mehr wird Ihr Leben zu Ihrer Bestimmung.

Da Sie ein Individuum in Zeit und Raum sind, ist Ihr Körper eine bestimmte Art von Linse, und Sie sind von Natur aus so gebaut, dass Sie in bestimmter Weise Energie in die Welt filtern. Vielleicht formt Ihr Filter die Energie um in Architektur oder schönen Schmuck, in Lernerfahrungen für Kinder oder in komplexe Organisationen. Vielleicht sind Sie dafür gemacht, als Bote für eine bestimmte Angelegenheit in fremde Länder zu reisen, oder Sie lieben es, auf dem Land zu leben und wunderbare Nahrungsmittel anzubauen. Wenn Sie das tun, wofür Sie gemacht sind, erleben Sie Schicksal, und das führt zu einer Erfahrung von Einheit. Wenn Sie Ihre Bestimmung vollkommen erfüllen, haben Sie das Gefühl, Ihnen wurde Ihr liebster Traum geschenkt: Sie meinen, ich werde *das* zu tun bekommen? Probleme? Was für Probleme? Ich bekomme *das* zu tun! Sie werden bald feststellen, dass die verborgene Absicht aller Probleme darin besteht, Missverständnisse zu korrigieren, Ihre Sicht zu klären und Ihre Stimmung aufzuhellen, damit Sie Ihrem Schicksal entsprechend leben können. Wenn Sie also Ihrer Seele dabei helfen, ihr einziges Problem zu lösen, wird sie alle anderen für Sie lösen.

Ein Problem ist deine Gelegenheit, dein Bestes zu tun.

Duke Ellington

Sie können die Art, wie Sie Probleme betrachten, transformieren

Schicksal ist etwas, in das Sie allmählich eintreten, indem Sie sich einer Reihe von weltlichen Problemen stellen und eines nach dem anderen transformieren – aus Blockaden werden vielerlei Gelegenheiten, Blockiertheit wird zu Führungsstärke. Halten Sie von jetzt an Ausschau nach den Motiven der Seele, wenn Sie ein Problem angehen. Ihre Seele erschafft Situationen, damit Sie aus unmittelbarer Erfahrung lernen können. Geld zu haben ist ihr beispielsweise egal, aber nicht die Erfahrungen, die Sie erzeugen, und die Lektionen, die Sie lernen, wenn Sie Geld haben oder eben keines haben. Wenn Sie ein Problem bemerken und nach innen schauen, werden Sie sehen, dass Sie Ihren eigenen Energiefluss angehalten haben. Warum? Ihre Seele deutet auf etwas hin, das Sie nicht wirklich erfahren haben, oder auf eine Stelle, an der es bei Ihnen ein Missverständnis darüber gibt, wie das Leben funktioniert. Am häufigsten lenkt ein Problem Ihre Aufmerksamkeit auf eine Erfahrung, die Sie nötig haben. Anstatt also nach einer Strategie oder Handlung zu suchen, die die problematische Situation verändert, versuchen Sie, sich in die Situation hinein zu entspannen, um zu sehen, was Ihre Seele Sie erkennen lassen will.

Nancy hatte große Angst davor, ihren Chef um mehr Verantwortung und Geld zu bitten. Bei dieser Angst ging es aber in Wirklichkeit darum, dass sie das Unternehmen verlassen und eine unabhängige Beraterin werden wollte. Harrys Verärgerung über die Nachbarn in seinem Mietshaus, deren Zigarettenqualm in sein Schlafzimmer zieht, bezieht sich in Wirklichkeit darauf, dass er das Gefühl hat, er habe einen Anspruch auf ein eigenes Haus. Joans anhaltende Bronchitis ist eine Art, wie sie unterschwellig Zugang zu ihrer tiefen Trauer über den Tod ihres Mannes bekommen kann. Wenn solche Menschen ihre Probleme als Sprungbrett zu neuen Einsichten verwenden, können sie Störungen des Ausdrucks ihrer Seele und ihres Schicksals klären.

Wenn Ihr Geist bei einem Problem stehen bleibt, dann achten Sie bei der Suche nach einer Lösung auf folgende Dinge:

1. **Schauen Sie sich Ihr Problem aus einer neuen Perspektive an, sodass Sie es hilfreich finden.** Wenn Sie das tun, nehmen Sie den Druck fort, der durch den Widerstand erzeugt wurde, und lassen Raum, in dem Lösungen auftauchen können. Betrachten Sie zunächst Ihr Problem auch als eine Funktion Ihrer Seele, nicht nur Ihrer physischen, emotionalen und mentalen Welt. Vergessen Sie nicht, sich in Ihrer Eigenfrequenz zu zentrieren, wenn Sie damit beginnen, über die innere Dynamik des Problems nachzusinnen. Das verhilft Ihnen zu einem sehr viel schnelleren Verständnis.
2. **Ihr Problem ist in Wirklichkeit eine Frage. Die Frage hilft Ihnen dabei, eine Erfahrung zu entdecken, die Ihnen Ihre Seele vermitteln will.** Anstatt aus Ihrem Problem eine statische Aussage zu machen, die eine Wirklichkeit festlegt, die Sie nicht mögen – »ich brauche ein neues Auto, kann es mir aber nicht leisten« –, machen Sie daraus eine oder mehrere Fragen, die zu den Einsichten führen, die Ihre Seele Ihnen er-

möglichen will. Fragen erzeugen Bewegung. Welche Erfahrung wird mir ein neues Auto bringen? Welche innere Lektion werde ich lernen, wenn ich die Gefühle von Sicherheit, Freiheit und Macht, die ein neues Auto vermitteln, wieder neu spüre? Was kann ich *hier und jetzt* erfahren, um selbstsicherer mehr in der Welt herumzukommen und neue Orte zu besuchen?

3. **Lösen Sie das Problem zuerst im Inneren, in Ihrer Vorstellung.** Sie müssen nicht darauf warten, dass Sie wirklich ein neues Auto bekommen. Wenn Sie sich vorstellen, ein neues Auto zu fahren, die Kraft der Beschleunigung oder die Verlässlichkeit des neuen Motors zu spüren, oder den erhöhten Selbstwert und Stolz, dann haben Sie die Erfahrung, die Ihre Seele Ihnen wünscht. Besonders dann, wenn Sie bei der Vorstellung alle Ihre Sinne benutzen, wird Ihr Körper die Erfahrung als real anerkennen. Jetzt haben Sie sich selbst die Kraft verliehen, in die Wirklichkeit der Seele zu kommen, wo positive Charaktermerkmale normal sind, wo Sie wirklich *frei* sind und berechtigt, sich gut und überschwänglich zu fühlen. Die vorgestellte Erfahrung, ein neues Auto zu fahren, hilft Ihnen dabei, zurückzukehren dazu, wie es sich anfühlt, Ihrem Schicksal entsprechend zu leben.

4. **Haben Sie einmal die innere Erfahrung gemacht, auf die das Problem hinwies, kann sich das äußere, physische Problem schnell auflösen.** Nehmen Sie den Fall, dass Sie ein neues Auto kaufen wollen. Wenn Sie einmal die zuversichtliche Energie und den Wunsch spüren, nachzuforschen, was ein neues Auto für Sie bewirken würde, dann bekommen Sie vielleicht ein hoch bezahltes, freiberufliches Projekt, das Ihnen das Geld gibt, das Sie brauchen, um ein Auto zu kaufen, oder eine Bekannte von Ihnen entschließt sich vielleicht, einen neuen Sportwagen zu kaufen und ihre alte Limousine zu verkaufen, und sie überlässt sie Ihnen für einen guten Preis.

Dann können Sie die vorgestellte Erfahrung in der physischen Welt verankern, und Sie haben eine Lebenslektion gemeistert.

Manchmal sind Sorgen ein Anzeichen für eine falsche Richtung, und sobald Sie die Erfahrung haben, die Ihnen Ihre Seele vermitteln will, verschwindet das »Symptom«. Vielleicht fängt Ihr Körper an wehzutun, und Sie denken, irgendetwas stimmt ganz und gar nicht. Der Arzt kann nichts feststellen. Wenn Sie sich in das Problem hinein entspannen, werden Sie feststellen, dass sich Ihr Körper einfach mehr bewegen will. Sie fangen also an, nach dem Essen einen Spaziergang zu machen, und die Schmerzen verschwinden. Es war für Ihre Seele notwendig, dass Ihr Körper in die Lage versetzt wurde, mehr Energie auszusenden, damit Sie die nächste Ebene Ihres Wachstums erreichen konnten, und auf diese Weise bekam sie Ihre Aufmerksamkeit.

5. Probleme deuten immer auf ein »Umschlagen« der Welle und auf eine neue Schwingung hin, die sich auf Ihr Schicksal bezieht. Sie sollten sicherstellen, dass Sie erkennen, was Ihre Seele Ihnen zu zeigen versucht. Haben Sie sich einmal die Erfahrung gegeben, auf die das Problem Sie hinweist, welcher Richtung stehen Sie dann gegenüber? Was will als Nächstes geschehen? Was ist die höhere Absicht der Seele? Wie hat die Lösung des Problems dazu beigetragen, Sie für neue, erweiterte Möglichkeiten zu öffnen?

6. Wenn viele Probleme zugleich auftreten, gibt es in der Regel nur ein zugrunde liegendes Thema. Es gibt Zeiten, in denen sich die Schwierigkeiten auftürmen und Probleme immer neue Probleme zu erzeugen scheinen. Sie fühlen sich einfach wie verhext. Wahrscheinlich liegt das daran, dass ein großes Problem aus Ihrem Unterbewusstsein auftaucht, mit dem Sie sich nie auseinandersetzen wollten; aber Ihre Seele gibt Ihnen jetzt deutlich zu verstehen, dass die Zeit gekommen ist, sich darum zu kümmern. Jeder Fluchtweg ist Ihnen versperrt. Selbst kleinste Sachen gehen schief. Das ist ein Zeichen dafür, dass sich das auftauchende Problem in Disharmonie mit Ihrer Eigenfrequenz befindet. Jetzt ist es am besten, nicht alles lösen zu wollen, sondern erst einmal innezuhalten und sich in die tieferen Verspannungen und Fragen einzufühlen. Vor welcher Erfahrung haben Sie Angst, weil Sie befürchten, dass Sie immer damit leben müssen? Welche Erfahrung wollen Sie ganz dringend haben und normal finden? Wenn Sie das Kernproblem beseitigen, erzeugt das häufig eine Bedingung, in der viele Probleme mit einer Handlung gelöst werden.

7. Auch ganz weltliche Probleme enthalten die Anleitung Ihrer Seele. Die Rolle meines Druckers ist schmutzig und erzeugt weiße Flecken auf den Ausdrucken. Die Pflanzen sind zu trocken. Mein Computer hat sich gerade von selbst ausgeschaltet, als ich beim Schreiben war, und ich stelle fest, dass ich das Netzteil austauschen muss. Jedes Einzelne dieser Dinge steht symbolisch für etwas in mir, das mir meine Seele zeigen will. Gibt es eine alte Art der Wahrnehmung, die meine Fähigkeit, hervorragend zu schreiben, blockiert? Brauche ich mehr emotionale Nahrung? Muss ich aufhören, mich ausruhen und erneuern, damit ich dann weiter gut arbeiten kann? Meine Seele möchte, dass ich mich um diese »Probleme« auf unproblematische Weise kümmere; ich soll jedem Ding meine liebevolle Aufmerksamkeit schenken, es in seinen Idealzustand zurückversetzen. Während ich das tue, erinnere ich mich an meinen eigenen Idealzustand und bestätige mir, dass ich in Übereinstimmung mit meinem Schicksal lebe.

Ja, wir sehen, dass es Probleme in der Welt gibt. Aber wir glauben an eine universale Kraft, die vom menschlichen Herzen aktiviert werden kann und dann die Kraft hat, alles in Ordnung zu bringen. Derart ist die göttliche Autorität der Liebe: das Herz zu erneuern, die Nationen zu erneuern und letzten Endes die Welt zu erneuern.

Marianne Williamson

Wie sich Lösungen im Zeitalter der Intuition anfühlen

Im Intuitionszeitalter werden Lösungen zu Offenbarungen einer erfüllteren Art des Daseins. Sie können eine Art von Handeln offenbaren, die so vollkommen ist, dass Ihr Verstand nie darauf gekommen wäre, und bei der latente oder zweitrangige Faktoren und Fähigkeiten die Hauptsache werden. Alles, was Sie getan haben, hat einen Sinn, und es verwebt sich alles, wobei jeder Aspekt seine fröhliche Rolle spielt. Carmen wuchs als verantwortungsbewusstes ältestes Kind auf, und sie beschützte ihre Schwestern vor einem gewalttätigen Vater. Sie lernte, stark und erfolgreich zu sein, und ist wohlhabend genug, um sich mit einem großzügigen Lebensstil zu belohnen. Sie nennt sich lachend eine »Hedonistin«. Doch in den verschiedenen Zweigen ihrer Arbeit konzentriert sie sich immer noch auf Heilen und Retten. Ihr Problem besteht darin, dass sie das Gefühl hat, festzustecken und zu ernst zu sein, und sie möchte ein anderes Leben führen. Ihr logischer Verstand kam auf eine Antwort: »Ich sollte Menschen in die Lage versetzen, stark zu sein und sich vollkommen zum Ausdruck zu bringen.« Das war eine logische Erweiterung ihres Prozesses zum heutigen Zeitpunkt, aber das ließ viele Qualitäten ihrer Seele aus, die sie als Kind nie zelebriert hatte.

Ich spürte, dass die wirkliche Richtung ihres neuen Lebens sich auf ihre Fähigkeit beziehen würde, sich an Schönheit und hoher Qualität zu erfreuen, und weil sie so mühelos alles, was sie brauchte, auch aufweisen konnte, war sie in der Lage, anderen auf ansteckende Art ein Muster davon zu übermitteln, wie einfach das auch für sie wäre. Sie konnte den anderen helfen, indem sie einfach liebevoll und wertschätzend mit ihnen zusammen war, und sie erinnerten sich dann wieder daran, warum sie hier waren und wie sie ihre Aufgabe erfüllen könnten. Keine Mühe wäre notwendig, und es gäbe keinen Grund, andere zu retten oder zu beschützen. Indem sie das Gefühl von »tun müssen« beseitigte, konnte Carmen sehen, dass es etwas Spirituelles ist, die Freuden der materiellen Welt zu genießen, und dass sie die Welt und die Menschen liebte und mit allen spielen wollte. Sie entschloss sich, eine neue Art von finanzieller Beraterin zu werden und den Leuten zu zeigen, wie viel Spaß Geldverdienen macht. Die Lösung von Carmens Problem kam nicht aus einer Erweiterung ihrer schwierigen Kindheitsrolle, sondern dadurch, dass sie einen verlorenen Faden wieder aufnahm, der auf ihrer Freude beruhte, die sie mit der Bezeichnung »Hedonismus« bagatellisiert hatte.

Im Intuitionszeitalter taucht die beste und natürlichste Antwort einfach im Raum auf und befriedigt das Bedürfnis der Seele vollkommen – und sie ist normalerweise im positiven Sinne überraschend. Probleme sind einfach hereinkommende Anleitungen Ihrer Seele sowie Navigationsvorrichtungen, die die Notwendigkeit für eine Richtungsänderung anzeigen. Lösungen verwenden häufig überraschende Teile Ihrer Persönlichkeit und seltsame Verbindungen von Variablen; sie tauchen auf wundersame Weise auf, wenn Sie sie am wenigsten erwarten, lösen mehrere Probleme zugleich und hinterlassen Sie verblüfft lächelnd.

EIN PROBLEM DAUERT AN, WENN:	EIN PROBLEM VERWANDELT SICH, WENN:
• Sie die Situation als schlecht beurteilen und den Fluss aufhalten. • Sie es als Beschreibung einer Wahrheit hinstellen und in einer Situation feststecken, der Sie Widerstand leisten. • Sie die darunterliegende Erfahrung vermeiden, auf die das Problem Sie hinweist. • Sie zu weit vorauseilen und nach der letztendlichen Antwort suchen. • Sie eine Absicht hegen, die mit der Absicht Ihrer Seele nicht in Einklang ist.	• Sie nach den Gründen der Seele suchen: Was lernen Sie und was versuchen Sie zu erfahren? • Sie es als einen natürlichen Wendepunkt ansehen, einen Entscheidungspunkt, oder ein Anzeichen für eine bevorstehende Anleitung und Offenbarung. • Sie es in eine Frage verwandeln oder in eine Reihe von Fragen, um zu einer tieferen Einsicht zu gelangen. • Sie den Fluss in Gang halten, indem Sie zuerst die angedeuteten Erfahrungen machen und darauf vertrauen, dass die erneuerte Übereinstimmung mit der Seele bald eine vorteilhafte Lösung anbieten wird.

Praktische Übung

Entspannen Sie sich in die Lösung hinein

Denken Sie an ein Problem, das Sie betrifft. Wenn Sie es sich in Erinnerung rufen, schauen Sie, ob Sie spüren können, wie es von einem Ort tief in Ihrem Zentrum aufsteigt und sich vor Sie hinprojiziert. Die unbewusste Annahme besteht darin, dass die Lösung irgendwo »da draußen« liegt und Sie nach ihr jagen müssen oder dass sie zu Ihnen kommen muss.

Stattdessen entspannen Sie sich jetzt und lassen das projizierte Problem zurückfallen in den Ort seiner Entstehung. Lassen Sie Ihr Gewahrsein entspannt zurückgleiten an den inneren Ort, an dem Sie sich zuerst bewusst wurden, dass es dort so etwas wie ein »Problem« gab. Bleiben Sie einfach eine Zeit lang da sitzen. Die Lösung existiert an genau derselben Stelle. Werden Sie sich dessen gewahr. Sie wird Ihnen einfallen und wahrscheinlich einfach und offensichtlich scheinen. Problem und Lösung existieren gemeinsam als eine Erfahrung, die Ihre Seele Ihnen vermitteln will.

Wie treffen Sie eine Entscheidung?

Entscheidungen werden oft so gesehen: Mache A, B, C oder gar nichts. Während Sie über Ihre Möglichkeiten nachsinnen, kann der Prozess der Entscheidungsfindung folgendermaßen vor sich gehen: Wenn ich A mache, werden diese schlechten und diese guten Dinge passieren. Wenn ich B mache, werden jene schlechten und jene guten Dinge passieren. Welche Möglichkeit hat die meisten guten und die wenigsten schlechten Konsequenzen? Sie sollten keine spontanen Entscheidungen aufgrund von persönlichen Vorurteilen treffen, sondern Daten sammeln, sie analysieren, das Pro und Kontra jeder Möglichkeit abwägen und die Möglichkeiten in eine erfühlte Zukunft projizieren. Wenn Sie das nur im Kopf machen, kann das sehr verwirrend und lähmend sein. »Wo sollen wir uns nach der Pensionierung niederlassen?« An dem einen Ort gibt es zwar eine Wasserknappheit, aber viele Künstler. Ein anderer bietet Natur, aber nicht viel Kultur. In einer Gegend gibt es viele Universitätsstädte, aber sie ist sehr hoch gelegen, und das hat ungünstige Auswirkungen auf Ihre Gesundheit. Hilfe! In der Politik und in Unternehmen sind Entscheidungen natürlich sehr viel komplexer, doch bestehen die Probleme auch nur aus Konstellationen kleinerer Probleme, bei denen die Bedürfnisse der kollektiven Seele vieler Menschen eine Rolle spielen. Wenn Sie sich weigern, trotz der angeblichen Schwierigkeit eines Problems den Druck zu spüren, und sich in der ruhigen inneren Welt Ihrer Eigenfrequenz zentrieren – dort ist das Leben ganz einfach –, dann können Sie Ihre Empfindsamkeit verwenden, um Einsichten zu finden, die selbst komplexe Situationen in die richtige Perspektive rücken.

Wie wunderbar, dass wir auf ein Paradox gestoßen sind. Jetzt haben wir eine gewisse Hoffnung, Fortschritte zu machen.

Niels Bohr[15]

Sophias Unternehmen lebte sehr gut von Verträgen mit der Regierung, aber dann verlor sie viele Aufträge aufgrund von Kürzungen. Zum ersten Mal würden sie beim Jahresabschluss ihre Zielvorgabe nicht schaffen. Was sollte sie machen? Begrenzte Entlassungen, keine Gehaltserhöhungen und mehr Arbeit für die weniger verbleibenden Angestellten? Oder könnte sie schnell das Überlebensnotwendige heraufbeschwören, um neue Einkommensquellen zu entwickeln, obgleich sie ohnehin schon einen zermürbenden Arbeitsplan hatte, ohne Zeit für ihre Familie? Da das Leben anderer Menschen betroffen war, spürte Sophia, dass sie keine vollkommen freie Wahl hatte. Sie musste verantwortungsbewusst sein. Sie befand sich gewissermaßen in einer Zwickmühle: Sie hatte einen zehnjährigen Erfolg aufrechtzuerhalten, und doch, ohne es wirklich zu begreifen, verän-

15 Ruth Moore: *Niels Bohr. The Man, His Science, and the World They Changed.* New York, Knopf, 1966, S. 196. (Anm. des Übersetzers)

derte sich Sophias *innerer Entwurf* – ihre Gedankenmuster, ihre emotionalen Bedürfnisse, ihre Träume und die Motive ihrer Seele. Ihre Seele verwies sie auf eine neue Art von Arbeit und auf neue Muster für ihr Unternehmen. Ihr Problem und ihre quälenden Entscheidungen waren dazu da, ihr zu dem Wissen zu verhelfen, dass es an der Zeit sei, neu zu überdenken, wie sie sich zum Ausdruck bringen sollte. Aber sie konnte nicht wirklich sehen, dass ihre Seele die Situation erzeugte, weil das physische Drama so groß war und das Lösen dringender täglicher Probleme den größten Teil ihrer Aufmerksamkeit in Anspruch nahm.

Ich ermutigte sie, in ihre Eigenfrequenz einzutauchen, ihre Angst loszulassen, die darauf beruhte, dass sie nicht versagen oder Leute im Stich lassen wollte, und sich damit zu beschäftigen, wer sie wirklich sei. Ganz spontan kam ihr die Idee, alles aufzulisten, was sie mochte und was ihr ursprünglich zu dieser Arbeit verholfen hatte. Vor zehn Jahren galt ihre Begeisterung dem Ziel, das größte Unternehmen dieser Art in ihrem Staat aufzubauen. Jetzt hatte sie dieses Ziel erreicht und erkannte, dass sie eigentlich die Freiheit für mehr kreatives Denken wollte, für die Gestaltung von Bildungsprogrammen und um andere Professionelle zu beraten, anstatt Angestellte zu beaufsichtigen und sich um die Bilanzen der Regierung zu kümmern.

Nehmen Sie sich die Zeit, Ihren inneren Entwurf anzupassen

Einige interessante Einsichten tauchten während unserer Gespräche auf. Zunächst schaffte sie sich Raum zum Atmen, um zu sehen, was der Prozess für sie persönlich bedeutete – anstatt wie die Feuerwehr zu sein, immer in Eile, um Feuer zu löschen. Sophia konnte so die Vorstellung in Betracht ziehen, dass sich alles in ihrer Welt entsprechend ändern würde, wenn sie ihre eigene Schwingung veränderte. Sie konnte den verborgenen Sinn darin entdecken, dass das Geschäft nicht mehr in eine bestimmte Richtung wachsen wollte. Sie konnte verstehen, dass großartige und geradezu magische Lösungen eher zu ihr kommen könnten, wenn sie von dem Gefühl der Angst zu einem Gefühl dafür umschalten konnte, was ihre Seele wollte. Während sie also überdachte, was sie begeisterte, hatte sie eine verlockende Ahnung von einer neuen Richtung, die ihrem Unternehmen neues Leben einflößen würde. Sie spürte, dass ihr Gelegenheiten so in den Schoß fallen würden, wie sie es immer getan hatten. Und sie erkannte intuitiv, dass ihr großer Vertrag in einem Jahr beendet sein würde, denn die Dienste, die er bereitstellte, würden durch neue Trends überholt werden. Ihr Unternehmen würde einknicken, aber das würde sich schnell korrigieren. Sie konnte den Zeitplan spüren, ohne genau zu wissen, was sich wann ereignen würde.

Obwohl wir glauben, dass uns der logische Teil unseres Gehirns bei zukünftigen Entscheidungen anleitet, zeigen Untersuchungen, dass Menschen, wie die Tiere, Emotionen und Intuition benutzen, um Entscheidungen über die Zukunft zu treffen.

Lynne McTaggart

Die wenige Zeit, die sich Sophia nahm, um zu überlegen, wie sich ihr innerer Entwurf veränderte, erzeugte einen erneuerten, gesunden Energiefluss in ihrem Leben. Jetzt bewegte sich die Intuition, und sie sah den neuen Entwicklungen freudig entgegen. Sie musste in dem Moment nicht wissen, wie das neue Geschäft aussehen würde, aber da sie sich diesbezüglich entspannt fühlte, bekam sie mehr Raum und Freiheit, ihre Vorstellungskraft anzuwenden. Sie konnte sich mit ihrem Rechnungsprüfer treffen und einen Plan ausarbeiten, um sich auf das Ende des großen Vertrags schrittweise so vorzubereiten, dass die Angestellten, die daran arbeiteten, für andere Gebiete qualifiziert werden konnten, in dem Wissen, dass man eine Zeit lang den Gürtel enger schnallen würden müsste. Sie wusste, dass die Lösung letztlich aufgrund einer Reihe von Entscheidungen entstehen würde und nicht aufgrund einer einzelnen, unmittelbar bevorstehenden. Jede Entscheidung würde die Kernschwingung dessen in sich tragen, was für sie am realistischsten sei und am meisten im Einklang mit ihrer Eigenfrequenz stünde. Auf diese Weise würden ihre Organisation und die Angestellten sich entwickeln und in Resonanz mit ihr bleiben. Sie würde ihr Unternehmen auf einer präziseren Vision neu aufbauen.

Praktische Übung

Erneuern Sie Ihren inneren Entwurf

Ihr Leben mag komfortabel sein oder auch nicht. In beiden Fällen sind Sie bewusst vielleicht nicht auf dem neuesten Stand Ihres inneren Entwurfs, da er sich ständig weiterentwickelt. Um ein Gefühl dafür zu bekommen, welche Handlungen Ihre Seele als Nächstes von Ihnen verlangt, schreiben Sie Ihre unmittelbaren Reaktionen auf die folgenden Fragen auf:

- Gibt es einen Traum aus Ihrem früheren Leben, den Sie vernachlässigt haben? Gibt es jetzt eine aktuelle Version dieses Traumes, die Sie immer noch fasziniert?
- Gibt es in Ihrem Leben einen Traum, von dem Sie immer dachten, Sie würden ihn sich erfüllen, an dem Sie aber in

Wirklichkeit gar nicht mehr hängen? Wenn Sie ihn loslassen und neuen Raum öffnen, was glauben Sie, würden Sie stattdessen tun?

- An welchen Stellen langweilt Sie das Leben? Welche Ideen und neugierigen Fragen kitzeln Sie am Rand Ihres Bewusstseins und locken Sie, sich genauer mit ihnen zu beschäftigen?
- Ist ein Handlungsablauf oder ein Ziel tatsächlich vollendet? Wenn Sie es loslassen und neuen Raum öffnen, was glauben Sie, würden Sie stattdessen tun?
- Wenn Ihr Alter oder Ihre finanziellen Möglichkeiten keine begrenzenden Faktoren darstellten und jemand anderes Ihnen helfen würde, eine neue Realität zu manifestieren, welches alternative Dasein würden Sie gern ausprobieren?

Diese Fragen können Ihren Geist weit genug öffnen, sodass neue Gelegenheiten in Erscheinung treten können. Der wichtigste Teil bei dem Versuch, sich mit Ihrem neuesten Entwurf in Einklang zu bringen, besteht darin, Veränderungen und neue Ideen willkommen zu heißen und dann in jedem Moment authentische Entscheidungen dazu zu treffen, was Sie fasziniert, was Begeisterung und Engagement erzeugt und was Ihnen das Gefühl vermittelt, stolz auf sich zu sein.

Wägen Sie Ihre Möglichkeiten mit bewusster Empfindsamkeit ab

Wenn Sie die Barrieren zu einer höheren persönlichen Schwingung beseitigen, werden Sie sich einer ganzen Vielzahl von Schwingungen in der Welt mehr bewusst. Sie erkennen auch, wie viele Möglichkeiten Sie haben – wie der drei Jahre alte Sohn einer Freundin von mir neulich antwortete, als sie ihm sagte, er solle etwas Bestimmtes erledigen: »Aber ich habe die Wahl!« Wenn Sie jetzt alles sehen, wie können Sie da entscheiden, was Sie tun sollen? Sophias Art des Fortschritts war genau richtig. Sie verpflichtete sich dazu, jede Entscheidung zunächst anhand ihrer tiefen Wahrheit zu überprüfen. Es ist wichtig, nicht zu vergessen, dass der gegenwärtige Augenblick eine wunderbare Kraft als Filter hat: Sie brauchen in jedem Moment nur eine Idee zu beachten, und in diesem Raum können Sie sich vollständig da hineinfühlen. Tatsächlich können Sie Ihren Inneren Wahrnehmenden bitten, Ihnen die Möglichkeiten und Ideen zu bringen, die Sie brauchen, und zwar in der Reihenfolge, in der Sie sie benötigen. Auf diese Weise können Sie ganz einfach, Schritt für Schritt, Ihren Weg durch den Irrgarten verwirrender Daten finden.

Zum Abwägen Ihrer Möglichkeiten gehört es, die Signale Ihrer Wahrheit und Angst sowie Ihre bewusste Empfindsamkeit zu verwenden, um Ebenen von Einsicht und Bedeutung in dem zu entdecken, das sich Ihnen darbietet. Jemand mag Ihnen beispielsweise den Rat geben, einen bestimmten Aktionsplan umzusetzen, aber Ihre subtile Empfindsamkeit sagt Ihnen, dass diese Antwort nicht vollständig genug ist. Brauchen Sie weitere Informationen? Eine tiefer gehende Perspektive? Fehlt bei der Lösung ein entscheidender Schritt? Ist dies nur ein Teil einer größeren Lösung, die zu den Perspektiven einiger anderer Leute passt? Sie wissen auf einer intuitiven Ebene eigentlich viel mehr, als Ihnen bewusst ist. Wenn Sie sich darin üben, sich diese subtilen Informationen bewusst zu machen, werden Sie den Prozess Ihrer Entscheidungsfindung verkürzen.

Praktische Übung

Wie hilft Ihnen bewusste Empfindsamkeit bei Ihren Entscheidungen?

Achten Sie auf die Art, wie Sie subtile Bedeutungsebenen bemerken. Fühlen Sie sich von einem ruhigen, zentrierten Ort aus in jede der folgenden Fragen ein, und erkennen Sie, wie Ihre Empfindsamkeit Ihnen dabei hilft, an einen Wendepunkt zu kommen, an dem Sie mit einem entsprechenden Gefühl von »großem Komfort« eine Entscheidung treffen können. Nehmen wir einmal an, Sie spüren einen Knoten in Ihrer Magengrube, wenn es nicht richtig ist, eine neue Arbeitsstelle anzutreten. Sie stellen vielleicht fest, dass Ihr Körper manchmal unabhängig von Ihrem Geist handelt, wenn etwas dringend gesagt oder getan werden muss. Bei diesen Fragen kann Ihnen Ihre Empfindsamkeit bei der Entscheidung helfen:

- Ist eine Lösung »elegant« und löst mehrere Probleme gleichzeitig?
- Geht eine Antwort nicht tief genug, oder fehlen wichtige Informationen?
- Ist ein Handlungsverlauf falsch, oder besteht die Möglichkeit, dass er zu keinem Ergebnis führt oder gefährlich ist?
- Wird eine Situation erzwungen, oder geschieht etwas zur falschen Zeit?
- Wann gilt es zu handeln? Wann sollte man warten? Was ist als Erstes zu tun? Was als Zweites? Was als Drittes?
- In welchen Fällen Sie etwas zum Thema machen und wann Sie es einfach vergessen sollten.
- In welchen Fällen Sie etwas vollenden und in welchen Sie es fallen lassen und weitergehen sollten.

Je mehr Sie mit Ihrer bewussten Empfindsamkeit arbeiten – und das bedeutet, die ganz feinen Signale Ihres Körpers genau zu erkennen –, umso einfacher wird es sein, hochwertige Lösungen zu finden und gute Entscheidungen zu treffen.

Sie können die natürliche Wellenbewegung verwenden, um zu planen und sich Ziele zu stecken

Die Energie in Ihrem Körper beschleunigt sich so sehr, dass Veränderung und Evolution jetzt stabiler werden als physische Formen. Ideen setzen sich jetzt nicht mehr so einfach fest, und eine Lösung, zu der man sich einmal entschlossen hat, mag nur eine kurze Zeit andauern – manchmal nur Tage anstelle von Monaten und Jahren. Stellen Sie es sich so vor: In jeder Sekunde treffen Sie eine Entscheidung. Stehen Sie jetzt auf, essen Sie etwas, gehen Sie nach links, gehen Sie nach rechts. Währenddessen treffen alle anderen auch ihre Wahl. Ihre Entscheidungen beeinflussen andere Leute, und deren Entscheidungen beeinflussen Sie. Es ist eine riesige Konstellation von Entscheidungen, die sich gleichzeitig entwickeln, wie ein unglaublich komplexes holografisches Videospiel, das alle gleichzeitig spielen. Es ist möglich, dass mein Lebensplan vor einem Jahr umfangreiche Auslandsreisen beinhaltete, auf denen ich Seminare abhalten würde, dass aber jetzt jemand anderes in diese Position gekommen ist und die Welt mich dafür nicht mehr braucht. Stattdessen brauchen »wir« möglicherweise, dass ich mehr Bücher schreibe. Wenn ich gewohnt war, meine erste Vision als wichtigsten Teil meines Geschäftplans zu betrachten und mich nie um Aktualisierungen bemühte, dann bin ich vielleicht jetzt tief enttäuscht und denke möglicherweise sogar, dass etwas mit mir nicht stimmte, als die Arbeit im Ausland nicht zustande kam.

Änderst du die Art, wie du die Dinge betrachtest, dann ändern sich die Dinge, die du betrachtest.

Max Planck

Der Trick beim heutigen Planen besteht darin, im gegenwärtigen Moment konzentriert zu bleiben. Sie brauchen diesen Moment nie zu verlassen, denn er ist erweiterbar. Stellen Sie ihn sich als einen elastischen Ball vor, der mit Ihnen zusammen atmet. Wenn Sie »einatmen« oder Ihren Geist ausdehnen, erweitert sich der Moment und umfasst mehr – mehr Zeit, mehr Raum, mehr kollektive Weisheit, mehr Energie. Während solch einer Phase haben Sie Zugang zur Vision oder zum *inneren Entwurf* Ihres Schicksals, und Sie sehen, dass alles aufeinander abgestimmt ist. Wenn Sie »ausatmen« oder Ihren Geist auf einen einzigen Punkt konzentrieren, zieht sich der Moment zusammen und umfasst weniger Zeit und Raum und weniger visionären Überblick. Jetzt spüren Sie Ihren Körper und Ihre Persönlichkeit und sind motiviert, körperlich auf ein bestimmtes Ziel hin zu handeln. Jedes Mal, wenn Sie den gegenwärtigen Moment ausdehnen, ist es wie beim Öffnen eines Weitwinkelobjektivs. Wenn Sie sich wieder auf Ihre persönliche Realität zusammenziehen, ist es so, als würden Sie heranzoomen an eine nähere Sicht. Sie atmen ununterbrochen, bewegen sich nach innen und außen und umfassen in Ihrem gegenwärtigen Moment mehr oder weniger das gesamte universale Wissen.

Einzige Welle, deren allmähliches Meer ich bin;
sparsamstes du von allen möglichen Meeren – Raumgewinn.

Rainer Maria Rilke[16]

---

16 *Sonette an Orpheus*, Teil 2, Nummer 1. Chateau de Muzot, 23.2.1922.

Es ist schwierig, sowohl die individuelle Realität als auch die des kollektiven Bewusstseins zugleich im Geist zu halten. Es ist also hilfreich, absichtlich zwischen beiden hin und her zu pendeln. Sie dehnen sich aus, überprüfen Ihre Vision und empfangen einen Eindruck davon, wie Ihre potenzielle Realität aussehen könnte. Dann ziehen Sie sich wieder in Ihren Körper zurück und empfangen ein bestimmtes Ziel oder den Drang, auf eine bestimmte Art zu handeln. Nachdem Sie das getan und das Ziel erreicht haben, betreten Sie wieder den leeren Raum am Ende der Welle und dehnen sich erneut zu der Vision hin aus. Jedes Mal, wenn Sie Ihre Vision überprüfen, ist sie neu. *Ihre Vision* ist ein Teil des Plans für *jedermann*, und sie hat sich weiterentwickelt, seit Sie sie das letzte Mal aufgesucht haben – einige Jahre, Tage oder Stunden zuvor. Wenn ich häufig nachschaue, kann ich feststellen, dass sich meine Wünsche auf mysteriöse Weise verändert haben. Eigentlich möchte ich gar nicht mehr ins Ausland reisen – es würde sich besser anfühlen, zu Hause zu bleiben, es sich gemütlich zu machen und ein neues Buch zu schreiben. Das Feld von jedermanns Bedürfnissen und Entscheidungen hilft mir dabei, das zu tun, was wir alle von mir erwarten, und das scheint mir meine beste, glücklichste Entscheidung zu sein. Ich habe nicht das Gefühl, dass es ein Opfer ist, nicht nach Übersee zu reisen. Ich freue mich für jemand anderen, der das macht. Wenn Sie Ihren aktualisierten inneren Entwurf empfangen, fühlt sich das immer wie ein natürlicher, interessanter nächster Schritt an.

Früher hat es noch funktioniert, Ihre Vision zu finden und an ihr – sagen wir einmal – fünf Jahre lang wie an einem Geschäftsplan festzuhalten und die Relevanz nicht infrage zu stellen. Sophia ist ein gutes Beispiel. Sie erstellte einen durchführbaren Plan für das Wachstum ihres Unternehmens, und das war über zehn Jahre hin zielführend und erfolgreich. Aber jetzt wurde die Art, wie sie das Wachstum ihres Unternehmens strukturiert hatte, von einer neuen Art zu denken und zu handeln in den Schatten gestellt. Ihre Herausforderungen sind: (1) das zu erkennen, (2) sich selbst in Einklang zu bringen mit einer neuen, aktualisierten Vision und (3) ihre Methoden und Systeme so umzugestalten, dass sie das reflektieren. Ursprünglich erweiterte sie sich, um ihre Vision zu empfangen, dann konzentrierte sie sich und manifestierte sie, aber sie dehnte sich nicht regelmäßig wieder aus, um die Vision zu überprüfen, denn es funktionierte ja alles recht gut. Deshalb war sie erstaunt, als die Struktur plötzlich veraltet war. Wenn Sie Ihre Vision häufig überprüfen, bleiben Sie immer auf gleicher Höhe mit den Veränderungen. Sie verlieren durch sie nicht die Orientierung und entgleisen nicht.

Ihre Erfahrung von Zeit und zeitlichen Abläufen verändert sich

Wenn Sie in den Fluss des Intuitionszeitalters eintreten, werden Sie feststellen, dass sich Ihre Wahrnehmung von Zeit verändert. Zuerst haben Sie das Gefühl, die Welt geht blitzschnell und Sie müssen mehr in weniger Stunden hineinpressen und sich beeilen, um mitzuhalten. Sie erledigen eine Sache, und schon sind da zehn andere, die nach Ihrer Aufmerksamkeit rufen. Nie haben Sie Zeit, Ihren Erfolg zu genießen und Ihre eigene Kreativität oder die von anderen wertzuschätzen. Die Posten auf Ihrer »Besorgungsliste« sind in Ihre unmittelbare Zukunft hineingedrängt. Sie können nicht anders, als daran zurückzudenken, wie ruhig, schön, relativ langsam und würdevoll alles war in der »guten alten Zeit«. Ihr Geist springt zurück in die Vergangenheit, um sich auszuruhen, und in die Zukunft, um Pläne zu organisieren.

Sie sind fast überhaupt nicht mehr in der Gegenwart. Wenn Sie aber nicht in dem gegenwärtigen Moment sind, spüren Sie sehr viel Druck, können Ihre Eigenfrequenz nicht fühlen und erleben nicht Ihre grenzenlosen Energiereserven; dann kann man sich leicht erschöpft und erledigt fühlen. In Ihrer alten Wahrnehmung ist Ihre Erfahrung von Zeit eine Funktion von Relativität – Sie vergleichen die Vergangenheit mit der Gegenwart und die Zukunft mit der Gegenwart.

Im Intuitionszeitalter passiert aber genau das Gegenteil – Vergangenheit und Zukunft werden verschluckt von einem sich erweiternden gegenwärtigen Moment, sodass es keine Relativität und keine Vergleiche mehr gibt, nur noch größere Gegenwärtigkeit und ein gesättigtes Gewahrsein von *einem* jetzigen Moment, der alles enthält, was Sie brauchen. Und wenn alles im Jetzt ist und *Jetzt!* passiert, fließt die Energie mit Lichtgeschwindigkeit. Die Verzögerung, die früher nötig war, um die Lücke zu überwinden, die Sie sich vorgestellt hatten – zwischen Gegenwart und Zukunft, zwischen Handlung und Resultat –, diese Verzögerung existiert nicht mehr. Wenn Sie also ein Problem lösen, eine Entscheidung treffen oder sich ein Ziel stecken, müssen Sie das mit einbeziehen. Ergebnisse können ohne einen so langen, linearen, logischen Prozess viel schneller eintreten als früher, besonders dann, wenn alle Beteiligten das verstehen. Wenn Sie einmal durch die Erfahrung vom raschen »Sprung in den Hyperraum« gegangen und im erweiterten Jetzt angekommen sind, dann richten Sie sich seltsamerweise in Ihrer Eigenfrequenz häuslich ein, und das Leben wird ruhig, beinahe zeitlos. Es ist nicht schnell *oder* langsam; es passt sich reaktiv an Ihr Energieniveau und Ihre emotionale Erfahrung an. Alle Aufgaben werden auf wundersame Weise erledigt. Materialisierungen werden außergewöhnlich effizient, weil das Leben mit sich selbst kooperiert, weil Ihnen Leute helfen und weil Synchronizität und zufällige Fügung zur Normalität werden. Je mehr Sie an der alten Gewohnheit festhalten, Zukunft und Vergangenheit getrennt von sich zu halten, umso mehr Stress erzeugen Sie für sich selbst und umso mehr »Probleme« erfahren Sie.

Wenn Sie bewusst zwischen Ihrer persönlichen Wirklichkeit und der höheren Vision hin und her pendeln, werden Sie ein natürliches Gefühl für zeitliche Abläufe und Trends entwickeln. Sie umfassen viel mehr, sind auf mögliche Rückschläge gefasst, noch ehe sie eintreten, und sind sich der wechselseitigen Beziehungen von sehr viel mehr Variablen bewusst. Sie spüren, wie wahrscheinlich es ist, dass der eine Weg Vorrang vor anderen haben wird. Sie beginnen mit einer Momentaufnahme dessen, was am wahrscheinlichsten ist, halten sie nur locker fest und passen Ihre Pläne ganz sanft an den sich verändernden Energiefluss an. Sie lassen zu, dass das Ergebnis das ist, was es sein muss. Sie haben Freude daran, geschickt durch die Kurven und Senken dieses Prozesses hindurchzumanövrieren, wenn es mal schneller und mal langsamer geht, an den Orten, an denen ein neuer Faden aufgenommen wird oder einer aus dem Gewebe herausfällt. Der zeitliche Ablauf ist etwas Lebendiges, das die Bedürfnisse aller Beteiligten auf organische, sich ändernde Weise reflektiert.

Praktische Übung

Spüren Sie den Weg eines zeitlichen Ablaufs

1. Denken Sie an ein Projekt oder an einen Prozess, der Ihnen unmittelbar bevorsteht. Es kann eine Reise sein, die Entwicklung eines neuen Produkts oder die Frage, für welches College Sie sich entscheiden werden. Gehen Sie

in den zentrierten, ruhigen Raum Ihrer Eigenfrequenz, und nehmen Sie den gesamten Prozess – vom ersten Schimmer bis zur endgültigen Verwirklichung – mit in diesen Raum. Es existiert alles in Ihrem erweiterten Selbst. Ein Teil von Ihnen hat es bereits erfahren. Entspannen Sie sich.

2. Fühlen Sie sich in die Energie des Prozesses ein, und lassen Sie sich von den Wahrheits- und Angstsignalen Ihres Körpers zeigen, wo die Dinge fließen und wo sie feststecken. Sie gleiten an dem Prozess entlang, als würden Sie einen Fluss hinuntertreiben, und unterwegs erleben Sie jeden einzelnen Punkt. Achten Sie auf die Eindrücke, die Sie darüber bekommen, wie der Fluss sich im Laufe des Prozesses anpasst. Hier verlangsamt sich die Strömung, hier beschleunigt sie sich. Hier stoßen Sie auf Schwierigkeiten, hier kommen neue Menschen und Erfahrungen dazu. Hier trocknet der Fluss für eine Weile aus. Hier ist ein Ereignis – hier ist ein noch wichtigeres Ereignis.
3. Zeichnen Sie den zeitlichen Ablauf wie einen Fluss auf Papier. Lassen Sie ihn weiter und enger werden, sich aufstauen und glätten. Markieren Sie verschiedene Arten von Wellenaktivitäten oder Energie an Punkten entlang des Flusses. Zeichnen Sie Ereignisse als große oder kleine Punkte ein. Fühlen Sie sich in die möglichen Ursachen dieses veränderten Fließens ein, und fügen Sie der Zeichnung Aufschriften hinzu wie »Argument«, »Verlust«, »positive Energie«, »Synchronizität/Glück« oder »Verzögerung/Rückschlag«.
4. Aktualisieren Sie den Zeitablauf in regelmäßigen Abständen, erleben und zeichnen ihn neu. So bleiben Sie darauf eingestimmt, wie er sich entwickeln will.

Sie können Probleme bemerken, ehe sie auftreten

Weil Ihr Geist Definitionen und Stabilität mag, können Sie leicht die frühen Anzeichen einer Richtungsänderung Ihres Energieflusses ignorieren. Das nannten wir in der alten Denkweise: »Es braut sich etwas zusammen.« Wenn Sie bewusste Empfindsamkeit anwenden, können Sie aufmerksamer auf die Sichtbarkeitsschwelle einer Veränderung achten und Probleme abwenden, ehe sie auftreten. Wenn Sie darauf achten, wie Sie sich fühlen, wie sich Ihre Angestellten verhalten oder welche Anzeichen Sie in Ihrer Umgebung sehen, dann können Sie die Wirkungen verschiedener Wellenaktivitäten bemerken, die bevorstehende Situationen präzise voraussagen. Vielleicht bekommen Sie das Gefühl, dass das Leben anfängt zu sprudeln. Sie bemerken möglicherweise Hemmnisse und Hindernisse.

Ereignisse werfen ihre Schatten voraus.

Ein altes Sprichwort

Kehren wir noch einmal zu Sophias Situation zurück: Sie erkannte im Nachhinein, dass es einige frühe Warnsignale gab. Sie arbeitete länger, um mit dem mitzuhalten, was die anderen von ihr benötigten. Sie fühlte sich zehnmal mehr angespannt als je zuvor und war häufig kurz davor, krank zu werden. Zum ersten Mal stellte sie einen Büroleiter ein, und es erwies sich, dass er mit der Aufgabe überfordert war. Das warf das Unternehmen um Monate zurück, weil seine Fehler korrigiert werden mussten. Sie zog in ein geräumigeres Büro um und begegnete einer übermäßig großen Anzahl von Hindernissen, es überhaupt zu bekommen und die Computer wieder zum Laufen zu bringen. Wann immer Sie das Gefühl haben, dass Sie drängeln und ziehen müssen, dass es in Ihrem Körper oder in Ihrer Umgebung eine Verkrampfung oder einen Energieknoten gibt, wenn Sie energetisch belastet sind und Ihre Freude versiegt, wenn Ihre Gesundheit leidet und die gleiche Anstrengung nicht mehr zu den gewohnten Resultaten führt, dann ist eine Veränderung im Anzug!

Praktische Übung

Wie spüren Sie, dass sich eine Veränderung zusammenbraut?

1. Erinnern Sie sich an eine Zeit, in der Sie viele Schwierigkeiten und Problemen hatten. Gab es dafür frühe Warnsignale? Wenn Sie empfindsamer gewesen wären, wie hätten Sie möglicherweise merken können, dass sich eine Veränderung anbahnte? Wie hat sich das unmittelbar vor dem Auftreten der Probleme in Ihrem Körper und in Ihrer Umgebung angefühlt? Was hätten Sie wohl getan, wenn Sie erkannt hätten, was sich ereignen wollte? Fühlen Sie sich in Folgendes ein, um das festzustellen:
   - Welche Sinne benutzen Sie, wenn Sie ein Problem bemerken? Wo in Ihrem Körper spüren Sie das?
   - Woher wissen Sie, ob etwas ein ernstes Problem sein wird?
   - Woher wissen Sie, ob es ein aktuelles oder nur ein mögliches Problem ist und wie lange der Veränderungsprozess vermutlich dauern wird?
   - Wie fühlt sich eine »genau richtige« Lösung an?
2. Von heute an können Sie, wenn Sie mögen, üben, Ebbe und Flut der Energie zu spüren und zu merken, wenn Ihr Geist Schwierigkeiten beschönigt. Woran erkennen Sie, dass es an der Zeit ist, Ihre Vision zu überprüfen? Was

Sie wann tun sollten? Und ob weitere Informationen nötig sind, um zu einer vollständigeren Perspektive zu gelangen.

Woran erkennen Sie hochwertige Lösungen?

Hochwertige Lösungen sind solche, die den höchsten Grad des Seelenausdrucks für alle Beteiligten ermöglichen. Sie beruhen auf der wechselseitigen Vernetzung des Lebens und nehmen deshalb keine Abkürzungen, um Spannungen sofort zu lösen, wenn sie längerfristig Schaden verursachen. Dabei geht man davon aus, dass wir in einem lebendigen System existieren, in dem jede Schädigung eines Teiles in irgendeiner Weise alle anderen Teile behindert und verletzt – und das schließt auch die Erde selbst und alle Schöpfungsformen mit ein. Bei einer hochwertigen Lösung gibt es keinen Raum für negative Emotionen und Verhaltensweisen, die auf Angst beruhen, wie beispielsweise Gemeinheit, Rache, Heimlichkeit, Betrügerei, Lügen oder Stehlen.

Eine hochwertige Lösung begünstigt immer Heilung und Wahrheit. Sie zeigt deutlich die Stellen, an denen es unterschwellige Fehlwahrnehmungen gibt – Stellen, an denen universelle Prinzipien missverstanden wurden –, und korrigiert sie. Eine hochwertige Lösung hilft dabei, dass wichtige Informationen auftauchen können, und ermöglicht eine Veränderung des Denkens von einem Entweder-oder, Richtig-oder-falsch, Schwarz-oder-weiß hin zu einem inklusiven Denken von Beides-und. Dadurch wird ein frisches, kreatives Fließen schnell herbeigeführt, das Paradoxe und Komplexe mit berücksichtigt. Eine hochwertige Lösung springt häufig auf ein höheres Niveau und löst ein altes Modell des Problems durch ein umfassenderes Modell ab, indem beispielsweise die spirituelle Auswirkung einer Lösung mit berücksichtigt wird. Um eine hochwertige Lösung zu finden, stellen Sie sich folgende Fragen:

1. Weist dieses Problem auf ein Lernen auf dem neuesten Stand hin oder auf eine neue Gelegenheit, zu wachsen? Welchen Beitrag zu Ihrem Leben oder zur Erfahrung Ihrer Gruppe versucht es zu leisten?
2. Wenn das Problem bestehen bleibt und der Prozess in der gleichen Richtung weiterläuft, was wird dann wahrscheinlich passieren? Wenn Sie das System sich selbst ganz natürlich anpassen und neu orientieren lassen, was geschieht dann?
3. Wenn das Schlimmstmögliche passiert, was lernen Sie dadurch? Müssen Sie das auf diese Weise tun, oder können Sie dieselbe Lektion in Ihrer inneren Welt mithilfe Ihrer Vorstellungskraft lernen? Selbst wenn ein »Versagen« vorliegt, wie können die Dinge wieder in einen positiven Fluss geraten?
4. Wie möchte der Energiefluss die Dinge in ein besseres Muster bringen? Welche Superlösung versucht sich unabhängig von Ihrem Willen und Ihren guten Ideen durchzusetzen?
5. Welche Lösung bietet den »höchsten Komfort«, Freude und mühelose Manifestation höchster Resultate auf physischer, emotionaler, mentaler und spiritueller Ebene – für Individuen, Teams, Organisationen, Klienten, Gemeinschaften, für die Umwelt und für zukünftige Generationen? Was ist das beste Szenario in diesem Moment, bei dem alle gewinnen?
6. Kann das Mittel (ein Prozess der Problemlösung) ebenso wertvoll sein wie der Zweck (das Ergebnis)?
7. Sehen Sie ein zu kleines Stück des Prozesses als problematisches Gebiet an? Können Sie eine vielschichtige (phy-

sische, emotionale, mentale und spirituelle) Ursache verstehen?

8. Wenn Sie keine Lösung finden können, können Sie das Problem dann an Ihren Körper und das einheitliche Feld übergeben? Können Sie die unsichtbaren Bereiche um Hilfe bitten und Einsichten erkennen, wenn sie auftauchen?

Praktische Übung

Finden Sie eine hochwertige Lösung

1. Nehmen Sie sich ein Problem vor, das Ihnen gegenwärtig Sorgen macht. Schreiben Sie alle möglichen Lösungen auf, die Ihnen in den Sinn kommen.
2. Betrachten Sie Ihr Problem und die Lösungen im Lichte der oben erwähnten acht Fragen. Machen Sie sich in Ihrem Tagebuch dazu Notizen.
3. Zusätzlich zu den acht Überlegungen untersuchen Sie Ihre Lösungen auf zu viel Willenskraft oder Leidenschaftlichkeit, Selbstaufopferung, Schaden für andere oder für die Erde, Geschwindigkeit auf Kosten der Fähigkeit Ihres Körpers, Realität und Sicherheit zu erfahren, und auf Motivationen, die auf Angst oder veralteten Begründungen beruhen. Wenn all das beseitigt wäre, wie sähe dann die Lösung aus?
4. Fehlt eine wichtige Information oder Einsicht? Bitten Sie darum, einen intuitiven Eindruck davon zu bekommen, was das wohl sein könnte und welchen Einfluss es auf die Lösung und den zeitlichen Ablauf hätte.

Wenn Sie mit allen Fragen und Antworten fertig sind, wird sich die hochwertige Lösung wie eine freudige Entlastung anfühlen und Ihnen erneuerte Energie bringen.

Ich bin nicht außergewöhnlich klug, sondern beschäftige mich nur länger mit Problemen.

Albert Einstein

Kurz zusammengefasst ...

Beim Planen und Lösen von Problemen mithilfe von Schwingungen sehen Sie Probleme als Fragen an, die auf ein Ereignis hinweisen, das Sie haben müssen, damit Sie mehr von Ihrer Seele und Ihrer Bestimmung erleben können. Probleme zu lösen bedeutet zu erkennen, was sich ereignen will, um einen gesunden Energiefluss wiederherzustellen und um durch den Wendepunkt Ihrer Welle hindurchzugehen und eine neue Richtung zu finden. Probleme tauchen dann auf, wenn Sie Getrenntes wahrnehmen. Ihre Bestimmung zu finden ist die letztendliche Lösung im Leben, denn wenn Sie als Ihre Seele leben, erfahren Sie Einheit, und danach verschwinden Probleme und das Planen für die Zukunft. Lösungen im Intuitionszeitalter fühlen sich »genau passend« an und setzen immer den Ausdruck der Seele und Enthusiasmus frei. Bei hochwertigen Lösungen gewinnen alle Beteiligten. Sie dienen allen Lebensformen und sprechen die vielfachen Ebenen der menschlichen Erfahrung an – die physische, emotionale, mentale und spirituelle Ebene.

Um Entscheidungen selbst in komplexen Situationen zu treffen, bedarf es einer kurzen Periode, in der Sie sich in Ihrer Eigenfrequenz wieder zentrieren, damit Sie Ihren inneren Entwurf oder Ihre Vision überprüfen können. Die Richtung Ihres Lebens mag sich entwickeln und verändern. Wenn Sie zu viele Wahlmöglichkeiten haben, können Sie sich an die subtile Wahrheit Ihres Körpers und an Angstsignale wenden, um die Optionen gegeneinander abzuwägen. Wenn Sie Pläne schmieden oder sich Ziele stecken, ist es wichtig, absichtlich und häufig zwischen Ihrer persönlichen Alltagswirklichkeit und Ihrer höchsten Vision hin und her zu pendeln. Ihr Schicksal entwickelt sich mit dem aller anderen, Sie können Ihre Pläne also nicht allzu lange fixieren. Sie müssen flexibel und im gegenwärtigen Moment bleiben. Das Lösen von Problemen und das Planen im Intuitionszeitalter verändern Ihre Erfahrung von Zeit und Ihre Arbeit mit Zeitabläufen, denn Sie erkennen, dass Vergangenheit und Zukunft aufgesogen werden in einen erweiterten gegenwärtigen Moment, wodurch der Prozess der Verwirklichung beschleunigt wird. Zeitliche Abläufe werden durch die Entscheidungen und Pläne aller Menschen beeinflusst und müssen häufig überprüft werden.

Die Botschaft der Eigenfrequenz

Wie ich im Kapitel *An die Leserinnen und Leser* erklärte, habe ich diese inspirierten Textbotschaften am Ende eines jeden Kapitels hinzugefügt, damit Sie von Ihrem normalen, schnell lesenden Geist umwechseln können zu einer tieferen Art unmittelbarer Erfahrung. Mithilfe dieser Botschaften können Sie Ihre persönliche Schwingung willentlich verändern.

Die folgende Botschaft ist dazu gedacht, Sie in eine Art von Welterkenntnis zu befördern, die dem sehr nahe kommt, wie Sie das Leben im Intuitionszeitalter erleben werden. Um in die *Botschaft der Eigenfrequenz* hineinzukommen, schalten Sie einfach herunter auf eine langsame, weniger gehetzte Geschwindigkeit. Atmen Sie langsam und tief ein, dann aus, und seien Sie so ruhig und still wie möglich. Lassen Sie Ihren Geist weich und empfänglich sein. Öffnen Sie Ihre Intuition, und bereiten Sie sich darauf vor, sich in die Sprache *einzu-*

fühlen. Achten Sie darauf, ob Sie die tieferen Wirklichkeiten und Gefühlszustände erfahren, die lebendig werden, *während Sie lesen.*

Ihre Erfahrung kann eine umso größere Dimension annehmen, je mehr Sie Ihre ganze Aufmerksamkeit auf die Worte richten. Konzentrieren Sie sich jeweils nur auf einige Worte zugleich, machen Sie eine Pause bei den Satzzeichen, und verweilen Sie bei der Intelligenz, die diese Botschaft verkündet, live im Hier und Jetzt – für Sie. Sie können die Worte laut aussprechen oder die Augen schließen und jemand anderen laut vorlesen lassen. Achten Sie darauf, welche Wirkung die Worte auf Sie haben.

Fließen Sie, damit sich Ihre Probleme auflösen

Leben ist Bewegen. Die Achterbahn führt Sie von Welle zu Teilchen, von Bewegung zu Ruhepause. Die Welle bringt Fließen und die Freude des Loslösens. Die Ruhepause macht Ihnen das Selbst bewusst – Ihre Individualität, Ihre Vielheit und Einheit. Welle und Ruhepause. Ausdehnen und zentrieren. Trennen und vereinigen. Geben und empfangen. Kommunizieren und Ihre Verbindung spüren. Weisheit erlernen und erleben. Sie sind die Welle, und Sie sind das Teilchen, und wieder sind Sie die Welle, und wieder sind Sie das Teilchen. Jedes Mal neu.

Sie haben eine ungesunde Gewohnheit erlernt, den Geist falsch zu verwenden. Sie befinden sich in einer Welle, und der Geist sagt: »Leben ist Energie, und ich bin Bewegung.« Wenn Sie dann innehalten und zu einem Teilchen werden, denkt der Geist, er müsse es neu beschreiben: »Leben ist stabil, und ich bin ein begrenztes Individuum.« Wenn Sie weitergehen und wieder eine Welle sind, fühlt sich der Geist unter Druck, die Definition wieder in »Fließen« zu ändern.

Der Geist macht dies aus Gewohnheit und ist darin hartnäckig. Er möchte, dass Sie und das Leben nur auf eine Weise sind, und er will sich nicht genug weiten, um die ganze Teilchen-Welle Natur des Lebens und des Selbst zu erfahren. Mit seiner engen Sicht sagt er immer dann, wenn er den Wendepunkt von Welle-Fließen in Teilchen-Ruhepause und zurück erreicht: »Ich habe unrecht. Irgendetwas stimmt nicht. Ich habe ein Problem. Ich mag das nicht. Ich muss diese Veränderung kontrollieren.« Angst wird erzeugt, und unnötige Beunruhigung folgt.

Sich darauf zu konzentrieren, dass Sie ein Problem haben, wenn Sie stattdessen Freude an der jüngsten Phase Ihrer Erfahrung vom Selbst haben könnten, ist die große Torheit der Menschen. Unter dem Gefühl, ein Problem zu haben, liegt ein subtiles Gefühl, das darauf hinweist, dass Sie zur nächsten, noch angenehmeren Erfahrung des Selbst übergehen, sei sie nun das Fließen oder die Ruhepause. Lassen Sie sich auf diese Erfahrung ein, ohne sie zu benennen, und entdecken Sie die Kommunion mit ihr. Bewegen Sie sich, bringen Sie sich zum Ausdruck, erschaffen Sie oder halten Sie inne, zentrieren Sie sich wieder und würdigen Sie das. Dann beobachten Sie, wie die äußere Welt – Ihr Traum, Ihr Film – sich von selbst und ganz natürlich an den Energiezyklus anpasst. Außer dem Zögern des Geistes kennt die Welt kein Zögern. Probleme und Lösungen verschwinden; stattdessen gibt es Erscheinen und Verschwinden und wieder Erscheinen. Lebensformen kommen und gehen und entwickeln sich.

Sie können Ihrem Geist beibringen, mit dem Definieren aufzuhören und stattdessen bei dieser Erfahrung des gegenwärtigen Moments zu bleiben. Zeigen Sie Ihrem Geist, wie er das Gefühl Ihrer zyklischen Wendungen erkennen kann, wie er sich in die Freuden beider Phasen einstimmen kann, sodass er sie beide glücklich akzeptieren und das Konzept von »falsch« loslassen kann. Immer wenn Sie bemerken, dass Ihr Geist Trennung oder Widerstand spürt, helfen Sie ihm, das loszulassen, sich in die augenblickliche Phase einzustimmen und nach der Freude Ausschau zu halten. Schon bald wird tiefe Freude zum vereinenden Prinzip, das Sie durch jeden wertvollen Moment des Gewahrseins hindurch Liebe spüren lässt. Wenn Ihr Organisationsprinzip die Freude Ihrer Seele ist, kann nichts falsch sein, kann es keine Probleme geben und keine Lösungen. Das Leben entwickelt sich selbst mit Weisheit. Antworten sind vorübergehende Haltepunkte, an denen Geist und Seele einander begegnen, und in diesen Begegnungen liegt die Freude darüber, das Nächstangemessene zu erschaffen. Sie können es aufgeben, Probleme zu haben. Sie haben keine Bedürfnisse, wenn Sie sich in das Jetzt hinein entspannen.

9
Ein hochfrequentes Leben erzeugen

Aus Angst vor dem Wissen, wer wir wirklich sind, weichen wir unserem eigenen Schicksal aus. Das hinterlässt uns hungrig in einer selbst gemachten Hungersnot (...) wir führen schließlich empfindungslose und leidenschaftslose Leben, getrennt von der wahren Bestimmung unserer Seele. Wenn du aber den Mut hast, dein eigenes Leben aus der Essenz dessen, was du wirklich bist, zu gestalten, dann entzündest du dich und wirst wirklich lebendig.

Dawna Markova

Der immer populärer werdende Trend zum Denken hin, dass wir vorsätzlich unser Leben oder die Dinge in unserem Leben erschaffen oder manifestieren können, ist eigentlich ziemlich radikal, wenn man bedenkt, dass historisch gesehen die Betonung lange darauf lag, dass Menschen hilflose Opfer der Götter und ihres Schicksals sind. Das bedeutet, dass wir uns auf ein Wissensniveau entwickelt haben, auf dem wir sehen können, dass unsere inneren Zustände des Geistes, der Gedanken und Emotionen unsere physische Welt beeinflussen – dass das Nicht-Physische tatsächlich das Physische hervorruft. *Materialisieren* – viele bevorzugen das Wort manifestieren – ist die Vorstellung, dass man in der Lage ist, mit seiner Willenskraft, seinem Wunsch und mit gebündelter Energie auf der physischen Ebene alles Wirklichkeit werden zu lassen. Dieses Wissen war über Jahrtausende hinweg nur Avataren, Magiern und Alchemisten zugänglich. Aber vor nicht allzu langer Zeit tauchte das *Gesetz der Anziehung* auf und brachte Vorstellungen an die breite Öffentlichkeit, die früher als esoterisch oder metaphysisch galten. Das zeigte, dass wir mehr als bereit dazu sind, zu verstehen, wie die Kraft der persönlichen Schwingung dabei hilft, Wirklichkeit zu gestalten. Das Gesetz der Anziehung sagt im Grunde: »Gleiches zieht Gleiches an«, »Du erschaffst, was du ausstrahlst« und »Glücklichsein hilft dir dabei, das Leben, das du willst, zu verwirklichen«. Das ist meiner Erfahrung nach im Wesentlichen wahr, aber es ist nur eine erste Ebene des Verstehens. Wir wollen daher jetzt die Feinheiten untersuchen, wie das Materialisieren und sein Gegenteil, das *Entmaterialisieren,* funktionieren.

Hinter dem Erschaffen steckt mehr als nur das Gesetz der Anziehung

Zurzeit steckt der Transformationsprozess der Gesellschaft irgendwo zwischen dem dritten Stadium (das Leeren der Büchse der Pandora), dem vierten Stadium (sich zurückziehen, Widerstand leisten und unterschwellige Ängste wieder unterdrücken) und dem fünften Stadium (alte Strukturen brechen zusammen und lösen sich auf), und viele von uns versuchen mit aller Gewalt, das Chaos zu vermeiden, das Verluste und Loslassen verursachen. Wir wollen die Kontrolle über unser Leben und glauben, Geld und Besitz sei die Antwort. Heutzutage wurde das Gesetz der Anziehung, das eigentlich die Prinzipien des spirituellen Wachstums betrifft, zu sehr verdreht in Richtung auf das Überwinden von Unsicherheit, indem man materiellen Erfolg und Beziehungen anzieht. Das bedeutet, diese Prinzipien werden hauptsächlich aus Angst angewandt. Um in die fortgeschrittenen Stadien des Transformationsprozesses zu gelangen, müssen Sie tiefer in die Frequenzprinzipien eindringen, die dem Gesetz der Anziehung zugrunde liegen.

Eines der Anzeichen dafür, dass Sie durch das sechste Stadium des Transformationsprozesses hindurchgegangen sind – in dem Sie innehalten, sich wieder in der Liebe Ihrer Seele zentrieren und Ihre Eigenfrequenz Ihre persönliche Schwingung neu programmieren lassen –, besteht darin, dass Sie eine neue, auf Einheit basierende Welt entdecken. Sie erfahren sich als Energie und als Teil eines einheitlichen Schwingungsfelds. Sie erleben unmittelbar, dass alles als eine *Überlagerung* oder als potenzielle Realität im gegenwärtigen Moment existiert und dass alle Wesen zusammenarbeiten, um die Welt entsprechend der höchsten, aktuellsten Vision in jedem Moment zu verwirklichen. Diese neue Perspektive bedeutet, dass Ihre Ziele keine Verzweiflung beinhalten müssen und dass ein hochfrequentes Leben oder Schicksal, in dem die Seele sich leicht zum Ausdruck bringt, Ihr Geburtsrecht ist. Als Ergebnis davon verändert sich Ihr Verständnis vom Schöpfungsprozess und von Erfolg ganz dramatisch.

Ich weiß nicht, wie es bei Ihnen ist, aber je mehr ich lerne, diese neue Perspektive des Intuitionszeitalters beizubehalten, umso einfacher ist es, die falschen Töne zu hören. An manchen Tagen fühle ich mich bombardiert von den ziemlich angestrengten Rufen der Marktschreier mit ihren Strategien für Verkäufe übers Internet, mit ihren Dienstleistungsangeboten für ein Erfolgstraining, mit ihren Plänen für schnellen Reichtum und mit ihren einmaligen Seminarangeboten, die mein Leben verändern werden. Viele von ihnen vertreten Prinzipien des Gesetzes der Anziehung, ohne selbst sehr weit durch den Transformationsprozess gegangen zu sein. Wenn ich nicht aufpasse, kann ich leicht erschöpft werden beim Umgang mit dem Bedürfnis der Gesellschaft nach Prominenz, schnellem Geld und materiellem Besitz. Ich stelle fest, dass ich vor den angestrengten Stimmen zurückpralle und mich den friedlicheren zuwende, die die Freude ausstrahlen, *miteinander* zu erschaffen für den Genuss, sich aus den Eigenfrequenzen heraus harmonisch zum Ausdruck zu bringen mit dem Ergebnis, dass alle Beteiligten gewinnen. Die eine Seite kreischt, die andere macht schöne Musik. Hier gibt es eine Herausforderung: über den oberflächlichen Erfolg hinauszuschauen, unseren Weg in unsere Bestimmung als eine neue Art von Erfolg zu finden und zu verstehen, dass Materialisieren und Entmaterialisieren ein normaler Teil unseres Repertoires an Gewahrsein sind.

Die Bedingungen der Welt fordern uns heraus, über den Status quo hinaus nach Reaktionen auf den Schmerz unserer Zeit Ausschau zu halten. Wir schauen auf Kräfte in uns und auf Mächte außerhalb von uns. Ein neuer, auf Spiritualität basierender Aktivismus beginnt sich durchzusetzen. Er beruht nicht darauf, zu hassen, was falsch ist, sondern zu versuchen, dagegen zu kämpfen, aber aus einer Liebe für das heraus, was möglich wäre, und die Verpflichtung einzugehen, es hervorzubringen.

Marianne Williamson

Heutzutage ist es wichtig, dass wir Erfolg infrage stellen und neu definieren, aber darüber hinaus auch darauf achten, wie wir das, was während des Entstehungsprozesses geschieht, beschreiben. Wir sollten keine linearen Modelle mehr verwenden, um Prozesse zu beschreiben, die holografisch sind, sondern stattdessen Modelle entwickeln, die die Dynamiken einheitlicher Felder genau verkörpern. Lineare Modelle beruhen auf der Vorstellung, dass wir getrennt sind, während holografische Modelle auf der Einheit von Moment und Feld basieren, die wir alle teilen. Wenn Sie Ihre mentalen Modelle auf dem neuesten Stand halten, verbessert das Ihre Fähigkeit, Ihre Welt zu materialisieren und zu entmaterialisieren. Warum? Weil Ihr Glaube daran, wie die Dinge geschehen, der innere Entwurf ist, der unter dem Entwurf für Ihren Glauben liegt, welche Dinge Sie gern hätten. Wenn einer der beiden Entwürfe nicht mit der höheren Wahrheit übereinstimmt, erleben Sie Schwierigkeiten und verzerrte Resultate. Wenn Sie zum Beispiel glauben, Sie müssten materiellen Überfluss »anziehen«, dann ist das ein etwas veraltetes Modell, das einige inhärente Fehlwahrnehmungen beinhaltet.

Erstens könnte materieller Überfluss zwar das wahre Ziel Ihrer Seele sein, aber er muss es nicht sein. Zweitens befinden sich bei einer holografischen Sichtweise Sie und das, was Sie möchten, im selben Moment und am selben Ort. Sie können es also nicht wirklich anziehen, weil Sie es bereits haben. Anziehung ist eine Vorstellung, die aus der linearen Denkweise von Trennung stammt: Was Sie wollen, ist »da drüben«, und Sie müssen es mit Ihrem Willen und Ihrer Klugheit dazu bringen, zu Ihnen zu kommen. In einer einheitlichen Welt ziehen Sie etwas nicht an, sondern Sie bemerken, dass es *bereits in Ihrer Realität existiert*, und Sie achten einfach weiterhin darauf. Keine Anstrengung ist nötig. Drittens trennen Sie sich sofort von der Erfahrung von Einheit, Liebe und Versorgtsein sowie von der Tatsache, dass im Universum immer alle gewinnen, weil Sie Ihren Willen benutzen, um etwas anzuziehen, egal, wie glücklich Sie

Ihre persönliche Schwingung macht. Wenn die Willenskraft auftaucht, ist das Ego wieder da und denkt, es würde den Laden schmeißen, was die Vorstellungen von Trennung und Schwierigkeiten verstärkt. Das ist ein Rückschlag für die Seele, denn diese subtile Eigenwilligkeit bedeutet, Sie vertrauen nicht mehr darauf, dass die Seele Ihnen genau das bringt, was Sie brauchen. Deshalb ist es Energieverschwendung, wenn Sie protestieren, sich über etwas hinwegsetzen und versuchen, das, was vor Ihnen liegt, zu verändern, ehe Sie wirklich verstanden haben, dass es einen vollendeten Grund dafür gibt, dass es da ist.

Der Geist ist der Meister, die Imagination sein Werkzeug
und der Körper das formbare Material.

Paracelsus

So beginnt das Verwirklichen

Die erste Ebene des Verwirklichens kommt von Ihrer Seele, unabhängig von Ihrem bewussten Geist; die Seele verwirklicht immer in Übereinstimmung mit anderen Seelen die wichtigen Situationen, die Sie für den Wachstumsplan Ihres Lebens brauchen. Sie können bei dem Plan mitmachen oder sich ihm widersetzen, Sie können Fehler machen und unterwegs zum Stillstand kommen, aber der Plan der Seele korrigiert sich automatisch selbst wie ein Fluss, der einen neuen Weg um eine Blockade herum findet. Was nötig ist, wird immer wieder auftauchen, bis Sie sich vollkommen damit auseinandersetzen. Ihr Lebensplan ist locker vorgezeichnet und passt sich ständig an, da jeder sich entwickelt. Brauchen Sie eine bestimmte Beziehung zu einer bestimmten Zeit in Ihrem Leben? Die Seelen sorgen dafür, dass Sie sich begegnen.

Brauchen Sie eine neue Gelegenheit? Vielleicht haben Sie einen Verlust nötig. Die Seele arrangiert die Umstände. Wenn es Zeit ist für einen Durchbruch, kann gar nichts – keine auch noch so starke mentale und emotionale Dichte – einer Seele im Wege stehen, deren Zeit gekommen ist! Die Seele erschafft mithilfe Ihrer Lebensumstände Erfahrungen, die Ihnen dabei helfen, Lektionen des Lebens zu lernen, und sie können sich als Reaktion auf die Intention der Seele schnell verändern, so wie eine Luftspiegelung in einer Hitzewelle.

Grundsätzlich verwirklicht sich Ihre Welt aus dem heraus, wer Sie sind. Sie ist eine Erweiterung – eine niedrigere Oktave – Ihrer persönlichen Schwingung. Das bedeutet, sie ist eine Mischung aus Liebe und Angst. Ein Teil des Lichtes und der Wahrheit Ihrer Seele oder Ihrer Eigenfrequenz dringt durch den Filter Ihrer festen Vorstellungen und Ihrer auf Angst basierenden Emotionen hindurch, strahlt nach außen und erzeugt Ihre Welt. Aber ein Teil Ihrer persönlichen Schwingung und damit Ihrer verwirklichten Realität kommt aus den niederfrequenten Schatten, die Ihre Blockaden werfen, denn auch sie strahlen durch Ihr Feld hindurch. Sie interpretieren dann Ihre verwirklichten Schatten als Probleme, und wenn Sie sie klären, dann lernen Sie die Lektionen Ihres Lebens. Sie fangen an, ein hochfrequentes Leben zu erzeugen, wenn Sie aufhören, unnötige negative Situationen zu erzeugen.

Ihr Geist und Ihre Gefühle spielen nur eine sekundäre Rolle bei der Verwirklichung, aber zum großen Teil dienen sie entweder dazu, die Absichten der Seele zu blockieren und zu behindern oder sie auszulöschen und zu beschleunigen. Es hängt alles davon ab, worauf Sie Ihre Aufmerksamkeit richten und was Sie verwirklichen – Ihre liebende Seele oder Ihr ängstliches Ego. Wenn sich schließlich die Angst auflöst, verschmelzen Ihre Gedanken und Ihre Gefühle, bilden eine vortreffliche Empfindsamkeit und werden zu einer vollkommenen Übertragungslinse. Dann werden die Wünsche Ihrer Persönlichkeit und die Absichten Ihrer Seele identisch. Keine Willenskraft ist nötig, um das zu »bekommen«, was Sie wollen, denn das nächste genau Richtige taucht immer auf. In einer solchen geistigen Verfassung zeichnet sich der Prozess von Schöpfung und Auflösung durch ein hohes Maß an Verspieltheit und Arglosigkeit aus, und weil er so leicht ist, ist es Ihnen freigestellt, eine große Anzahl von Erfahrungen zu verwirklichen, die alle mit der sich entwickelnden Bestimmung der Menschheit harmonisch fließen. Ein hochfrequentes Leben hat also eine natürliche Qualität mit großem Fließvermögen und Freude an einfachen Dingen.

Aufmerksamkeit führt zur Materialisierung von Energie

Aufmerksamkeit – Interesse – ist die Ursache für die Materialisierung von Energie. Es fängt damit an, dass Sie bemerken, dass eine Vorstellung, die Sie erfahren wollen, in Ihrer Wirklichkeit bereits existiert. Da Sie sie bemerken und aus dem Feld heraus aufrufen, erscheint sie als Bild in Ihrer »Ein-Bild-ung« und bekommt eine Art psychisches Gewicht. Je mehr Aufmerksamkeit Sie dieser Vorstellung schenken und je mehr Energie Sie auf sie verwenden, umso dichter und langsamer wird die Schwingung dieser Idee, und so bewegt sie sich durch die Oktaven von Gedanken und Gefühlen hinunter in die Gestalt. Die manifestierte Vorstellung reist nicht zu Ihnen durch entfernte Quadranten von Zeit und Raum hindurch. Sie schwingt einfach harmonisch durch Ihre persönliche Schwingung hinunter und durchdringt dabei die drei Ebenen Ihres Gehirns. Dabei nimmt sie ganz allmählich Gestalt und sinnliche Daten an, wird immer realer für Ihren Körper, bis sie durch den Filter Ihres Reptilienhirns als etwas Reales erkannt wird. Bei dieser Manifestation katalysiert sich die Vorstellung aus Ihrem persönlichen Feld heraus als ein neues, kleineres Feld, das mit der Frequenz der Materie in Ihrer Reichweite schwingt, sobald Sie sie benötigen. Manifestation von Leben ist eigentlich eine Funktion von Kommunion, von Sich-Einfühlen in und Eintauchen in eine Idee mit allen Oktaven Ihres Gewahrseins – spirituell, mental, emotional und physisch –, bis Sie und die Idee gemeinsam in der dreidimensionalen, »soliden« Wirklichkeit existieren. Die verwirklichte Vorstellung erscheint als eine Funktion von Liebe, die kommt, weil Sie es wollen, und wieder zurück in das einheitliche Feld verschwindet, um Ihnen Raum zu geben, wenn Sie ihn brauchen.

Alles, was in allen materiellen, lebendigen, mentalen oder auch spirituellen Prozessen geschieht, bedarf der Transformation von Energie (…) Jeder Gedanke, jede Empfindung, jede Emotion wird durch Austausch von Energie erzeugt.

John Godolphin Bennett

Was auch immer Sie materialisieren, verkörpert in einer bestimmten Weise *Ihre* persönliche Schwingung. Wenn Sie die Vorstellung haben, Sie müssten sich selbst aufopfern, dann beinhaltet Ihre verwirklichte Welt im gleichen Maße Selbstaufopferung. In diesem Fall würden Sie beispielsweise Menschen begegnen, die Opfer sind, oder Sie erleben Verluste, Verrat oder Beziehungen mit egozentrischen Menschen, die Sie nicht wertschätzen. Sind Sie voller Freude, dann wird das Leben, das für Sie erscheint, unterhaltsam sein. Haben Sie die Vorstellung, dass Sie für Ihren Lebensunterhalt hart arbeiten müssen, dann verwirklichen sich Arbeitsplätze mit niedriger Bezahlung oder langen Arbeitszeiten. Fühlen Sie sich privilegiert und umsorgt, manifestieren Sie möglicherweise eine Erbschaft. Krankheiten und Verletzungen entsprechen auf ähnliche Weise inneren Entwürfen, die auf negativen Emotionen beruhen, die den betroffenen Körperteilen entsprechen. Zum Beispiel haben Lungenprobleme häufig etwas mit Trauer zu tun, Nackenprobleme mit Hartnäckigkeit und Vertrauensmangel, und Probleme mit den Beinen haben mit der Zögerlichkeit zu tun, einen Standpunkt einzunehmen oder weiterzugehen. Aber es ist nicht so, dass Sie gesundheitliche Probleme oder negative Umstände »anziehen«, weil Sie »böse« sind, sondern weil es irgendwo in Ihrer persönlichen Schwingung eine allzu menschliche, auf Angst beruhende Gefühlsgewohnheit gibt, wie das Gefühl, nicht respektiert zu werden, oder die Angst davor, bestraft oder verlassen zu werden.

Damit etwas ganz verwirklicht werden kann, muss Ihr Körper es als real erkennen. Das bedeutet, Ihre Sinne müssen aktiviert werden, und das neue Objekt, die neue Situation oder die neue Erfahrung müssen sich normal anfühlen. Ich kann jetzt meinen Computer anfassen – er ist nur wenige Zentimeter entfernt –, aber ich erinnere mich daran, als ich mich entschloss, auf meinen schicken Macintosh aufzurüsten. Es begann mit einem Gedanken und entwickelte sich zu einem Bild. Ich stellte mir vor, wie ich ihn benutzen würde, spürte ganz real, wie ich ihn bezahlen würde, ging in das Geschäft und erlebte eine Demonstration und spielte selbst mit einem, berührte ihn ganz real und war begeistert. Ich konnte fühlen, wie er mein Leben verbessern würde. Ich konnte ihn schon auf meinem Tisch sehen. Ich wusste ohne jeden Zweifel, dass er auf meinen Schreibtisch kommen würde. Und ich begann mit dem Prozess, ihn zu kaufen. Jetzt ist mein Körper davon überzeugt, dass dieser Grad von Raffinesse, diese Geschwindigkeit, diese Bildschirmgröße normal sind. Wenn es Zeit ist für einen weiteren Wachstumsschub, werde ich unruhig, langweile mich mit meinem Computer, werde von Anzeigen für das neueste Modell abgelenkt und gehe dann wieder durch denselben Prozess hindurch.

Sie erschaffen nicht allein

Meine Freundin Anne und ich haben gemeinsam ein Meditationsexperiment gemacht, bei dem wir uns mit geschlossenen Augen gegenübersaßen. Wir stellten uns vor, dass etwas in dem Raum zwischen uns auftauchen würde, das wir materialisieren wollten. Sie entschied sich für einen Geldbetrag mit einer Null mehr am Ende, als ich mit gutem Gefühl vorgeschlagen hätte. Wir baten darum, dass er wie ein Hologramm erscheinen würde. Ich forderte sie auf, das Geld laut in allen Einzelheiten zu beschreiben. Während sie das tat, visualisierte ich es. Es zeigte sich in Bündeln von Banknoten, also bat ich sie, die Bündel aufzumachen, das Geld zu berühren und die Empfindungen zu beschreiben. Ich stellte mir vor, ich würde dasselbe erfahren, und wenn ich eine zusätzliche Empfindung hatte, beschrieb ich sie, und sie stellte sie sich dann auch vor. So machten wir weiter, wir rochen das Geld, breiteten es aus und stapelten es wieder auf, und wir beide überschütteten es im Geist mit Licht. Dann dankten wir ihm und ließen es sich auflösen.

Wochenlang dachte ich nicht mehr wirklich daran, denn der Betrag war jenseits meines kurzfristigen Einkommens, und es war nicht sehr wahrscheinlich, dass dieses Geld auftauchen würde. Aber dann geschah etwas Ungewöhnliches, auf einer Reise zu meinem Verleger, mit dem ich über das Exposé für dieses Buch sprechen wollte. Ich war überrascht, als er verkündete, dass sie das Buch bereits zur Veröffentlichung angenommen hätten und in der Lage seien, mir einen

Vorschuss zu zahlen. Es war genau der Betrag aus der Meditation! Annes Prozess dauerte etwas länger, aber innerhalb weniger Monate nahm die Anzahl ihrer Klienten trotz der wirtschaftlich rückläufigen Entwicklung unerklärlicherweise zu, und sie verdiente das Geld. Der Erfolg dieser Übung für uns beide wirkte als Zeichen unserer Seelen, dass wir in eine erweiterte Phase des Selbst-Ausdrucks kamen. Es war nicht Angst, was uns zu dieser Meditation motivierte, und wir haben das auch nicht sofort wieder getan. Wir bemerkten, dass die Wirkung davon, dass wir beide gleichzeitig Zeuge davon waren, wie das Geld real wurde, und dass wir beide unsere Körper mithilfe einer gemeinsamen Resonanz diese Realität füreinander verstärken ließen, dass das möglicherweise zum Erfolg beigetragen hatte.

Sie erschaffen nicht allein. Alles, was Sie materialisieren, wird gemeinsam mit anderen Seelen erschaffen, und sogar mit der Kooperation der Wellen und Teilchen. Und wir alle sind Mitschöpfer mit dem mysteriösen, wohlwollenden Göttlichen. Manchmal mag ich es, eine Gruppe von Teilchen zu visualisieren, die meinem Bedürfnis entsprechend sagen: »Ja! Lasst uns eine Weile zusammen in Penneys Realität schweben und die Gestalt eines neuen Computers für sie annehmen!« Die Wahrheit ist, dass wir alle akzeptieren, dass alles, was Sie wollen, das beeinflusst, was alle anderen wollen. Wenn Sie sich beispielsweise klar darüber werden, dass Sie eine Reise nach Griechenland machen wollen, dann werden die anderen Seelen, die Ihnen dabei helfen können, ihre eigenen Wünsche ganz natürlich so verändern, dass sie bereit und verfügbar sind, mit Ihnen diese Erfahrung zu teilen und Ihnen zu helfen, Ihre zu verwirklichen. Davon profitieren sie dann auch.

Es gibt mehr als genug Raum, um das, was Sie wollen, zu verwirklichen. Wenn Sie einen Wunsch haben, nehmen Sie anderen nichts weg; unsere kollektiven Wünsche ändern sich, das ist alles. Wir alle wollen also, was wir alle wollen. Ihre Wünsche mögen durchaus durch die Bedürfnisse anderer in Ihr Gewahrsein gesät worden sein, und wenn wir das berücksichtigen, dann ergibt es auch einen Sinn, dass ein Mangel an Klarheit und Wischiwaschi-Entscheidungen nicht der hilfreichste Beitrag für Ihre Mitseelen sind. Und es kann durchaus auch das Wachstum aller in bestimmtem Maße behindern, wenn sich einer von uns zurückhält, sich weigert zu wachsen, denkt, ich mache das alles alleine, oder Ressourcen hamstert, als wäre nicht genug für alle da. Im Intuitionszeitalter gibt es subtile Arten, Ihr Gewahrsein mitfühlend so zu verwenden, dass es der Arbeit der Seelen dient oder sie behindert, eine Welt zu verwirklichen, die auf Klarheit und Liebe basiert.

Wir sind das Wunder, dass Kraft und Materie sich selbst
in Imagination und Wille umwandeln. Unglaublich.
Die Lebenskraft experimentiert mit Formen. Du bist eine.
Ich eine andere. Das Universum hat sich selbst wach gerufen.
Wir sind einer dieser Rufe.

Ray Bradbury

Wie man absichtlich mit Materialisierung und Entmaterialisierung arbeitet

Wenn Sie damit spielen, ein hochfrequentes Leben zu erzeugen und Formen und Situationen zu materialisieren und zu entmaterialisieren, dann gibt es da einige Schritte, die hilfreich sind, damit der Prozess reibungsloser abläuft.

1. Machen Sie eine Bestandsaufnahme von allem, was Sie haben; würdigen und benutzen Sie es; das alles haben Sie bereits erschaffen. Wirklich gute neue Sachen kommen nicht, solange Sie das, was Ihnen bereits gegeben wurde, nicht benutzen. Wenn Sie eine gute Mahlzeit verzehren, dann häufen Sie nicht eine andere Mahlzeit darauf, ehe Sie die erste nicht verdaut haben. Was Sie verwirklicht haben, ist wie die Lösung eines früheren Problems: Sie müssen die Erfahrung machen, dass diese Formen dazu da sind, Sie zu versorgen, und Sie müssen sie integrieren. Wenn Sie umziehen wollen, stellen Sie sich die Frage, ob Sie Ihr bisheriges Zuhause genug geliebt und gewürdigt haben. Welche Art von Erfahrung vermittelte Ihnen seine Existenz? Was haben Sie zurückgegeben?

2. Klären Sie ungesunde Gefühlsgewohnheiten und negative Gedanken, und lösen Sie alle bestehenden Formen auf, die Ihrer neuen Erweiterung im Wege stehen. Möchten Sie ein neues Zuhause? Sie müssen vielleicht Blockaden darüber aus dem Weg räumen, was Sie zu verdienen glauben, und zuerst das alte Zuhause loslassen. Eine Realität zu entmaterialisieren kann ebenso viel Spaß machen wie eine zu materialisieren. Wenn es für Sie nötig ist, dass etwas verschwindet, dann ziehen Sie Ihre Aufmerksamkeit davon ab. Langeweile ist Ihr Freund. Wenn eine Beziehung enden muss, ehe Sie weitergehen können, können Vergebung und Wertschätzung dabei helfen, die Erfahrung zur Vollendung zu bringen. Wenn Sie eine Arbeitsstelle verlassen müssen, kann sich ein Mangel an Motivation zu Ihren Gunsten auswirken. Eine Realität aufzulösen bedeutet, Ihre Aufmerksamkeit auf Vergesslichkeit auszurichten und dann eine Weile einfach nur da zu sein. Wenn Sie Energie aus einer Idee abziehen, wird sie leichter und durchscheinender wie ein Geist und verschwindet schließlich.

3. Sammeln Sie Ihre Energie, zentrieren Sie sich wieder in der Liebe Ihrer Seele, stimmen Sie sich auf Ihre Eigenfrequenz ein und überprüfen Sie, wie Ihre höchste Vision aussieht und sich anfühlt. Wenn Sie sich so fühlen, wie Sie sich gerne fühlen, dann werden Sie eine Vision bemerken können, die von der

Frequenz her zu diesem Gefühl passt. Auf welche Idee können Sie sich konzentrieren, die wie die interessanteste nächste Sache aussieht, die Ihren Wachstumsprozess unterstützt? Welche Schritte können Sie darauf zu machen? Wenn Sie sehen, dass das, was Sie wollen, förderlich ist, ist es einfacher, sich berechtigt zu fühlen, das auch zu bekommen. Ein neues Haus, zum Beispiel, kann die Erfahrung eines sehr viel konzentrierteren und erweiterten Gefühls für das Selbst ermöglichen, und das wird Ihnen dabei helfen, einen Beitrag für andere zu leisten.

4. **Achten Sie auf die Vorstellung, schenken Sie ihr Aufmerksamkeit, stellen Sie sie sich bildlich vor, und fühlen Sie sich in sie ein.** Gewähren Sie ihr Leben; lieben Sie sie. Schenken Sie ihr weiterhin Aufmerksamkeit, und stellen Sie sich vor, dass sie eine größere sensorische Realität annimmt. Lassen Sie die Idee durch Ihr Gehirn einsickern: Sehen Sie sie, hören Sie sie, berühren Sie sie, schmecken Sie sie, riechen Sie sie. Laden Sie sie ein, Teil Ihres Lebens zu sein. Spüren Sie die Erfahrung, die sie Ihnen wahrscheinlich bieten wird.

5. **Optimieren Sie Ihre persönliche Schwingung, und verbinden Sie Ihr persönliches Feld mit dem einheitlichen Feld.** Wenn Ihre Eigenfrequenz zu Ihrer persönlichen Schwingung wird und Ihren Körper, Ihre Emotionen und Gedanken erfüllt, dann stellen Sie sich vor, Sie sind eine Stimmgabel und »schlagen Ihren eigenen Ton an«. Stellen Sie sich vor, wie Ihre klare Schwingung aus Ihrem persönlichen Feld herausstrahlt in das größere, einheitliche Feld jenseits von Ihnen. *Ihr persönliches Feld wirkt für das einheitliche Feld wie eine Reihe von Anweisungen oder wie ein Filter.* Zum Beispiel ist die Art, wie Sie sich selbst behandeln, die Art, wie die Welt Sie behandelt.

6. **Schließen Sie alle Wesen in Ihren Prozess der Materialisierung mit ein.** Stellen Sie sich all die Seelen und Teilchen

vor, wie sie sich an ihren Platz verschieben, sich auf Ihre persönliche Schwingung einstimmen, damit sie Ihnen helfen können, den nächsten Schritt in Ihrem und auch in ihrem eigenen Wachstum zu manifestieren. Heißen Sie sie herzlich willkommen, und bringen Sie ihnen Ihre Freude und Dankbarkeit zum Ausdruck, in dem Wissen, dass Sie dasselbe auch für andere tun. Entspannen Sie sich, und lassen Sie dem Feld Zeit, sich Ihrer Vision entsprechend neu anzuordnen.

7. Schenken Sie der Verwirklichung der Idee weiterhin Ihre Aufmerksamkeit. Spüren Sie, wie sie sich bis zu dem Punkt auffüllt, an dem Ihr Körper sie erkennt, sich begeistert und glücklich darüber ist, kinästhetisch mit einer neuen Idee zu tun zu haben. Richten Sie Ihre Aufmerksamkeit weiter darauf, bis die neue Realität aufgetaucht und ein ganz normaler Teil Ihres Lebens geworden ist.

Praktische Übung

Materialisieren und entmaterialisieren Sie drei Dinge

1. Schreiben Sie drei Dinge auf – Gegenstände, Ressourcen, Gelegenheiten oder Leute –, die Sie bereit sind, als Teil Ihrer Welt aufzunehmen. Dann schreiben Sie drei Dinge auf, die Sie bereit sind loszulassen, an denen Sie kein Interesse mehr haben, die Sie entmaterialisieren möchten: Das kann eine Sucht sein, Übergewicht oder Unordnung.
2. Schauen Sie sich die drei Punkte auf Ihrer Wunschliste zum Materialisieren eine nach der anderen an: Achten Sie auf die Idee, stellen Sie sich die Sache bildlich vor, und fügen Sie Sinneseinzelheiten zu Ihrer Beschreibung hinzu. Lassen Sie die Sache dann eine Erfahrung werden, spüren Sie die Begeisterung Ihres Körpers über die Erfahrung mit

dieser Sache, und richten Sie Ihre Aufmerksamkeit weiter darauf, ergänzen Sie die Realität der Sache, bis Ihr Körper sie als normal empfindet.

3. Wenn Sie damit fertig sind, stellen Sie sich vor, wie sich Ihr Leben jetzt anfühlt, da alle drei Sachen zum normalen Bestandteil Ihrer Realität geworden sind. In welchem Sinne sind Sie gewachsen?
4. Als Nächstes schauen Sie sich die Sachen auf Ihrer Liste zum Entmaterialisieren eine nach der anderen an. Konzentrieren Sie sich auf die erste. Sie ist ein normaler Bestandteil Ihrer Realität. Ziehen Sie Ihre Aufmerksamkeit von ihr ab. Hören Sie auf, sich zu widersetzen, und spüren Sie Ihre Langeweile und Ihr Desinteresse. Hat diese Sache eine symbolische Bedeutung oder eine emotionale Bindung? Lassen Sie sie verblassen. Spüren Sie, dass Sie ihr gegenüber keine Motivation mehr haben. Spüren Sie, dass Sie dankbar für alles sind, was sie Ihnen gegeben hat, segnen Sie sie, und schicken Sie sie auf ihren Weg. Sie müssen jetzt nichts unternehmen, befreien Sie sie einfach, und lösen Sie sie in Ihrem Geist auf. Dann lassen Sie sie los.
5. Stellen Sie sich vor, wie sich Ihre Welt anfühlte, wenn diese drei Sachen aus Ihrer Realität ausgeschieden wären und es stattdessen dort einen frischen, freien Raum gäbe. Wie könnte sich Ihre Seele wohl in diesen neuen Raum hinein ausdehnen?

Was gehört dazu, Glück zu haben?

Beth machte bei einem Häuserwettbewerb mit und war eine der zwölf Endteilnehmer, die die Möglichkeit hatten, eine Verschönerung des Gartens im Wert von zehntausend Dollar zu gewinnen. Sie rief mich an und war ganz begeistert wegen der Möglichkeit, mit ihrem Gewahrsein experimentieren zu können. »Also, wie kann ich Glück haben?«, fragte sie. Ich gab ihr den Rat, ihre Einstellung und Energie ungezwungen und fließend zu spüren. Sie solle denken, dass der Prozess, diesen Wettbewerb zu gewinnen, ganz natürlich und »normal für jemanden wie mich« ist, und: »Ich bin diejenige, die Glück hat und häufig Sachen gewinnt. Ich bin von Natur aus offen und einladend. Ich mache großzügige Geschenke und empfange sie ebenso leicht.« Ich sagte ihr, sie könne mit dem Haus und dem Garten verschmelzen und mit ihnen darüber sprechen, was »wir« gern tun würden, um eine Verbesserung und Erweiterung zu erleben. Sie solle sie um Hilfe bitten, um die Verschönerung auf sich zu ziehen. Ferner könne sie sich vorstellen, dass sie die Leute, die die Verschönerung durchführen würden, hoch schätzt; sie solle spüren, wie die fertige Verschönerung sich anfühlt und Wurzeln schlägt und dass die neuen Pflanzen glücklich wachsen. Beth machte sich also daran, ihr Gewahrsein und ihr Energieniveau anzupassen.

Und sie gewann nicht. Ich fragte sie, warum das ihrer Meinung nach passiert sei, und sie antwortete, sie sei auf die Website des Landschaftsgestalters gegangen und hätte gesehen, dass er auf bestimmte Dinge spezialisiert war, die sie eigentlich nicht besonders wollte. Sie sagte, dass sie von den acht Gartenentwürfen auf der Website nur einen so »na ja, gerade mal« mochte, vielleicht »vier, fünf von zehn Punkten«. Sie sagte, dass der Landschaftsgestalter für jedes einzelne der Gestaltungsmerkmale, die sie mochte, schon zehntausend Dollar verlangte, und »ich dachte, wir – der Garten, die Bäume, das Haus, die Naturgottheiten und ich –, wir würden mit der beschränkte Vision des Gestalters nicht glücklich werden.«

Einige Zeit später bekam ich eine E-Mail von Beth mit dem Titel *Was ich manifestiert habe!* Darin schrieb sie: »Es liegt so viel Eleganz und Humor in der Art, wie das Universum mir antwortet, wenn ich einmal losgelassen habe und darauf vertraue, dass etwas noch Besseres um die Ecke auf mich wartet! Die einundneunzig Jahre alte Tante meines Mannes, die ich sehr geliebt habe, starb. Wir hatten uns in den letzten drei Jahren um ihren Garten gekümmert, weil ihr das viel Freude bereitete und sie sich nicht mehr bücken konnte. Ich tat dies jede Woche gern für sie und achtete darauf, dass sie immer das bekam, was sie wollte. Jetzt tut sie dasselbe für mich. Zwei Wochen nach dem Häuserwettbewerb bekam ich einen Brief von dem Rechtsanwalt des Anwesens, in dem er uns mitteilte, dass wir im Testament als Erben benannt waren. Jetzt ist genug Geld da, um den Garten so zu verschönern, wie ich es *wirklich* wollte. Und das Beste daran ist, dass mich der Garten jetzt an sie und an unsere Liebe füreinander erinnert. Ich schätze mich jetzt unglaublich glücklich, mein Körper fühlt sich an, als wäre er mit Sekt angefüllt. Ich freue mich einfach so, dass ich den Wettbewerb nicht gewonnen habe.«

Glück kann durchaus der Bewusstseinszustand sein, in dem Sie der Seele, dem Augenblick, der Vollkommenheit des Weges, auf dem Ihre Bedürfnisse befriedigt werden, und dem zeitlichen Ablauf der Ereignisse vertrauen. Ihre Seele mag eine glückliche Erfahrung für Sie ermöglichen, damit Sie die Einzelheiten spüren können, wie es sich anfühlt, wenn alles optimal funktioniert, sodass Sie sich darin wann immer Sie wollen wieder zentrieren können. In Falle von Beth ließ ihre Erfahrung es nicht zu, dass ihr Geist hinter dem inspirierten Ergebnis zurückblieb. Sie können sich von Tag zu Tag glücklich schätzen – schauen Sie sich einfach an, wie sich Ihnen Möglichkeiten bieten, wie sich Synchronizität ereignet, um Ihre Aufmerksamkeit auf bestimmte Ideen zu lenken, oder wie der Fluss eines jeden Tages eine Sache von Schönheit sein kann. Wenn Sie sich für das Gefühl entscheiden, Glück zu haben, wählen Sie Ihre Eigenfrequenz und bestätigen die Prinzipien des Intuitionszeitalters. Und da Sie keine Entscheidung darüber treffen, wie grandios oder dramatisch etwas sein muss, damit es als »Glück« bezeichnet werden kann, werden Sie feststellen, dass die Qualität dessen, was für Sie auftaucht, exponential zunimmt.

Henry lebt in Nashville und fing an, mit dem Konzept des »bezahle nach vorn« zu experimentieren, indem er bestimmten Leuten einen Zwanzigdollarschein gab und sie aufforderte, die Hälfte für sich selbst zu verwenden und den Rest an jemand anderen weiterzugeben. In jedem einzelnen Fall, sagte er, zeigten ihm die Resultate, dass Energie, die du in irgendeiner Form aussendest, zum Teil dessen wird, was du in Anspruch nehmen kannst. Beim ersten Mal gab er einem seiner Studenten zwanzig Dollar. Der fuhr damit zur Nashville Mission und bezahlte für die Übernachtung eines Obdachlosen. In der nächsten Woche erhielt der Student ganz unerwartet einen Scheck über fünfzig Dollar. Henry bezahlte einen Satz neuer Autoreifen für einen Freund, und innerhalb von zwei Wochen bekam er einen Auftrag für ein Projekt, das ihm dreimal so viel einbrachte, wie er für Reifen bezahlt hatte. Er hat verstanden, dass Materialisieren wirklich eine Angelegenheit von freiem Geben und Nehmen ist.

Wir leben in einer aufsteigenden Skala,
wenn wir glücklich leben;
eins kommt zum anderen, in einer endlosen Serie.

Robert Louis Stevenson

Sie können eine neue Lebensrichtung realisieren

Es gibt Zeiten, wenn Ihre gewohnte Art zu leben oder zu arbeiten oder wenn Sie umgeben sind von einer Gruppe von Menschen, deren Schwingung niedriger ist als Ihre – wenn das Ihr Gewahrsein abstumpft und Sie partiell hypnotisiert. Sie wissen, dass Sie Dinge entfachen müssen, vielleicht mit Ihrer nächsten mutigen Handlung, aber Sie können nicht genau erkennen, was das wirklich ist, und die Zeit dafür scheint nicht zu stimmen. Wie können Sie da Ihrem Leben eine neue Richtung geben? Wie können Sie Ihr fröhliches, jugendliches, optimistisches, abenteuerlustiges Selbst verjüngen? Sollten Sie sich in einen rasant dahinströmenden Fluss werfen? Alles aufgeben und mit Ihrer Bettelschale loswandern? Einen Frontalangriff starten?

Jim hatte ein faszinierendes Leben. Er war auf einer Farm in Australien aufgewachsen, arbeitete in vielen Ländern als Trainer für das Friedenskorps, war Tanzlehrer und Videograf, und ist jetzt ein viel beschäftigter Hochleistungstrainer für viele Regierungsbehörden in Washington, D. C. Er verschlingt gierig alle Bücher und Artikel über jede neue Entwicklung des Bewusstseins und des persönlichen Wachstums und ist fasziniert davon, Vorstellungen aus der neuen Physik und der Hirnforschung mit den Fähigkeiten von Führungspersönlichkeiten zu verbinden. Er sehnt sich danach, das Material in seine Trainings aufzunehmen, doch seine Klienten sitzen in den engen Perspektiven der Regierung darüber fest, wie man es schafft, erfolgreich zu sein. Jim hat also keine andere Wahl, als seine persönliche Schwingung an die niedrigeren Frequenzen anzupassen, und das macht auf längere Sicht keinen Spaß. Wir haben häufig über sein Bedürfnis gesprochen, seine unterschiedlichen farbigen Fäden zusammenzuweben und wie er wohl sein eigenes Trainingsmaterial, seine eigene Website und seine Klienten so zusammenstellen könnte, dass sie seiner eigenen hohen Schwingung entsprächen. Aber es war schwierig für ihn, sich vorzustellen, wie er einen radikalen Schnitt machen und eine lukrative Karriere für etwas aufgeben könne, das ihm nicht dieselbe Sicherheit bieten würde.

Neulich hatte er das Gefühl, er sollte seine Karriere einmal zusammenfassen und alles, was er bislang gemacht hatte, aufschreiben und nummerieren. Er hatte in zweiundzwanzig Ländern gelebt und gearbeitet, hatte Dutzende von Trainingslehrplänen entworfen, Zehntausende von Menschen ausgebildet usw. Indem er diese Liste aufstellte, erneuerte er unbeabsichtigt sein Vertrauen in sich selbst. Als Nächstes ging er online und suchte nach dem Autor eines Buches, das er mochte. Als er von einem Link zum nächsten sprang, entdeckte er einen Aufruf zur Einreichung von Artikeln für eine interessant aussehende Konferenz, die sich mit Ideen beschäftigte, die ihm am Herzen lagen – in Australien. Hmmm. Das ist ja mal wieder eine gute Synchronizität hier, dachte er und war ganz begeistert. Die suchen Leute, die über Sachen sprechen, die ich bereits mache, über meine Lieblingsideen! Das ist eine klare Sache – das muss ich machen. Dann sah er, dass die Frist in wenigen *Stunden* ablief. Unmöglich, dachte er. Aber dann konterte er – ich ruf sie einfach trotzdem einmal an.

Er wurde mit einer Frau verbunden und erzählte ihr, wie begeistert er war, dass sie diese Konferenz abhielten, dass er mit denselben Ideen arbeitete, dass er sehr gern einen Vortrag dort halten würde, aber auch wisse, dass er die Frist verpasst hatte. Er war ganz aufgeregt. Da er gerade seine Karriere durchgegangen war, hatte er seine Statistiken parat und konnte klar darüber sprechen, wer er war und was er bislang gemacht hatte. Er sagte, wie froh er darüber sei, dass es da

Leute gab, mit denen er über diese neuen, wegweisenden Dinge sprechen konnte, und sagte, dass sie ihn doch bitte sofort benachrichtigen sollten, falls sie sich dazu entscheiden würden, die Frist zu verlängern. Sie antwortete freundlich: »Die Frist ist hiermit verlängert.«

Jim setzte sich also hin, skizzierte eine Präsentation und stellte sich sogar bildlich vor, wie der Raum aussehen würde. Er stellte fest, dass sich eine Menge Material in seinem Geist formte, und zum ersten Mal in seinem Leben erkannte er, dass er Freude am Prozess des Schreibens hatte. Sein Vorschlag kam mühelos zustande, und danach fing er sofort damit an, seine Website zu gestalten, einen Artikel zu schreiben und einen Videoclip zu kreieren. Als wir uns unterhielten, sagte er, die Reise nach Australien habe sich schon bezahlt gemacht, und wenn er wider Erwarten nicht ausgewählt würde, seinen Vortrag zu halten, würde er trotzdem dorthin reisen. Er sagte, er habe erkannt, dass er nicht gewusst hatte, wie er als sein »neues Selbst« in Erscheinung treten sollte, dass es Zeiten gibt, in denen »du weißt, dass du kannst. Du weißt nicht, wie oder was, aber du weißt, dass du es wirst«, und das hier würde sich so anfühlen. Er sagte scherzend, dass er sich selbst eine Falle gestellt habe und seine Aufmerksamkeit derart ausgerichtet habe – mittels der Synchronisation, die er so aufregend fand –, dass seine Energie auf bestimmte Weise fließen und ihn in einen neuen Kontext projizieren würde. Er kam von einem Ort, an dem er sich gefangen und abgestumpft fühlte, in eine spannende und energiereiche neue Realität, in der er genau sehen konnte, wie wahrscheinlich eine ganze Reihe von neuen Entwicklungen war.

Schaut man sich Jims Prozess an, können wir einige zentrale Lektionen lernen. Instinktiv machte er einen kleinen Schritt aus seiner gewohnten Realität hinaus, um einen Überblick über sein Leben zu bekommen. Indem er alles, was er erreicht hatte, zusammenfasste, vollendete er eine energetische Phase und ging über sein blindes Eintauchen in sie hinaus. Dann öffnete er sich weit genug, um zu erkennen, was ihn interessierte, und achtete auf die Synychronizitäten und hochenergetischen Informationen, die zu seiner eigenen persönlichen Schwingung passten. Er ließ kein Nein als Antwort gelten, und indem er mit den Leuten in Australien telefonierte, blieb er in seiner Eigenfrequenz und machte den nächsten Schritt ins Unbekannte. Er teilte sich ohne Erwartungen offen mit und sagte der Frau, was ihm gefiel, und gab ihr dadurch die Gelegenheit, ihm dabei zu helfen, es auch zu bekommen. Indem er in seiner Begeisterung blieb, überwand er eine lebenslange Furcht vor dem Schreiben, und mit dem Auftauchen des hochrangigen Inhalts für sein Trainingsprogramm kam auch ein vorläufiges Verständnis davon, wie sich dieser neue Prozess wahrscheinlich entwickeln würde. Seine Seele hatte eine Reihe von Erfahrungen für ihn vorbereitet, und sein Geist erledigte seine Aufgabe, indem er alles bemerkte und sich entschloss, zur rechten Zeit zu handeln.

Der Mensch wächst gemäß der Breite seiner Intentionen
und schrumpft gemäß der Begrenztheit seiner Intentionen.
Gott fängt einen Menschen an, aber der Mensch muss sich
selbst vollenden.

Rev. Charles H. Parkhurst

Wenn nicht das geschieht, was Sie wollen …

Etwas zu wollen und darüber vorsätzlich mit positiven Emotionen eine Zeit lang nachzudenken bedeutet nicht, dass Sie es auch bekommen; vielleicht ist es für den Plan Ihrer Seele nicht notwendig. Oder es gibt andere Gründe, die etwas mit den darunterliegenden Prinzipien von Frequenzen zu tun haben, die das vorgestellte Ergebnis verhindern. Mark ist ein junger, sehr motivierter Managementberater, der sich seit Jahren auf dem Weg zu dem Ziel befand, eine neue Art von Businessexperte zu werden. Unlängst arbeitete er mit einem Team von Beratern und verbrachte viel Zeit mit der Beurteilung eines großen Unternehmens und dem Vorschlag für einen neuen Organisationsplan. Er war sich sicher, dass er diesen Auftrag bekäme, aber in letzter Minute sagte die Gesellschaft Nein, trotz der Tatsache, dass sie das mehr Geld kosten würde, als Marks Team anzuheuern. Er konnte nicht verstehen, warum dieser Vertrag sich nicht realisiert hatte, weil es doch so offensichtlich vorherbestimmt schien.

Als wir darüber sprachen, erkannte er, dass sein hohes Maß an Enthusiasmus und intuitivem Verständnis davon, was das Unternehmen brauchte, aus seiner eigenen, ziemlich hoch entwickelten persönlichen Schwingung stammte. Er war daran gewöhnt, im gegenwärtigen Augenblick zu leben, und nahm daher an, dass Fortschritt schnell passieren könnte. Er vergaß, den ziemlich altmodischen Stil der Geschäftsführung und einige Direktoren mit einzubeziehen, die äußerst risikoscheu waren. Die persönliche Schwingung des Unternehmens war niedriger als seine eigene, und das führte dazu, dass die Geschäftsleitung sich aus Angst davor sperrte, dass sie ihrer Einschätzung nach von zu viel Arbeit in zu kurzer Zeit überfordert sein würde. Der Frequenzunterschied in ihren Realitäten führte dazu, dass die Gesellschaft das »Mögliche« vollkommen anders sah als Mark. Es war beinahe so, als wenn sie in zwei völlig verschiedenen Welten lebten, und Mark schien ihnen voraus zu sein, schien in ihrer Zukunft zu leben. Ich spürte, dass Mark den Auftrag in etwa vier Monaten bekommen würde – nach angemessener Zeit für den niederfrequenten Gedankenprozess der Direktoren des Unternehmens. Wären sie imstande gewesen, Mark gegenüber offen zu sein, ihm zu vertrauen und von ihm zu lernen, hätte der Übergang leicht in einer kürzeren Zeitspanne geschehen können, die zu Marks Realität der Wahrnehmung passte, und die Lösung wäre elegant gewesen und nicht so holprig.

Es gibt noch andere Gründe dafür, dass etwas, das Sie möchten, sich in Ihrem Leben nicht verwirklicht. Vielleicht wäre es nicht die beste Lösung gewesen, oder die Seele weiß etwas über die Zukunft des Weges, zu dem Sie sich jetzt gerade hingezogen fühlen, das Ihr Wachstum negativ beeinflussen würde. Ich hatte Freunde, die sich zu New Orleans hingezogen fühlten und die dort ihren Lebensabend verbringen wollten. Sie sammelten Informationen, studierten die Immobilienpreise, fuhren häufig zu Besuch dorthin, und gerade, als sie ihren Plan umsetzen wollten, verkündete ihr Sohn, dass er auf seinem großen Grundstück in der Nähe von Boulder, Colorado, ein Gästehaus für sie bauen würde, mit einem wunderschönen Blick auf die Felsformation der Flatirons. In letzter Minute sagten sie ab und beschlossen, einige Jahre mit ihrer Familie zu verbringen und erst danach nach Louisiana zu ziehen. Kurz nach ihrem Umzug nach Colorado traf der Hurrikan Katrina New Orleans, und so blieb ihnen viel Zerstörung und Verlust erspart.

Vielleicht benutzen Sie Ihre Willenskraft zu sehr bei dem »Versuch«, etwas zu verwirklichen, oder Sie benutzen die Energie Ihrer eigenen Lebenskraft, um den Prozess der Verwirklichung zu entfachen und zu kontrollieren. Etwas zu erzwingen ist ein Zeichen dafür, dass Sie nicht in Harmonie mit dem Fluss sind und dass Ihnen einige entscheidende Informationen fehlen. Die Idee, man könne einem Projekt seine eigene Energie verleihen, stammt von Unternehmern, als wäre es ein Risikokapital, von dem man hofft, es später mit

Gewinn zurückzubekommen. Die Frau, von der ich in Kapitel 6 sprach, die ein grünes Immobilienprojekt entwickelte, hat das in gewissem Maße getan, weil sie einerseits so kompetent und großzügig war und andererseits so stark an der Vision festhielt, als wäre das Projekt *ein lebendiger Teil von ihr*, und sie wollte, dass alles auf eine gewisse heilige Art zusammenkommt. Sie ging über sich hinaus, bot sich an und erlebte einige interessante Auswirkungen, weil sie es nicht zuließ, dass sich das Ergebnis aus der universalen Energie heraus gestaltete.

Die anderen Partner erlebten sie unterschwellig und energetisch als »zu besitzergreifend« in Bezug auf das Projekt, und sie kämpften dann unbewusst um Positionen und Macht, um sie auszubooten. Tatsächlich versuchte sich der Prozess selbst zu korrigieren, sodass das Projekt eine angemessene gemeinsame Schöpfung aus der sich entwickelnden, lebendigen Vision gleichberechtigter Partner sein würde. Ich habe das häufig auch bei Beziehungen beobachtet, aber das gilt auch für Prozesse von Verwirklichung: Wenn Sie drei Schritte auf jemanden zu machen, und der Betreffende macht nur einen auf Sie zu, werden Ihnen zwei Schritte verweigert, sodass der Gesamtbetrag der Energie, der in die Beziehung fließt, gleichbleibt. Wenn Sie während einer Materialisierung versuchen, ein Endresultat mit Ihrer Willenskraft oder irgendeiner Art von kontrollierender Energie zu erzwingen, wird das Feld Sie in dem Maße zum Stillstand bringen, in dem Sie es wie ein Konto überzogen haben, bis sich das Muster so weit ändern kann, dass es wieder ohne Gewalt fließen kann. Dann kommt es ganz natürlich zum nächsten Schritt.

Du bist genau so groß wie das, was du liebst, und genau so klein wie das, von dem du dich ärgern lässt.

Robert Anton Wilson

Sie können eine Verwirklichung auf mehrere Arten stören

Ein anderer Grund dafür, warum sich etwas nicht verwirklicht, liegt darin, dass Sie von einer negativen Emotion wie Angst oder Habgier motiviert sind. Vielleicht beten Sie für etwas, weil Sie Angst vor der Alternative haben. »Ich muss mehr Klienten bekommen, damit ich die Zwangsversteigerung meines Hauses vermeiden kann.« »Ich möchte eine Beziehung, damit ich nicht allein sein und Angst haben muss.« Sie richten Ihre stärkste Aufmerksamkeit auf die gefürchtete Vorstellung und nicht auf das, was Sie möchten. Deshalb wird sich die befürchtete Option verwirklichen. Sie mögen vorübergehend genug Kraft sammeln, sich durchzukämpfen und Klienten oder eine Beziehung zu finden, aber die Realität, vor der Sie Angst haben, ist immer noch da und wird sich wieder zeigen. Zugrunde liegt hier eine Sabotage: Indem Sie »versuchen«, etwas zu vermeiden oder eine Realität zu haben, bleiben Sie in der Trennung, im Ego und in Ihrer Willenskraft stecken. Dazu kommt die Tatsache, dass Sie zu Sorgen und Zweifeln neigen, wenn Sie sich in diesem verwundbaren Zustand befinden. Beides wirkt wie ein Kurzschluss in dem Strom Ihrer Aufmerksamkeit auf die Idee der Verwirklichung hin, und damit wird das Ergebnis erfolgreich blockiert.

Manchmal zeigt sich das, was Sie wollen, deswegen nicht, weil Ihr Körper es nicht als etwas Reales spüren kann oder weil das Ergebnis nicht zu einem Gefühl tiefer Zufriedenheit bei Ihnen führen würde. Geld zu manifestieren kann manchmal eine Herausforderung sein, weil es für den Körper ein wenig abstrakt ist, da Geld häufig nur Zahlen auf Papier sind und als körperliche Erfahrung nicht besonders Spaß macht oder stimuliert. Außerdem ist physisches Geld oft schmutzig und hat einen schlechten Geruch. Körper neigen dazu, Dinge schnell zu verwirklichen, wenn sie an ihnen *interessiert* sind. Beths Gartenverschönerung ist ein gutes Beispiel dafür, dass ein unmotivierter Körper ein Resultat blockiert. Ihr Körper mochte es nicht, wie sich seinem Empfinden nach das Ergebnis anfühlen würde. Der Stil des Gartengestalters hatte eine andere Frequenz als Beth, und ihr Körper verkrampfte sich bei der Vorstellung, mit etwas leben zu müssen, das nicht nährend war. Dieses Prinzip lässt sich auch auf den Lernprozess anwenden. Wenn Informationen in einem rein mentalen Kontext und in einer Fachsprache angeboten werden, können sie einfach an Ihnen vorbeisausen. Wenn Ihnen aber sinnliche Beispiele gegeben werden, eine Analogie oder etwas, das Ihr Körper sich vorstellen und erfahren kann, dann ergeben die Ideen einen Sinn, und häufig entstehen spontan viele Assoziationen und Querverbindungen. Ohne dass der Körper die »Realität« einer Ideenkette erlebt, ist der Kreis von Bedeutung und Verwirklichung nicht wirklich vollendet.

Schließlich können Sie auch deswegen nicht bekommen, was Sie wollen, weil Sie das Gefühl haben, dazu nicht berechtigt zu sein, oder weil Sie die Veränderungen, die das mit sich bringen würde, nicht wirklich möchten. Das kann an einer frühen emotionalen Verletzung liegen, an einem karmischen Armutsgelübde oder einfach daran, dass Sie sich nicht weit genug ausdehnen können. Wenn Sie an ein bestimmtes Einkommensniveau gewöhnt sind und an den Komfort, den Sie sich damit leisten können, oder wenn Sie zufrieden damit sind, wie Ihr Geschäft läuft, dann brauchen Sie vielleicht einfach nicht mehr – mehr würde Ihr Leben nur komplizierter machen. Oder Ihre Vorstellungskraft kann mit den Jahren etwas verkalkt sein, und wenn Sie sie nicht genügend geübt haben, können Sie sich vielleicht nichts Größeres oder Komplexeres erträumen, es sei denn, Sie arbeiten daran, sie wieder in Gang zu bringen. Zur Erweiterung des Traumes von dem, was Sie erschaffen möchten, gehört auch, sich das zu erträumen, was zur Verwirklichung notwendig ist, um die höhere Energie, das höhere Aktivitätsniveau, das neue Wissen, den physischen Raum und das neue Gefühl Ihrer selbst aushalten zu können. Wenn Sie glauben, dass Sie ein erweitertes Leben überwältigen würde, dann blockieren Sie es auf jeden Fall.

Den Verwirklichungsprozess beschleunigen oder verzögern

SIE BESCHLEUNIGEN VERWIRKLICHUNG, WENN:	SIE VERZÖGERN VERWIRKLICHUNG, WENN:
• Sie eine Idee bemerken und Aufmerksamkeit auf sie verwenden. • Ihr Körper die Idee als real und normal erfährt. • Sie Ihre hohe Eigenfrequenz durch Ihr persönliches Feld in das einheitliche Feld strahlen. • Sie alle anderen Wesen und Teilchen ehren, die mit Ihnen erschaffen. • Ihre persönliche Schwingung der Frequenz nach zu der Sache, den Leuten, der Situation, dem Ort oder der Erfahrung passt, die Sie suchen. • Sie darauf vertrauen, dass das Ergebnis vollkommen sein wird.	• Sie das, was Sie wollen, als von Ihnen getrennt ansehen. • Sie etwas aus Angst wollen; wenn Sie sich Sorgen machen und zweifeln. • Sie das Ergebnis zu erzwingen suchen oder zu viel von Ihrer eigenen Energie verwenden, um etwas zu verwirklichen. • Sie sich nicht berechtigt fühlen oder es Ihnen an Fantasie mangelt. • das, was Sie wollen, nicht der Absicht Ihrer Seele entspricht oder Ihre Seele eine zukünftige Auswirkung des Ergebnisses kennt, die schädlich für Sie wäre. • Ihr Geist mehr als seinen Teil der Arbeit macht.

Wie sieht Erfolg in einem hochfrequenten Leben aus?

Erfolg im Intuitionszeitalter beginnt hiermit: Wenn Sie Ihre Welt als eine hochfrequente ansehen, führt das dazu, dass Sie selbst auch eine hohe Frequenz haben. Wenn Sie sich selbst mit hoher Frequenz sehen, wird auch Ihre Welt so sein. Vor der Transformation sagen wir schnell, wenn etwas, das wir möchten, sich nicht verwirklicht: »Was stimmt mit mir nicht?« Nach der Transformation sagen wir: »Welchen Teil des Prozesses vergesse ich anzuerkennen?« Im Intuitionszeitalter sind Sie motiviert, Ihrer Bestimmung entsprechend zu leben, und das hilft Ihnen dabei, das zu verwirklichen, was im Einklang mit dem natürlichsten und elegantesten Ausdruck Ihrer Seele ist. Sie sind sich ganz deutlich bewusst, wie Sie auf andere wirken und wie die anderen auf Sie wirken, und Sie arbeiten mitfühlend mit diesem Prinzip zum Wohle aller.

Sie verstehen, dass es keine Grenzen dafür gibt, was bereitgestellt werden kann, dass sich alles verwirklichen kann, und doch wissen Sie auch, dass Sie geschaffen sind, um bestimmte Dinge zu tun, dass Sie bestimmte Lektionen im Leben lernen müssen und dass Sie genau das bekommen werden, was Sie brauchen, zur rechten Zeit und in der richtigen Form. Sie mögen sich dazu hingezogen fühlen, bestimmte Ziele zu erreichen, aber aus Freude daran und nicht, um Ihr Selbstwertgefühl zu stärken. Sie werden feststellen, dass es Spaß macht, Ihren Weg durchs Leben zu tanzen, auf die Wellen des Materialisierens und Entmaterialisierens zu reagieren und auf die geheimnisvollen Verlangen, die in Ihrem Gewahrsein auftauchen, auf die plötzlichen Richtungsänderungen, auf die sich ständig entwickelnde Erfahrung von Verschiedenheit und Tiefe, die in Ihrem Selbst enthalten ist. Wenn Sie keine beschränkte Vorstellung davon haben, was

Sie sind und um was es im Leben gehen kann, sind Sie viel eher in der Lage, sich zu verwandeln – augenblicklich auf alles zu reagieren, was Sie für das Leben werden müssen.

Alle physischen Wesen kommunizieren aus ihrem Inneren heraus in Form von Emotionen. Wenn deine Emotionen also positiv sind, kannst du wissen, dass du dich in Harmonie mit deinen inneren Absichten befindest.

Abraham und Esther Hicks

Sie befassen sich mit dem, was kommt. Ein Gedanke zur Schaffung eines Ereignisses mag sich Ihnen präsentieren, oder jemand mag anrufen und Sie einladen, eine bestimmte Arbeit zu tun. Es spielt keine Rolle, ob die Quelle innen oder außen liegt. Alle Ideen kommen von der Seele, von Uns. Sie verstehen das *Gesetz der Korrelation*, das besagt, dass das Innere und das Äußere nicht getrennt sind und dass deswegen, wenn Ihnen ein Gedanke kommt, dieser sofort oder sehr bald auch als Ereignis in Ihrer Welt auftaucht. Und umgekehrt, wenn ein für Sie dramatisches Ereignis stattfindet, dann wissen Sie, dass Sie einen entsprechenden Gedanken hatten, der dieses Ereignis in Ihr Gewahrsam brachte. Indem Sie das Innere und Äußere miteinander verbinden, werden Sie Geschicklichkeit darin erlangen, »Ihre Realität zu lesen«, und Anzeichen dafür finden, was in Ihnen vor sich geht, und Sie achten darauf, wie das, was Sie denken, Ihre Wirklichkeit erzeugt. Alles dient Ihrer Bildung.

Je mehr Sie Ihre Seele verkörpern, umso unmittelbarer verwirklicht sich etwas. Wenn Sie Hilfe brauchen, taucht ein Experte auf. Sie lernen das synchron mit allem Verwobensein zu lieben, dass das Leben funktioniert, wenn Sie nicht mit festgelegten Gedanken im Weg stehen. Sie fasziniert die

Verbesserung der Kunst, im Augenblick zu leben und die Verantwortung für die Richtung Ihres Leben mit dem kollektiven Bewusstsein zu teilen, das aus jedem Lichtteilchen aufsteigt, in jedem Moment.

Überleben des Stärkeren? Der Zweck heiligt die Mittel?

Vergleichen Sie das jetzt einmal mit unseren gegenwärtigen Vorstellungen von Erfolg: Überleben des Stärkeren. Die mit den meisten Spielzeugen gewinnen. Das Ziel rechtfertigt die Mittel. Bei diesen alten Vorstellungen geht es um Macht über das Leben und nicht um eine Einheit mit dem Leben. Um einen »Vorteil« zu bekommen, glauben wir, müssen wir besser als die anderen sein, und es ist geradezu eine Mode geworden, ein Experte für Sarkasmus und Entwertung zu sein, andere auf clevere und gemeine Weise anzugreifen. Der selbstgerechte Ausdruck des Egos wird wie eine Waffe projiziert, Dreistigkeit siegt über Weisheit. Die Leute sind ungeduldig und haben das Gefühl, sie müssten sich das, was ihnen zusteht, nehmen, anstatt es zuzulassen, dass das Universum ihnen freizügig durch ihre Eigenfrequenz alles gibt. Sie begreifen nicht, dass es tatsächlich weniger Energie bedarf, mit der Seele zu arbeiten anstatt gegen sie – und niemand braucht einen Vorteil, weil wir alle mit Privilegien geboren wurden, mit gleichem Zugang zu den Frequenzprinzipien.

Mark, der junge Unternehmensbrater, den ich oben erwähnte, erzählte mir von zwei älteren, hochintelligenten Kollegen, die eine hohe Kunst daraus gemacht hatten, ihren Klienten Fangfragen zu stellen, die oberflächlich betrachtet intelligent schienen, tatsächlich aber dazu dienten, die Überlegenheit der Männer zu zeigen und das Selbstwertgefühl der Klienten zu zerstören. Mark bemerkte, dass die Klienten widerspenstig wurden, und er selbst fühlte sich unwohl in dem Raum, wenn so etwas ablief. Er hatte geglaubt, dass die beiden Männer eine hohe Frequenz hätten, weil ihre Energie schnell und aggressiv war. Tatsächlich aber war ihre Frequenz niedrig, denn sie spürten nicht, dass sie in einer wechselseitigen Beziehung mit anderen standen. Sie waren emotional verletzt, und mit ihrer Intelligenz und Aggressivität hielten sie den Schmerz aufrecht, indem sie anderen Schmerz zufügten. Das verhindert einfach nur, dass das Feld elegant funktionieren und vollkommene Resultate verwirklichen kann.

Heutzutage, angesichts vieler Herausforderungen im finanziellen Bereich, sind wir versucht, Partner und Kollegen zu wählen, die materiellen Wohlstand mit Egoismus, Willenskraft und Vorherrschaft errungen haben. Wen kümmert es, wie sie es bekommen haben, nicht wahr? Doch alle, die solche Methoden benutzen, die auf dem alten linearen Modell einer Wahrnehmung aufgrund von Trennung beruhen, haben keine Gefühle, und es ist ihnen egal, wie ihr Handeln andere beeinflusst. Sie alle haben ungesunde Gefühlsgewohnheiten, um die sie sich nie gekümmert haben. Das bedeutet, dass ihre persönliche Schwingung niedrig ist, und egal, wie dynamisch sie scheinen oder wie viel Geld sie mitbringen – in nicht allzu ferner Zukunft wird ihre innere Zeitbombe ihre Resultate sabotieren. Wenn Sie mit solchen Leuten verwoben sind, werden Sie mit deren Schiff untergehen. Das liegt daran, dass Willenskraft und Charme nur eine bestimmte Zeit lang die Dinge antreiben können. Dann tauchen die verborgenen, zugrunde liegenden Missverständnisse auf, um geklärt zu werden, und die Realität passt sich den ungesunden Gefühlsgewohnheiten an. An dem Punkt erfahren solche Menschen Verluste, bis sie ihre Lektionen gelernt haben und Transformation passieren kann. Heutzutage, bei den beschleunigten Frequenzen in der Erde und dem schnellen Klären des kollektiven Unbewussten, ereignen sich solche Zusammenbrüche immer schneller und häufiger.

Wir dürfen jedoch nicht vergessen, dass zwar einige Leute durch das fünfte Stadium des Transformationsprozesses hindurchgehen (die Auflösung alter Formen), dass zugleich aber viele Leute im sechsten Stadium und darüber hinaus klar werden. Die Welt wird nicht untergehen; es gibt ein Gleichgewicht. Sie müssen sich nur dazu entscheiden, in Harmonie mit dem inneren Frieden und der inneren Liebe Ihrer Seele mitzuschwingen, und wenn Sie verwirrt werden, entscheiden Sie sich, es wieder zu tun. Es gibt keinen Grund, Angst zu haben. Durchschauen Sie die oberflächlichen Erscheinungen. Wie sieht diese Person oder diese Gelegenheit im Kern wirklich aus? Gibt es einen großen Unterschied zwischen dem Buch und seinem Einband? Mit was für Leuten möchten Sie Ihre wertvolle Zeit verbringen? Bewerten Sie die Art, wie Menschen etwas erschaffen (die Mittel) genauso wie das, was sie haben (den Zweck). Im Intuitionszeitalter sind Prozesse und Erfahrungen wichtiger als Ergebnisse.

Wichtig ist dies: in jedem Moment fähig zu sein, das, was wir sind, für das zu opfern, was wir werden könnten.

Charles DuBois

Finanzielle Ressourcen im Intuitionszeitalter zu manifestieren wird immer damit beginnen, zu sehen, was für Ihre Seele am meisten interessant und erfreulich ist. Dann lassen Sie sich ganz natürlich vom Standpunkt Ihres Körpers aus motivieren und sehen die *Erfahrung* als etwas, wovon Sie und andere profitieren. Sie lassen Geld herein- und herausfließen als Symbol dafür, wie viel Sie erschaffen wollen oder brauchen, und Sie betrachten Finanzen als Öl, das Ihnen hilft, die Räder Ihres Energieflusses zu schmieren. Es gibt genug Fließen überall, und viele Erfahrungen kann man umsonst haben. Halten Sie Ausschau nach amüsanten Erfahrungen, die Sie gern hätten, und das Geld wird, wenn nötig, aus der Peripherie angezogen, um Ihre Vorwärtsbewegung zu unterstützen. Nicht genug oder zu viel zu haben wird im Intuitionszeitalter als schlechter Dienst an den Seelen erachtet, als Dinge, die wie subtile Interferenzen das einfache Fließen behindern.

Stellen Sie sich vor, wie sich Ihr Leben verändern könnte

Wie also könnte Ihr hochfrequentes Leben – Ihr Schicksal – aussehen? Schauen Sie sich die Umstände Ihres gegenwärtigen Lebens an: Beziehungen, Arbeit, Erholung, Gesundheit, Niveau Ihrer Zufriedenheit und den Fortschritt Ihres spirituellen Wachstums. Stellen Sie sich Ihr Leben als Wellen und Frequenzen von Energie vor. Es gibt Orte, die Sie zu kontrollieren versuchen, Orte, an denen die Bewegung fließend ist oder von selbst angehalten hat, und Orte, an denen die Frequenz von Natur aus hoch oder niedrig und eingeengt ist. Sie werden ungesunde Gefühlsgewohnheiten unter den Orten finden, die sich disharmonisch anfühlen oder die Sie zu kontrollieren versuchen.

Haben Sie einmal die verschiedenen Orte und die Art, wie sie funktionieren, eingeschätzt, dann leiten Sie in jedes Gebiet zusätzliche Energie. Stellen Sie sich vor, Sie würden jedes Gebiet mit einem grenzenlosen Maß an Liebe überfluten, sodass Sie bedingungslose Liebe spüren – geliebt, liebenswürdig und liebend. Sie fühlen sich sicher und entspannt, dann glücklich und neugierig, dann wieder abenteuerlustig und kreativ. Die

Macht der Liebe und Arglosigkeit erfüllt, erweitert und verjüngt die Gebiete, die oben erläutert wurden, und transformiert sie, wie im Folgenden dargestellt. Insbesondere:

- **Achten Sie auf Orte, an denen Sie das Gefühl haben, dass es dort Probleme oder Verkrampfungen gibt,** und wo Sie zu sehr an etwas festhalten, etwas vermeiden oder wo andere Menschen von Ihren Entscheidungen auf restriktive Weise beeinflusst werden.
- **Achten Sie auf Orte, an denen Sie sich langweilen, wo die Dinge alt und abgestumpft aussehen,** wo Sie nur mechanisch funktionieren oder sich ruhelos fühlen. Zu welchen Handlungen zwingen Sie sich noch? Auf welchen Gebieten fühlen Sie sich erschöpft oder ausgelaugt? Wenn Sie diesen Orten mehr Energie zuleiten, werden Sie den Nutzen von dem sehen und empfangen, was Ihnen gegeben wurde. Dann lassen Sie die Situationen sich auflösen. In dem dann entstandenen offenen Raum können Sie sich ausruhen und sich mit Ihrer Seele wieder in Einklang bringen.
- **Achten Sie auf Orte, an dem es einfach fließt,** wo Sie sich auf eine Teilnahme freuen, wo sich die Energie Ihrer Eigenfrequenz bündelt. Wenn Sie diesen Orten Energie zuleiten, dann verstärken sie sich und machen häufig eine Wendung oder springen über eine Oktave in einen noch besseren Ausdruck der Seele.
- **Achten Sie auf Orte, an denen Sie vorwärts in das Unbekannte treten wollen,** über Ihre Komfortzone hinausgehen oder Ihre nächste mutige Tat vollbringen. Wenn diese Gebiete mehr Energie empfangen, löst sich Ihr Zögern auf, und es ist leicht und aufregend, sich in eine talentiertere und kompetentere Person zu erweitern. Sie bekommen einen Sinn für die Realität der neuen Richtung.

Wenn Sie sich die Zeit nehmen und in jedes einzelne Gebiet gehen, werden Sie sehen, wie Sie von unbegrenzter Liebe beeinflusst sind. Dann nehmen Sie alle diese Einsichten zusammen, und Sie werden einen Eindruck davon bekommen, was Ihr Schicksal und Ihr hochfrequentes Leben sein könnte.

Praktische Übung
Konzentrieren Sie sich auf Ihr hochfrequentes Leben

Entspannen Sie sich, und lassen Sie sich von Ihrer Seele mithilfe Ihrer Fantasie einige Eindrücke darüber vermitteln, was als Antwort auf Folgendes möglich ist:

- Welche drei überraschenden Richtungen könnte Ihr Leben nehmen?
- Welche drei überraschenden Glücksfälle könnten Ihnen widerfahren?
- Mit welchen drei überraschenden Orten könnten Sie verbunden sein?
- Welche drei überraschenden Wohltäter könnten Ihnen großzügig beistehen?
- Welche drei mutigen Handlungen könnten Sie als Nächstes ausführen, auf die Sie stolz sein würden?

Kurz zusammengefasst ...
Wenn Sie Energie und Ihre persönliche Schwingung benutzen, um Dinge in Ihrem Leben zu materialisieren und zu entmaterialisieren, dann verwenden Sie auf Einheit basierende holografische Modelle und nicht auf Trennung beruhende lineare Modelle, denn das macht den Prozess schneller und genauer. Ideen verwirklichen sich nicht, weil Sie sich anzie-

hen, sondern weil Sie sie schon innerhalb Ihres Feldes bemerkt haben und Aufmerksamkeit auf sie verwenden, bis sie für Ihren Körper real und normal geworden sind. Die Seele ist verantwortlich für die erste Ebene der Verwirklichung Ihrer wichtigen Lebenslektionen und Lebensumstände, und Ihre Gefühle und Ihr Geist spielen nur eine sekundäre Rolle und blockieren oder unterstützen die Seele. Sie können sich mit Absicht auf Dinge konzentrieren, die Sie erschaffen wollen, und sie werden sich verwirklichen, wenn sie dem Zweck der Seele dienen. Es gibt eine ganze Reihe auf der Frequenz beruhender Gründe, warum Dinge sich nicht manifestieren, wenn Sie es wollen, wenn Sie zum Beispiel zu viel Willenskraft aufwenden, wenn Sie das Resultat in Ihrem Körper als nicht real empfinden oder wenn Ihre Seele etwas über die zukünftigen negativen Auswirkungen des Resultats weiß, die nicht Ihrer Absicht entsprechen.

Sie erschaffen nicht allein, sondern als Funktion der Zusammenarbeit von Teilchen, Wellen und anderen Seelen. Glück ist ein Zustand des Gewahrseins, in dem Sie der Seele vertrauen, dem Augenblick, der Vollkommenheit des Weges, auf dem Ihre Bedürfnisse befriedigt werden, und dem Zeitpunkt der Ereignisse. Im Intuitionszeitalter müssen wir Erfolg als mehr ansehen als nur materiellen Reichtum und Überlegenheit über andere. Wir müssen aufpassen, wen wir uns als Partner aussuchen, weil in den Menschen, die Erfolg mit Methoden hatten, die auf dem Glauben an Trennung beruhten, verborgene Zeitbomben ticken, die leicht explodieren und schnell zu Verlusten führen können. Ihr Schicksal ist Ihr hochfrequentes Leben, und Sie können dabei helfen, es zu verwirklichen, indem Sie ungesunde Gefühlsgewohnheiten klären und sich für das entscheiden, was sich für Sie entscheidet, und sich intensiv mit dem beschäftigen, was Sie bereits haben.

Die Botschaft der Eigenfrequenz

Wie ich im Kapitel *An die Leserinnen und Leser* erklärte, habe ich diese inspirierten Textbotschaften am Ende eines jeden Kapitels hinzugefügt, damit Sie von Ihrem normalen, schnell lesenden Geist umwechseln können zu einer tieferen Art unmittelbarer Erfahrung. Mithilfe dieser Botschaften können Sie Ihre persönliche Schwingung willentlich verändern.

Die folgende Botschaft ist dazu gedacht, Sie in eine Art von Welterkenntnis zu befördern, die dem sehr nahe kommt, wie Sie das Leben im Intuitionszeitalter erleben werden. Um in die *Botschaft der Eigenfrequenz* hineinzukommen, schalten Sie einfach herunter auf eine langsame, weniger gehetzte Geschwindigkeit. Atmen Sie langsam und tief ein, dann aus, und seien Sie so ruhig und still wie möglich. Lassen Sie Ihren Geist weich und empfänglich sein. Öffnen Sie Ihre Intuition, und bereiten Sie sich darauf vor, sich in die Sprache *einzufühlen*. Achten Sie darauf, ob Sie die tieferen Wirklichkeiten und Gefühlszustände erfahren, die lebendig werden, *während Sie lesen*.

Ihre Erfahrung kann eine umso größere Dimension annehmen, je mehr Sie Ihre ganze Aufmerksamkeit auf die Worte richten. Konzentrieren Sie sich jeweils nur auf einige Worte zugleich, machen Sie eine Pause bei den Satzzeichen, und verweilen Sie bei der Intelligenz, die diese Botschaft verkündet, live im Hier und Jetzt – für Sie. Sie können die Worte laut aussprechen oder die Augen schließen und jemand anderen laut vorlesen lassen. Achten Sie darauf, welche Wirkung die Worte auf Sie haben.

Verstärken Sie Ihre Arglosigkeit

Arglosigkeit ist eine der am wenigsten verstandenen Eigenschaften und Kräfte Ihrer Seele. Keineswegs bedeutet sie Leere, Hilflosigkeit oder Passivität, sondern sie ist eine mächtige, vereinheitlichende und aktivierende Kraft. Wie die Berührung des Midas bewirkt Arglosigkeit Weisheit und die Erfahrung von Vertrauen, Überfluss und vollendeter Versorgung überall da, wohin sie durchdringt. Deswegen sollten Sie Ihre Arglosigkeit verstärken, um Ihr bestes Leben zu erschaffen.

Schauen Sie einem Baby in die Augen: Da ist das von Schatten ungedämpfte Licht der Seele, eine Offenheit ohne die Belastung durch Wachsamkeit. In diesem Glanz: Verfügbarkeit, Bereitschaft, mitzumachen und zu spielen. In dem Blick des Babys: eine Arglosigkeit, die Sie, wenn Sie sich in sie als einen gemeinsamen Raum hineinbegeben, zurückbringt zu uralter Weisheit. Reisen Sie in diesen Raum, aus dem der Blick des Babys stammt. Spüren Sie, was dieses Licht-das-die-Verbindung-liebt motiviert, fühlen Sie sich wieder ganz arglos. Wenn Sie das tun, erhöht sich Ihre Frequenz.

In Arglosigkeit sind Sie zu allem bereit, heißen Sie jeden willkommen, vertrauen Sie bedingungslos. Sie halten sich nicht zurück, sondern reagieren spontan und reagieren wieder, denn das Leben ist immer wieder neu. Was immer Sie bemerken, ist ein Geschenk; es gehört Ihnen. Wenn Sie es nicht mehr bemerken, bemerken Sie etwas anderes. Eine Realität verblasst, während eine andere auftaucht. Verlust gibt es nicht. Die Dinge kommen, auf magische Weise. Stellen Sie sich vor, wie es sich anfühlt, wenn Sie Ihre Arglosigkeit verdoppeln oder vervierfachen. In dieser Intensität strahlen Sie umso mehr, denn jetzt wissen Sie, dass Sie das

Beste erwarten können, das sich um Sie kümmert. Sie sind begeistert von der Überraschung des Geschenks und von der großzügigen Freude darüber, dass Ihre Bedürfnisse gestillt werden und dass dieses Geschenk bei Ihnen bleibt.

Stellen Sie sich vor, Sie würden Ihre Arglosigkeit noch weiter steigern. Sie spüren, dass sich viele Konzepte auflösen wie Maßstäbe, Bedürfnisse und sogar das Selbstwertgefühl. Jetzt gibt es da nur noch Interesse, nur noch Wohlgefallen. Hier werden Sie und die Erde zu Spielgefährten, Sie teilen dieselbe Energie und lieben einander wie Geschwister. Das Leben geht in Ihnen beiden weiter, unbegrenzt und vollkommen. Sie sind Kaleidoskope mit Lichtgeschwindigkeit; Millionen von Ideen, Formen und Erfahrungen materialisieren und entmaterialisieren sich durch Sie, und mit jedem kreativen Zyklus wachsen Ihr Bewusstsein und Ihre Unterhaltung.

Möchten Sie etwas verwirklichen? Dann seien Sie zunächst wie ein Säugling und besänftigen Sie Ihre Augen, Ihren Geist, Ihr Herz und Ihren Körper. Strahlen Sie nach außen! Lächeln Sie und versüßen Sie Ihre Wahrnehmung mit einer Arglosigkeit nach dem Motto: Ich bin bereit, mich amüsieren zu lassen. Denken Sie an Ihren Wunsch nach einer neuen Erfahrung, und erwarten Sie in Ihrer zeitlosen Arglosigkeit eine vollendete Form, die Sie überrascht und Ihnen Freude bereitet. Sie und die Erde, gemeinsam in verstärkter Arglosigkeit, in Erwartung der Erschaffung einer Welle, die in jedem Moment kommen und Sie kitzeln kann ... Hier ist sie! Und jetzt? Das Ganze noch einmal?

10
Beschleunigung zur Transformation

Die »Elegien« zeigen uns an diesem Werke, am Werke dieser fortwährenden Umsetzungen des geliebten Sichtbaren und Greifbaren in die unsichtbare Schwingung und Erregtheit unserer Natur, die neue Schwingungszahlen einführt in die Schwingungssphären des Universums. Da die verschiedenen Stoffe im Weltall nur verschiedene Schwingungsexponenten sind, so bereiten wir in dieser Weise nicht nur Intensitäten geistiger Art vor, sondern, wer weiß, neue Körper, Metalle, Sternnebel und Gestirne.

Rainer Maria Rilke[17]

Wenn Sie die letzten Phasen des Transformationsprozesses erreichen, sind Sie durch das Nadelöhr gegangen, und es dämmert Ihnen, wie weit Sie gekommen sind. Es ist wirklich fantastisch. Sie sind von dem Gedanken, dass Sie selbst nur ein solider Körper mit Gedanken und Emotionen sind, dazu übergegangen, sich als eine Serie von sich durchdringenden Feldern von Gewahrsein zu erfahren, die alle in Oktaven derselben Eigenfrequenz schwingen, und das ist der Ton Ihrer

17 Aus einem Brief an Witold von Hulewicz vom 13.11.1925.

Seele. Sie haben gelernt, sich nicht mehr mit einer verletzten, sich selbst aufopfernden Person zu identifizieren und Blockaden in Ihren emotionalen und mentalen Bereichen aufzulösen. Indem Sie Ihre Schatten auflösen und die Energiewellen, die auf Sie zukommen und durch Sie hindurchfließen, nicht mehr aufhalten, haben Sie damit begonnen, Ihr Ich zu entdecken, das Sie im Inneren schon immer waren, das Ich, das aus diamantenem Licht und Liebe besteht.

Je durchscheinender Sie werden, umso ungehinderter bringt sich Ihre Seele durch Sie zum Ausdruck und erschafft Ihr Schicksal ohne Verzerrungen. Probleme lösen sich auf und werden zu einfachen Veränderungen von Gedanken und Richtungen. Jetzt sind Sie daran gewöhnt, dass Ihre Gedanken und Gefühle die Formen Ihrer Welt unmittelbar beeinflussen, und Sie wissen, auf was Sie Ihre Aufmerksamkeit lenken und was Sie ignorieren müssen, um Ihrer Seele dabei zu helfen, Ihre Wirklichkeit zu gestalten. Was einmal schwierig war, ist jetzt interessant und unterhaltsam. Da Sie es jetzt zulassen, ohne Einschränkungen zu empfangen und zu geben und auf die Überraschungen des Lebens mit einem offenen Herzen zu reagieren, ist Ihre Identität weniger fixiert und fließender. Sie erleben eine größere Vielfalt von Möglichkeiten und fühlen sich weiter und frei, neue Träume zu träumen.

Es erscheint Ihnen als Tatsache, dass wir in einem gegenwärtigen Augenblick leben, der sich erweitern und verengen lässt, und dass alle Wesen, Formen und Felder bewusst, mitfühlend und kooperativ sind. Die Goldene Regel – »Behandele andere, wie du selbst behandelt werden willst oder wie das Göttliche uns alle behandelt« – erscheint so *offensichtlich logisch! Sie sind* jetzt empfindsam genug, um zu verstehen, dass selbst subtile Gedanken den inspirierten Lebensfluss beeinträchtigen können, und Sie können sich gar nicht mehr vorstellen, selbst einen noch so kleinen Schaden anzurichten. Vielleicht haben Sie das nie für möglich gehalten, aber Sie kommen dem Punkt der Selbstverwirklichung oder der Erleuchtung immer näher. Ja, wenn Sie wissen, wie ekstatisch Sie sich fühlen können, indem Sie einfach nur in Ihrer Eigenfrequenz ruhen, wenn Sie sich daran freuen, einfach nur zu sein, dann sind Sie tatsächlich schon ganz nahe.

Der Weg nach oben ist der Weg nach unten. Der Weg nach vorn ist der Weg zurück. Das innere Universum ist außen, aber das äußere Universum ist innen.

Robert Anton Wilson

Spirituelles Wachstum entfaltet sich in gestaffelten Wellen

Trotzdem sind Sie in einem Prozess, der Zeit braucht. Sie haben Durchbrüche, kristallklare Momente und tiefe Erfahrungen von Liebe, aber binnen kürzester Zeit können Sie sich wieder in der kollektiven Verwirrung verlieren. Dann erinnern Sie sich, was wirklich ist und welche Gefühle Sie bevorzugen, und dann zentrieren Sie sich wieder in Ihrer Wahrheit. Solange Sie in einem Körper leben, werden Sie so hin und her schwingen, aber es wird einfacher werden, zu Ihrer Eigenfrequenz zurückzukehren, und als Ihre Seele zu leben wird Ihnen zur zweiten Natur.

Es gibt sehr viel Mitgefühl in dem Evolutionsprozess: Indem Sie einen Schritt auf den Transformationsprozess hin machen und dann einen weiteren, werden selbst die schwierigsten Aufgaben leichter. Es stimmt, was Paulo Coelho in *Der Alchimist* sagt. Wenn jemand wirklich versucht, seiner Bestimmung entsprechend zu leben –, wenn er mit dieser Intention um etwas bittet –, »wird sich dass ganze Universum verbünden, ihm zu helfen, das zu erreichen«. Während alles, was Sie wissen, so aussehen mag, als würde es sich von der Abschussgeschwindigkeit Ihres hochschießenden Lebens lösen, senden in Ihrem Inneren die gelockerten Teilchen still ein diamantenes Licht aus, das sanft durch Sie hindurchweht, hinaus in den Raum, und Sie mit der Weisheit Ihrer Seele stabilisiert und sättigt. Im Inneren sind Sie weicher und weniger verkrampft. Etwas in Ihnen wärmt Sie, öffnet Sie und wird geräumig.

Der Transformationsprozess geschieht nicht für alle zur gleichen Zeit. Er entfaltet sich in aufeinanderfolgenden Wellen und Wogen. Einige Leute werden als Erste klar. Sie sind nicht besser als andere – sie haben sich einfach bereit erklärt voranzugehen. Diese Leute beeinflussen die anderen und ermöglichen durch ihr eigenes Beispiel eine größere Klarheit. Wenn die zweite Gruppe durch den Prozess hindurchgeht, zieht sie einen anderen Ring von Leuten an, und die einen weiteren. Es liegt Wahrheit in der Aussage »Die Ersten werden die Letzten sein, und die Letzten die Ersten«, denn wenn wir klar werden, entdecken wir, dass wir uns alle *gemeinsam* mit dem Göttlichen vereinen, weil wir ein kollektives Bewusstsein sind. Das bedeutet, wenn Sie die Freiheit finden, entscheiden Sie sich ganz natürlich dazu, den anderen zu helfen, die noch festsitzen und verwirrt sind. Die Seele hat keinen anderen Wunsch, als eine unbegrenzte Anzahl von furchtlosen, fröhlichen Spielgefährten auf ihrer Reise nach Hause zu haben.

Es ist nicht unsere Aufgabe, die ganze Welt auf einmal in Ordnung zu bringen, sondern uns auszudehnen und den Teil der Welt auszubessern, der in unserer Reichweite liegt. Jede kleine, ruhige Sache, die eine Seele tun kann, um einer anderen Seele zu helfen, um einem Teil dieser armen, leidenden Welt beizustehen, ist eine gewaltige Hilfe. Es ist uns nicht gegeben, zu wissen, durch welche Handlungen und durch wen die kritische Masse erzeugt wird, um in etwas dauerhaft Gutes umzuschlagen.

Clarissa Pinkola Estés

Ich glaube, wir werden eine Zeit erleben, wenn viele der alten Strukturen zusammenbrechen – *Peng! Peng! Peng!* –, eine unmittelbar nach der anderen, und Millionen von Leuten werden gemeinsam in die Periode des Loslassens und »einfach nur Daseins« gelangen. Gleichzeitig wird es eine zunehmende Anzahl von erleuchteten Menschen geben, deren Leben stabil ist und deren Kreativität offen und aktiv ist. Die kritische Masse dieser bewusst beseelten Menschen wird die Kraft haben, die Selbstverwirklichung einer großen Anzahl der anderen zu ermöglichen. Mitten in der Auflösung des Veralteten werden wunderbare Erneuerungen und Entwicklungen auftauchen, sie werden wie Setzlinge durch die Risse in den Trümmern wachsen. Es verspricht, dramatisch und aufregend zu werden, aber in der Zwischenzeit, zurück hier in diesem augenblicklichen Moment, ist Klärung nicht so erhaben und prächtig; wir müssen einfach nur gegenwärtig bleiben, weitergehen und uns weiterhin für das Gefühl der Eigenfrequenz der Realität der Seele entscheiden und die unerschütterliche Gewohnheit entwickeln, im Einklang mit dem liebevollen Prozess der Evolution zu bleiben.

Es ist in Ordnung, heiter zu sein und über all das zu lachen

Neulich sprach ich mit Liv, einer Sozialarbeiterin, über die Negativität und Angst, die so viele Menschen fühlen. Sie erzählte, dass die Menschen, die mit ihr arbeiten, den jeweils neuesten schrecklichen Sturm als Ausrede benutzten, um ihre Panikgefühle und ihre Opferrolle auszuagieren. Als jemand, die täglich mit realen Schmerzen und Leiden zu tun hat, hatte sie das Gefühl, dass etwas mit ihr nicht stimmte, denn sie wollte eigentlich nur lachen. Jede rührselige Geschichte amüsierte sie, und sie schämte sich wegen ihrer »perversen« Reaktion. Sie musste sich in ihr Büro zurückziehen, um sicherzustellen, dass sie niemanden beleidigt. Ich hatte etwas Ähnliches erlebt – je schlimmer die Nachrichten, umso fröhlicher wurde ich. Mein Leben fühlte sich leicht an, während andere wochenlang wie gelähmt waren von der Grippe, gezwungen waren umzuziehen oder ihren Arbeitsplatz zu wechseln oder durch eine schwierige Scheidung gingen. Wie ist das möglich? Wie können wir uns klarer und glücklicher fühlen, während die Welt gerade in den dichtesten und hoffnungslosesten Teil des Transformationsprozesses kam? Sind wir kaltschnäuzig und gefühllos oder einfach nur verrückt?

In der jüngsten Vergangenheit sind solche Gefühle nicht ungewöhnlich bei Menschen, die schon eine ganze Weile auf dem spirituellen Weg sind und mit Transformation arbeiten. Heiter sein bedeutet nicht, dass Mitgefühl verschwindet. Im Gegenteil, es verstärkt sich dramatisch. Das bedeutet, dass Sie die große Bedeutung der Auflösung negativer Gedanken kennen, und da Sie Ihre Seele verkörpern, ist es viel einfacher, zu sehen, wenn andere Leute sich allzu wichtig nehmen und sich in den Dramen des Egos und im Opferbewusstsein verfangen. Die beiden Realitäten – Klarheit und Verwirrung – werden klarer unterscheidbar, wenn die Kluft zwischen ihnen größer wird. Sie können den Schmerz der anderen sehen und spüren, und Sie können auch sehen, dass ihr Geist diesen Schmerz als bedeutungsvoll oder etwas Besonderes ansieht, anstatt sich mit ihrer schönen Seele zu identifizieren. Manchmal, wenn Sie es aus genau der richtigen Perspektive betrachten, erscheint das ganze menschliche Drama im Vergleich zur wahren Reichweite der Seele geradezu lächerlich, wie ein kosmischer Scherz. Vielleicht lassen wir auf diese Weise die Spannung los, die daher rührt, dass wir unsere menschliche Reise seit langer Zeit als etwas so Schreckliches definiert haben, und jetzt kehren wir wieder zur Einfachheit des Daseins zurück.

Wenn Sie Momente aufrichtigen Lachens finden (nicht über das Leben, sondern mit ihm), dann ist es durchaus gut, einen Nutzen daraus zu ziehen und zu den Leuten in Ihrer Umgebung hinauszustrahlen. Es ist ganz bestimmt förderlich, in der Wahrheit zu bleiben und andere zu Ihnen dorthin einzuladen. Sie brauchen sich nicht länger schuldig dafür zu fühlen, dass Sie sich klar und gut fühlen. Sie müssen sich nicht vor Leuten zurückziehen, die leiden, egal, wie verheerend und grausam es aussieht. Die größten Geschenke, die Sie den Leidenden machen können, sind Ihr offenes Herz, Ihre freundliche Aufmerksamkeit und Ihr wahres Wissen darum, wie man Realitäten verändern kann.

Was ist denn eigentlich Erleuchtung?

Wenn man sich die Welt anschaut, so voller negativer Emotionen und niedriger Schwingungen, kann man sich kaum vorstellen, dass wir uns einem Zustand erleuchteten Gewahrseins nähern. Wenn Sie zurückgefallen sind in Frustration, Gereiztheit, Erschöpfung oder Depression – oder wenn Ihr Augenmerk hauptsächlich auf Familie, Gesundheit und Karriere gerichtet ist –, dann kann das ganze Konzept der Selbstverwirklichung oder Erleuchtung lächerlich erscheinen, »da draußen« oder in ferner Zukunft. Es mag das Letzte sein, an das Sie denken, aber ich versichere Ihnen, es ist das Erste, um das sich Ihr Herz und Ihre Seele kümmern. Wenn Ihre Abwehr geschwächt ist, weil Sie sich überanstrengt haben oder Ihr Geist keine Kontrolle mehr hat, wechseln Sie möglicherweise auf die nächste Ebene des Selbst über: zu einem Zustand durchscheinenden Gewahrseins, in dem nichts den Ausdruck Ihrer Seele beeinträchtigt.

Der bedeutende buddhistische Lehrer Dogen sagte: »Glaube nur nicht, dass du deiner eigenen Erleuchtung zwangsläufig gewahr sein wirst.« Das liegt vielleicht daran, dass der erleuchtete Zustand nicht als ein Endpunkt angesehen wird, sondern als andauernder Weg, bei dem das Ziel, dem Sie sich nähern, sich zurückzieht und erweitert. Erleuchtung ist ein Wort, das durch die Geschichte hindurch, besonders im Westen, mit Vorsicht benutzt werden musste, aus Angst vor Verfolgung wegen Scharlatanerie und Ketzerei. Im Westen gibt es die Vorstellung von Erlösung, im Osten von *Nirwana, Satori* oder *Mukti/Moksha*, und im Islam spricht der Koran von einem hohen Zustand genannt *friedliche Seele*. Ich vermute, dass nicht viele von uns eine klare Vorstellung davon haben, was diese Begriffe bedeuten oder wie sich der Zustand der spirituellen – und nicht nur mentalen – Erleuchtung tatsächlich *anfühlt*. Wie werden Sie sich wohl verändern, wenn Sie sich daran gewöhnen, in Ihrem Körper auf den höchsten Frequenzen zu leben? Mystiker aller Glaubensrichtungen sind dieser Erfahrung durch ein unmittelbares Verschmelzen mit dem Göttlichen wahrscheinlich am nächsten gekommen.

Erleuchtung oder Selbstverwirklichung wird häufig definiert als »Aufwachen« für Ihre innere Göttlichkeit und als Wahrnehmung Ihres authentischen Selbst und Ihrer »wahren Natur«. Ihr weltliches, persönliches Selbst und die Erfahrung von Dualität verblassen, und Sie erkennen sich unmittelbar als reines Bewusstsein. Sie erleben einen geistigen Frieden, der frei ist von Begierden, Wut und anderen quälenden Zuständen, die zu Leiden führen, und Sie wissen um Ihre Einheit mit allem, das es gibt, oder mit einer liebevollen, ewigen Gottheit. Im erleuchteten Zustand ist der Geist mit all seinen ruckartigen Aussetzern und seiner Tendenz zu Konflikten immer noch vorhanden, aber Sie identifizieren sich nicht mehr damit. Sie schauen stattdessen nur zu, wie er sich austobt. William Blake gab eine äußerst bedeutungsvolle und doch simple Beschreibung von Erleuchtung: »die volle Verantwortung für dein Leben übernehmen«.

Manche von uns verwechseln Erleuchtung vielleicht mit *Aufstieg (Aszension)*, wenn die Frequenz des Körpers so schnell ansteigt, dass er aus der physischen Wirklichkeit verschwindet. Im Westen heißt es von Henoch, dem Urgroßvater von Noah: »Henoch war seinen Weg mit Gott gegangen, dann war er nicht mehr da; denn Gott hatte ihn aufgenommen.«[18] In ähnlicher Weise wurde Herkules (der römische Name des griechischen Helden Herakles) in den Himmel (Olymp) erhoben und von seinem Vater Zeus zu einem Gott, d. h. unsterblich, gemacht. Nach der christlichen Lehre ist Jesus vierzig Tage nach seiner Auferstehung mit seinem Körper in den Himmel gefahren. Im Osten gibt es »Aufgestiegene Meister« – in der Theosophie heißen sie »Mahatmas«[19] –, die durch die Zeiten hindurch in verschiedenen Gestalten willentlich erscheinen und verschwinden. Vielleicht werden wir nun, da so viele von uns erleuchtet oder selbstverwirklicht werden – ich nenne das transparent oder vollständig

18 Genesis 5,24. (Anm. d. Übersetzers)

19 Das Sanskritwort mah tm bedeutet wörtlich »große Seele« und wird bis heute als Titel verwendet, z. B. »Mahatma Gandhi«. (Anm. des Übersetzers)

aus diamantenem Licht bestehend – entdecken, dass wir die Fähigkeit haben, durch die verschiedenen Bereiche auf- und abzusteigen und unseren Körper, wenn wir es wollen, mitzunehmen. Wenn wir die Prinzipien des Materialisierens und Entmaterialisierens der physischen Welt gründlich verstehen, ist es gar kein großer Schritt mehr zum »Aufstieg«.

Wenn ich in mich hineinschaue und sehe,
dass ich nichts bin, ist das Weisheit.
Wenn ich nach außen schaue und sehe,
dass ich alles bin, ist das Liebe.
Zwischen diesen beiden fließt mein Leben.

Sri Nisargadatta

Wie fühlt sich Erleuchtung wohl für uns »Normalsterbliche« an?

Ich fragte einmal einen hochgebildeten Freund, ob er erleuchtet sein wolle, und zu meiner Überraschung tanzte er unverbindlich um diese Vorstellung herum. Er sah dieses Konzept offenbar als zu überheblich und endgültig an, als würde das Erleuchtetsein eine übergroße Verantwortung mit sich bringen, der er nicht gewachsen wäre. Also fragte ich ihn, was Erleuchtung für ihn bedeute und wie das Leben *nach* seiner Erleuchtung wohl aussähe. Er lachte und sagte, dass es wahrscheinlich nicht viel mit *seinem* Leben zu tun hätte und dass wir nicht viele Modelle dafür haben, weil Erleuchtete doch in Höhlen leben, meditieren und die Welt zusammenhalten sollten – oder sie gehen auf der Straße unmittelbar an uns vorbei, aber wir sehen sie nie in Aktion. Er sagte, dass Leute glauben, Erleuchtung sei ein Gipfelerlebnis, bei dem wir in weißes Licht gehüllt sind, Engelchöre hören, in einem Rutsch das gesamte Wissen des Universums empfangen und von da an für immer und ewig Heilige sind. »Und dann«, fragte er scherzend, »wer wäre dann dein Freund?«

»Aber was geschieht am Tag nach der Erleuchtung«, fragte ich beharrlich weiter. Mein Freund dachte darüber nach und meinte: »Ich würde wahrscheinlich so ziemlich die gleichen Entscheidungen treffen wie jetzt, aber ich würde mir keine Sorgen mehr machen. Ich würde meine Fähigkeiten oder meine Führung oder meine kreativen Bedürfnisse nicht anzweifeln. Ich würde von Natur aus zu einer liebevollen Sichtweise und zu Situationen tendieren, in denen alle gewinnen, anstatt mich für Bestrafung und Selbstaufopferung zu entscheiden. Ich hätte nicht das Gefühl, dass die Welt ungerecht ist. Ich würde den verborgenen Sinn und Nutzen von Ereignissen verstehen und ein einfaches Leben führen. Alles wäre einfach viel simpler.« Wie wahr. Nicht so anders, aber ganz anders. Sich Erleuchtung vorzustellen ist ein bisschen so, wie sich vorzustellen, man sei der reichste Mensch der Welt oder unsterblich. Es scheint weit weg zu sein von unserer alltäglichen Denkweise, und doch ist es möglicherweise nicht viel anders – Sie werden einfach wissen, wie unbegrenzt Sie sind.

Ich bin überzeugt davon, dass trotz der entsetzlichen Negativität in der Welt die Erfahrung von Transparenz oder spiritueller Klarheit zur Normalität werden wird. Je mehr Menschen durch den Transformationsprozess gehen, umso einfacher wird es dann für alle anderen. Ein Leben und Ruhen in Ihrer Eigenfrequenz mag etwas hohl klingen, aber die Erfahrung, Ihre Eigenfrequenz tatsächlich in diesen einheitlichen Ton zu verändern, ist allmächtig, und sie kann Sie in den Zustand des Himmels auf Erden versetzen.

Es gibt Yang- und Yin-Wege zur Erleuchtung

Schon seit Langem habe ich ein Verständnis davon, wie man spirituelles Wachstum erreicht, das sich von den Hauptreligionen der Welt unterscheidet. Vielleicht bin ich mir dessen bewusst, weil das Intuitionszeitalter ein neues Gleichgewicht zwischen der Yang-maskulinen und der Yin-femininen Energie sowie Gewahrsein bringt. Historisch gesehen, meine ich, hatte die Welt eine nicht hinterfragte Ansicht von spirituellem Wachstum, die sich hauptsächlich auf die Erfahrung von Männern stützt, wie es sich auf ihren psychologischen Aufbau und auf die Chemie in ihrem Gehirn auswirkt. Ich glaube, Frauen haben eine andere Erfahrung von dem Prozess. Ich sage das nicht von einem feministischen oder auf Spaltung basierenden Standpunkt aus, denn ich spüre, dass sich uns eine umfassendere Ansicht öffnet. Anzuerkennen, wie Körper und Geist von Frauen das Universum und die Erleuchtung verstehen, wird dabei helfen, dass wir alle ein abgerundeteres Gesamtbild bekommen. Wenn wir die Yang- und Yin-Sichtweisen kombinieren, können wir einen einheitlichen Weg finden, auf dem alle Menschen, egal, welchen Geschlechts, die höchsten Ebenen des Gewahrseins erreichen.

Kurz gesagt, weil im Gehirn von Männern weniger Fasern die linke mit der rechten Hemisphäre verbinden, neigen sie dazu, die Welt als Entweder-oder zu sehen, mit nur jeweils einer Gehirnhälfte, und das verleiht ihnen die natürliche Fähigkeit zu Analyse und Einteilungen. Die Intuition der rechten Gehirnhälfte ist ein Modus, den sie häufig erst mit Absicht aktivieren müssen. Deshalb ergibt es einen Sinn, dass Männer von Natur aus das Göttliche mithilfe von Trennung verstehen. Ihr Weg ist es, in dieser Welt zu sein, aber nicht von dieser Welt. Die Selbstverwirklichung der Männer beruht typischerweise auf Enthaltsamkeit gegenüber physischen »Versuchungen«, auf Kontemplation und Studium, auf strukturierten physischen Zeremonien, Hingabe des persönlichen Willens an einen Lehrer und klösterliche Abgeschiedenheit. Beim Zen zum Beispiel werden alle Dinge dieser Welt als neutral behandelt, als »nichts besonders/alles besonders«. Der Himmel oder das Gelobte Land sind ein Ziel »da oben«, »da draußen«, jenseits dieser Welt.

Frauen dagegen haben viele verbindende Fasern zwischen den beiden Seiten des Gehirns, und das verleiht ihnen die Fähigkeit, auf eine Beides-und-Art wahrzunehmen, in der die Trennung von anderen und von der Welt – selbst die von Gedanken, Emotionen und Geist – von Natur aus schwierig ist. Frauen gedeihen durch Beziehungen, Gespräche, Pflegen, Verschmelzen und Intuition. Es ergibt einen Sinn, dass der Weg der Frauen zur Erleuchtung »hinunter und in« die Welt führt, durch die Materie in alles Menschliche. Frauen neigen dazu, die physische und die nicht physische Welt als Teil ihres Körpers zu kennen. Bei ihnen geht es darum, die Welt zu sein. Im Leben geht es darum, zu pflegen und zu umsorgen, da es nur allzu leicht ist, den Schmerz der anderen zu spüren. Für Frauen ist die Erleuchtung kein getrenntes Ziel. Sie ist der Ort, von dem sie herkommen, tief im Inneren.

Es scheint mir so, als würde im Intuitionszeitalter die Menschheit als Gesamtheit schließlich ihre einzigartige Art der Wahrnehmung zur vollen Blüte bringen. Als Menschen haben wir ein besonderes Potenzial, weil wir mit bewusster Empfindsamkeit und einem freien Willen ausgestattet sind – wir können unsere Fähigkeit zu fühlen bis zum n-ten Grad entwickeln, bis Fühlen zu den erleuchteten Emotionen von Empathie und Mitgefühl werden, und wir können unseren Weg gefühlsmäßig bis zur Vereinigung mit der Quelle finden. Weil Gefühl und Empfindsamkeit in Beziehung zum Körper stehen, kann unsere Wahrnehmung der unsichtbaren

Bereiche realer und persönlicher sein. Das bedeutet, wir können unser »Evolutionsexperiment«, nämlich selbstverwirklichte Individuen zu sein, vollenden, indem wir uns bewusst als Minihologramme oder als Mikrokosmos des Göttlichen erleben.
Wenn Sie empfindsam sind, dann treten Sie in Beziehung, dann schließen Sie mit ein und integrieren alles in die Welt, fast so, als würden Sie etwas essen. Wenn Ihre Erfahrungen verdaut werden, empfangen Sie den göttlichen Nährwert von allem. Wenn Sie beides in sich aufnehmen, Licht und Dunkelheit, dann lehrt und erweitert Sie jedes neue Teil und wird ein Teil des diamantenen Lichtes in Ihrem persönlichen Feld. Wissen wird persönlich, Komplexität vereinfacht sich, Dissonanzen werden harmonisch, und Sie erleben Verwandtschaft mit allen Lebensformen. Unterschiedliche Weltanschauungen verschmelzen zu einer höheren Wahrheit. Schließlich schließen Sie so vieles in sich ein, dass Sie aufhören, sich selbst zu definieren. Das Göttliche wird zu Ihnen, und Sie werden zum Göttlichen. Sie kennen Ihre höchste Identität, indem Sie alles empfangen. Sie sind in all Ihrer Menschlichkeit heilig.

Menschheit und Gottheit werden identisch sein, wenn wir die Gottheit in der Menschheit erkennen.

Ernest Holmes

Beide Wege zur Erleuchtung, der Yang- und der Yin-Weg, funktionieren, aber es gibt einen Weg der gleichermaßen gut für alle ist, und das ist der Weg des Herzens. Hirn und Hormone mögen sich unterscheiden, aber alle Herzen funktionieren gleich. Offenen Herzens, im Herzen zentriert zu sein bedeutet, dass Sie in Ihrer Eigenfrequenz sind, und die lässt

Sie die Welt mithilfe Ihrer Gefühle erkennen, und sie bringt Ihnen auch klare und weise Einsichten. Ihr Herz ist wie ein Tor zur Einheit.

Praktische Übung

Was können Sie noch alles in Ihre Welt aufnehmen?

1. Denken Sie einmal eine Minute lang an widerliche Sachen, Sachen, an die Sie nicht gerne denken. Schreiben Sie ein halbes Dutzend davon auf. Achten Sie auf die negative Belastung, die Sie bei jeder Einzelnen spüren. Dann entfernen Sie den Widerstand aus den Vorstellungen und Bildern. Lassen Sie jedes Einzelne ein natürlicher Teil der Welt und Ihrer Welt sein. Lassen Sie jedes Einzelne bereitstehen als optionale Wirklichkeit für alle, die das erfahren müssen. Dann seien Sie liebevoll und freundlich zu ihnen.
2. Jetzt nehmen Sie sich eine Minute Zeit und denken an Sachen, die jenseits Ihres Fassungsvermögens liegen, Realitäten, die weit entfernt oder fast unbegreiflich sind. Schreiben Sie ein halbes Dutzend davon auf. Achten Sie bei jeder Einzelnen darauf, wie sie Ihnen unerreichbar scheint, und entfernen Sie dann den Widerstand aus den Vorstellungen und Bildern. Lassen Sie jede Einzelne einen natürlichen Teil der Welt und Ihrer Welt sein. Lassen Sie jede Einzelne bereitstehen als optionale Wirklichkeit für alle, die das erfahren müssen. Dann seien Sie liebevoll und freundlich zu ihnen.
3. Spüren Sie die neuen Realitäten, die Sie Ihrer Welt hinzugefügt haben, wofür sie wohl nützlich sein könnten und dass sie einfach Erfahrungen sind, die ewige Seelen vielleicht spüren möchten, auf die Sie neugierig sein könnten.

Indem Sie diese Sachen als Teil von sich zulassen, spüren Sie, wie viel mehr entspannt und ausgedehnt Sie sind und zu wie viel mehr von sich Sie Zugang haben, weil Sie keinen Widerstand mehr leisten.

Sie entdecken ein erweitertes Verständnis von Empathie und Herz

Wenn Sie die Endphasen des Transformationsprozesses erreichen, wird eine verfeinerte Ebene von Empathie – eine *empathische Resonanz* – zu Ihrer bevorzugten Art der Wahrnehmung. Wenn Sie sich in Ihrer Eigenfrequenz befinden und sich in die Welt mit bewusster Empfindsamkeit und ohne Hintergedanken einfühlen, dann werden Sie äußerst empathisch. Empathie ist so viel mehr, als die typische Definition vermittelt: jemandes Schmerz zu spüren. Sie vermittelt Informationen darüber, wie es ist, diese Person zu sein, die gerade ihren Mann verloren oder in der Lotterie gewonnen hat, oder wie es ist, der ungemähte Rasen oder der zum Pflücken wunderbar reife Pfirsich zu sein. Empathie ist unmittelbares Wissen mithilfe von Schwingungen. Es ist durch Ihr Herz gefilterte Empfindsamkeit.

Wenn Sie sich weiterentwickeln, wird das Herz buchstäblich zu Ihrem neuen Hirnzentrum. Das *Institute of HeartMath*[20] hat herausgefunden, dass das elektromagnetische Feld des Herzens eine große Rolle spielen könnte bei der Übermittlung physiologischer, psychologischer und sozialer Informationen unter den Menschen. In Experimenten fand man heraus, dass sich die Gehirnwellen eines Menschen mit

20 Eine gemeinnützige Forschungs- und Lehrorganisation in Boulder Creek, Kalifornien, die sich mit einem auf dem Herzen basierenden Leben beschäftigt, mit der Intelligenz des eigenen Herzens. (Anm. des Übersetzers)

dem Herzschlag eines anderen synchronisieren können. Die Forscher schlossen daraus, dass unser Nervensystem wie eine Antenne funktioniert, die auf elektromagnetische Felder reagiert, die von dem Herzschlag anderer erzeugt wurden. Interessanterweise fanden sie auch Daten, die auf die Tatsache hinweisen, dass das elektromagnetische Feld des Herzens bei intuitiver Wahrnehmung eine Rolle spielt und dass Herz und Gehirn Informationen über zukünftige Ereignisse empfangen und darauf reagieren, noch ehe sie sich ereignen. Das Herz empfängt intuitive Informationen offenbar vor dem Gehirn. Das sind aufregende wissenschaftliche Informationen, die zu dem passen, was wir aus Experimenten bereits wissen.

Empathie hilft Ihnen dabei, Entscheidungen zu vermeiden, die Ihr Leben beschädigen und Ihr Herz zusammenziehen. Zum Beispiel verletzt es Sie und andere, wenn Sie jemanden aus Ihrem Leben ausschließen, weil Sie wütend auf sie oder ihn sind, oder wenn Sie eine schlechte Angewohnheit rechtfertigen, weil Sie Angst vor der Erinnerung haben, oder wenn Sie sich weigern, etwas Neues auszuprobieren, weil Sie gehemmt sind. Empathie macht Sie auf solche Verspannungen aufmerksam und öffnet den Energiefluss wieder. Empathie ist auch eine große Heilkraft, weil sie Ihnen hilft, über die Definitionen von Ihnen als isoliertes und zerbrechliches Individuum hinauszuschauen. Sie dringt direkt in den Schmerz ein, löst ihn durch Liebe auf und zerstört die Trennung.

Wenn du jemanden liebst, gehen deine Augenlider auf und ab, und kleine Sternchen kommen aus dir heraus.

Karen, sieben Jahre alt

Empathie ist höchstwahrscheinlich unsere beste menschliche Fähigkeit, eine angeborene Begabung, die Seele in allen Dingen zu spüren. Sie lehrt Sie Einsichten über andere und die Welt, indem sie Ihre persönliche Verbundenheit verstärkt. Benutzen Sie sie regelmäßig, führt sie Sie zu tiefem und dauerhaftem Mitgefühl. Wenn Sie das nächste Mal mit einem gesichtslosen Vertreter eines Kundendiensts telefonieren, versuchen Sie zu spüren, wie sein Tag wohl gewesen sein mag. Dann sprechen Sie mit ihm, als würden Sie ihn wirklich verstehen. Achten Sie darauf, wie viel besser Sie sich beide danach fühlen. Oder wenn Sie das nächste Mal mit einem Freund oder Verwandten zusammen sind, achten Sie darauf, was geschieht, wenn Sie beide sich willentlich darauf konzentrieren, zur gleichen Zeit empathisch miteinander umzugehen. Es ist eine erstaunliche Erfahrung, die viel Verständnis vermittelt und ein Gefühl, dass Sie sich gegenseitig wertschätzen.

Praktische Übung

Konzentrieren Sie sich auf Ihr Herz

1. Diese Übung wird Ihnen helfen zu lernen, Ihr persönliches Feld mit der Kraft Ihrer Konzentration zu verändern. Auf was auch immer Sie sich konzentrieren, es entsteht sofort ein subtiler Energiefluss dorthin. Richten Sie Ihre Aufmerksamkeit auf Ihr physisches Herz, und achten Sie darauf, dass die Energie dorthin strömt. Verbinden Sie ein Gefühl von Dankbarkeit mit Ihrer Aufmerksamkeit. Fühlen Sie Wertschätzung, während Sie sich auf Ihr Herz konzentrieren. Vielleicht spüren Sie Dankbarkeit für Ihr Herz, dass es seine Arbeit verrichtet, oder für Ihren Körper oder für viele bestimmte Dinge und

Menschen in Ihrem Leben. Während Sie an all das denken und es wertschätzen, konzentrieren Sie sich auch weiterhin auf Ihr Herz.

2. Lassen Sie das Gefühl von Dankbarkeit stärker werden. Was für erstaunliche Geschenke Sie bekommen haben! Lassen Sie das Gefühl noch stärker werden, bis es fast zur Ekstase geworden ist, bis Sie das Gefühl haben, Sie können es nicht mehr aushalten. Dann lassen Sie es überfließen, hinaus in Ihr persönliches Feld. Bleiben Sie bei dem Gefühl und in ihm. Konzentrieren Sie sich weiterhin auf Ihr Herz. Lassen Sie es immer stärker und strahlender werden. Sie errichten ein harmonisches Muster, das mit der Frequenz beschleunigter Evolution in Einklang schwingt. Wenn Sie das häufiger machen, wird Ihre persönliche Schwingung unermesslich erhöht.

Die Empathie des Universums, die durch Ihre Seele geht, führt dazu, dass Ihre tieferen Bedürfnisse vollkommen und in jeder Situation befriedigt werden. Das wurde mir vor nicht allzu langer Zeit demonstriert, als ich mit einer Klientin sprach, die eine Beratung wollte und aggressiv darauf bestand, dass ich mich sofort mit ihr unterhalte, und mich bearbeitete, ich solle meine Termine so umlegen, dass ich am Nachmittag noch Zeit für sie hätte – was ich auch tat. Sie rief mich eine Stunde später wieder an, um abzusagen, und sagte ganz offen: »Ich habe gerade keine konkreten Fragen, und deshalb ist für mich wohl jetzt nicht der beste Zeitpunkt für eine Sitzung.« Ich sagte, in Ordnung, und schüttelte den Kopf, aber anstatt mich irritiert zu fühlen, erinnerte ich mich daran, dass sie sich wohl nicht besonders gut fühlen musste, wenn sie so unsensibel war, und dass alles immer zum Besten geschieht und dass sie selbst wissen müsse, was sie braucht – oder irgendwann brauchen würde.

Keine zwanzig Minuten später rief eine andere Klientin an, mit der ich seit Jahren arbeitete. Sie hatte gerade meditiert und spürte intuitiv, dass sie mich nach Büchern fragen solle, die ich gerade lese, als mögliche Empfehlung für ihren Lesezirkel. Als meine Wahl dann nicht zu ihrer Gruppe passte, erzählte ich ihr humorvoll die Geschichte von der drängelnden Frau, die so unvermittelt abgesagt hatte, und sie sagte: »Nun, warum gibst du mir dann kein Reading? Ja, das werde ich tun. *Ich habe zwar gerade keine konkreten Fragen, aber das ist wahrscheinlich der perfekte Zeitpunkt für mich, eine Sitzung zu haben!*« Das waren fast die gleichen Worte, die nur Minuten früher verwendet wurden, um genau die gegenteilige Realität zu rechtfertigen! Das Leben zeigte mir die Kraft von Empathie. Weil ich mein Herz geöffnet hatte und zu der ersten Frau liebenswürdig gewesen war, zeigte mir das Universum Freundlichkeit und Großzügigkeit auf unübersehbare Art.

Mitgefühl ist die neue evolutionäre Kraft

So, wie ich es sehe, ist Mitgefühl ein wenig anders als Empathie: Empathie bezieht sich auf Empfindsamkeit und das Gefühl von Einssein, während Mitgefühl ein breiteres und abstrakteres Verständnis ist, das darum weiß, dass sich im Kern eines jeden Wesens und einer jeden Situation Liebe befindet. Ich glaube, wir werden erleben, dass beides, anhaltende Empathie und Mitgefühl, tatsächlich den Aufbau unseres Körpers verändern, unser Immunsystem gegen die immer schädlicheren Gifte in der Umwelt stärken und vielleicht sogar unsere DNA verändern wird, damit wir nicht mehr so anfällig sind gegenüber Krankheit und Altern. Ich prophezeie, dass es nicht mehr lange dauern wird, bis Konkurrenz als wesentliche evolutionäre Methode auf der Erde durch Mitgefühl ersetzt wird. Das Überleben wird nicht mehr auf dem archaischen Prinzip beruhen, nach dem die Stärkeren die Schwächeren vernichten, sondern darauf, dass wir auf diesem unseren Raumschiff Erde die Herzen unserer Nachbarn verstehen. Ein mitfühlendes Leben ist *notwendig* für die Evolution der Welt. Diese Art der Wahrnehmung lässt uns unsere Ähnlichkeiten erkennen – besonders, wie ähnlich unsere Unterschiede und Schmerzen sind – und dass wird uns dabei helfen, Kriege zu beenden, Umweltzerstörung zu verhindern und unsere wahre Natur zu entdecken.

Der Mikrobiologe Dr. Bruce Lipton sagt, dass das Herz einer Zelle nicht der Zellkern ist, sondern die äußere Zellmembran. Durch Rezeptoren in der Membran kann die Zelle mit der Umwelt interagieren und, nach Lipton, wenn eine Zelle ihre Umwelt als unterstützend wahrnimmt, öffnen sich die Rezeptoren und nähren die Zelle. Wenn sie Gefahr wahrnimmt, schließt sie die Rezeptoren. Zellen können nur in diesen beiden Modi existieren – Wachstum oder Schutz. Daraus folgt logischerweise, dass Sie, wenn Sie in Angst leben, in Ihrem System einen allgemeinen Zustand von Verschluss und Wachstumsstillstand verursachen oder Evolution blockieren. Wenn Sie Liebe, Empathie und Mitgefühl kultivieren, bewegen Sie sich in Richtung Transformation und Transparenz.

Untersuchungen deuten auch darauf hin, dass DNA-Moleküle von einem Energiefeld umgeben sind, das manche Wissenschaftler die »Phantom- oder Schattenenergie« der DNA nennen. Interessanterweise bleibt sie noch über einen Monat intakt, nachdem die DNA aus dem Körper entfernt wurde. Wissenschaftler spekulieren, dass diese Energie schon existiert *ehe die DNA gebildet wird* und tatsächlich die DNA erschafft. Was mag diese Energie sein? Könnte sie Teil Ihres inneren Entwurfes sein, Ihre persönliche Schwingung oder die Eigenfrequenz Ihrer Seele? Forschungen am *HeartMath Institute* zeigen, dass die DNA auf intensiv projizierte Emotionen mit einer Veränderung ihrer Form reagiert. Dankbarkeit und Liebe führten bei DNA-Strängen dazu, dass sie sich entspannten, abwickelten und verlängerten. Wut und Angst führten dazu, dass die DNA sich straffte, kürzer wurden, und viele DNA-Codes wurden ausgeschaltet. Wenn sie also auf Mitgefühl reagiert, könnte Ihre DNA sich dann nicht über Krankheit und Altern, wie wir es kennen, hinaus weiterentwickeln?

Praktische Übung

Durchströmen Sie sich mit Mitgefühl und Liebe

Stellen Sie sich in den nächsten Tagen sich selbst in allen möglichen Situationen als einen Menschen vor, der Liebe empfängt und gibt. Schauen Sie sich um, und seien Sie ein neutraler Beobachter der grundlegenden Liebesenergie, die Sie und die Welt um Sie her gestaltet. Erkennen und fühlen Sie sie überall. Seien Sie für einige Minuten akzeptierend, vergebend und bedingungslos in Ihrer liebevollen Freundlichkeit. Atmen Sie durch alle Ihre Zellen hindurch Liebe ein, und lassen Sie sie durch sich hindurchströmen und jeden Teil von Ihnen berühren und aufhellen. Dann schicken Sie die Liebe weiter, geben Sie sie großzügig an andere weiter. In verschiedenen Situationen stellen Sie sich die Frage: »Wo ist die Liebe jetzt gerade?«

Andere als Seelen erkennen und Ihre Seelengruppe finden

Wenn Sie empathisch sind, hilft Ihnen das, andere Menschen tiefer zu kennen. Einfach nur dadurch, dass Sie Menschen Ihre Aufmerksamkeit schenken und bei ihnen sind, werden Sie ihre verwundbaren Stellen spüren, wie und was sie vermeiden, was sie brauchen und wie sie heilen können. Sie werden ihre tiefsten Motivationen verstehen, ihre Lebenslektionen, Talente und innerste Güte. Gerade gestern schaute ich einer sehr alten Frau in die Augen, die mit ihrer Gehhilfe langsam aus einem Restaurant herauskam, und sah sofort einen rückwärtslaufenden Film, wie sie in jedem Alter ausgesehen hatte, bis zurück in ihre Kindheit. In diesen wenigen Sekunden fühlte ich Liebe für sie. Es ist einfach, frustriert und irritiert zu sein, weil die Leute sich so oft dazu entscheiden, Angst zu haben, ignorant zu bleiben und nicht sich selbst zu sehen – und wenn sie das tun, dann geben sie Ihnen nicht ihr Bestes. Wenn das geschieht, müssen Sie Ihre Perspektive ein wenig in die höchste Art verrücken, in der Sie sie sehen können, und so tun, als ob sie so wären. Meistens werden Sie dann feststellen, dass die Leute Ihrer Erwartung gerecht werden.

Je mehr Sie die Menschen als Seelen anerkennen, umso mehr werden Sie Unterschiede für interessant und wertvoll halten können. Sie werden sich mit Leuten verbunden fühlen, von denen Sie nie gedacht hätten, dass Sie sie mögen würden. Wenn Sie Ähnlichkeiten mit mehr und mehr Leuten finden, werden Sie die tiefe kooperative Natur von Seelen verstehen, die in sichtbaren und unsichtbaren Gruppen zusammenarbeiten. Wir alle gehören zu einer Gruppe von Seelen, deren Entwicklung der unsrigen entspricht – eine *Seelengruppe* –, die in Begriffen der Physik eigentlich ein auf der Grundlage einer bestimmten Energiefrequenz mitschwingendes Feld von Gewahrsein bildet. Eine Seelengruppe ist demnach eine Ansammlung von Wesen, die sich zu einer gemeinsamen Frequenz entwickelt haben. Das bedeutet, dass sie häufig Philosophien, Wissensebenen und Motivationen haben, die zueinanderpassen. Solche gleichgesinnten Leute mögen wie Geschwister aussehen oder ähnliche Kindheiten, Interessen, Lebensübergänge oder sogar Namen haben. Sie können Freunde, Familienmitglieder, Kollegen oder nicht physische Wesen in höheren Dimensionen sein. Wenn Sie ihnen begegnen, spüren Sie eine tiefgründige Erleichterung oder Erregung. Sie haben das Gefühl, sie bereits zu kennen, und ganz natürlich *möchten Sie sie mögen*, egal, was passiert.

Global und kulturell befinden wir uns in einer Initiation. Wir bewegen uns aus der Reise des Helden oder der Heldin hinaus (...) jenem Prozess der Individuation. Eine archetypische Veränderung oder Initiation geschieht dann, wenn wir zur Reise von Partnerschaft oder zur Reise eines Stammes übergehen. Zur Reise der Partnerschaft (...) gehört der Geist von Kooperation und Zusammenarbeit [und] dass wir etwas über kollektive Führerschaft und kollektive Weisheit lernen.

Angeles Arrien

Viele Menschen haben das Gefühl, dass ihre Ursprungsfamilie nicht ihre »wirkliche« Familie ist. Sie spüren intuitiv, dass sie eine andere Familie haben – ein spirituelle –, und hinter vorgehaltener Hand murmeln sie immer: »Wo sind meine Leute?« Sind Ihnen je Menschen begegnet, von denen Sie schwören könnten, dass Sie sie schon kennen, die Ihre Ideen und eine ähnliche Suche im Leben mit Ihnen teilen? Sie und die Leute in Ihrer Seelengruppe befinden sich so im Einklang mit derselben Eigenfrequenz, dass es leichtfällt, sich als Seelengefährten zu fühlen, als Seelengeschwister und Teil derselben spirituellen Familie. Allein über die Vorstellung nachzusinnen, dass Sie zu einer spirituellen Familie oder Seelengruppe gehören, kann äußerst tröstlich sein. Es hilft Ihnen, zu wissen, dass Sie nicht allein sind, dass es weise Menschen gibt, die Sie kennen und bereit sind, Ihnen zu helfen. Wenn Sie die Frage stellen, wer zu Ihrer Seelengruppe gehört, fangen Sie an, Leute zu bemerken, die der Beschreibung entsprechen – sowohl in dieser Welt als auch in Ihren Träumen.

Wenn Sie sich Ihre Seelengruppe vorstellen, egal, ob Sie die Einzelnen kennen oder nicht oder wo sie sind, dann stellen sie sich sofort auch Sie vor. In dem einheitlichen Feld gibt es kein Dilemma von Huhn oder Ei. Aufmerksamkeit ist gleichzeitig und fließt in beide Richtrungen. Sie erschaffen einander zur gleichen Zeit, und ebenso erzeugen Sie Ihre wechselseitigen Erfahrungen. Wird etwas initiiert, wird das von allen Beteiligten verursacht. Wenn Sie sich Ihre Seelengruppe vorstellen, können Sie einen hilfreichen imaginären Austausch haben. Aber Sie werden erstaunt sein, denn wenn Sie sie erst einmal in Ihrem Geist real gemacht haben, vergeht nicht viel Zeit, bis Sie diese Menschen, die genau auf Ihrer Wellenlänge liegen, aus heiterem Himmel anrufen oder plötzlich vor Ihrer Tür stehen oder Ihnen über den Weg laufen.

Als ich mit diesem Buch anfing, wusste ich, dass mich dieser Prozess auf ein neues Territorium führen würde und dass ich Anleitung brauchen würde, um Einsichten zu finden und neue Konzepte zu verstehen. Ich machte es mir zur Regel, mir jeden Tag meine Seelengruppe vorzustellen und alle Geister, die an diesem Thema interessiert sind, und bat sie, sich mit mir zu einem gemeinschaftlichen Schreibprozess zusammenzuschließen. Wenn ich festsaß, beschwor ich sie, indem ich sagte: »Hallo, alle zusammen! Was versuchen wir hier zu sagen? Was sind die richtigen Worte?« Und jedes Mal kam der Prozess von einem mehr zentrierten Ort aus wieder in Fluss.

Bald nehmen Sie die Gemeinschaft an und Ihre Rolle im Gruppengeist

Wenn Sie mit Ihrer Seelengruppe arbeiten, fangen Sie an, Gemeinschaft zu praktizieren. Sie *erleben* die Ehrfurcht gebietende Kooperation aller Seelen. Gemeinschaft wirklich zu verstehen bedeutet allerdings, dass Sie sich nicht länger für ein von der Welt getrenntes Wesen halten und dafür offen sind, alle zu beeinflussen und von allen beeinflusst zu werden – ob sie nun nah oder fern, Freund oder Feind, physisch oder nicht physisch sind. Es bedeutet, dass Sie *wissen*, wie Ihnen das Wachstum anderer Menschen die Verhältnisse erleichtert und wie Ihre Klarheit ihnen hilft. Gemeinschaft beruht auf wechselseitiger, bewusster Anteilnahme. Sie sind der Hüter Ihrer Brüder und Schwestern, und sie sind Ihre Hüter. Sie lernen, dass sie sich auf magische Weise um Ihre Bedürfnisse kümmern, wenn Sie sich um ihre Bedürfnisse kümmern. Die Idee dabei ist, dass Sie die anderen so behandeln, als *wären* sie Sie, und dass Sie sich in allen Einzelheiten vorstellen, wie Sie sich fühlen würden, wenn Sie in deren Körper leben und das Leben mit ihren Augen sehen würden. Dann stellen Sie sich vor, dass die anderen in Ihre Fußstapfen treten und dasselbe tun.

Jetzt können Sie spüren, wie wir alle in der Vorstellung der jeweils anderen auftauchen. Gruppenerfahrungen werden erschaffen, damit die Bedürfnisse aller durch die Handlungen aller befriedigt werden und die Miterschaffung von

Schicksalen zu einer höchst erstaunlichen Leistung spiritueller Technik wird. Wenn Sie Zeuge der Vollkommenheit werden, die in der Natur zum Beispiel durch die vielfältigen Lebensformen in einem Ökosystem demonstriert wird, dann verstehen Sie, dass das, was gebraucht wird, allein durch die Existenz aller anderen Formen geliefert wird.

Praktische Übung

Segnen Sie jemanden oder etwas

Wenn Sie begreifen, welche Auswirkungen es tatsächlich hat, wenn Sie mit konzentrierter Aufmerksamkeit positive Gedanken und Energie in eine bestimmte Richtung lenken, dann werden Sie erkennen, dass »die Kunst des Segnens« eine kraftvolle Methode ist, um dabei zu helfen, andere Menschen und Dinge zu heilen, die nicht mehr im Einklang sind. Rufen Sie sich jemanden ins Gedächtnis oder denken Sie an das Essen, das Sie gleich zu sich nehmen werden. Mithilfe von empathischer Resonanz fühlen Sie sich in die Person oder in das Essen ein und spüren den Mangel an Harmonie. Fühlen Sie sich dann noch tiefer ein, spüren Sie die Seele, den idealen inneren Entwurf. Richten Sie Ihre Aufmerksamkeit weiter darauf, und lassen Sie Energie hineinströmen. Erfüllen Sie sie mit so viel Energie, dass Sie sehen, wie die betreffende Person oder das Essen Ihr Ideal verkörpert. Seien Sie sich bewusst, dass das die Wahrheit ist. Bleiben Sie mit der Person oder dem Essen in Verbindung, bis sich die Vision so anfühlt, als wäre sie stabil und würde von selbst leben. Denken Sie daran: Idealismus kommt daher, dass man sich an die Realität und Reinheit der Seele erinnert.

Ich erinnere mich daran, wie Tom Peters, der Management-Guru, etwas beschrieb, was in Wirklichkeit ein Experiment mit Gemeinschaft war. Eine Gesellschaft gab einmal tatsächlich ihre Geschäftsgeheimnisse an ihren Konkurrenten weiter, machte ein Spiel daraus, damit alle besser »konkurrieren« konnten. Die Teams in ihrer Produktionsanlage halfen einander ebenfalls, konkurrierten aber gleichzeitig, und auf diese Weise, unter Anwendung des Geistes einer spielerischen, gemeinsamen Kreativität, entwickelten sich alle auf ein höheres Niveau. Gemeinschaft bedeutet, mit der Idee zusammenzukommen, dass alles, was Sie tun, den anderen irgendwie fördern wird. Bei einer Gemeinschaft will die Welt, dass Sie gewinnen, weil wir dann alle gewinnen. Während unser Komfortniveau mit Gemeinschaft ansteigt, achten Sie auf neue Entwicklungen in unserem ökonomischen System. Es mag mit neuen Methoden von Austausch und Tauschen beginnen und sich zu Formen unverhohlenen Teilens und Philanthropie auf globaler Ebene weiterentwickeln.

Die Arbeit mit dem Geist der Gemeinschaft hilft Ihnen, zu lernen, was durch Konzentration auf den *Gruppengeist* zu erreichen möglich ist – nämlich das miteinander verschmolzene Gewahrsein aller Mitglieder der Gruppe. Wenn eine Gruppe ihre persönliche Schwingung mit einer einzigen hohen Frequenz in Einklang bringt und Fragen stellt oder nach kreativen Einsichten sucht, um Probleme zu lösen und Erneuerungen einzuführen, dann können die einzigartigen »Filter«, die die Mitglieder der Gruppe repräsentieren, eine neue Art von Genie herbeiführen, die größer ist als die Summe der individuellen Gedanken und Gefühle. Wenn man in Gruppen Vorstellungskraft anwendet, könnte der Gruppengeist ein neues Produkt erfinden, sich den Entwurf vorstellen, den Prozess testen, die Fehler ausmerzen und sehen, wie es sich an verschiedenen Märkten verkaufen lässt und wie lange es bestehen würde. Der Gruppengeist kann sich auch auf den Zeitablauf des Produkts einstimmen und erkennen, wo und warum Hindernisse auftreten könnten. Wenn dann der tatsächliche physische Produktionsprozess zustande kommt, wird sich das Produkt leicht und schnell materialisieren. Jahrelang habe ich wiederkehrende Visionen von Teams aus Kindern gehabt, die sich im Kreis um einen Tisch versammelten, ihren Geist auf eine gemeinsame Frequenz konzentrierten und erstaunliche Ideen für futuristische Technologien hervorbrachten. Ich warte darauf, dass ich darüber in den Nachrichten etwas höre.

Leben ist göttlich, Leben ist ein außergewöhnliches, unglaubliches, wunderbares Phänomen, unser wertvollstes Geschenk. Wir müssen einen globalen Geist, ein globales Herz und eine globale Seele kultivieren. Das ist gegenwärtig unsere dringendste evolutionäre Aufgabe.

Dr. Robert Muller

Versuchen Sie, über Zeit, Raum und Dimensionen hinweg zu kommunizieren

Sie können lernen, Ihre Frequenz auf eine höhere Oktave zu bringen, sich über diese Welt hinaus in eine höhere Dimension zu erweitern und mit nicht physischen Wesen zu kommunizieren. Dazu müssen Sie erkennen, dass Ihre Vorstellung einfach ein mentaler Raum ist, in dem unterschiedliche Arten von Realitäten konzentriert werden können wie in einem Sammelraum. Auf was auch immer Sie Ihre Aufmerksamkeit richten, was auch immer Sie denken können, kann in dem Raum Ihrer Vorstellung geschehen. Es ist alles empirisch – nicht nur die dreidimensionale physische Wirklichkeit, sondern auch das gesamte Spektrum höherdimensionaler Wirklichkeiten (siehe Kapitel 2). Ihre Seele benutzt alle Dimensio- nen, um Lernprozesse zu erzeugen, die Ihre Evolution vorantreiben. Träume und Meditation sind die Fenster, die Ihre Alltagspersönlichkeit benutzt, um einen Einblick in diese hoch frequenten, nicht physischen Erfahrungen zu bekommen.

Sie können damit anfangen, sich in Ihrer Eigenfrequenz zu zentrieren, im gegenwärtigen Augenblick, und einfach die stille Freude an Ihrem eigenen Dasein zu genießen. Öffnen Sie den Raum Ihrer Vorstellungen. Beginnen Sie damit, dass Sie sich eine persönliche Beratung durch spirituelle Lehrer und Ratgeber vorstellen, die für Ihre Evolution hilfreich ist – dazu können intergalaktische Wissenschaftler gehören oder sogar ein oder zwei Engel. Stellen Sie sich vor, sie sitzen an einem runden Tisch, wie die Ritter des Königs Arthur, und an dem Tisch gibt es auch einen Platz für Sie. Stellen Sie sich vor, Sie erhöhen Ihre Frequenz, sie wird zehn Prozent höher, dann noch zehn Prozent leichter, dann zehn Prozent verfeinerter, bis sie zu der Frequenz der spirituellen Wesen passt und Sie in den Raum hineingehen und sich zu ihnen an den Tisch setzen können. Dann stellen Sie sich eine Szene vor, in der Sie Fragen stellen, Ideen diskutieren, etwas für Sie Notwendiges lernen oder Hilfe für Ihren Energiefluss bekommen.

Hier ist ein anderes Szenario: Stellen Sie sich vor, jemand, den Sie kennen, der aber schon verstorben ist, befindet sich auch in diesem Sitzungsraum Ihrer Imagination. Während Sie das tun, sehen auch sie Sie in dem Raum. Dann erhöhen Sie Ihre Frequenz wieder stufenweise, spüren, wie Sie leichter, strahlender und durchscheinender werden, bis Sie zu ihnen in den Versammlungsraum gehen können. Schauen Sie ihnen in die Augen. Spüren Sie ihre Eigenfrequenz, ihr Herz. Sie brauchen wahrscheinlich gar nichts zu sagen, denn es wird eine unmittelbare telepathische Gedankenübertragung zwischen Ihnen geben. Was auch immer mitgeteilt werden muss, werden Sie wissen. Oder Sie können sich vorstellen, mit einer Person aus der Geschichte in Kontakt zu treten, die Sie bewundern und mit der Sie sprechen möchten – vielleicht Einstein oder Buddha oder Prinzessin Diana.

Oh sie verhöhnen uns mit hohler Lüge,
Die dieses schöne Land zum Tal der Tränen machen;
Denn wenn die Seele hat Unsterblichkeit
Ist dies die Kindheit todesloser Jahre.

Alice Cary

Wenn Sie diese anders-dimensionalen Begegnungen mit bestimmten Leuten üben, können Sie eine wunderbar subtile und unmittelbare Empfindsamkeit gegenüber jedermanns persönlicher Schwingung entwickeln und wissen, was sie wissen. Schnell! Fühlen Sie sich ein in Madame Marie Curie, Konfuzius, Napoleon, Katharine Hepburn, Jesus! Diese Fähigkeit, sich in jeden beliebigen Menschen, in jede Idee oder Gruppe einzufühlen, egal, ob physisch oder nicht physisch, kann Ihnen dabei helfen, sich auf andere, ganz spezifische Dinge einzustimmen: zum Beispiel wie es war, 1705 in London zu leben oder 1254 im westlichen China oder in Südafrika, als die ersten Menschen in neue Teile der Welt auswanderten. Sie können lernen, in der Zeit zu reisen oder Ihre eigenen historischen Forschungen aus eigener Erfahrung zu machen. Sie können Ihre persönliche Frequenz an die der Hohepriester im alten Ägypten anpassen oder an die Lehrlinge von Michelangelo oder an einen Delfinschwarm. Sie können Ihre Frequenz an die Schwingung bestimmter Mineralien, Pflanzen, ausgestorbener Tierarten oder an Musikstücke anpassen. Wer weiß, welche Geheimnisse Ihnen enthüllt werden? Wenn Sie sich damit herumschlagen, was Sie wohl erfinden könnten, dann können Sie sich diese Vorstellungen von Frequenzveränderung nutzbar machen, um neue Energiequellen und neue Arten von Nahrungsmitteln, Arzneimitteln und Heilung zu entdecken, von Kunst, Transportmitteln, Umweltverjüngung und Wissenschaften.

Wie sieht »normal« aus im Intuitionszeitalter?

Da Sie gelernt haben, Ihre Identität weiter auszudehnen, als Sie es je für möglich gehalten hätten, schließt Ihre Ebene gewöhnlichen Wissens im Intuitionszeitalter neue Dimensionen mit ein, die wirklich höhere Frequenzbänder von Gewahrsein sind. Sie haben unglaublich detaillierte Informationen über den »äußeren« und »inneren« Raum, die sich gegenseitig ganz vertraut beeinflussen, weil sie nicht getrennt sind. Ich liebe die Geschichte des deutschen Mystikers und Dichters Rainer Maria Rilke, der eines Nachts bei einem Spaziergang in der Stille einen Vogel singen hörte und spürte, dass der Gesang von irgendwoher aus der Umgebung kam und gleichzeitig aus seinem eigenen Körper. Auch Sie wissen nun von dieser Gleichzeitigkeit und davon, dass Mikrokosmos und Makrokosmos einander erschaffen und sich gemeinsam entwickeln.

Getrennte Disziplinen, wie Kunst, Wissenschaft, Landwirtschaft, Religion, Geschäftswelt und Regierung, sind miteinander verschmolzen und sind unendlich vernünftiger und effektiver geworden. Sie sind jetzt ein Experte für etwas, das früher als paranormales oder übernatürliches Bewusstsein angesehen wurde, Fähigkeiten wie Telepathie (direkte Übermittlung von Gedanken), Teleportierung (sofortiger Transport von Gegenständen über Zeit und Raum hinweg),

Hellsichtigkeit und Präkognition (direktes Wissen über Zeit und Raum hinweg), Psychokinese (die Bewegung von Objekten allein mit willentlicher Absicht), spontane spirituelle Heilungen und die Wiederherstellung physischer Strukturen auf der Grundlage ihrer inneren Entwürfe.

Wenn wir eine Erfahrung von unbegrenztem Vorrat, grenzenlosen Möglichkeiten sowie die Erlaubnis haben, dann steigt die Kreativität bald schon zu neuen Höhen auf, und der Fortschritt der globalen Kultur vollzieht sich mit Lichtgeschwindigkeit. Sie sehen, wie sich die Gesellschaft positiv auf eine Art verändert, die Ihrem eigenen Wachstum entspricht, denn viele Menschen leben gleichzeitig ihren Bestimmungen entsprechend. Da Sie ein Experte im Anpassen Ihrer Frequenz nach oben und nach unten geworden sind, scheint es vernünftig, auch Wesen aus anderen Dimensionen, Zeitperioden und Parallelwelten als Verwandte anzuerkennen und gemeinsam mit ihnen produktiv zu arbeiten, um eine bessere Welt zu erschaffen. Sie lehren, wie man in der Vorstellung reisen kann und wie man in seiner Welt Dinge materialisieren und entmaterialisieren kann, und Sie genießen es, dass Sie all das können. Sie spüren, dass die Zeit nahe ist, in der wir keine Geburt und keinen Tod mehr erleben. Sie und viele andere verlassen diese Welt vielleicht durch Aufsteigen (Aszension) oder Absteigen. Viele erstaunliche Dinge warten auf Sie in einer transformierten Welt.

Erkennen Sie die Sichtweise des Geistes und die der Seele

Neulich rief mich eine Freundin an, die sich Sorgen machte über das, was sie in den Nachrichten gehört und gesehen hatte – die Politik, die Habgier der Unternehmer, steigende Kosten, fallende Immobilienpreise und Giftstoffe in den

Nahrungsmitteln. Sie bewegte sich am Rande einer Panik, weil sie sich die Probleme der Welt vergegenwärtigt hatte, was das Schlimmste war, das passieren könnte, und die potenziell negativen Auswirkungen auf ihre Familie. Ihre Energie, die gewöhnlich optimistisch war, erinnerte mich an ein Reh, das nachts im Scheinwerferlicht erstarrt. Ich konnte ihren Körper fast spüren, wie er zitterte als Reaktion auf die niedrigen Schwingungen des Fernsehsenders CNN *(Cable News Network)*, an die sie sich angepasst hatte. »Was wird nur geschehen?«, wollte sie wissen. »Wird alles in Ordnung kommen? Was können wir tun?« Ich konnte das nachempfinden, weil ich mich mit denselben Fragen herumschlug und aus irgendeinem Grund gerade eine Serie von erschütternden Filmen gesehen hatte über Länder, die vom Krieg zerrüttet waren, und über die Gräueltaten, unter denen die Menschen in verschiedenen Teilen der Welt zu leiden hatten. Ich konnte nicht anders, als denken, dass das, was ich hier schreibe, aus einem bestimmten Blickwinkel unglaublich naiv aussehen kann. Und doch ist es von einem anderen Standpunkt aus absolut real.

Dann hörte ich, wie ich zu meiner Freundin sagte: »Das Einzige, was wir jetzt tun können, ist, unsere eigene persönliche Schwingung zu stabilisieren, indem wir nicht in der verführerischen Angst schwelgen, die die Welt überflutet und die versucht, die Luft, die wir atmen, zu durchsetzen. Es ist so, als gäbe es zwei Arten von Luft, schmutzige/giftige und durchsichtige/reine, und sie existieren gleichzeitig im selben Raum. Wir müssen uns dazu entscheiden, die Luft als klar und nährend zu sehen und diese Qualität dann mit jedem Atemzug einzuatmen. Die wichtige Arbeit besteht darin, unsere Körper, Emotionen und unseren Geist in Harmonie mit unseren Seelen und spirituellen Werten mitschwingen zu lassen. Tu so, als gäbe es nichts anderes. Wenn die schlechten Nachrichten versuchen, uns runterzuziehen, lassen wir das nicht zu. Wir ignorieren die Nachrichten nicht, aber wir lassen uns von ihnen nicht plattmachen.«

Zugleich aber, wenn Sie sich fragen, wie Sie leichter auf diesem Planeten leben können, dann helfen Sie denen, die in Not sind, oder schwimmen Sie mit dem Strom des Transformationsprozesses der Gesellschaft, aber seien Sie dabei kreativ. Machen Sie alles, aber tun Sie es mit Freude und im Geiste von Großzügigkeit, nicht von Sorgen. Tauschen Sie Ihren Benzinschlucker ein gegen ein sparsameres Auto, kaufen Sie lokale Erzeugnisse, arbeiten Sie freiwillig ein paar Stunden pro Woche irgendwo, wo es Ihnen gefällt, wählen Sie Kandidaten mit höherem Bewusstsein. Machen Sie, was Sie tun können und was sich gut für Sie anfühlt – jeder von uns hat eine Art, sich selbst zum Ausdruck zu bringen, die auf unserem Schicksal beruht und perfekt zu dem passt, was die anderen Leute tun. Wir müssen unser Glück nicht opfern, um Gutes in der Welt zu tun. Wenn wir es einfach angehen und uns öffnen, wird die Gemeinschaft die Evolution der Welt vorantreiben. Nicht jeder ist dazu bestimmt, ein politischer Aktivist zu sein, aber zugleich müssen wir an Stellen aufwachen, an denen wir uns in Selbstgefälligkeit hineinhypnotisieren ließen – durch Konsumismus, die Werbung, durch die Regierung und durch die Medien.

Wenn wir von unserer eigenen Angst befreit werden,
befreit unsere Gegenwart automatisch die anderen.

Nelson Mandela

Nach diesem Gespräch dachte ich noch weiter darüber nach. Es gibt die Sichtweise des Geistes und die der Seele. Der Geist betrachtet und sucht nach Komplexität, nach Problemen und Komfort durch physische Sicherheit und nach dem Familiären. Dies ist die kurzsichtige Sichtweise, die die Vorstellung von Erleuchtung auf etwas Lächerliches reduziert, das nur unrealistische Leute anstreben. Diese Sichtweise bleibt an der Oberfläche und macht aus den wuchernden Problemen und dem Chaos dieser Welt eine riesige, überwältigende, hoffnungslose Situation, die höchstwahrscheinlich mit der Zerstörung der Welt enden wird. Es ist ohnehin hoffnungslos, warum also irgendetwas tun? Lösungen sind schließlich *so schwierig zu erreichen und brauchen so viel Zeit*. Das ist die Sichtweise, bei der man alle Situationen als Schwarz oder Weiß, Entweder-oder sieht und *wirklich endlose* Konflikte erzeugt zwischen denen, die recht haben und denen, die unrecht haben. Wir werden hereingelegt, indem uns mächtige polarisierende Führungspersönlichkeiten präsentiert werden, die sich auf Feinde und Krisen konzentrieren und unsere Aufmerksamkeit auf sich ziehen. Wenn wir unsere Frequenz an diese Sichtweise anpassen, sieht das so real aus! Wer kann das anzweifeln? Wenn Sie Zweifel daran haben, sagt Ihnen das, dass Sie naiv und dumm sind.

Die Sichtweise der Seele, andererseits, ist ruhig und sucht nach Einfachheit, Einheit und Mitgefühl. Sie sieht die »schrecklichen« Situationen auf der Erde nicht als Probleme an, sondern als Punkte, an denen sich die Wellen wenden, und als Bewegungen von einem Zyklus zum nächsten, als Symptome von Transformation. Die Sicht der Seele ist lang und tief. Sie hat den Vorteil eines klaren Überblicks in dem Wissen, dass es keine andere Möglichkeit gibt, als dass alle Wesen zum Göttlichen zurückkehren. Sie weiß, dass das Lösen von »Problemen« in der Welt der Formen allein reine Energieverschwendung ist und dass die Arbeit mit Schwingungen und Frequenzen die Evolution abkürzen und die Transformation zu etwas Magischem und beinahe Unmittelbarem machen kann. Nichts ist hoffnungslos, und Erleuchtung ist nahe. Die Seele kann ganz leicht das Paradox aushalten, dass sich nichts ändern muss *und* dass es zugleich Dinge gibt, die unbedingt getan werden müssen. Die Bewegung zum Einheits-Gewahrsein ist unaufhaltsam, und dieser Prozess ist nicht linear und zeitaufwendig. Er kann jederzeit passieren, wenn Sie daran denken, sich in ihn hinein zu entspannen. Die Seele schimpft Sie nicht aus, wenn Sie nicht diese Sichtweise wählen. Sie wartet geduldig, lächelnd, und lädt Sie ein, zurück in die Gemeinde zu kommen, in tiefe Behaglichkeit.

Seien Sie ein Lehrer der Liebe

Ich erinnere mich an etwas, das John Denver in seiner Autobiografie schrieb: »Wenn nicht ich, wer wird dann führen? (...) Wenn nicht ich, wer dann?« Vielleicht sind Sie unzufrieden mit einigen Aspekten Ihres Lebens, aber es gibt immer etwas, das Sie *gerade jetzt* tun können, um die Dinge ein bisschen zu verbessern. Sie können Ihre eigene Realität so gestalten, dass sie sich so anfühlt, wie Sie es wollen, indem Sie sich dazu entscheiden, Ihre Eigenfrequenz – Ihre warmherzige, liebevolle Freundlichkeit – in Ihrem Körper, in Ihren Emotionen und Gedanken zu spüren. Sie können den Krieg in sich beenden. Die Arbeit an der Transformation und daran, transparent zu werden, besteht einfach darin, das Feld Ihres eigenen energetischen Gewahrseins in Ordnung zu bringen, indem Sie Ihre Aufmerksamkeit nicht darauf richten, was nicht in Ihrer Eigenfrequenz schwingt, und es dadurch auflösen. Auf diese Weise können Sie sich als das übrig bleibende, diamantene Licht erkennen. Stellen Sie es sich so vor, als würden Sie Ihre Aufmerksamkeit von der komplizierten, defätistischen Sichtweise des Geistes weg auf die einfache und ermächtigte Sichtweise der Seele lenken. Wenn Sie das tun, bedeutet das schon, ein Führer zu sein.

Unsere fantastische Verantwortung für uns selbst, für unsere Kinder und für die Zukunft besteht darin, uns im Bilde der Güte zu erschaffen, denn die Zukunft hängt von der Erhabenheit unserer Vorstellungen ab.

Barbara Grizzuti Harrison

Seit Jahren interessiere ich mich für das buddhistische Konzept der *versierten Wahrnehmung:* den eigenen Schmerz zu heilen und der Welt nicht noch mehr Leid zuzufügen. Ich glaube, die Führer im Intuitionszeitalter werden versierte Wahrnehmende und praktische Visionäre sein – Menschen, deren Füße fest auf dem Boden stehen, mit dem Himmel in jeder einzelnen Zelle. Sie können ein Führer sein, ein Erfinder, Heiler oder Vermittler der Wahrheit. Sie können mit der Art, wie Sie leben, was Sie teilen und was Sie sagen, ein Beispiel für andere abgeben. Sie können ein Sprecher der Seele sein. »Hier ist mein Herz, hier ist mein Mund. Hier sind meine Hände und Füße. Bewege mich, wohin du willst. Lass mich die Dinge sagen, die gesagt werden müssen.«

Anstatt auf jemand anderen zu warten, der die Lage verbessert, sollten Sie an etwas denken, das hilfreich ist; dann sind Sie derjenige, der dafür vorgesehen ist, es zu tun. Das kollektive Bewusstsein ließ Sie aus gutem Grund diese Idee bemerken. Schämen Sie sich nicht, idealistisch zu sein; es ist Ihre höchste Vision, die durch Sie hindurchschwingt. Ihre wirkliche Aufgabe besteht jetzt darin, Liebe zu lehren, Liebe zu demonstrieren und Liebe zu erweitern, egal, was Sie jeden Tag tatsächlich tun. Sie erschaffen sich gerade jetzt aufs

Neue. Sie helfen Uns, indem Sie die Schwingung Ihres persönlichen Feldes auf einer hohen Frequenz aufrechterhalten und indem Sie Uns als einen Teil von sich sehen. Und Wir helfen Ihnen auf genau dieselbe Weise. Sie und ich wachsen auf so erstaunliche Weise, dass wir sehr bald schon zu etwas wachsen, das wir uns jetzt kaum vorstellen können. Wir werden beide möglicherweise das Bewusstsein der Menschheit – oder sogar des Universums – als ein Ganzes werden, und wie das mystische, mythische Einhorn in dem Sonett von Rilke unten mag unser ideales Selbst Wirklichkeit werden, einfach deshalb, weil wir das Potenzial liebten und dafür Raum geschaffen haben.

O dieses ist das Tier, das es nicht gibt.
Sie wussten's nicht und haben's jedenfalls –
sein Wandeln, seine Haltung, seinen Hals,
bis in des stillen Blickes Licht – geliebt.

Zwar war es nicht. Doch weil sie's liebten, ward
ein reines Tier. Sie ließen immer Raum.
Und in dem Raume, klar und ausgespart,
erhob es leicht sein Haupt und brauchte kaum
zu sein. Sie nährten es mit keinem Korn,
nur immer mit der Möglichkeit, es sei.

Und die gab solche Stärke an das Tier,
dass es aus sich ein Stirnhorn trieb. Ein Horn.
Zu einer Jungfrau kam es weiß herbei –
und war im Silber-Spiegel und in ihr.

Rainer Maria Rilke[21]

---

21 *Sonette an Orpheus*, 2. IV.

Kurz zusammengefasst ...

Sie sind dem Zustand der Transparenz, der Selbstverwirklichung oder Erleuchtung schon sehr nahe, in dem Sie ganz leicht den Unterschied zwischen der Realität des Geistes und der Realität der Seele erkennen können und sich selbst als Liebe und reines Gewahrsein erfahren. Transformation kommt in gestaffelten Wellen und ist ein Weg, kein Endpunkt. Vielleicht stellen Sie fest, dass Sie die Situation der Menschen nicht mehr so schwer nehmen, aber gleichzeitig werden Sie auch mitfühlender. Selbstverwirklichung im Intuitionszeitalter ist eine Kombination aus der Yang-maskulinen und Yin-femininen Art, spirituelles Wachstum zu sehen. Der Weg des Herzens ist der universale Pfad, der für jeden geeignet ist. Empathie und Mitgefühl sind die bevorzugten Arten der Wahrnehmung des neuen Herz-Gehirns, und sie lehren uns, uns um das Leben zu kümmern und Gemeinsamkeit zu empfinden.

Was also war der Ursprung der ganzen Materie? Existenz, die sich selbst aus reiner Freude am Sein vervielfältigte und sich in zahllose Billionen von Formen stürzte, um sich selbst unzählbar oft wiederfinden zu können.

Sri Aurobindo

Empathische Resonanz ist eine heilende Kraft, die Isolation überwindet und dabei hilft, Sicherheit, Vertrautheit und ein einfaches Begreifen der Wahrheit zu entwickeln. Mitgefühl wird Konkurrenz als evolutionäre Methode ablösen. Sie lernen, Ihre Seelengruppe, den Gruppengeist und die Prinzipien der Gemeinschaft zu finden und mit ihnen zu arbeiten, um wirklich ein Teil des kollektiven Bewusstseins zu werden. Im Intuitionszeitalter werden Sie imstande sein, mit nicht physischen Wesen und Verstorbenen zu kommunizieren, und Sie werden durch Zeit, Raum und die Dimensionen hindurchreisen können. Jetzt sofort können Sie ein versierter Wahrnehmender werden, ein praktischer Visionär und ein Lehrer der Liebe.

Die Botschaft der Eigenfrequenz

Wie ich im Kapitel *An die Leserinnen und Leser* erklärte, habe ich diese inspirierten Textbotschaften am Ende eines jeden Kapitels hinzugefügt, damit Sie von Ihrem normalen, schnell lesenden Geist umwechseln können zu einer tieferen Art unmittelbarer Erfahrung. Mithilfe dieser Botschaften können Sie Ihre persönliche Schwingung willentlich verändern.

Die folgende Botschaft ist dazu gedacht, Sie in eine Art von Welterkenntnis zu befördern, die dem sehr nahe kommt, wie Sie das Leben im Intuitionszeitalter erleben werden. Um in die *Botschaft der Eigenfrequenz* hineinzukommen, schalten Sie einfach herunter auf eine langsame, weniger gehetzte Geschwindigkeit. Atmen Sie langsam und tief ein, dann aus, und seien Sie so ruhig und still wie möglich. Lassen Sie Ihren Geist weich und empfänglich sein. Öffnen Sie Ihre Intuition, und bereiten Sie sich darauf vor, sich in die Sprache *einzufühlen*. Achten Sie darauf, ob Sie die tieferen Wirklichkeiten und Gefühlszustände erfahren, die lebendig werden, *während Sie lesen*.

Ihre Erfahrung kann eine umso größere Dimension annehmen, je mehr Sie Ihre ganze Aufmerksamkeit auf die Worte richten. Konzentrieren Sie sich jeweils nur auf einige Worte zugleich, machen Sie eine Pause bei den Satzzeichen, und verweilen Sie bei der Intelligenz, die diese Botschaft verkündet, live im Hier und Jetzt – für Sie. Sie können die Worte laut aussprechen oder die Augen schließen und jemand anderen laut vorlesen lassen. Achten Sie darauf, welche Wirkung die Worte auf Sie haben.

Wenden Sie sich häufig dem einfachen Leben zu

Sie sind auf einer langen, kurvenreichen Reise, Sie steigen auf die höchste Leiter, Sie segeln in die weite See. Und doch stehen Sie still. Sterne und Planeten gehen auf und unter, kreisen um Sie herum. Die Straße unter Ihren Füßen bewegt sich, als würde sie von einer mysteriösen Kraft gezogen, und sie verschwindet hinter Ihnen. Ein sich ständig verändernder Film wird Ihnen gezeigt, eine Lichterschau, eine Unterhaltung so stimulierend und prickelnd, dass Sie Ihre Augen nicht abwenden können. Und Sie erzeugen sie! Es gehört zu Ihrer Raffinesse, dass Sie so tun, als würden nicht Sie sie erzeugen, sondern als käme sie auf magische Weise aus dem Nirgendwo. Wie kreativ Sie sind! Und wie fasziniert Sie sind von Ihrem eigenen Scharfsinn.

Schließen Sie jetzt Ihre Augen. Verschließen Sie Ihre Sinne. Ziehen Sie sich zurück von der Stimulierung und der wechselhaften Unbeständigkeit, und folgen Sie nicht den Wellen, die durch Zeit und Raum reisen. Sie gehen nirgendwohin, wo Sie nicht bereits sind. Spüren Sie, wie sich Ihre Schwingung verändert, während das Äußere verblasst – Licht und Farbe zerfließen zu Klang, der sich in winziges, fühlbares Pochen auflöst. Jetzt verschwindet auch das, und es herrscht Stille. In der Ruhe ist eine Schwingung, ganz weich, ohne Puls, keine unterscheidbaren Räume zwischen den Wellen. Das ist Frieden. Bleiben Sie darin, und ganz von selbst wird er süßer. Der Zustand lächelt in sich selbst. Dieses kaum geschwungene Lächeln enthält die gesamte Liebe und Weisheit des Göttlichen. Es ist das erste Anzeichen von Strahlen, von Seelenglanz. Friedlich strahlend und lächelnd, Sie können nicht anders. Das sind Sie. Ja, es ist.

Das einfache Leben ist die eine, höchst reale Erfahrung, die allen gemein ist. Es ist nicht das Kaleidoskop, nicht der biegsame Traum, ewig schmelzend und wieder auftauchend. Wirkliches Leben liegt jedem Augenblick zugrunde, und jeder Augenblick aus dem Film kann Sie dorthin bringen. Spüren Sie es: das kaum geschwungene Lächeln. Spüren Sie ihn: den langsamen, ruhigen Glanz. Darin weht Wissen in Ihnen umher. Liebe ist überall und grenzenlos. Sie brauchen davon nichts zu besitzen. Sie lassen es alles gern treiben, ganz frei. Wenden Sie sich häufig dem einfachen Leben zu, und üben Sie sich, darin zu verweilen, bis Ihr Geist vergisst, was Zeit ist. Je länger Sie bleiben, umso einfacher ist es, das als Ihr ewiges beständiges Zuhause zu erkennen. Von hier aus betrachten Sie lächelnd den kaleidoskopischen Film, der Sie lockt, in ihm mitzumachen und sich voll einzulassen. Sie lieben den Film, aber Sie lieben das einfache Leben, vollkommen. Alles hier ist klar. Wissen ist Einfachheit, Ihr Meister die Frequenzen. Sie lieben die Teilchen und die Wellen, Sie reiten auf ihnen und segnen sie, wie sie sich bewegen, wie Wissen sich bewegt, in Ihnen, ohne Sie zu stören, wie der Schmetterling einen Sommertag verbringt, wie die Wolken verwehen und sich im starken Wind neu formen. Sie sind überall und überall: Es ist ganz einfach.

Glossar

Angstsignale: *siehe unter Wahrheitssignale*

Anziehung, Gesetz der: Die Vorstellung »Gleiches zieht Gleiches an«, dass positive oder negative Gedanken und Emotionen in gleichem Maße positive oder negative Erfahrungen anziehen; Ihre Gedanken bestimmen Ihre Erfahrungen.

Ätherische Energie: *siehe subtile Energie*

Aufstieg (Aszension): Die Fähigkeit, die Frequenz seines Körpers, seiner Emotionen und seines Geistes über die Schwingung der physischen Welt hinaus zu erhöhen, sodass der Körper, ohne physisch zu sterben, in eine höhere Dimension hinein verschwindet. Abstieg (Deszension) ist der gegenteilige Prozess, bei dem ein Körper auftaucht, ohne physisch geboren zu werden.

Bestimmung: Ein Leben entsprechend der vollständigen und bewussten Integration der Seele in den Körper, in die Emotionen und in den Verstand; unser Leben mit der höchsten Frequenz, begleitet von unbegrenzten Talenten, einem harmonischen Energiefluss, vollendetem zeitlichem Ablauf; und das zu tun, wozu man »gemacht« ist und das einem am meisten Freude bereitet.

Chakra: Die wirbelähnliche Konzentration einer sich drehenden, subtilen Energie, im Wesentlichen entlang der Wirbelsäule. Es gibt insgesamt sieben Chakren oder Hauptzentren spiritueller Kraft im subtilen Körper.

Diamantenes Licht: Eine Art, sich die Substanz der Seele vorzustellen. Diamantenes Licht vermittelt die Erfahrung von Reinheit, höchster Klarheit und Transparenz, Unbestechlichkeit und Erleuchtung.

Dimensionen: Ebenen oder Frequenzen von Gewahrsein und Energie, vom Physischen über das Subtile oder Ätherische zum Emotionalen, Mentalen und Spirituellen und darüber hinaus in die Ebenen des Göttlichen. Wenn das Gewahrsein und die Energie durch die Dimensionen weitergehen, erlebt man eine zunehmende Frequenz und eine größere Einheit.

$E = mc^2$: Die Formel, die Einsteins Einsicht beschreibt, dass Materie und Energie verschiedene Formen derselben Sache sind. Energie (E) ist gleich Materie oder Masse (m) mal Lichtgeschwindigkeit (c) zum Quadrat. Einsteins Formel zeigt die Menge von Energie, in die Masse sich umwandeln würde.

Ego: Das Gefühl von Individualität auf der Basis der Trennung vom Ganzen. Wenn das Gewahrsein sich mit dem Ego identifiziert, sind die Motive dafür Angst und Selbsterhaltung.

Eigenfrequenz: Die Schwingung der eigenen Seele, wie sie sich durch den Körper, die Emotionen und Gedanken zum Ausdruck bringt; eine Frequenz und Energie von Gewahrsein, die so genau wie nur möglich die Erfahrung vom Himmel auf Erden vermittelt.

Einstimmung: Die Schwingung Ihres Körpers, Ihrer Emotionen und Ihres Geistes einer bestimmten Frequenz anzupassen, normalerweise einer höheren Schwingung.

Empathie: Die Fähigkeit, seine eigene Empfindsamkeit zu benutzen, um »mit einem anderen« zu fühlen oder sich »wie der andere« zu fühlen. Das gilt auch für andere Gruppen und Gegenstände, und es führt zu einem erweiterten, mitfühlenden Verständnis.

Empfindsamkeit, bewusste: Empfindsamkeit bezieht sich auf körperliche und emotionale Empfindungen und ist die Kraft der Empfindung, die man erlebt im Vergleich mit der Kraft eines Reizes. Bewusste Empfindsamkeit ist die Fähigkeit, subtile Informationen aus physischen oder nicht physischen Quellen auf Anhieb zu empfangen und dabei deren Bedeutung zu verstehen.

Empfindung, gefühlte: Die Eindrücke oder unmittelbare Erfahrung einer Person oder eines Energiefelds, die im Körper durch bewusste Empfindsamkeit aufgezeichnet wird.

Energiekörper: *siehe Lichtkörper*

Erleuchtung: Das Erlangen vollkommener Klarheit über die wahre Natur der Dinge und ein dauerhafter Zustand höherer Weisheit, Illumination oder Selbstverwirklichung; das Erwachen des Geistes und seiner göttlichen Identität; die letztendliche Errungenschaft auf dem spirituellen Weg, wenn das begrenzte Gefühl von »Ich« mit dem höchsten Bewusstsein verschmilzt.

Evolution: Ein gradueller Prozess von Entwicklung, Entstehung oder Wachstum, besonders einer, der zu einer fortschrittlicheren Art führt; das Wachsen des Selbst-Bewusstseins von der Identität mit einem begrenzten Individuum zur Vereinigung mit dem göttlichen Gewahrsein.

Fehlwahrnehmung: Ein partielles Verständnis oder eine fehlerhafte Wahrnehmung davon, wie Energie, Bewusstsein und das Leben funktionieren; sie führt zur Entwicklung einer ungesunden Gefühlsgewohnheit und zu überflüssigem Leiden.

Feld, einheitliches: Ein universales Meer von Energie und Bewusstheit oder Gegenwärtigkeit, das der Materie zugrunde liegt und vor ihr existiert; ein Zustand, eine Kraft oder »der Grund des Daseins« – die absolute Konstante des Universums, die alles in einer einzigen, einheitlichen Erfahrung verbindet. Gravitationsfelder und elektromagnetische Felder, starke und schwache atomare Kräfte und alle anderen Formen der Natur einschließlich Zeit und Raum sind Gegebenheiten dieses Zustands.

Feld, persönliches: Die subtile Energie, die sich um einen physischen Körper herum und in ihm befindet; sie umfasst das Muster eines Individuums von ätherischer, emotionaler, mentaler und spiritueller Energie und Gewahrsein; der Glanz der eigenen persönlichen Schwingung.

Fließen: Die natürliche, kontinuierliche, flüssige, wellenförmige Bewegung des Lebens und aller Prozesse; ein Zustand, in den man vollkommen eingetaucht ist in Gedanken oder Aktivitäten, charakterisiert durch ein Gefühl energetischer Konzentration auf den Prozess sowie vollkommener Mitwirkung und Freude am Prozess.

Fraktal: Eine grobe oder fragmentierte geometrische Figur, die auf jeder Ebene der Verfeinerung Selbstähnlichkeit oder Skaleninvarianz aufweist, mit ihrer Substruktur identisch ist; sie kann in Teile unterteilt werden, wobei jeder einzelne eine verkleinerte Kopie des Ganzen ist.

Frequenz: Die Anzahl von Wellen, die durch einen bestimmten Punkt in einer bestimmten Zeit hindurchgehen; die Häufigkeit eines sich wiederholenden Vorgangs.

Frequenzanpassung: Der Prozess, bei dem man bewusst oder unbewusst seine persönliche Schwingung an die Schwingung einer anderen Person anpasst, um zu kommunizieren.

Frequenzen aussortieren: Der Prozess, bei dem Sie Leute, Situationen und Gelegenheiten, deren Schwingung nicht zu Ihrer Eigenfrequenz passt, aussondern, sie loslassen und durch andere Personen, Situationen und Gelegenheiten ersetzen, die den Ausdruck Ihrer Seele fördern.

Frequenz-Prinzipien: Die der Funktionsweise von Energie und Bewusstsein zugrunde liegende Dynamik, besonders nachdem im Transformationsprozess Weisheit erlangt wurde, die angewandt werden kann, um die Qualität des täglichen Lebens zu verbessern und Erleuchtung zu erlangen.

Fühlen, sich einfühlen: Die Fähigkeit, mit seiner Aufmerksamkeit in eine Person, einen Gegenstand oder in ein Energiefeld einzudringen – mit ihm zu verschmelzen und für kurze Zeit das zu sein; zuzulassen, dass subtile Informationen durch bewusste Empfindsamkeit im Körper aufgezeichnet werden, als wäre man das Objekt der Beobachtung.

Gefühlsgewohnheiten, ungesunde: Gewöhnlich unbewusstes, reaktives Verhalten, verursacht durch Kontraktion und Ausgrenzung der Erfahrung von Vertrauen, Liebe und Freude in der frühen Kindheit oder in früheren Leben; auf Angst basierende Verhaltensweisen, die eine niedrige Frequenz haben und den Ausdruck der Seele blockieren. Wenn ungesunde Gefühlsgewohnheiten verschwinden, bedarf es überhaupt keiner Gefühlsgewohnheiten mehr; man reagiert spontan auf die Reize, die in jedem Moment auftauchen.

Gestalt-Veränderung: Die Fähigkeit, in sich selbst physische Veränderungen zu bewirken, wie Änderung des Alters, des Geschlechts, der Rasse oder des allgemeinen Aussehens; auch die wechselseitige Umwandlung menschlicher Gestalten in die von Tieren, Pflanzen oder unbelebten Gegenständen.

Göttliche, das: Eine nicht religiöse Art, über Gottheit, Schöpfer oder Höchste Gegenwärtigkeit zu sprechen; die Erfahrung einer vollkommenen, transzendenten Kraft, Wahrheit und Liebe oder Einheit mit dem Universum.

Harmonie: Eine angenehme Kombination von Elementen in einem Muster, das die Ähnlichkeiten und die Einheit aller Teile betont.

Hellhören: Der innere Hörsinn; Stimmen, Musik und Klänge hören ohne die Hilfe der physischen Ohren.

Hellsehen: Der innere Sehsinn; die Fähigkeit, Visionen, vergangene oder zukünftige Ereignisse oder Informationen zu sehen, die nicht auf natürliche Weise mit den fünf materiellen Sinnesorganen wahrgenommen werden können. Medizinisches Hellsehen ist die Fähigkeit, sich den menschlichen Körper anzuschauen und Krankheiten zu diagnostizieren, während Röntgen-Hellsehen die Fähigkeit ist, in entfernte oder geschlossene Räume zu schauen.

Hochwertige Lösungen: Antworten und Entscheidungen, die mit der Frequenz der Seele mitschwingen und dem Wachstum aller Menschen und dem gesamten Planeten dienen.

Holografische Wahrnehmung: Im Gegensatz zum linearen Denken das Verständnis, dass alles, was man bemerkt, im gegenwärtigen Moment existiert und damit Teil des eigenen persönlichen Feldes ist; dass es verbunden und kooperativ ist mit allem anderen sowie Teil von allem ist und dass es sich all dessen bewusst ist; manchmal auch sphärische Wahrnehmung genannt, weil das Gewahrsein sich anfühlt wie ein strahlender, elastischer Ball mit unserem individuellen Selbst im Zentrum; das Gewahrsein, dass jedes Teilchen das gesamte Gewahrsein aller anderen Teilchen enthält, in welchem Maßstab auch immer.

Hologramm: Ein dreidimensionales Bild (ursprünglich mit

kohärentem Laserlicht hergestellt); eine quantenmechanische Erklärung der Wirklichkeit, die auf der Annahme beruht, dass das physische Universum ein gigantisches Raum-Zeit-Hologramm ist, dessen Gesamtheit man in jeder einzelnen Facette findet, was zu dem Konzept führt, dass alle Momente – ob vergangen, gegenwärtig und nur möglich – gleichzeitig existieren. Ebenso existiert jeder Ort überall.

Innerer Entwurf: Das aktuellste Muster vom Zweck oder der Vision unseres Lebens; der innere Entwurf enthält eine Mischung aus Angst und Liebe, Weisheit und Ignoranz, was davon abhängt, wie viel persönliches Wachstum und Transformation jemand erlebt hat. Dieses energetische Muster führt zu den Ereignissen und Formen unseres physischen Lebens.

Intuition: Unmittelbares Wissen darum, was in einer beliebigen Situation real und angemessen ist, ohne einen Beweis nötig zu haben; eine Wahrnehmung, die auftritt, wenn Körper, Emotionen, Gedanken und das Spirituelle gleichzeitig aktiv und integriert sind, während sie zugleich im gegenwärtigen Moment konzentriert sind; ein Zustand wahrnehmender Lebendigkeit, in dem man sich sofort mit allen lebenden Dingen innig verbunden fühlt und die kooperative, kokreative Natur des Lebens erfährt.

Intuitionszeitalter: Die dem Informationszeitalter folgende Zeitperiode, in der sich die Wahrnehmung beschleunigt und Intuition, unmittelbares Wissen und Empfindsamkeit Vorrang vor Logik und Willenskraft haben; die Zeit auf der Erde, wenn das Gewahrsein der Seele unseren Geist durchtränkt und die Natur der Wirklichkeit transformiert.

Karma: Die Vorstellung, dass die guten und schlechten Taten einer Person entweder in diesem Leben oder in einem späteren auf einen zurückkommen; eine Theorie, nach der jede negative oder positive Energie, die man aussendet, in gleichem Maße und mit gleicher Qualität zum Sender zurückkehrt.

Klangfarbe: Der besondere Klang, der eine Stimme oder ein Instrument von anderen unterscheidet; die Klangqualität eines Tones.

Kommunion, bewusste: Vorsätzlich mit jemandem oder etwas anderem verschmelzen, eine gemeinsame Erfahrung teilen und vertraute Gemeinschaft oder ein inniges Verhältnis erleben.

Korrelation, Gesetz der: Die Vorstellung, dass die innere und äußere Welt nicht getrennt sind und dass deswegen, wenn Ihnen ein Gedanke kommt, dieser sofort oder sehr bald auch als Ereignis in Ihrer Welt auftaucht. Und umgekehrt, wenn man ein dramatisches Ereignis erlebt, dann hatte man einen entsprechenden Gedanken, der dieses Ereignis in sein oder ihr Gewahrsam brachte.

Leben, vergangene und parallele: Die Vorstellung, dass Seelen aus Tausenden von Teilen bestehen, von denen sich viele auf der Erde inkarnieren, um individuelles Leben zu erfahren. Die Lebenszeiten einer Seele können durch Zeit voneinander getrennt werden, durch den Eindruck eines aufeinanderfolgenden Geschehens; mehrere Leben können sich aber auch gleichzeitig an verschiedenen Orten ereignen.

Lebenswelle: Der natürliche Fluss des Lebens, von Kontraktion zu Expansion, mit Höhen und Tiefen.

Lichtkörper oder Energiekörper: Ein höherdimensionaler Körper, der der physischen Gestalt zugrunde liegt oder ihr sehr ähnlich ist und aus ätherischer Energie besteht; häufig sieht man ihn durch Hellsehen als Licht. Darin sind die Energien und Funktionen der Chakren koordiniert, und man kann Gesundheit oder Krankheit anhand von Transparenz, Farben oder Schatten erkennen.

Lineares Denken: Eine durch die Logik von Ursache und Wirkung charakterisierte Wahrnehmung; die Logik von Schritten, die zum Erreichen eines Zieles notwendig sind; die Vorstellung, dass man das wiederholen muss, was in der Vergangenheit funktioniert hat, um dieselben Resultate in der Zukunft zu erzielen.

Materialisierung (Manifestation, Verwirklichung): Der Prozess, mit dem man eine Idee in eine physische Manifestation bringt. Entmaterialisierung ist der Prozess, mit dem man eine physische Form in das einheitliche Feld zurück auflöst.

Mitgefühl: Das tief greifende Verständnis und Wissen, dass im Kern aller Wesen und Situationen Liebe ist. Die Tugend, die dazu führt, dass man das Leiden der anderen lindern will.

Mittelhirn: Die mittlere der drei primären Unterteilungen des menschlichen Gehirns. Es hilft bei der Verarbeitung der fünf Sinne, bei Wahrnehmungen von Ähnlichkeiten, Verbundenheit und Zuneigung.

Negative Schwingungen: Niederfrequente oder dissonante Gedanken und Emotionen, die von einem selbst oder von anderen stammen und dazu führen, dass die eigene persönliche Schwingung abnimmt.

Neocortex: Die letzte und am weitesten entwickelte Ebene des menschlichen dreieinigen Gehirns. Er ist in eine linke und eine rechte Hemisphäre geteilt und spielt eine Rolle bei den höheren Funktionen wie räumliches Denken, bewusste Gedanken, Erkennung von Mustern und Sprache.

Projektion: Seinen Geist in Gedanken an die Vergangenheit pressen, an die Zukunft, an fiktive Realitäten oder Orte, oder an die Realitäten anderer Leute, um zu vermeiden, etwas im gegenwärtigen Moment zu erleben; anderen Leuten das vorwerfen, was man an sich selbst nicht anerkennen will, oder Charakterzüge bei anderen sehen, die man bei sich selbst nicht sehen kann.

Quantenmechanik: Ein Zweig der theoretischen Physik, der das Verhalten von Materie und Energie im atomaren und subatomaren Bereich beschreibt.

Reptilienhirn: Auch Stammhirn genannt; der erste und älteste Teil des dreieinigen menschlichen Gehirns, der zuständig ist für Instinkte, Emotionen, Motivationen und Überlebensverhalten wie Kampf oder Flucht.

Resonanz: Die Schwingung, die in einem Gegenstand aufgrund der Schwingung eines anderen, in der Nähe befindlichen entsteht; die reguläre Schwingung eines Gegenstands als Reaktion auf eine äußere Kraft mit derselben Frequenz. Wellen, die mit derselben Wellenlänge schwingen, erzeugen Resonanz; Dissonanz entsteht, wenn Schwingungen verschiedener Wellenlängen aufeinandertreffen und Instabilität und Chaos erzeugen, die nach Auflösung rufen.

Schicksal: *siehe Bestimmung*

Schwingung, persönliche: Die allgemeine Schwingung, die in jedem Moment von einem Menschen ausgeht; eine fluktuierende Frequenz, die eine Kombination ist aus den verschiedenen verengten und erweiterten Zuständen des Körpers, der Emotionen und Gedanken.

Seele: Die Erfahrung des Göttlichen, das sich als Individualität zum Ausdruck bringt; die sich seiner selbst bewusste spirituelle Lebenskraft oder Essenz, einzigartig in einem bestimmten Lebewesen, Trägerin des Bewusstseins von allen Handlungen. Das innere Gewahrsein einer Person, das vor der Geburt existiert und nach dem physischen Tod des Körpers weiterlebt.

Stimmgabel anschlagen: Der Akt des Sich-Vorstellens, dass das Feld des Körpers und das der Energie aus der Frequenz der Seele bestehen, dann diese Resonanz zu aktivieren und sich vorzustellen, dass der Körper, wie eine Stimmgabel, diese Schwingung in alles ausstrahlt, was er berührt.

Subtile oder ätherische Energie: Die Schwingungsfrequenz, die eine Ebene höher als die der Materie ist; eine geschmeidige Form von Energie, wie eine Art formbarer Ton oder energetischer Entwurf für die physische Dimension.

Synchronizität: Ein Zusammentreffen von Ereignissen, die miteinander in Zusammenhang zu stehen scheinen und die man so interpretieren kann, dass man einen tieferen Sinn im Leben findet.

Telepathie: Die direkte Übertragung von Gedanken, Gefühlen oder Bildern von einem Geist auf einen anderen ohne Verwendung der physischen Sinne.

Teleportierung: Die fast sofortige Bewegung von Gegenständen oder Elementarteilchen von einem Ort zu einem anderen, ohne dass sie durch den Raum reisen.

Transformation: Die vollständige Umwandlung einer physischen Gestalt oder Substanz in etwas ganz anderes; eine vollständige Veränderung der Art, wie Realität funktioniert.

Transparenz: Ein Zustand von Klarheit und Offenheit, der durch Vertrauen, Spontaneität und intensive Beschäftigung mit dem Fluss in jedem Moment gekennzeichnet ist; erleuchtetes Gewahrsein.

Überlagerung: Unbewusste, begrenzende Glaubenssätze, die man im Säuglingsalter und in der frühen Kindheit von den Eltern und anderen einflussreichen Menschen annimmt und die bestimmte, für das Überleben notwendige Verhaltensweisen betonen.

Übersinnliches Empfinden: Der innere Tast-, Geruchs- und Geschmackssinn; nicht physische Energiefelder, unverkörperte Wesen oder Wissensmuster fühlen oder spüren, ohne den physischen Körper zu benutzen; auch Informationen durch Berührung von Gegenständen bekommen.

Unmittelbare Erfahrung: Eine lebendige Verbindung mit der Welt. Man erlebt Situationen unvermittelt sofort, ohne innezuhalten, um zu analysieren und zu vergleichen; eine Erfahrung intensiver Beschäftigung mit jeder Handlung und in jedem Moment.

Unterbewusstsein: Die mentale Aktivität unterhalb der Schwelle des Gewahrseins, wo alle Erfahrungen als Sinnesdaten abgelagert sind. Der Teil des eigenen Gewahrseins, in dem auf Angst basierende Erinnerungen gelagert und unterdrückt werden.

Viele-Welten-Theorie: In der Physik die Vorstellung, dass die Welt auf der Ebene der Quanten in eine unbegrenzte Anzahl realer Welten gespalten ist, die voneinander nichts wissen, wo eine Welle, anstatt zu kollabieren oder sich in eine bestimmte Form zu kondensieren, sich entwickelt und alle Möglichkeiten in sich einschließt; deshalb existieren alle Realitäten und alle Ergebnisse gleichzeitig, aber sie beeinträchtigen sich gegenseitig nicht.

Wahrheits- und Angstsignale: Die subtile, instinktive Expansion oder Kontraktion als Reaktion auf die Emotionen und den Körper, manchmal durch die fünf Sinne erfahren; angedeutet werden damit entweder Sicherheit und Wahrheit oder Gefahr und unangemessene Handlungen.

Wavicle: Ein erfundener Begriff (eine Kombination aus dem Englischen *wave*, Welle, und *particle*, Teilchen), um die duale Natur des Verhaltens von Materie-Energie auf der elementarsten Ebene in der Quantenphysik zu beschreiben. Im Kern können Materie und Energie sich sowohl wie Wellen als auch wie Teilchen verhalten. Auch Quantumentität genannt.

Wellenberg/Wellental: Der Wellenberg ist der höchste Wendepunkt einer Welle; das Tal ist ihr niedrigster Wendepunkt.

Yin und Yang: Die zwei gleich starken und gegensätzlichen Kräfte im Universum, die beide für Harmonie notwendig sind. Die Energie und das Gewahrsein von Yang sind äußerlich, affirmativ, kreativ, warm, trocken, strahlend und männlich. Yin ist innerlich, empfänglich, auflösend, kalt, feucht, dunkel und weiblich. Jede enthält eine kleine Menge des anderen.

Register

Praktische Übungen